普通高等院校经济管理类“十三五”应用型精品教材

【经济管理类专业基础课系列】

经济法

ECONOMIC LAW

第4版

主编　葛恒云　孙小龙
参编　王　程　蔡国庆　张　莉

机械工业出版社
CHINA MACHINE PRESS

图书在版编目（CIP）数据

经济法 / 葛恒云，孙小龙主编 . —4 版 . —北京：机械工业出版社，2020.8（2025.7 重印）
（普通高等院校经济管理类“十三五”应用型精品教材 · 经济管理类专业基础课系列）

ISBN 978-7-111-66275-4

I. 经…　II. ① 葛…　② 孙…　III. 经济法 – 中国 – 高等学校 – 教材　IV. D922.29

中国版本图书馆 CIP 数据核字（2020）第 144526 号

本书依据我国新近颁布的经济法律、法规编写而成，体系完整、内容新颖、释义准确，注重对重点、难点、疑点的分析和讲解，较好地反映了我国经济立法的最新成果。本书在第 3 版的基础上，删减了外商投资企业法律制度一章，增加了会计法律制度的相关内容。每章穿插了“随堂演练”“案例分析”“疑难问题”，方便学生及时巩固所学知识并进行检测。每章章末的“复习思考题”及书后的三套模拟试卷系统地总结了全书的重点和难点内容，便于读者对其进行整体把握。

本书可作为高等院校的经济法课程教材，也可作为各种自学考试、各类职称考试的辅导用书，还可作为广大干部、职工的培训教材及法律工作者的自学读物。

出版发行：机械工业出版社（北京市西城区百万庄大街 22 号　邮政编码：100037）
责任编辑：李晓敏　　责任校对：李秋荣
印　　刷：北京建宏印刷有限公司　　版　　次：2025 年 7 月第 4 版第 10 次印刷
开　　本：185mm × 260mm　1/16　　印　　张：20.75
书　　号：ISBN 978-7-111-66275-4　　定　　价：59.00 元

客服电话：(010) 88361066　68326294

Preface 前 言

“经济法”是高等院校各经济管理类专业的必修课，也是高等教育自学考试、各级各类职称考试的必考内容。为了适应高等院校经济法课程教学与自学考试、职称考试的需要，我们延请安徽财经大学等几所高等院校教师一起精心编写了本书。

本书依据我国新近颁布的经济法律、法规编写而成。全书体系完整、内容新颖、释义准确，注重对重点、难点、疑点的分析和讲解，较好地反映了我国经济立法的最新成果。本次修订的法律依据是我国自改革开放以来至2020年5月30日止全国人民代表大会、国务院所有新通过或新修改的重要经济法律、法规、条例及其实施细则，尤其是2017年3月30日以来新制定或新修改的重要法律、条例、司法解释、文件等，如被誉为“社会生活百科全书”、我国首部以法典命名的《中华人民共和国民法典》㊀，以及《中华人民共和国社会保险法》（简称《社会保险法》）、《中华人民共和国劳动法》（简称《劳动法》）、《中华人民共和国商标法》（简称《商标法》）、《中华人民共和国企业所得税法》（简称《企业所得税法》）、《中华人民共和国个人所得税法》（简称《个人所得税法》）、《关于全面推开营业税改征增值税试点的通知》《关于深化增值税改革有关政策的公告》《中华人民共和国产品质量法》（简称《产品质量法》）、《中华人民共和国反不正当竞争法》（简称《反不正当竞争法》）、《中华人民共和国会计法》（简称《会计法》）以及《关于全面推进生育保险和职工基本医疗保险合并实施的意见》等，这样全面涉及的法律内容是很多同类教材中没有的。本书的体例、行文较其他经济法教材更新颖、活泼。这次删除了已废止的外商投资企业法律制度一章，新增了会计法律制度和经济法案例部分，使全书内容更加完善，更适合教学，也是我们对经济法教材写作的新尝试。修改的方针是老师们感

㊀ 2020年5月28日，第十三届全国人民代表大会第三次会议通过了《中华人民共和国民法典》，自2021年1月1日起施行，婚姻法、继承法、民法通则、收养法、担保法、合同法、物权法、侵权责任法、民法总则同时废止。

觉在教学中“好用够用”，同学们在实践中“实用够用”。具体地，“好用够用”是要把案例修改得“好用够用”，“实用够用”是要把内容修改得待同学们毕业后在工作、职称考试中“实用够用”。本书还增加了反垄断法的内容，增删和调整了少数章节。

本书参照部分经济法课程教学大纲和国内几种权威教材编写而成，同时参考了全国高等教育自学考试、各级各类职称考试经济法教材的内容要求和体例。各章复习思考题均按照自考、职考的内容和题型要求编写。本书既可作为高等院校经济法课程教材，又可作为自学考试、各级各类职称考试、国家开放大学经济法课程教材，还可作为广大干部、职工的培训教材及法律工作者的自学读物。

本书由葛恒云（安徽财经大学）、孙小龙（安徽财经大学）主编。参加编写的还有王程（安徽财经大学）、蔡国庆（商丘工学院）和张莉（南京速腾策划工作室）。

在本书编写过程中，编者参考了许多国内同类教材和论著中先进的学术成果，并得到了机械工业出版社的大力支持，在此一并致谢。

这次修订增加了三套模拟试卷，供本书的读者参考，虽挂一漏万，但不无裨益。

由于编者水平有限，加之编写时间仓促，书中疏漏、不当之处在所难免，期待广大读者不吝赐教，以匡不逮。

葛恒云

2020 年 6 月

Suggestion　教学建议

教学目的

经济法课程是经济管理类专业开设的一门专业必修课程，是构成经济管理类学科体系的核心课程之一。开设本课程的主要依据是从改革开放以来至2020年5月30日全国人大、国务院所有新通过或新修改的重要经济法律、法规、条例及其实施细则，尤其是2017年3月30日以来新制定或新修改的重要法律、条例、文件、司法解释等。通过本课程的教学，我们要培养学生扎实掌握有关经济法的专业理论知识，并让学生学会运用经济法律、法规处理和解决经济活动中的常见法律问题，从而达到知法、守法、用法的目的。

先修课程、后续课程及其关系

本课程对先修课程及后续课程原则上无严格要求，以第二学期或第三学期为宜。

教学方法和教学手段

1. 教学方法

本课程是一门实践性和技能性较强的课程，因此，为确保教学效果，教师应采用灵活多样的教学方法。

（1）课堂讲授法。教师根据教学大纲的要求系统地进行课堂讲授，目的是向学生传授系统的经济法理论知识。

（2）案例法。教师通过实践向学生布置专项案例，使学生更清楚地理解基础理论，同时也使学生通过实践操作能更好地运用经济法解决经济活动中的问题。

2. 教学手段

教师可根据教学内容制作电子讲稿，利用多媒体、幻灯片、网络等现代教学技术手段对教学内容及重点、难点问题进行讲解和说明。实践性教学是本课程教学环节的一个重要内容，主要包括案例教学、课堂练习和课外作业。学生通过理论与实践相结合能更好、更系统地掌握经济法基本理论知识，并运用经济法解决经济活动中的问题。

学时分配表（供参考）

章	内　容	建议课时
第1章	经济法总论	4
第2章	公司法律制度	7
第3章	企业法律制度	6
第4章	合同法律制度	9
第5章	工业产权法律制度	6
第6章	市场竞争法律制度	5
第7章	税收法律制度	6
第8章	会计法律制度	5
第9章	劳动和社会保险法律制度	6
合　计		54

Contents 目 录

第 1 章

经济法总论

本章为全书的基础，重点集中在法的本质和特征、法律关系的主体和客体、法的形式和分类、仲裁和行政复议的相关规定、法律责任的类型等方面。

1.1 法律基础

1.1.1 法和法律的概念

1. 法的概念

法是由国家制定或认可，并以国家强制力保证实施的，反映统治阶级意志的规范体系。这一意志的内容由统治阶级的物质生活条件决定。法通过规定人们在社会关系中的权利和义务，确认、保护和发展有利于统治阶级的社会关系和社会秩序。

2. 法律的概念

狭义的法律专指拥有立法权的国家机关依照立法程序制定和颁布的规范性文件；广义的法律则指法的整体，即由国家制定或认可，并以国家强制力保证实施的各种行为规范的总和。

1.1.2 法的本质和特征

1. 法的本质

法的本质是统治阶级实现阶级统治的工具。具体地说，它是指国家按照统治阶级的利益制定或认可，并以国家强制力保证其实施的行为规范的总和。法不是超阶级的产物，不是社会各阶级的意志都能体现为法，法只能是统治阶级意志的体现，法体现的是统治阶级的整体意志和根本利益，而不是统治阶级中每个成员个人意志的简单相加。

2. 法的特征

法作为一种特殊的行为规则和社会规范，不仅具有行为规则、社会规范的一般共性，还具有自己的特征。法的特征如表1-1所示。

表1-1 法的特征

特征	具体内容
国家意志性	法是经过国家制定或认可才得以形成的规范
强制性	法凭借国家强制力的保证而获得普遍遵行的效力
利导性	法是确定人们在社会关系中的权利和义务的行为规范
规范性	法是明确而普遍适用的规范

随堂演练 1-1

下列关于法的本质与特征的表述中，不正确的是（ ）。

A. 法是由国家制定或认可的规范

B. 法是全社会成员共同意志的体现

C. 法是由统治阶级的物质生活条件决定的

D. 法凭借国家强制力的保证而获得普遍遵行的效力

【答案】 B

【解析】 法是统治阶级的国家意志的体现，这是法的本质。法不是超阶级的产物，不是社会各阶级的意志都能体现为法，法只能是统治阶级意志的体现。但法所体现的统治阶级的意志不是随心所欲、凭空产生的，而是由统治阶级的物质生活条件决定的，是社会客观需要的反映，它凭借国家强制力的保证而获得普遍遵行的效力。因此ACD均正确。

随堂演练 1-2

下列各项中，属于法律规范基本特征的有（ ）。

A. 体现统治阶级的意志

B. 由国家制定或认可

C. 以国家强制力保证实施

D. 取得社会公众认可

【答案】 ABC

【解析】 法是由国家制定或认可，并以国家强制力保证实施的，反映统治阶级意志的规范体系。

随堂演练 1-3

下列关于法的本质与特征的表述中，正确的有（ ）。

A. 法是由统治阶级的物质生活条件决定的

B. 法体现的是统治阶级的整体意志和根本利益

C. 法是由国家制定或认可的规范

D. 法凭借国家强制力保障实施

【答案】ABCD

【解析】法的本质是统治阶级实现阶级统治的工具。法的特征包括：

（1）法是经过国家制定或认可才得以形成的规范，具有国家意志性；

（2）法凭借国家强制力的保证而获得普遍遵行的效力，具有强制性；

（3）法是确定人们在社会关系中的权利和义务的行为规范，具有利导性；

（4）法是明确而普遍适用的规范，具有规范性。

1.1.3　法律关系

1. 法律关系的概念

法律关系是法律在调整人们行为过程中形成的特殊的权利和义务关系。或者说，法律关系是指被法律规范所调整的权利与义务关系。法律关系是以法律为前提而产生的社会关系，没有法律的规定，就不可能形成相应的法律关系。法律关系是以国家强制力作为保障的社会关系，当法律关系受到破坏时，国家会动用强制力进行矫正或恢复。

2. 法律关系的要素

法律关系由法律关系的主体、法律关系的客体和法律关系的内容三个要素构成。缺少其中任何一个要素，都不能构成法律关系。

（1）法律关系的主体。法律关系的主体是法律关系的参加者，是指参加法律关系，依法享有权利和承担义务的当事人，即在法律关系中，存在一定权利的享有者和一定义务的承担者。在每一具体的法律关系中，主体的多少各不相同，在大体上都属于相对应的双方：一方是权利的享有者，称为权利人；另一方是义务的承担者，称为义务人。

我国法律规定，法律关系的主体包括以下几类。

1）公民（自然人）。

2）机构和组织（法人）。机构和组织主要包括三类：一是国家机关，包括国家权力机关（立法机关）、国家行政机关和国家司法机关；二是各种企事业组织；三是各政党和社会团体。这些机构和组织主体，在法学上可以笼统地称为法人。

3）国家。

4）外国人和外国社会组织。

（2）法律关系的客体。法律关系的客体是一个历史的概念，随着社会历史的不断发展，其范围、形式、类型也在不断地变化。总体来看，由于权利和义务的类型不断丰富，法律关系客体的范围、种类有不断扩大和增多的趋势。归纳起来，法律关系的客体有以下几类。

1）物。物指能满足人们需要，具有一定的稀缺性，并能为人们现实支配和控制的各种物质资源。

2）非物质财富。非物质财富也称精神产品或精神财富，包括知识产品和道德产品。

3）行为。行为不是指人们的一切行为，而是指法律关系的主体为达到一定目的而进行的作为（积极行为）或不作为（消极行为）的人们有意识的活动。

4）人身。人身是由各个生理器官组成的生理整体（有机体）。它是人的物质形态，也是人的精神利益的物质体现。所以，必须注意以下几点：一是活人的整个身体，不得视为法律上的“物”，不能作为物权、债权和继承权的客体，禁止贩卖或拐卖人口，禁止买卖婚姻；二是权利人对自己的人身不得进行违法或者有伤风化的活动，不得滥用人身或自践人身和人格，如卖淫、自杀、自残行为就属违法或法律不提倡的行为；三是对人身行使权利时必须依法进行，不得超出法律授权的界限，如有监护权的父母不得虐待未成年子女的人身。

（3）法律关系的内容。法律关系的内容是指法律关系的主体所享有的权利和承担的义务。

权利和义务是一对表征关系和状态的范畴，是法学范畴体系中最基本的范畴。从本质上看，权利是指法律保护的某种利益；从行为方式的角度看，它表现为要求权利相对人可以怎样行为、必须怎样行为或不得怎样行为。义务是指人们必须履行的某种责任，它表现为必须怎样行为和不得怎样行为两种方式。

在法律调整状态下，权利是受法律保障的利益，其行为方式表现为意志和行为的自由。义务则是对法律所要求的意志和行为的限制以及对利益的付出。权利和义务是法律调整的特有机制，是法律行为区别于道德行为最明显的标志，也是法律和法律关系的内容的核心。

随堂演练 1-4

法律关系的核心是（　　）。

A. 法律关系的主体　　B. 法律关系的内容

C. 法律关系的客体　　D. 法律关系的意义

【答案】B

【解析】本题考核法律关系的核心。法律关系的内容是法律关系的核心。

随堂演练 1-5

（　　）不能成为法律关系的构成要素。

A. 主体　　B. 客体　　C. 事实　　D. 内容

【答案】C

【解析】本题考核法律关系的构成要素。法律关系的构成要素包括主体、客体及内容。只有选项 C 不符合要求。

随堂演练 1-6

我国法律制度规定，下列各项中，能够成为法律关系的主体的有（　　）。

A. 自然人　　B. 商品　　C. 法人　　D. 行为

【答案】AC

【解析】法律关系的主体又称权利主体或义务主体，是指参加法律关系，依法享有权利和承担义务的当事人。法律关系的主体包括公民（自然人）、机构和组织（法人）、国家、外国人和外国社会组织。

随堂演练 1-7

下列各项中，可以成为我国法律关系的客体的有（　　）。

A. 自然人　　B. 发明专利　　C. 劳务　　D. 物质资料

【答案】BCD

【解析】法律关系的客体包括物、非物质财富、行为和人身。人身是由各个生理器官组成的生理整体（有机体）。自然人属于法律关系的主体，其他三项均属于法律关系的客体。

随堂演练 1-8

下列各项中，可以成为法律关系的主体的有（　　）。

A. 国有企业　　B. 集体企业　　C. 合伙企业　　D. 个人独资企业

【答案】ABCD

【解析】根据规定，法律关系的主体包括公民（自然人）、机构和组织（法人）、国家、外国人和外国社会组织，所以本题答案是 ABCD。

1.1.4　法律事实

法律事实是由法律规范所确定的，能够产生法律后果，即能够直接引起法律关系发生、变更或者消灭的情况。法律事实通常划分为法律事件和法律行为。

1. 法律事件

法律事件是指不以当事人的主观意志为转移的能够引起法律关系发生、变更和消灭的法定情况或者现象。事件可以是绝对事件（自然现象），也可以是某些相对事件（社会现象）。

（1）自然现象，如地震、洪水、台风、森林大火等不是人的因素造成的自然灾害。

（2）社会现象，如爆发战争、重大政策的改变等，虽属人的行为引起，但其出现在特定法律关系中，在不以当事人的意志为转移时也构成法律事实。

由自然现象引起的事实称为绝对事件，由社会现象引起的事实称为相对事件。它们的出现都是不以人（当事人）的意志为转移的，具有不可抗力的特征。

2. 法律行为

法律行为是指以法律关系主体的意志为转移，能够引起法律后果，即引起法律关系发生、变更和消灭的、人们有意识的活动。

根据不同的标准，可以对法律行为做不同的分类，如合法行为与违法行为、积极行为（作为）与消极行为（不作为）、表示行为与非表示行为、单方行为与多方行为、要式行为与非要式行为、自主行为与代理行为等。

随堂演练 1-9

下列各项中，不属于法律事实中行为性质的是（　　）。

A. 发行股票　　B. 签订合同　　C. 发生地震　　D. 承兑汇票

【答案】C

【解析】本题考核法律事实的分类。事件包括绝对事件（自然现象）和相对事件（社会现象），发生地震属于绝对事件的范畴，选项 ABD 则属于行为。

随堂演练 1-10

下列各项中，属于法律事实中行为性质的有（　　）。

A. 纵火　　B. 爆发战争　　C. 地震　　D. 签发汇票

【答案】AD

【解析】地震和爆发战争都是当事人无法控制、无法预见的事；而纵火和签发汇票则是人有意识的行为，可以产生相应的法律后果，属于法律行为（违法行为和合法行为）。

随堂演练 1-11

下列各项中，能够引起法律关系发生、变更和消灭的事实有（　　）。

A. 自然灾害　　B. 公民死亡　　C. 签订合同　　D. 提起诉讼

【答案】ABCD

【解析】法律事实是指由法律规范所确定的，能够产生法律后果，即能够直接引起法律关系发生、变更或者消灭的情况。选项 AB 属于法律事实中的法律事件；选项 CD 属于法律事实中的法律行为。

随堂演练 1-12

判断题：战争和经济管理行为均属于法律事实中的事件范围。（　　）

【答案】×

【解析】本题考核经济法律关系中的法律事实。经济管理行为属于行为，而不是事件范围。

1.1.5 法的形式和分类

1. 法的形式

我国法的形式主要有宪法、法律、行政法规、地方性法规、规章、自治条例和单行条例、特别行政区的法律法规等。

（1）宪法：由全国人民代表大会制定，具有最高的法律效力。

（2）法律：由全国人民代表大会及其常务委员会制定，法律地位仅次于宪法。

（3）行政法规：由国务院在法定职权范围内制定，效力低于宪法与法律。

（4）地方性法规：由省、自治区、直辖市的人民代表大会及其常务委员会制定，效力不得与宪法、法律、行政法规相抵触。

（5）规章：由国务院各部委，以及省、自治区、直辖市人民政府制定，效力不得与宪法、法律、行政法规相抵触，也不得与上级和同级地方性法规相抵触。

（6）自治条例和单行条例：民族自治地方的人民代表大会有权依照当地民族的政治、经济和文化特点，制定自治条例和单行条例，报全国人民代表大会常务委员会批准后生效。

（7）特别行政区的法律法规：全国人民代表大会制定的特别行政区基本法以及特别行政区依法制定并报全国人民代表大会常务委员会备案的、在该特别行政区内有效的规范性法律文件，属于特别行政区的法律法规。

2. 法的分类

根据不同的标准，可以对法做不同的分类，具体如表 1-2 所示。

表 1-2　法的分类

分类	划分标准
成文法和不成文法	根据法的创制方式和发布形式所做的分类
根本法和普通法	根据法的内容、效力和制定程序所做的分类
实体法和程序法	根据法的内容所做的分类
一般法和特别法	根据法的空间效力、时间效力或对人的效力所做的分类
国际法和国内法	根据法的主体、调整对象和渊源所做的分类
公法和私法	以法律运用的目的为划分的依据

随堂演练 1-13

下列法的各项分类中，以法的内容、效力和制定程序为依据进行分类的是（　　）。

A. 成文法和不成文法　　B. 根本法和普通法

C. 实体法和程序法　　D. 一般法和特别法

【答案】 B

【解析】 法可以做如下分类：

（1）根据法的创制方式和发布形式所做的分类，分为成文法和不成文法；

（2）根据法的内容、效力和制定程序所做的分类，分为根本法和普通法；

（3）根据法的内容所做的分类，分为实体法和程序法；

（4）根据法的空间效力、时间效力或对人的效力所做的分类，分为一般法和特别法；

（5）根据法的主体、调整对象和渊源所做的分类，分为国际法和国内法；

（6）以法律运用的目的为划分的依据，分为公法和私法。

随堂演练 1-14

下列法的形式中，由全国人民代表大会及其常务委员会经一定立法程序制定颁布，调整国家、社会和公民生活中基本社会关系的是（　　）。

A. 宪法　　B. 法律　　C. 行政法规　　D. 行政规章

【答案】 B

【解析】宪法由全国人民代表大会制定；法律由全国人民代表大会及其常务委员会制定；行政法规由国务院制定；行政规章由国务院各部委，以及省、自治区、直辖市人民政府等制定。

随堂演练 1-15

下列法的形式中，由国家最高权力机关制定，规定国家基本制度和根本任务，具有最高法律效力，属于国家根本大法的是（　　）。

A.《中华人民共和国宪法》　　B.《中华人民共和国民法通则》

C.《中华人民共和国刑法》　　D.《中华人民共和国物权法》

【答案】A

【解析】宪法由国家最高权力机关全国人民代表大会制定，是国家的根本大法。

随堂演练 1-16

下列对法所做的分类中，以法的空间效力、时间效力或对人的效力进行分类的是（　　）。

A. 成文法和不成文法　　B. 根本法和普通法

C. 一般法和特别法　　D. 实体法和程序法

【答案】C

【解析】成文法和不成文法是根据法的创制方式和发布形式所做的分类；根本法和普通法是根据法的内容、效力和制定程序所做的分类；实体法和程序法是根据法的内容所做的分类；一般法和特别法是根据法的空间效力、时间效力或对人的效力所做的分类。所以答案是C。

随堂演练 1-17

下列对法所做的分类中，以法的创制方法和发布形式为依据进行分类的是（　　）。

A. 成文法和不成文法　　B. 根本法和普通法

C. 实体法和程序法　　D. 一般法和特别法

【答案】A

【解析】选项B是根据法的内容、效力和制定程序分类的；选项C是根据法的内容分类的；选项D是根据法的空间效力、时间效力或对人的效力分类的。

1.1.6 法律部门与法律体系

1. 法律部门

法律部门又称部门法，是指根据一定标准和原则所划定的同类法律规范的总称。

一般认为，法律部门划分的标准首先是法律所调整的不同社会关系，即调整对象；其次，是法律调整方法，法律调整方法大致有自行性调节、强制性干预和政策性平衡三种。划分法律部门的原则如表1-3所示。

表 1-3　划分法律部门的原则

原则	具体内容
客观原则	划分法律部门必须以社会关系为客观依据。一般来讲，社会关系范围较大并且相应法律、法规也较多的，可以成为一个独立的部门法
目的原则	划分法律部门必须有利于帮助人们了解和掌握本国现行法律
平衡原则	划分法律部门应当保证各部门法范围不宽也不细，在它们之间要保持相对平衡
发展原则	法律部门划分不能只着眼于目前的法律、法规，还应当考虑到即将制定和可能制定的法律、法规
主次原则	确定一个法律、法规归属的法律部门，应根据该法律、法规的主导因素来进行

我国现行法律体系可以划分为以下七个主要的部门法。

（1）宪法及宪法相关法。

（2）民法、商法。

（3）行政法。

（4）经济法。

（5）社会法。

（6）刑法。

（7）诉讼与非诉讼程序法。

2. 法律体系

法律体系，也称为部门法体系，是指一个国家现行的法律规范分类组合为若干法律部门，由这些法律部门组成的具有内在联系的、互相协调的统一整体。把握法律体系的概念要特别注意以下四点。

（1）法律体系是部门法构成的体系，部门法是构成法律体系的基本单位。

（2）法律体系称为部门法体系，是近代以来的事。在近代以前，尽管没有严格意义上的部门法划分，但仍存在法律体系。

（3）法律体系是一国国内法构成的体系，不包括完整意义上的国际法。

（4）法律体系是一国现行法构成的体系，不包括已经废止不再有效的法律，一般也不包括尚未制定或者已经制定但尚未生效的法律。

随堂演练 1-18

下列选项中，属于我国法律部门的有（　　）。

A. 宪法　　　　B. 经济法

C. 婚姻法　　　　D. 劳动与社会保障法

【答案】 ABD

【解析】 婚姻法不是独立的法律部门，其包含在民商法中，属于民商法的子部门法。

随堂演练 1-19

下列选项中，包括在当代中国法律体系中的是（　　）。

A.《紧急状态法（草案）》　　　　B.《香港特别行政区基本法》

C. 1979年《刑法》　　D.《联合国国际货物销售合同公约》

【答案】B

【解析】选项A尚未制定生效，不属于现行法，因此不在当代中国的法律体系中；选项C 1979年《刑法》已经被修改而废止，也不属于现行法，因此也不在当代中国的法律体系中；选项D属于国际条约，尽管该条约对我国有约束力，但由于不是国内法，因此也不在当代中国的法律体系中；选项B《香港特别行政区基本法》是全国人民代表大会制定的基本法律，现仍在生效施行，当然在当代中国的法律体系中。

随堂演练1-20

以下选项中，(　　)属于我国法律体系的基本法律部门。

A. 行政法　　B. 合同法　　C. 仲裁法　　D. 民事诉讼法

【答案】A

【解析】根据第九届全国人民代表大会常务委员会的意见，我国现行法律体系可以划分为以下七个主要的法律部门。

(1) 宪法及宪法相关法。

(2) 民法、商法。

(3) 行政法。

(4) 经济法。

(5) 社会法。

(6) 刑法。

(7) 诉讼与非诉讼程序法。

随堂演练1-21

判断题：一个国家的现行法律规范分为若干个法律部门，由这些法律部门组成的具有内在联系的、互相协调的统一整体构成一国的法律体系。(　　)

【答案】√

【解析】一个国家现行法律规范是多种多样的，它们涉及社会生活的各个方面，有着各种不同的内容和形式。但是它们并不是杂乱无章的，而是有着紧密联系的，构成一个完整、有机、统一的体系。法律部门又称部门法，是指根据一定标准和原则划定的同类法律规范的总称。一个国家现行的法律规范分类组合为若干法律部门，由这些法律部门组成的具有内在联系的、互相协调的法律体系即为统一整体。因此，表述是正确的。

1.1.7 经济法的概念与调整对象

经济法是指调整国家在管理与协调经济运行过程中发生的经济关系的法律规范的总称。根据前面给出的含义，经济法的调整对象是国家需要干预的特定经济关系，具体来说主要包括如下四个方面。

1. 市场主体调控关系

市场主体调控关系是指国家在对市场主体的活动进行管理，以及市场主体自身运行过程中发生的经济关系。其中市场主体包括企业（公司、合伙企业、独资企业等）、个体工商户、公民个人等。

2. 市场运行调控关系

市场运行调控关系是指国家为了建立市场经济秩序，维护国家、市场经营者和消费者的合法权益而干预市场所发生的经济关系。规范这些经济关系的法律有《中华人民共和国反不正当竞争法》《中华人民共和国产品质量法》《中华人民共和国消费者权益保护法》等。

3. 宏观经济调控关系

宏观经济调控关系是指国家从长远发展和社会公共利益出发，对关系国计民生的重大因素实行全局性的管理过程中，与其他社会组织之间发生的具有隶属性或指导性的社会经济关系。规范这些经济关系的有产业调节、计划、土地管理、金融证券监管等有关法律、法规制度。

4. 社会分配调控关系

社会分配调控关系是指国家在对国民收入进行初次分配和再分配过程中所发生的经济关系。规范这些经济关系的法律有财政、税收方面的法律、法规。

1.1.8　经济法的基本原则及其与民法、行政法的关系

1. 经济法的基本原则

（1）遵循和综合运用客观经济规律的原则。

（2）巩固、发展社会主义公有制和保证各种经济形式合法发展的原则。

（3）国家调节市场、市场引导企业的原则。

（4）责、权、利、效相统一的原则。

2. 经济法与民法的关系

经济法与民法的共同之处就是它们同是上层建筑的组成部分，都以经济关系作为自己的调整对象。但由于它们调整的商品经济关系不同，所以又各有其特殊性。经济法与民法的根本区别就在于：前者以对社会经济的宏观调控为出发点，而后者与以私有制为基础的商品经济相适应。具体来说，两者的区别概括如下。

（1）调整对象不同。经济法的调整对象是国家对经济活动的协调和管理关系，而民法的调整对象是平等主体的公民之间、法人之间、公民与法人之间的财产关系和人身关系。

（2）调整目的不同。经济法调整的目的主要是维护国家和国家经济的整体利益，而民法调整的目的主要是保障公民、法人的合法民事权益。

（3）主体地位不同。经济法的主体地位具有不平等性，而民法的主体是平等的公民、法人或其他组织。

（4）调整的原则、方法不同。经济法调整的原则是既要体现主体平等，又要服从统一的国民经济计划，体现上下级的服从关系；而民法调整的原则是民事主体地位平等，自愿、平等、等价有偿，诚实信用，合法，尊重社会公德、社会公共利益，民事权益受法律保护。民法在调整方法上主要采取民事的方法，而经济法则采用经济、行政和刑事的综合方法。

3. 经济法与行政法的关系

行政法是调整行政管理关系的，包括行政主体和行政行为等。经济管理关系与行政管理关系不同，尽管在行政法中也包括经济管理关系，但经济法调整的经济管理关系要比行政管理关系广泛、深入得多，而经济法调整的特定经济关系更是行政法所不可及的。另外，行政法的主体与经济法的主体也是不同的，它不包括经济组织内部的职能机构和生产经营单位。在调整方法上，行政法使用行政命令的方法，采取行政制裁的形式；而经济法则采用隶属关系与平等协商相结合，以追究经济责任、行政责任直至刑事责任相结合的制裁形式。

1.1.9 经济法律关系

1. 经济法律关系概述

要弄清什么是经济法律关系，首先要了解什么是法律关系。法律关系是社会关系的一种，是人们在社会生活中受法律规范调整而形成的权利义务关系，如买卖合同当事人双方依据合同产生的权利义务关系、父子之间依据法律规定产生的权利义务关系等。

法律关系具有以下特征。

首先，法律关系是一种思想意志关系。它反映了当事人的意志和愿望，但从根本上必须符合统治阶级的意志和要求。因此，它属于上层建筑的范畴。

其次，法律关系是法律上的权利义务关系。某一社会关系只有被法律规范调整，并通过当事人的意志和行为相互建立起权利义务关系，才能构成法律关系。因此，朋友关系、同事关系就不是法律关系。

最后，法律关系是由国家强制力保证实现的社会关系。法律关系当事人所享有的权利受到国家强制力的保护，所承担的义务受到国家强制力的督促，谁对其侵犯或不履行，都将受到法律的制裁。

经济法律关系是法律关系的一种，是指当事人之间在经济活动中根据经济法律、法规的规定所形成的经济权利和经济义务关系。经济法律关系与经济关系既有联系又有区别。经济关系属于物质关系，是生产关系在生产、交换、分配、消费等领域的具体体现。但是，经济关系建立的依据是经济法律、法规的规定，并受其调整，这样便成为经济法律关系。然而，经济法律关系又是一定领域的经济关系在法律上的反映，是以经济关系为基础而形成的。

2. 经济法律关系的构成要素

经济法律关系的构成要素是指构成经济法律关系的必要条件。任何一种经济法律关系都是由主体、客体和内容这三个要素组成的，缺少其中任何一个要素都形成不了经济法律关系，变动了其中任何一个要素就不再是原有的经济法律关系。

（1）经济法律关系的主体。经济法律关系的主体简称经济法主体，是指能以自己的名义参加经济法律关系，享有经济权利并承担经济义务的当事人。享有权利的一方称为权利主体，承担义务的一方称为义务主体。一般而言，各方主体均既享有经济权利，又承担经济义务，具有双重主体的身份。

1）经济法的主体资格。所谓主体资格，是指当事人参与经济法律关系，享有经济权利并承担经济义务的资格或能力。只有具备主体资格的当事人才能参与经济法律关系，享有经济权利并承担经济义务。社会组织和个人只有符合法定条件，依照法定程序或由法定机关授权、认可，才能取得主体资格，并在法律规定的范围内参与经济法律关系。

2）经济法的主体范围。依照我国法律规定，目前经济法的主体范围主要包括如下四个方面。

①国家机关。国家机关是行使国家职能的各种机关的总称，包括国家权力机关、国家行政机关、国家司法机关等。作为经济法主体的国家机关主要是指国家行政机关中的经济管理机关。经济管理机关可分为三类：一是综合性经济管理机关，如财政部、中国人民银行等；二是行业性经济管理部门，如交通部等；三是专门职能部门，如国家税务总局、审计署等。在某些情况下，国家也可以自己的名义作为主体参与经济法律关系，如发行国债，以政府名义与外国签订经济贸易协定等。

②企业和其他社会组织。企业是最为重要的经济法主体，它是指依法成立的以营利为目的从事商品生产、经营和服务活动的独立的社会经济组织。其他社会组织主要是指事业单位和社会团体。

③企业内部组织和有关人员。企业内部组织虽无独立的法律地位，但在有关人员根据经济法律规定参与企业内部的生产经营管理活动时，在实行内部承包经营责任制、实行内部独立核算等情况下形成相应的经济法律关系，便具有经济法主体的地位。

④农村承包经营户、个体工商户和公民。此类为个人主体，他们在通常情况下是民事法律关系的主体。但当他们参与经济法律关系，同国家经济管理机关或其他社会组织发生经济权利和义务关系时，就成为经济法律关系主体，如农民与农村集体经济组织发生承包关系、公民向税务机关纳税等。

随堂演练 1-22

下列选项中，不正确的是（　　）。

A. 经济法主体必须具备经济法上的权利能力和行为能力

B. 行为能力的实现是以具有权利能力为前提的

C. 法人的权利能力和行为能力均随法人的成立而产生

D. 对自然人而言，有权利能力，就一定具备行为能力

【答案】 D

【解析】

（1）对自然人而言，有权利能力不一定就有行为能力。

（2）在一个特定的经济法律关系中，公民的权利能力还须依法取得特定资格后才具备。

随堂演练 1-23

下列权利义务中，属于经济法律关系的内容的有（　　）。

A. 所有权　　B. 纳税义务　　C. 经营管理权　　D. 服兵役义务

【答案】 BC

【解析】调整因国家对经济活动的管理而产生的社会经济关系，称为经济法律关系。纳税义务属于经济义务，经营管理权属于经济权利，因此答案是BC。

随堂演练 1-24

下列各项中，可以成为经济法主体的有（　　）。

A. 某市财政局　B. 某研究院　C. 某公司的子公司　D. 公民杨某

【答案】ABCD

【解析】经济法律关系主体主要包括：作为经济管理者角色的国家机关、企事业单位、社会团体等，以及具体进行生产经营活动的经济活动主体的企事业单位、社会团体、个体工商户、农村承包经营户及公民个人等。

（2）经济法律关系的客体。经济法律关系的客体是指经济法主体享有的权利和承担的义务所共同指向的对象，包括物、经济行为和智力成果。

1）物。这是经济法律关系客体中最普遍、最主要的一种，是指具有价值和使用价值，并能为人们所控制和利用的物质。它不同于物理学上所称的“物”。物可以分为生产资料与生活资料，流通物与禁止、限制流通物，种类物与特定物，可分物与不可分物，动产与不动产等。

2）经济行为。经济法主体为达到一定目的所进行的经济活动，包括经济管理行为、提供劳务行为和完成工作行为，如运输法律关系中的客体就是运送的行为。

3）智力成果。人们的脑力劳动所创造的精神产品，又称精神财富，如学术论文、著作、文艺作品、创造发明、商标等。它们可以成为著作权、商标权、发明权、专利权等法律关系的客体。智力成果本身不具有物质财富的内容，但可以转化为物质财富。例如，专利可转化为专利产品，并带来一定的经济效益。

随堂演练 1-25

下列各项中，属于经济法律关系的客体的有（　　）。

A. 经济管理行为　B. 自然灾害　C. 智力成果　D. 战争

【答案】AC

【解析】根据规定，经济法律关系的客体包括物、经济行为和非物质财富。选项A属于经济行为；选项C属于非物质财富。选项B和选项D属于经济法律事实中的事件。

（3）经济法律关系的内容。经济法律关系的内容是指经济法主体依法享有的经济权利和应当承担的经济义务。在不同的经济法律关系中，主体的权利、义务各不相同。

1）经济权利。经济权利是指经济法主体依法具有的自己为或不为一定行为和要求他人为或不为一定行为的资格。我国法律赋予经济法主体的经济权利是极其广泛的，概括起来主要有以下六种。

①经济职权。经济职权是指国家机关及其工作人员在行使经济管理职能时依法享有的权利。经济职权具有隶属性和行政权力性。在国家机关及其工作人员依法行使经济职权时，其他经济法主体均应服从。经济职权对国家机关及其工作人员而言，既是权利又是义

务，不得随意放弃或转让。

②所有权。所有权是指所有权人依法对自己所有的财产享有的占有、使用、收益和处分的权利。这种权利具有排他性和绝对性。所有权人无须他人协助即可实现其权利。所有权是一种最完整的物权，具有四项权能，即占有权、使用权、收益权和处分权。这四项权能可以在一定条件下与所有权人分离，这种分离是所有权人行使所有权的一种方式。

③法人财产权。法人财产权是指企业法人对股东投资所设企业的全部财产在经营中所享有的占有、使用、收益和处分的权利。《中华人民共和国公司法》规定，公司享有由股东投资形成的全部法人财产权。

④经营管理权。经营管理权是指企业对所有权人授权其经营管理的财产所享有的占有、使用和依法处分的权利，以及由此产生的对企业机构设置、人事、劳动等方面的管理权。

⑤债权。债权是指按照合同约定或法律规定，在当事人之间产生的特定权利。债权是一种请求权，其义务主体是特定的。

⑥知识产权。知识产权，即专利权、商标权、著作权等，是智力成果的创造人依法享有的权利和生产经营活动中标记所有权人依法享有的权利的总称。

2）经济义务。经济义务是指经济法主体根据法律规定，或者为满足权利主体的要求，必须为或不为一定行为的责任。经济义务具有以下含义。

一是义务主体必须依照法定范围做出一定行为（如企业必须保证产品质量和服务质量，对用户和消费者负责）或不做出一定行为（如国家机关不能滥用经济职权），以满足权利主体实现其权利。

二是当主体不履行义务时应承担相应的法律责任（如支付违约金、赔偿金等）。

经济权利与经济义务是辩证统一、相辅相成的，没有经济权利就不会有经济义务。经济法主体不能只享有经济权利而不承担经济义务，也不能只承担经济义务而不享有经济权利。

1.2 经济纠纷

1.2.1 经济纠纷的概念与解决途径

1. 经济纠纷的概念

经济纠纷是指市场经济主体之间因经济权利和经济义务的矛盾而引起的权益争议，包括平等主体之间涉及经济内容的纠纷，以及公民、法人或者其他组织作为行政管理相对人与行政机关之间因行政管理所发生的涉及经济内容的纠纷。

2. 经济纠纷的解决途径

在我国，解决经济纠纷的途径和方式主要有仲裁、民事诉讼、行政复议、行政诉讼。仲裁与民事诉讼是两种不同的争议解决方式。

当事人发生争议只能在仲裁或者民事诉讼两种方式中选择一种解决方式。有效的仲裁协议可排除法院的管辖权。只有在没有仲裁协议或仲裁协议无效，或者当事人放弃仲裁协议的情况下，法院才可以行使管辖权，这在法律上称为或裁或审原则。

行政复议与行政诉讼方式的选择与纠纷的性质有关。根据法律的不同规定，有的可以直接向法院起诉，也可以先申请行政复议，对行政复议决定不服时再起诉；有的则只能先申请行政复议，对行政复议决定不服才能提起行政诉讼；还有的则只能通过行政复议的方式解决，由行政机关对纠纷做出最终裁决。

在市场经济条件下，市场经济主体为实现各自的经济目标，必然要进行各种经济活动，由于各自的经济权益相互独立，加之客观情况经常变化，因而不可避免地会发生各种各样的权益争议，产生经济纠纷，如合同纠纷、纳税人与税务机关就纳税事务发生争议等。为了保护当事人的合法权益，维持社会经济秩序，必须利用有效手段，及时处理解决这些纠纷。

仲裁与民事诉讼都是适用于横向关系经济纠纷的解决方式。作为平等民事主体的当事人之间发生的经济纠纷，只能在仲裁或者民事诉讼两种方式中选择一种解决争议。

当公民、法人或者其他组织认为行政机关的具体行政行为侵犯其合法权益时，可采用申请行政复议或者提起行政诉讼的方式解决。行政复议与行政诉讼都是针对纵向关系经济纠纷的解决方式，都由行政管理相对人一方提出申请，选择哪种方式则与纠纷的性质有关。

随堂演练 1-26

下列解决争议的方式中，适用于解决平等民事主体当事人之间发生的经济纠纷的有（　　）。

A. 仲裁　　B. 民事诉讼　　C. 行政复议　　D. 行政诉讼

【答案】AB

【解析】行政复议和行政诉讼适用于解决行政机关与行政管理相对人因具体行政行为发生的争议，是对纵向关系经济纠纷的解决方式。

随堂演练 1-27

某县工商局对甲公司抽逃资金的行为处以 1 万元罚款，甲公司不服。对此双方可采用的解决方式有（　　）。

A. 仲裁　　B. 行政复议　　C. 民事诉讼　　D. 行政诉讼

【答案】BD

【解析】县工商局对甲公司罚款 1 万元，甲公司不服可以直接提起行政诉讼，也可以先申请行政复议，对行政复议决定不服时，再提起行政诉讼。

随堂演练 1-28

市工商局因 A 公司销售假冒伪劣产品，经多次处罚仍不改正，决定吊销其营业执照，A 公司不服，则其可以采用的解决途径包括（　　）。

A. 仲裁　　B. 民事诉讼　　C. 行政复议　　D. 行政诉讼

【答案】CD

【解析】行政复议和行政诉讼适用于解决行政机关与行政管理相对人因具体行政行为发生的争议，是对纵向关系经济纠纷的解决方式。而仲裁和民事诉讼是解决平等民事主体当事人之间发生的经济纠纷的解决方式。

随堂演练 1-29

判断题：有效的仲裁协议可排除法院的管辖权。(　　)

【答案】√

【解析】有效的仲裁协议可排除法院的管辖权，只有在没有仲裁协议或仲裁协议无效，或者当事人放弃仲裁协议的情况下，法院才可以行使管辖权。

1.2.2　仲裁

1. 仲裁的特征

仲裁是指由经济纠纷的各方当事人共同选定仲裁机构，对纠纷依法定程序做出具有约束力的裁决的活动。从仲裁的概念可以看出，仲裁具有三个要素，分别为：

（1）以双方当事人自愿协商为基础；

（2）由双方当事人自愿选择的中立第三者进行裁判；

（3）裁决对双方当事人都具有约束力。

2. 仲裁的适用范围

（1）根据《中华人民共和国仲裁法》（简称《仲裁法》）的规定，平等主体的公民、法人和其他组织之间发生的合同纠纷和其他财产权益纠纷，可以仲裁。

（2）下列纠纷不能提请仲裁：

1）关于婚姻、收养、监护、扶养、继承的纠纷；

2）依法应当由行政机关处理的行政争议。

提示：上述情形即使双方自愿，也不能申请仲裁。

（3）下列仲裁不适用于《仲裁法》，不属于《仲裁法》所规定的仲裁范围，而应由其他法律予以调整：

1）劳动争议的仲裁；

2）农业集体经济组织内部的农业承包合同纠纷的仲裁。

提示：劳动争议仲裁由隶属劳动部门的劳动争议仲裁委员会解决；农业承包合同纠纷目前多由设在各级政府部门的农业承包合同仲裁委员会处理。

3. 仲裁的基本原则

仲裁的基本原则如表 1-4 所示。

表 1-4　仲裁的基本原则

原则	具体内容
自愿原则	当事人采用仲裁方式解决纠纷，应当由双方自愿达成仲裁协议。没有仲裁协议，一方申请仲裁的，仲裁委员会不予受理
独立仲裁原则	仲裁机关不依附于任何机关而独立存在，仲裁依法独立进行，不受任何行政机关、社会团体和个人的干涉

（续）

原则	具体内容
依据事实和法律，公平合理地解决纠纷的原则	仲裁要坚持以事实为根据，以法律为准绳的原则，在法律没有规定或者规定不完备的情况下，仲裁庭可以按照公平合理的一般原则来解决纠纷
一裁终局原则	仲裁实行一裁终局的制度，即仲裁庭做出的仲裁裁决为终局裁决。裁决做出后，当事人就同一纠纷再申请仲裁或者向法院起诉的，仲裁委员会或者人民法院不予受理

4. 仲裁机构

仲裁机构主要是指仲裁委员会。仲裁委员会可以在省、自治区和直辖市人民政府所在地的市设立，也可以根据需要在其他设区的市设立，不按行政区划层层设立。仲裁委员会独立于行政机关，与行政机关没有隶属关系。仲裁委员会之间也没有隶属关系。

仲裁委员会由主任1人、副主任2～4人和委员7～11人组成。仲裁委员会的主任、副主任和委员，由法律、经济贸易专家和有实际工作经验的人员担任。在仲裁委员会的组成人员中，法律、经济贸易专家不得少于2/3。仲裁委员会从公道、正派且符合一定专业条件的人员中聘任仲裁员。

5. 仲裁协议

（1）仲裁协议的概念。仲裁协议是指双方当事人自愿把他们之间可能发生或者已经发生的经济纠纷提交仲裁机构裁决的书面约定。仲裁协议应当以书面形式订立，口头达成仲裁的意思表示无效。

（2）仲裁协议的内容。仲裁协议应当具有下列内容：

1）请求仲裁的意思表示；

2）仲裁事项；

3）选定的仲裁委员会。

仲裁协议对仲裁事项或者仲裁委员会没有约定或者约定不明确的，当事人可以补充协议；达不成补充协议的，仲裁协议无效。

（3）仲裁协议的效力。仲裁协议具有以下效力：

1）仲裁协议独立存在，合同的变更、解除、终止或者无效，不影响仲裁协议的效力。例如，两个企业签订了买卖合同，双方事先就该合同订立了书面仲裁协议。如果因为合同的纠纷导致一方依法解除了合同，在这种情况下，仲裁协议还是有效的。合同的解除不影响仲裁协议的效力，当事人依然有权按照仲裁协议的约定提起仲裁。

2）当事人对仲裁协议的效力有异议的，可以请求仲裁委员会做出决定或者请求法院做出裁定。一方请求仲裁委员会做出决定，另一方请求法院做出裁定的，由“法院裁定”。当事人对仲裁协议的效力有异议，应当在仲裁庭首次开庭前提出。

3）当事人达成仲裁协议，一方向法院起诉未声明有仲裁协议，法院受理后，另一方在首次开庭前提交仲裁协议的，法院应当驳回起诉，但仲裁协议无效的除外；另一方在首次开庭前未对法院受理该案提出异议的，视为放弃仲裁协议，法院应当“继续审理”。例如，甲企业与乙企业签订了10万元的买卖合同，双方事先签订书面仲裁协议，但当出现合同争议的时候，甲企业却向法院提起了诉讼，并且没有告知法院当事人双方订有仲裁协议，法院依法受理。在这种情况下，乙企业只要在法院首次开庭之前向人民法院提交仲裁协议，法院就应当驳回甲企业的起诉；如果乙企业在首次开庭前未向人民法院提交仲裁协议，那么视为双方同时放弃仲裁协议，人民法院继续审理该案。

6. 仲裁裁决

（1）《仲裁法》规定，仲裁不实行级别管辖和地域管辖，仲裁委员会应当由当事人协议选定。

（2）仲裁庭可以由三名仲裁员或者一名仲裁员组成。由三名仲裁员组成的，设首席仲裁员。当事人约定由三名仲裁员组成仲裁庭的，应当各自选定或者各自委托仲裁委员会主任指定一名仲裁员，第三名仲裁员由当事人共同选定或者共同委托仲裁委员会主任指定。第三名仲裁员是首席仲裁员。当事人约定由一名仲裁员成立仲裁庭的，应当由当事人共同选定或者共同委托仲裁委员会主任指定。当事人没有在仲裁规则规定的期限内约定仲裁庭的组成方式或者选定仲裁员的，由仲裁委员会主任指定。仲裁庭组成后，仲裁委员会应当将仲裁庭的组成情况书面通知当事人。

仲裁员有下列情形之一的，必须回避，当事人也有权提出回避申请：

1）是本案当事人或当事人、代理人的直系亲属；

2）与本案有利害关系；

3）与本案当事人、代理人有其他关系，可能影响公正仲裁的；

4）私自会见当事人、代理人，或者接受当事人、代理人请客送礼的。

（3）仲裁应当开庭进行。

（4）仲裁不公开进行。当事人协议公开的，可以公开进行，但涉及国家秘密的除外。

（5）裁决书自做出之日起发生法律效力。

提示：行政复议决定书一经送达，即发生法律效力。

（6）当事人应当履行裁决。一方当事人不履行的，另一方当事人可以依照《中华人民共和国民事诉讼法》（简称《民事诉讼法》）的有关规定向法院申请执行。受理申请的人民法院应当执行。当事人申请执行仲裁裁决案件，由被执行人住所地或者被执行的财产所在地的中级人民法院管辖。

提示：仲裁只能调解和裁决，无权强制执行。

随堂演练 1-30

下列纠纷中，可适用《仲裁法》解决的是（　　）。

A. 甲、乙之间的土地承包合同纠纷　　B. 甲、乙之间的货物买卖合同纠纷

C. 甲、乙之间的遗产继承纠纷　　D. 甲、乙之间的劳动争议纠纷

【答案】 B

【解析】《仲裁法》的适用范围是平等主体的公民、法人和其他组织之间发生的合同纠纷或其他财产纠纷。与人身有关的纠纷，不适用《仲裁法》，具有行政管理关系的劳动争议以及农业承包合同发生纠纷可以由法律规定的组织仲裁，但不由《仲裁法》调整。

随堂演练 1-31

根据《仲裁法》的规定，下列关于仲裁委员会的表述中，正确的有（　　）。

A. 仲裁委员会是行政机关

B. 仲裁委员会不按行政区划层层设立

C. 仲裁委员会独立于行政机关

D. 仲裁委员会之间没有隶属关系

【答案】 BCD

【解析】 本题考核仲裁委员会的性质和设立。仲裁委员会可以在省、自治区和直辖市人民政府所在地的市设立，也可以根据需要在其他设区的市设立，不按行政区划层层设立。仲裁委员会独立于行政机关，与行政机关没有隶属关系。仲裁委员会之间也没有隶属关系。

随堂演练 1-32

根据《仲裁法》的规定，平等主体的公民、法人和其他组织之间发生的合同纠纷和其他财产纠纷，可以仲裁解决。下列各项中，符合我国《仲裁法》规定，可以申请仲裁解决的是（　　）。

A. 甲与村民委员会签订的土地承包合同纠纷

B. 甲、乙两企业间的货物买卖合同纠纷

C. 甲、乙两人的继承遗产纠纷

D. 甲、乙两对夫妇间的收养合同纠纷

【答案】 B

【解析】

（1）根据《仲裁法》的规定，平等主体的公民、法人和其他组织之间发生的合同纠纷和其他财产权益纠纷，可以仲裁。下列纠纷不能提请仲裁：

1）关于婚姻、收养、监护、扶养、继承的纠纷；

2）依法应当由行政机关处理的行政争议。

上述情形即使双方自愿，也不能申请仲裁。

（2）下列仲裁不适用《仲裁法》，不属于《仲裁法》规定的仲裁范围，而由其他法律予以调整：

1）劳动争议的仲裁；

2）农业集体经济组织内部的农业承包合同纠纷的仲裁。

劳动争议仲裁由隶属劳动部门的劳动争议仲裁委员会解决；农业承包合同纠纷目前多由设在各级政府部门的农业承包合同仲裁委员会处理。

随堂演练 1-33

仲裁裁决书发生法律效力的起始时间为（　　）。

A. 裁决书送达之日

B. 裁决书执行之日

C. 双方协商的日期

D. 裁决书做出之日

【答案】D

【解析】裁决书自做出之日起发生法律效力。

随堂演练 1-34

下列关于我国仲裁制度的表述中，不符合《仲裁法》规定的是（ ）。

A. 仲裁庭做出的仲裁裁决为终局裁决

B. 当事人不服仲裁裁决可以向法院起诉

C. 当事人协议不开庭的，仲裁可以不开庭进行

D. 仲裁的进行以双方当事人自愿达成的书面仲裁协议为条件

【答案】B

【解析】仲裁实行一裁终局制度，仲裁裁决做出后，当事人就同一纠纷再申请仲裁或向人民法院起诉的，仲裁委员会或者人民法院不予受理，因此选项 A 正确，选项 B 错误；仲裁应当开庭进行，当事人协议不开庭的，仲裁庭可以根据仲裁申请书、答辩书及其他材料做出裁决，选项 C 正确；仲裁实行协议仲裁制度，当事人采用仲裁方式解决纠纷，应当由双方当事人自愿达成仲裁协议，没有仲裁协议，一方申请仲裁的，仲裁委员会不予受理，选项 D 正确。故本题答案选 B。

随堂演练 1-35

甲、乙因合同纠纷申请仲裁，仲裁庭对案件裁决未能形成一致意见，下列关于该案件仲裁裁决的表述中，符合法律规定的有（ ）。

A. 应当按照多数仲裁员的意见做出裁决

B. 应当由仲裁庭达成一致意见做出裁决

C. 仲裁庭不能形成多数意见时，按照首席仲裁员的意见做出裁决

D. 仲裁庭不能形成一致意见时，提请仲裁委员会做出裁决

【答案】AC

【解析】根据规定，裁决应当按照多数仲裁员的意见做出。仲裁庭不能形成多数意见时，裁决应当按照首席仲裁员的意见做出。所以答案是 AC。

随堂演练 1-36

判断题：当事人采用仲裁方式解决纠纷，应当由双方自愿达成仲裁协议。（ ）

【答案】√

【解析】根据规定，当事人采用仲裁方式解决纠纷，应当由双方自愿达成仲裁协议。没有仲裁协议，一方申请仲裁的，仲裁委员会不予受理。所以题目表述正确。

1.2.3 民事诉讼

诉讼是指国家审判机关，即人民法院，依照法律规定，在当事人和其他诉讼参与人的参加下，依法解决讼争的活动。平等主体当事人之间发生经济纠纷提起诉讼，适用《民事诉讼法》解决纷争。1991 年 4 月 9 日第七届全国人民代表大会第四次会议通过，2007 年

10 月 28 日第十届全国人民代表大会常务委员会第三十次会议修正，2012 年 8 月 31 日第十一届全国人民代表大会常务委员会第二十八次会议第二次修正，2017 年 6 月 27 日第十二届全国人民代表大会常务委员会第二十八次会议第三次修正的《民事诉讼法》是进行民事诉讼活动的法律依据。

1. 民事诉讼的适用范围

公民之间、法人之间、其他组织之间以及他们相互之间因财产关系和人身关系发生纠纷，可以提起民事诉讼。

适用于《民事诉讼法》的案件具体有五类。

（1）因《中华人民共和国民法典》（简称《民法典》）中第五编“婚姻家庭”和第六编“继承”等调整的平等主体之间的财产关系和人身关系发生的民事案件，如合同纠纷、房产纠纷、侵害名誉权纠纷等案件。

（2）因经济法、《民法典：合同》调整的社会关系发生的争议，法律规定适用民事诉讼程序审理的案件，如企业破产案件、劳动合同纠纷案件等。

（3）适用特别程序审理的选民资格案件和宣告公民失踪、死亡等非讼案件。

（4）按照督促程序解决的债务案件。

（5）按照公示催告程序解决的宣告票据和有关事项无效的案件。

提示：仲裁的适用范围比民事诉讼的适用范围小。其他方面两者也可以对比。

2. 审判制度

（1）合议制度。合议制度是指由三名以上审判人员组成审判组织，代表法院行使审判权，对案件进行审理并做出裁判的制度。合议制度是相对于独任制度而言的，后者是指由一名审判员独立地对案件进行审理和裁判的制度。法院审理第一审民事案件，除适用简易程序审理的民事案件由审判员一人独任审理外，一律由审判员、陪审员共同组成合议庭或者由审判员组成合议庭。法院审理第二审民事案件，由审判员组成合议庭，合议庭的成员人数必须是单数。

（2）回避制度。回避制度是指参与某案件民事诉讼活动的审判人员、书记员、翻译人员、鉴定人、勘验人是案件的当事人或者当事人、诉讼代理人的近亲属，或者与案件有利害关系，或者与案件当事人有其他关系，可能影响对案件公正审理的，当事人有权用口头或者书面方式申请他们回避。

（3）公开审判制度。公开审判制度是指法院的审判活动依法向社会公开的制度。法律规定，法院审理民事或行政案件，除涉及国家秘密、个人隐私或者法律另有规定的以外，应当公开进行。公开审理案件，应当在开庭前公告当事人姓名、案由，开庭的时间、地点，以便群众旁听。公开审判包括审判过程公开和审判结果公开两项内容。不论案件是否公开审理，一律公开宣告判决。

（4）两审终审制度。两审终审制度是指一个诉讼案件经过两级法院审判后即终结的制度。根据《中华人民共和国人民法院组织法》（以下简称《人民法院组织法》）的规定，我国人民法院分为：最高人民法院、地方各级人民法院（高级人民法院、中级人民法院、基层人民法院）、专门人民法院。除最高人民法院外，其他各级法院都有自己的上一级法院。按照两审终审制，一个案件经第一审法院审判后，当事人如果不服，有权在法定期限内向上一级法院提起上诉，由该上一级法院进行第二审。二审法院的判决、裁定是终审的判决、裁定。适用特别程序、督促程序、公示催告程序和企业法人破产还债程序审理的案件，实行一审终审制度。对终审判决、裁定，当事人不得上诉。如果发现终审裁判确有错误，可以通过审判监督程序予以纠正。

提示：并不是所有的案件都实行两审终审制度，注意实行一审终审制度的案件。

仲裁和诉讼的主要区别如表 1-5 所示。

表 1-5　仲裁和诉讼的主要区别

方式	受理机构	受理前提	能否复议	决定生效
仲裁	仲裁委员会	有有效的仲裁协议	一裁终局	做出之日起生效
诉讼	法院	没有有效的仲裁协议	可以上诉，裁定的上诉期限是 10 天，判决的上诉期限是 15 天	上诉期满当事人没有上诉，或二审判决、裁定做出

3. 诉讼管辖

诉讼管辖是指各级法院之间以及不同地区的同级法院之间，受理第一审民事案件、经济纠纷案件的职权范围和具体分工。管辖可以按照不同标准做多种分类，其中最重要、最常用的是级别管辖和地域管辖。具体内容如表 1-6 所示。

表 1-6　管辖的类别及其具体内容

管辖类别	具体内容
级别管辖	级别管辖是根据案件性质、案情繁简、影响范围，来确定上、下级法院受理第一审案件的分工和权限。大多数民事案件均归基层人民法院管辖
地域管辖	各级法院的辖区和各级行政区划是一致的。按照地域标准，即按照法院的辖区和民事案件的隶属关系，确定同级法院之间受理第一审民事案件的分工和权限，称地域管辖。地域管辖又分为一般地域管辖、特殊地域管辖和专属管辖等

4. 诉讼时效

（1）诉讼时效的概念。诉讼时效是指权利人在法定期间内不行使权利而失去诉讼保护的制度。诉讼时效期间是指权利人请求法院或仲裁机关保护其民事权利的法定期间。

诉讼时效期间届满，权利人丧失的是胜诉权，即丧失依诉讼程序强制义务人履行义务的权利；权利人的实体权利并不消灭，债务人自愿履行的，不受诉讼时效限制。

提示：诉讼时效届满，导致权利人的胜诉权消失，人民法院不再予以强制保护。但是，权利人基于民事法律关系所享有的民事权利（实体权利）仍然存在，所以，义务人在诉讼时效届满之后自愿向权利人履行义务的，权利人仍然有权接受。

规定诉讼时效的主要作用在于以下几点。

1）督促权利人及时行使权利。诉讼时效规定体现的是如果权利人享有权利但不积极地行使，将产生权利消灭的法律后果。诉讼时效体现了法律保护勤勉者、不保护懒惰者的原则。换言之，法律只保护积极行使权利的人。

2）维护既定的法律秩序的稳定。权利人长期不向义务人主张权利，就会使义务人认为权利人已经放弃其请求权，从而形成一种稳定的社会秩序和法律秩序。在经过相当长的时间后，权利人才行使权利，就会导致既定的社会秩序的破坏，不利于法律秩序的稳定。

3）有利于证据的收集和判断，并及时解决纠纷。如果权利人长期不行使权利，有些事实和证据可能因年代久远，难以查证。法律规定诉讼时效，可以使当事人和法院免受陈年旧案的困扰。

关于仲裁时效，法律有规定的，适用法律规定；法律没有规定的，适用诉讼时效的规定。

（2）诉讼时效期间的具体规定。诉讼时效期间有下列几种。

1）普通诉讼时效期间。普通诉讼时效期间，也称一般诉讼时效期间，是指由民事普通法规定的具有普遍意义的诉讼时效期间。《民法典》第一百八十八条："向人民法院请求保护民事权利的诉讼时效期间为三年。法律另有规定的，依照其规定。"

2）最长诉讼时效期间。诉讼时效期间自权利人知道或者应当知道权利受到损害以及义务人之日起计算。法律另有规定的，依照其规定。但是自权利受到损害之日起超过二十年的，人民法院不予保护；有特殊情况的，人民法院可以根据权利人的申请决定延长。

提示：最长诉讼时效期间从权利"被侵害"时计算，而非从权利人"知道或应当知道"之时起算。

（3）诉讼时效期间的中止。是指在诉讼时效期间的最后六个月内，因不可抗力或者其他障碍致使权利人不能行使请求权的，诉讼时效期间中止。自中止时效的原因消除之日起满六个月，诉讼时效期间届满。

（4）诉讼时效期间的中断。是指在诉讼时效期间，有权利人向义务人提出履行请求、义务人同意履行义务、权利人提起诉讼或者申请仲裁、与提起诉讼或者申请仲裁具有同等效力的其他情形时，诉讼时效中断。从中断、有关程序终结时起，诉讼时效期间重新计算。

（5）诉讼时效期间的延长。是指在诉讼时效期间届满后，权利人基于某种正当理由要求法院根据具体情况延长时效期间，经法院审查确认以后决定延长。

诉讼时效的中止和诉讼时效的中断的区别如表1-7所示。

表1-7 诉讼时效的中止和诉讼时效的中断的区别

	发生时间	法定事由	事由消除后
时效中止	诉讼时效期间的最后六个月	不可抗力或其他障碍使权利人不能行使请求权	诉讼时效继续进行
时效中断	诉讼时效中的任何时候	权利人向义务人提出履行请求、义务人同意履行义务、权利人提起诉讼或者申请仲裁、与提起诉讼或者申请仲裁具有同等效力的其他情形	诉讼时效期间重新计算

5. 判决和执行

（1）判决。法院审理民事案件，除涉及国家秘密、个人隐私或者法律另有规定的以外，应当公开进行。公开审理案件，应当在开庭前公告当事人姓名、案由，以及开庭的时间、地点，以便群众旁听。公开审判包括审判过程公开和审判结果公开两项内容。不论案件是否公开审理，一律公开宣告判决。法院审理民事案件可以根据当事人的意愿进行调解。

当事人不服法院第一审判决的，有权在判决书送达之日起 15 日内向上一级法院提起上诉。如果在上诉期内当事人不上诉，第一审判决就是发生法律效力的判决。第二审法院的判决是终审的判决，也就是发生法律效力的判决。

（2）执行。当事人拒绝履行已经发生法律效力的判决、裁定、调解书和其他应当履行的法律文书时，对方当事人可以向人民法院的执行组织申请执行，强制义务人履行义务。

对于发生法律效力的判决、裁定，由第一审法院执行；对于调解书、仲裁机构的生效裁决、公证机关依法赋予强制执行效力的债权文书等，则由被执行人住所地或者被执行的财产所在地法院执行。

法院依照法定程序，强制执行生效的法律文书的方法和手段，称为执行措施。现行《民事诉讼法》根据不同的执行对象规定了下列不同的执行措施：

1）查询、扣押、冻结、划拨、变价被执行人的存款、债券、股票、基金份额等财产；

2）扣留、提取被执行人应当履行义务部分的收入；

3）查封、扣押、冻结、拍卖、变卖被执行人应当履行义务部分的财产；

4）搜查被执行人的财产；

5）强制被执行人交付法律文书指定的财物或票证；

6）强制被执行人迁出房屋或者强制退出土地；

7）强制被执行人履行法律文书指定的行为；

8）要求有关单位办理财产权证照转移手续；

9）强制被执行人支付迟延履行期间的债务利息及迟延履行金；

10）其他措施。

随堂演练 1-37

下列案件中，适用《民事诉讼法》的有（　　）。

A. 公民名誉权纠纷案件

B. 企业与银行因票据纠纷提起诉讼的案件

C. 纳税人与税务机关因税收征纳争议提起诉讼的案件

D. 劳动者与用人单位因劳动合同纠纷提起诉讼的案件

【答案】 ABD

【解析】 平等主体当事人之间发生经济纠纷提起诉讼，适用《民事诉讼法》解决纷争。选项 A 属于因《民法典》中第五编“婚姻家庭”、第六编“继承”等调整的平等主体之间的财产关系和人身关系发生的民事案件；选项 B 属于按照公示催告程序解决的宣告票据和有关事项无效的案件；选项 D 属于因经济法、《劳动法》调整的社会关系发生的争议，法律规定适用民事诉讼程序审理的案件，如企业破产案件、劳动合同纠纷案件等，均适用于《民事诉讼法》。选项 C 适用《中华人民共和国行政诉讼法》。

随堂演练 1-38

甲、乙因房屋买卖纠纷欲提起诉讼，对该案件有管辖权的法院是（　　）。

A. 甲住所地法院　　　　B. 乙住所地法院

C. 房屋所在地法院　　　　D. 甲、乙协议的法院

【答案】C

【解析】根据《民事诉讼法》的规定，因不动产纠纷提起的诉讼，由不动产所在地法院管辖。

随堂演练 1-39

甲公司与乙公司因合同纠纷诉至法院。法院经审理判决甲公司败诉，甲公司不服，提起上诉。二审法院判决驳回上诉，维持原判。分析：二审法院判决的法律效力有哪些？

【解析】我国民事诉讼实行两审终审制度。二审法院判决后即产生法律效力：甲、乙公司间的合同纠纷消灭；当甲公司不履行义务时，乙公司可以申请法院强制执行；非经法定审判监督程序，该判决不得撤销。

随堂演练 1-40

当事人拒绝履行已经发生法律效力的民事判决时，经另一方当事人申请，法院可以采取的强制执行措施有（　　）。

A. 查询、冻结、划拨被执行人的财产

B. 扣留、提取被执行人的收入

C. 搜查被执行人的财产

D. 要求有关单位办理财产权证照转移手续

【答案】ABCD

【解析】为维护法律的有效性和严肃性，法律规定在当事人拒绝履行生效的判决和裁定时，另一方当事人有权提请法院采取强制的执行措施予以执行。

随堂演练 1-41

根据民事法律制度的规定，下列各项中，可导致诉讼时效中断的情形有（　　）。

A. 权利人向义务人提出履行请求

B. 义务人同意履行义务

C. 权利人提起诉讼或者申请仲裁

D. 发生不可抗力致使权利人不能行使请求权

【答案】ABC

【解析】根据规定，诉讼时效期间的中断，是指在诉讼时效期间，有权利人向义务人提出履行请求、义务人同意履行义务、权利人提起诉讼或者申请仲裁、与提起诉讼或者申请仲裁具有同等效力的其他情形时，诉讼时效中断。从中断、有关程序终结时起，诉讼时效期间重新计算。诉讼时效期间的中止，是指在诉讼时效期间的最后六个月内，因不可抗力或者其他障碍致使权利人不能行使请求权的，诉讼时效期间暂时停止计算。自中止时效的原因消除之日起满六个月，诉讼时效期间届满。而选项 D 是可能导致“诉讼时效中止”的事由。所以答案是 ABC。

1.2.4　行政复议

行政复议是指国家行政机关在依照法律、法规的规定履行对社会的行政管理职责过程中，作为行政管理主体的行政机关一方与作为行政管理相对人的公民、法人或者其他组织一方，对于法律规定范围内的具体行政行为发生争议，由行政管理相对人向做出具体行政行为的行政机关的上一级行政机关或者法律规定的其他行政机关提出申请，由该行政机关对引起争议的具体行政行为进行审查，并做出相应决定的一种行政监督活动。行政复议是现代国家保护公民免受行政机关具体行政行为不法侵害的一种重要的法律制度。

1999年4月29日第九届全国人民代表大会常务委员会第九次会议通过的《中华人民共和国行政复议法》（简称《行政复议法》，2017年9月1日第十二届全国人民代表大会常务委员会第二十九次会议第二次修正）和2007年5月23日国务院第177次常务会议通过的《中华人民共和国行政复议法实施条例》（国务院令第499号），是进行行政复议活动的基本法律依据。

1. 行政复议的范围

公民、法人或者其他组织认为行政机关的具体行政行为侵犯其合法权益，符合《行政复议法》规定范围的，可以申请行政复议。可以申请行政复议的事项和行政复议的排除事项如表1-8所示。

表1-8　行政复议的范围

范围	内　　容
可以申请行政复议的事项	（1）对行政机关作出的警告、罚款、没收违法所得、没收非法财物、责令停产停业、暂扣或者吊销许可证、暂扣或者吊销执照、行政拘留等行政处罚决定不服的 （2）对行政机关作出的限制人身自由或者查封、扣押、冻结财产等行政强制措施决定不服的 （3）对行政机关作出的有关许可证、执照、资质证、资格证等证书变更、中止、撤销的决定不服的 （4）对行政机关作出的关于确认土地、矿藏、水流、森林、山岭、草原、荒地、滩涂、海域等自然资源的所有权或者使用权的决定不服的 （5）认为行政机关侵犯其合法的经营自主权的 （6）认为行政机关变更或者废止农业承包合同，侵犯其合法权益的 （7）认为行政机关违法集资、征收财物、摊派费用或者违法要求履行其他义务的 （8）认为符合法定条件，申请行政机关颁发许可证、执照、资质证、资格证等证书，或者申请行政机关审批、登记有关事项，行政机关没有依法办理的 （9）申请行政机关履行保护人身权利、财产权利、受教育权利的法定职责，行政机关没有依法履行的 （10）申请行政机关依法发放抚恤金、社会保险金或者最低生活保障费，行政机关没有依法发放的 （11）认为行政机关的其他具体行政行为侵犯其合法权益的
行政复议的排除事项	（1）不服行政机关作出的行政处分或者其他人事处理决定的，可依照有关法律、行政法规的规定提出申诉 （2）不服行政机关对民事纠纷作出的调解或者其他处理，依法申请仲裁或者向人民法院提起诉讼

公民、法人或者其他组织认为行政机关的具体行政行为所依据的下列规定不合法，在对具体行政行为申请行政复议时，可以一并向行政复议机关提出对该规定的审查申请：

（1）国务院部门的规定；

（2）县级以上地方各级人民政府及其工作部门的规定；

（3）乡、镇人民政府的规定。

2. 行政复议申请

公民、法人或者其他组织认为具体行政行为侵犯其合法权益的，可以自知道该具体行政行为之日起六十日内提出行政复议申请；但是法律规定的申请期限超过六十日的除外。因不可抗力或者其他正当理由耽误法定申请期限的，申请期限自障碍消除之日起继续计算。

申请人申请行政复议，可以书面申请，也可以口头申请；口头申请的，行政复议机关应当当场记录申请人的基本情况、行政复议请求、申请行政复议的主要事实、理由和时间。

3. 行政复议参加人和行政复议机关

行政复议参加人是指具体参加行政复议活动全过程，以保护其合法权益不受非法侵害的人。行政复议参加人包括申请人、被申请人和第三人。

依照《行政复议法》的规定，申请行政复议的公民、法人或者其他组织是申请人，做出具体行政行为的行政机关是被申请人。

同申请行政复议的具体行政行为有利害关系的其他公民、法人或者其他组织，可以作为第三人参加行政复议。

依照《行政复议法》履行行政复议职责的行政机关是行政复议机关。行政复议机关负责法制工作的机构具体办理行政复议事项，称为行政复议机构。

对县级以上地方各级人民政府工作部门的具体行政行为不服的，由申请人选择，可以向该部门的本级人民政府申请行政复议，也可以向上一级主管部门申请行政复议。

对海关、金融、国税、外汇管理等实行垂直领导的行政机关和国家安全机关的具体行政行为不服的，向上一级主管部门申请行政复议。

对地方各级人民政府的具体行政行为不服的，向上一级人民政府申请行政复议。

对国务院部门或者省、自治区、直辖市人民政府的具体行政行为不服的，向做出该具体行政行为的国务院部门或者省、自治区、直辖市人民政府申请行政复议。

行政复议机关受理行政复议申请，不得向申请人收取任何费用。行政复议活动所需经费，应当列入本机关的行政经费，由本级财政予以保障。

行政复议期间具体行政行为不停止执行。但是，有下列情形之一的，可以停止执行：

（1）被申请人认为需要停止执行的；

（2）行政复议机关认为需要停止执行的；

（3）申请人申请停止执行，行政复议机关认为其要求合理，决定停止执行的；

（4）法律规定停止执行的。

4. 行政复议决定

行政复议原则上采用书面审查的方式，但是申请人提出要求或者行政复议机关负责法制工作的机构认为有必要时，可以向有关组织和人员调查情况，听取申请人、被申请人和第三人的意见。书面审查方式是指行政复议机关根据书面材料查清案件事实并做出行政复议决定的方式。书面审查的特点，是排除当事人的言辞辩论，当事人以书面形式提出自己的申请意见和答辩意见，以书面形式提交和运用证据。行政复议的举证责任，由被申请人承担。

行政复议机关应当自受理申请之日起六十日内做出行政复议决定；但是法律规定的行政复议期限少于六十日的除外。

行政复议机构应当对被申请人做出的具体行政行为进行审查，提出意见，经行政复议机关的负责人同意或者集体讨论通过后，按照下列规定做出行政复议决定。

（1）具体行政行为认定事实清楚，证据确凿，适用依据正确，程序合法，内容适当的，决定维持。

（2）被申请人不履行法定职责的，决定其在一定期限内履行。

（3）具体行政行为有下列情形之一的，决定撤销、变更或者确认该具体行政行为违法；决定撤销或者确认该具体行政行为违法的，可以责令被申请人在一定期限内重新做出具体行政行为。

1）主要事实不清、证据不足。

2）适用依据错误。

3）违反法定程序。

4）超越或者滥用职权。

5）具体行政行为明显不当。

被申请人不按照法律规定提出书面答复，提交当初做出具体行政行为的证据、依据和其他有关材料的，视为该具体行政行为没有证据、依据，决定撤销该具体行政行为。

行政复议机关责令被申请人重新做出具体行政行为的，被申请人不得以同一的事实和理由做出与原具体行政行为相同或者基本相同的具体行政行为。

行政复议机关做出行政复议决定，应当制作《行政复议决定书》，并加盖印章。《行政复议决定书》一经送达，即发生法律效力。

被申请人应当履行行政复议决定。被申请人不履行或者无正当理由拖延履行行政复议决定的，行政复议机关或者有关上级行政机关应当责令其限期履行。

申请人逾期不起诉又不履行行政复议决定的，或者不履行最终裁决的行政复议决定的，按照下列规定分别处理：

（1）维持具体行政行为的行政复议决定，由做出具体行政行为的行政机关依法强制执行，或者申请法院强制执行；

（2）变更具体行政行为的行政复议决定，由行政复议机关依法强制执行，或者申请法院强制执行。

随堂演练 1-42

根据《行政复议法》的规定，下列各项中，不属于行政复议范围的是（　　）。

A. 对工商局做出的吊销营业执照的决定不服

B. 对工商局做出的罚款的决定不服

C. 对财政局做出的吊销会计从业资格证书的决定不服

D. 对税务局做出的给予其职工的撤职处分的决定不服

【答案】 D

【解析】 行政复议是行政管理相对人对行政管理机关的具体行政行为不服时可以采取的解决争议的一种方法，不适用行政管理机关内部的人事管理关系。

随堂演练 1-43

某企业对甲省乙市国税部门给予其行政处罚的决定不服，申请行政复议。下列各项中，应当受理该企业行政复议申请的机关是（　　）。

A. 乙市国税部门　　B. 乙市人民政府

C. 甲省国税部门　　D. 甲省人民政府

【答案】 C

【解析】 本题考核行政复议机关。对海关、金融、国税、外汇管理等实行垂直领导的行政机关和国家安全机关的具体行政行为不服的，向上一级主管部门申请行政复议。

随堂演练 1-44

下列有关行政复议的表述中，符合规定的有（　　）。

A. 不服行政机关对民事纠纷做出的调解，不能申请行政复议

B. 申请行政复议必须采用书面形式

C. 不服行政机关做出的行政处分，不能申请行政复议

D.《行政复议决定书》自做出之日起发生法律效力

【答案】 AC

【解析】 本题考核行政复议的基本规定。选项 B 申请行政复议，可以书面申请，也可以口头申请；选项 D《行政复议决定书》自“送达”之日起发生法律效力。

随堂演练 1-45

根据行政复议法律制度的规定，下列被申请人的具体行为中，行政复议机关应当予以撤销、变更或者确认违法的有（　　）。

A. 主要事实不清、证据不足的行政行为

B. 违反法定程序的行政行为

C. 超越或者滥用职权的行政行为

D. 适用依据错误的行政行为

【答案】 ABCD

【解析】 具体行政行为有下列情形之一的，决定撤销、变更或者确认该具体行政行为违法；决定撤销或者确认该具体行政行为违法的，可以责令被申请人在一定期限内重新做出具体行政行为。

（1）主要事实不清、证据不足。

（2）适用依据错误。

（3）违反法定程序。

（4）超越或者滥用职权。

（5）具体行政行为明显不当。

随堂演练 1-46

判断题：行政复议机关受理行政复议申请，可以向申请人收取行政复议费用。（　　）

【答案】×

【解析】根据规定，行政复议机关受理行政复议申请，不得向申请人收取任何费用。行政复议活动所需经费，应当列入本机关的行政经费，由本级财政予以保障。

1.2.5　行政诉讼

行政诉讼是指公民、法人或者其他组织认为行政机关或法律、法规授权的组织的行政行为侵犯其合法权益，依法向人民法院请求司法保护，人民法院通过对被诉行政行为的合法性进行审查，在双方当事人和其他诉讼参与人的参与下，对该行政争议进行审理和裁判的司法活动。1989 年 4 月 4 日由第七届全国人民代表大会第二次会议通过，自 1990 年 10 月 1 日起施行的《行政诉讼法》（2017 年 6 月 27 日第十二届全国人民代表大会常务委员会第二十八次会议第二次修正）是行政诉讼的法律依据。在我国，行政诉讼与刑事诉讼、民事诉讼并称为三大诉讼，是国家诉讼制度的基本形式之一。行政诉讼也是行政法制监督的一种特殊形式。

1. 行政诉讼的适用范围

公民、法人或者其他组织认为行政机关和行政机关工作人员的具体行政行为侵犯其合法权益，有权向法院提起行政诉讼。行政诉讼的适用范围如表 1-9 所示。

表 1-9　行政诉讼的适用范围

情形	内容
受理	（1）对行政拘留、暂扣或者吊销许可证和执照、责令停产停业、没收违法所得、没收非法财物、罚款、警告等行政处罚不服的 （2）对限制人身自由或者对财产的查封、扣押、冻结等行政强制措施和行政强制执行不服的 （3）认为行政机关侵犯法律规定的经营自主权的 （4）认为符合法定条件申请行政机关颁发许可证和执照，行政机关拒绝颁发或者不予答复的 （5）申请行政机关履行保护人身权、财产权的法定职责，行政机关拒绝履行或者不予答复的 （6）认为行政机关没有依法发给抚恤金的 （7）认为行政机关违法要求履行义务的 （8）认为行政机关侵犯其他人身权、财产权的
不受理	（1）国防、外交等国家行为 （2）行政法规、规章或者行政机关制定、发布的具有普遍约束力的决定、命令 （3）行政机关对行政机关工作人员的奖惩、任免等决定 （4）法律规定由行政机关最终裁决的具体行政行为

提示：“具有普遍约束力的决定、命令”是指不针对具体对象的决定。例如，限制机动车尾号。

2. 诉讼管辖

（1）级别管辖。基层人民法院管辖第一审行政案件。中级人民法院管辖下列第一审行政案件：

1）确认发明专利权的案件、海关处理的案件；

2）对国务院各部门或者省、自治区、直辖市人民政府所做的具体行政行为提起诉讼的案件；

3）本辖区内重大、复杂的案件。

4）其他法律规定由中级人民法院管辖的案件。

（2）地域管辖。行政案件由最初做出具体行政行为的行政机关所在地人民法院管辖。经复议的案件，复议机关改变原具体行政行为的，也可以由复议机关所在地人民法院管辖。

对限制人身自由的行政强制措施不服提起的诉讼，由被告所在地或者原告所在地人民法院管辖。对不动产提起的行政诉讼，由不动产所在地人民法院管辖。

3. 起诉和受理

对属于人民法院受案范围的行政案件，公民、法人或者其他组织可以先向行政机关申请复议，对复议决定不服的，再向人民法院提起诉讼；也可以直接向人民法院提起诉讼。

法律、法规规定应当先向行政机关申请复议，对复议决定不服再向人民法院提起诉讼的，依照法律、法规的规定。

公民、法人或者其他组织先申请行政复议，不服行政复议决定的，可以在收到行政复议决定书之日起十五日内向人民法院提起诉讼。复议机关逾期不作决定的，申请人可以在复议期满之日起十五日内向人民法院提起诉讼。法律另有规定的除外。

公民、法人或者其他组织直接向人民法院提起诉讼的，应当在知道作出具体行政行为之日起六个月内提出。法律另有规定的除外。

公民、法人或者其他组织因不可抗力或者其他不属于其自身的原因的特殊情况耽误起诉期限的，在障碍消除后十日内，可以申请延长期限，是否准许由人民法院决定。

人民法院接到起诉状，经审查，应当在七日内决定立案或者裁定不予受理。原告对裁定不服的，可以提起上诉。

4. 审理和判决

人民法院公开审理行政案件，但涉及国家秘密、个人隐私和法律另有规定的除外。

人民法院审理行政案件，由审判员组成合议庭，或者由审判员、陪审员组成合议庭。合议庭的成员人数，应当是三人以上的单数。

当事人认为审判人员、书记员、翻译人员、鉴定人、勘验人与本案有利害关系或者有其他关系可能影响公正审判的，有权申请上述人员回避。上述人员认为自己与本案有利害关系或者有其他关系，应当申请回避。

审理行政案件，不适用调解。审理行政案件，以法律和行政法规、当地的地方性法规为依据，参照国务院部委根据法律和国务院的行政法规、决定、命令制定、发布的规章，省、自治区、直辖市和省、自治区的人民政府所在地的市以及经国务院批准的较大的市的人民政府根据法律和国务院的行政法规制定、发布的规章。

人民法院对行政案件宣告判决或者裁定前，原告申请撤诉的，或者被告改变其所作的具体行政行为，原告同意并申请撤诉的，是否准许，由人民法院裁定。

人民法院应当在立案之日起六个月内作出第一审判决，有特殊情况需要延长的，由高级人民法院批准，高级人民法院审理第一审案件需要延长的，由最高人民法院批准。

当事人不服人民法院第一审判决的，有权在判决书送达之日起十五日内向上一级人民法院提起上诉。当事人不服人民法院第一审裁定的，有权在裁定书送达之日起十日内向上一级人民法院提起上诉。逾期不提起上诉的，人民法院的第一审判决或者裁定发生法律效力。

人民法院对上诉案件，认为事实清楚的，可以实行书面审理。审理上诉案件，应当在收到上诉状之日起三个月内做出终审判决。有特殊情况需要延长的，由高级人民法院批准，高级人民法院审理上诉案件需要延长的，由最高人民法院批准。

提示：判决和裁定的区别。判决解决的是案件的实体问题，是对当事人的实体争议和请求所做出的结论；裁定是解决诉讼中的程序事项，主要是法院行使指挥、协调诉讼活动职能的体现。另外，二者上诉期限不同。

5. 侵权赔偿

公民、法人或者其他组织的合法权益受到行政机关或者行政机关工作人员做出的具体行政行为侵犯造成损害的，有权请求赔偿。公民、法人或者其他组织单独就损害赔偿提出请求，应当先由行政机关解决。对行政机关的处理不服的，可以向人民法院提起诉讼。赔偿诉讼可以调解。

行政机关或者行政机关工作人员做出的具体行政行为侵犯公民、法人或者其他组织的合法权益造成损害的，由该行政机关或者该行政机关工作人员所在的行政机关负责赔偿。行政机关赔偿损失后，应当责令有故意或者重大过失的行政机关工作人员承担部分或者全部赔偿费用。

随堂演练 1-47

根据《行政诉讼法》的规定，下列各项中，不应当提起行政诉讼的有（　　）。

A. 某直辖市部分市民认为市政府新颁布的《道路交通管理办法》侵犯了他们的合法权益

B. 某税务局工作人员吴某认为税务局对其做出记过处分违法

C. 李某认为某公安局对其罚款的处罚决定违法

D. 某商场认为某教育局应当偿还所欠的购货款

【答案】ABD

【解析】本题考核行政诉讼的适用范围。根据《行政诉讼法》的规定，人民法院不受理公民、法人或者其他组织对下列事项提起的诉讼：行政法规、规章或者行政机关制定、发布的具有普遍约束力的决定、命令，如本题选项 A 情形；行政机关对行政机关工作人员的奖惩、任免等决定，如选项 B 所述。而选项 D 情形属于平等主体之间的经济纠纷，应通过民事诉讼或仲裁解决。对拘留、罚款、吊销许可证和执照、责令停产停业、没收财物等行政处罚不服的，有权向人民法院提起行政诉讼，因此排除选项 C。

随堂演练 1-48

判断题：公民、法人或者其他组织直接向人民法院提起诉讼的，应当在知道作出具体

行政行为之日起六个月内提出。(　　)

【答案】√

【解析】本题考核提起诉讼的时间。根据《行政诉讼法》第四十六条的规定，公民、法人或者其他组织直接向人民法院提起诉讼的，应当自知道或者应当知道作出行政行为之日起六个月内提出。

随堂演练 1-49

判断题：人民法院审理行政案件，可以对双方当事人进行调解。(　　)

【答案】×

【解析】本题考核行政诉讼的审理和判决。根据《行政诉讼法》的规定，法院审理民事案件可以根据当事人的意愿进行调解，但审理行政案件，不适用调解。

疑难问题 1-1

甲、乙两公司因装修工程施工合同发生纠纷，甲向某仲裁委员会申请仲裁，乙向人民法院提起诉讼。据了解，双方没有签订仲裁协议。请分析：甲、乙两公司解决纠纷的途径是什么？仲裁委员会和人民法院对甲、乙两公司的请求做出什么样的处理？

【解析】由于甲、乙两公司之间没有签订仲裁协议，所以不能通过仲裁方式解决纠纷，只能通过民事诉讼方式解决争议。对甲公司的仲裁申请，仲裁委员会不予受理。对乙公司的起诉，人民法院应予受理。

疑难问题 1-2

甲县与乙、丙、戊三县相邻。甲县某加工厂和丁县某食品厂于2019年9月10日在乙县签订了一份真空食品袋加工承揽合同。其中约定："运输方式为加工厂代办托运；履行地点为加工厂在丙县的仓库。发生纠纷的解决方式，在丙县仲裁委员会仲裁，也可以向戊县的人民法院起诉。"合同签订后，甲县某加工厂按照合同的约定发货。丁县某食品厂收货后即投入使用。因真空食品袋质量不合格，致使食品厂已封装入库和销售出去的袋装食品大量腐败变质，损失5万多元。两厂几经协商未果。丁县某食品厂的法定代表人即找到律师刘某咨询，最后提出一个要求："怎么起诉都可以，但必须在我们丁县法院打官司，你能办到就委托你，否则我们另请高明。"就上述情况，请问：

(1) 按我国现行法律规定，此纠纷是应通过仲裁解决还是应通过诉讼解决？为什么？

(2) 甲、乙、丙、戊县法院是否有管辖权？为什么？

(3) 如果你是刘律师，能否满足丁县某食品厂的要求？

【解析】

(1) 应通过诉讼而不应通过仲裁解决。因为《仲裁法》规定县不设仲裁委员会，合同中丙县仲裁委员会不存在，无法通过仲裁解决。

(2) 甲县法院有管辖权，因为甲县是被告所在地，且合同选择管辖条款无效；乙县法院有管辖权，因为乙县是合同签订地，且该选择管辖协议无效；丙县法院有管辖权，因为合同约定履行地为丙县，且合同选择管辖条款无效；戊县法院无管辖权，因为戊县既不是原告、被告所在地，也不是合同签订地、履行地或标的物所在地，合同选择戊县法院管辖不合法。

(3) 能满足食品厂的要求。按产品质量侵权纠纷起诉。因产品质量侵权纠纷引起的诉讼，侵权行为地法院有管辖权。丁县是侵权行为地，故丁县法院有管辖权。

1.3　法律责任

1.3.1　法律责任的概念

法律责任是现实社会生活中和现行法律、法规中常用且必不可少的一个法律术语，多见于一个法律规范性文件的后部。"法律责任"这一概念可以从正反两个方面理解，即积极意义（正面）的法律责任与消极意义（反面）的法律责任。积极意义的法律责任是指所有组织和个人都有遵守法律的义务，即将法律责任与法律义务含义等同，也称广义的法律责任。现行立法所用的法律责任是一种消极意义的法律责任，是指法律关系的主体由于违反法定的义务而应承受的不利的法律后果，也称狭义的法律责任。

狭义的法律责任与违法行为和法律制裁紧密相连，三者保持着一定的逻辑关系。在违法行为与法律责任关系上，违法行为是因，法律责任是果；在法律责任与法律制裁关系上，法律责任是因，法律制裁是果。

违法行为是指一切违反现行法律要求的或超出现行法律允许范围以外的危害社会的活动。违法也有广义和狭义的理解。广义的违法包括一般违法和犯罪；狭义的违法是指不构成犯罪的一般违法行为。

法律制裁是由特定国家机关对违法者依其所应负的法律责任而实施的强制性惩罚措施。法律制裁与法律责任有着密切的联系。法律制裁是承担法律责任的重要方式，法律责任是前提，法律制裁是结果或体现。法律制裁的目的是强制责任主体承担否定的法律后果，惩罚违法者，恢复被侵害的权利和法律秩序。法律制裁与法律责任又有明显的区别，有法律责任不等于有法律制裁。当责任人主动履行了其应承担的法律责任时，就不存在法律制裁，只有由特定国家机关凭借国家强制力追究违法者的法律责任时，才称为法律制裁。

在违法行为、法律责任、法律制裁三者中，违法行为是首要因素，它是法律责任和法律制裁的原因与前提。

1.3.2　法律责任的种类

根据我国法律的有关规定，法律责任可分为民事责任、行政责任和刑事责任三种，也有人将民事责任和行政责任中的经济内容部分称为经济责任。具体内容如表 1-10 所示。

表 1-10 法律责任的种类

三种法律责任	概念	种类	具体内容
民事责任	由于民事违法、违约行为或根据法律规定所应承担的不利民事法律后果	可以单独适用，也可以合并适用	停止侵害 排除妨碍 消除危险 返还财产 恢复原状 修理、重作、更换 继续履行 赔偿损失 支付违约金 消除影响、恢复名誉 赔礼道歉
行政责任	违反法律法规、规定的单位和个人所应承受的由国家行政机关或者国家授权单位对其依行政程序所给予的制裁	行政处罚	警告 罚款 没收违法所得、没收非法财物 责令停产停业 暂扣或者吊销许可证、暂扣或者吊销执照 行政拘留 法律、行政法规规定的其他行政处罚
		行政处分	警告 记过 记大过 降级 撤职 开除
刑事责任	触犯刑法的犯罪人所应承受的由国家审判机关（法院）给予的制裁后果，即刑罚，它是法律责任中最严厉的责任形式	主刑	管制 拘役 有期徒刑 无期徒刑 死刑
		附加刑	罚金 剥夺政治权利 没收财产 驱逐出境

随堂演练 1-50

下列各项中，属于行政责任的是（　　）。

A. 停止侵害　　B. 罚款　　C. 返还财产　　D. 支付违约金

【答案】 B

【解析】 本题考核法律责任。选项 ACD 均属于民事责任。

随堂演练 1-51

下列各项中，不属于行政处罚的是（ ）。

A. 罚金 B. 吊销许可证 C. 警告 D. 没收违法所得

【答案】A

【解析】本题考核法律责任。根据规定，行政处罚分为人身自由罚（行政拘留）、行为罚（责令停产停业、吊销或暂扣许可证和执照）、财产罚（罚款、没收财物）和声誉罚（警告）等多种形式。选项 A“罚金”是“刑事责任”；“罚款”才是“行政处罚”。

随堂演练 1-52

根据民事法律制度的规定，下列各项中，属于民事责任形式的有（ ）。

A. 返还财产 B. 没收非法财物 C. 赔偿损失 D. 罚款

【答案】AC

【解析】《民法典》第一百七十九条规定，承担民事责任的主要形式有以下几种：停止侵害，排除妨碍，消除危险，返还财产，恢复原状，修理、重作、更换，继续履行，赔偿损失，支付违约金，消除影响、恢复名誉，赔礼道歉。

随堂演练 1-53

判断题：甲对乙享有货款债权，但诉讼时效已届满。乙向甲支付了货款，其后以不知诉讼时效届满为由请求甲返还。法律应支持乙的请求。（ ）

【答案】×

【解析】根据规定，时效届满后，当事人自愿履行义务的，不受诉讼时效限制。当事人履行了义务后，又以超过诉讼时效为由反悔的，法律不予支持。

案例分析

2010 年，个体户李某与某镇政府签订了对 1 000 亩荒滩 50 年承包经营的合同，并规定李某每年上交承包费 10 万元。2013 年年底，镇政府要求李某每年上交的承包费增加到 30 万元，否则终止承包合同，李某不同意。镇政府于 2019 年 3 月 20 日单方面撤销了该承包合同；3 月 28 日李某知道了这一事实，并于 2019 年 5 月 22 日向上级行政机关提出复议申请，5 月 27 日上级机关发出受理通知，并向李某收取 5 000 元复议费。李某收到通知后处于等待状态，7 月 10 日李某尚未等到复议决定，便决定向法院提出起诉。

请问：

（1）该纠纷是否属于行政复议的范围？

（2）李某申请行政复议的期限是否有效？

（3）李某于 7 月 10 日向法院提起诉讼，法院是否受理？

（4）复议机关是否应该收取复议费？

【解析】

（1）该纠纷属于行政复议的范围。《行政复议法》规定，公民、法人或其他组织认为行政机关关于变更或废止农业承包合同，侵犯其合法权益的，可以申请行政复议。

（2）李某申请行政复议的期限有效。法律规定，申请人可以自知道该具体行政行为之日起六十日内提出复议申请。李某3月28日知道具体行政行为，于5月22日提出复议申请，未超过六十日的规定。

（3）李某向法院提起诉讼，法院不予受理。因为公民、法人申请先进行行政复议，行政复议机关已经依法受理的，或者法律规定应先申请行政复议的，在法定行政复议期限内不得向人民法院提起行政诉讼。本题中，李某的行政复议申请已受理，且在六十日的行政复议期内，故法院不予受理。

（4）复议机关不得收取复议费。《行政复议法》规定，行政复议机关受理行政复议申请的，不得向申请人收取任何费用；所需经费，应列入本机关的行政经费，由本级财政予以保障。

复习思考题

一、判断题

1. 经济法是调整各种经济关系的法规的总称。(　　)
2. 企业的内部组织，不是经济实体，不具有法人资格，因此不能成为经济法的主体。(　　)
3. 不同的经济法主体所享有的经济权利是相同的。(　　)
4. 经济职权同其他经济权利一样，可以随意转让、放弃和抛弃。(　　)
5. 国家规定的各类经济法主体的义务，对于有关经济法主体来说，都是必须履行的；否则，要依法追究其责任。(　　)
6. 仲裁不实行级别管辖和地域管辖。(　　)
7. 设立仲裁委员会，应当经省级工商行政管理机关核准登记。(　　)
8. 仲裁应当公开进行。当事人协议不公开的，可以不公开进行。(　　)
9. 当事人申请仲裁后，可以自行和解。(　　)
10. 仲裁庭在做出裁决前，必须先行调解。(　　)
11. 调解书与裁决书具有同等法律效力。(　　)
12. 调解书由仲裁员签名并加盖仲裁委员会印章后，即发生法律效力。(　　)
13. 裁决应当按照首席仲裁员而不是多数仲裁员的意见做出。(　　)
14. 裁决书自做出之日起发生法律效力。(　　)
15. 海事法院与中级人民法院同级。(　　)
16. 最高人民法院管辖的案件实行一审终审，所做判决、裁定一经送达即发生法律效力。(　　)
17. 申请人向人民法院提起行政诉讼，人民法院已经依法受理的，不得申请行政复议。(　　)

二、单项选择题

1. 社会分配调控关系应当由（　　）。

   A. 行政法调整　　B. 民法调整　　C. 科技法调整　　D. 经济法调整

2. 作为经济法主体的国家机关，主要是（　　）。

A. 国家权力机关　B. 经济管理机关　C. 审判机关　D. 检察机关

3. 经济法律关系最主要的参加者是（　　）。

A. 公民　B. 个体工商户　C. 企业　D. 农户

4. 享有经济职权的主体是（　　）。

A. 企业　B. 事业单位　C. 社会团体　D. 国家机关

5. 中国仲裁协会是（　　）。

A. 企业法人　B. 机关法人　C. 事业单位法人　D. 社会团体法人

6. 当事人应当履行裁决。一方当事人不履行的，另一方当事人可以依法（　　）。

A. 向仲裁庭申请执行　B. 向仲裁委员会申请执行　C. 向仲裁协会申请执行　D. 向人民法院申请执行

7. 仲裁一般应（　　）进行。

A. 不公开　B. 公开　C. 任意　D. 半公开

8. 我国实行的是（　　）审判制度。

A. 或裁或审　B. 两审终审　C. 一审终局　D. 一裁终局

三、多项选择题

1. 社会组织包括（　　）。

A. 企业　B. 事业单位　C. 社会团体　D. 个体工商户

2. 下列各项中，可以作为经济法律关系的客体的有（　　）。

A. 计划物质　B. 空气　C. 审查批准行为　D. 支付价款的行为

3. 组成仲裁庭的仲裁员可以是（　　）。

A. 1 名　B. 3 名　C. 5 名　D. 7 名

4. 仲裁员必须回避的情形包括（　　）。

A. 与本案有利害关系　B. 私自会见当事人　C. 接受代理人的请客送礼的　D. 是本案代理人的近亲属

5. 人民法院民二庭受理的案件包括（　　）。

A. 合同争议案件　B. 股票、债券争议案件　C. 企业破产案件　D. 商标权案件

四、填空题

1. 经济管理机关包括三类：一是__________经济管理机关；二是__________经济管理机关；三是__________。

2. 经济法律关系是由__________、__________和内容这三个要素构成的。

3. 经济法是调整国家在__________与__________经济运行过程中发生的__________的法

律规范的总称。具体包括__________关系、__________关系、__________关系和__________关系。

4. 所有权的四项权能是__________、__________、__________和__________。

5. 《仲裁法》的立法宗旨，是为保证__________、__________地仲裁经济争议，保护当事人的合法权益，保障社会主义市场经济健康发展。

6. 平等主体的公民、法人和其他组织之间发生的__________争议和其他__________争议，可以仲裁。

7. 仲裁依法独立进行，不受行政机关、__________和__________的干涉。

8. 一方当事人申请__________裁决，另一方当事人申请__________裁决的，人民法院应当裁定中止执行。

9. 《民事诉讼法》根据案件的性质，是否属于__________案件以及案件对社会的__________确定了基层人民法院、中级人民法院、高级人民法院和最高人民法院对一审案件的分工。

10. 行政复议申请的形式可以是__________，也可以是__________。

11. 行政复议的程序是__________、__________和__________。

五、名词解释

1. 经济法 2. 经济法律关系 3. 经济法律关系的主体 4. 经济法律关系的内容 5. 经济法律关系的客体 6. 法律事实 7. 经济权利 8. 经济义务 9. 经济职权 10. 财产所有权 11. 占有权 12. 使用权 13. 收益权 14. 处分权 15. 请求权 16. 法人 17. 代理 18. 债权 19. 仲裁 20. 经济仲裁 21. 仲裁协议 22. 经济司法 23. 级别管辖 24. 专属管辖 25. 行政复议

六、简答题

1. 简述经济法的定义及调整对象。
2. 简述经济法律关系及其特征。
3. 简述我国经济法主体的范围。
4. 经济权利的含义包括哪些方面?
5. 经济义务的含义包括哪些方面?
6. 经济职权包括哪些方面?
7. 简述经济职权的基本特征。
8. 简述财产所有权的定义及其含义。
9. 简述经济仲裁的基本制度。
10. 仲裁委员会应当具备哪些条件?
11. 简述仲裁委员会的组成。
12. 简述仲裁协会的性质和职权。
13. 什么样的仲裁协议无效?
14. 简述经济争议案件地域管辖的一般原则。
15. 中级人民法院管辖哪几类经济争议案件?

七、论述题

1. 为什么说经济法的调整对象是国家需要干预的社会经济关系？
2. 债权与所有权有哪些区别？
3. 论述经济仲裁的原则。
4. 试述行政复议的范围及程序。

第 2 章

公司法律制度

2.1　公司法律制度概述

2.1.1　公司的概念和特征

公司是指依照《中华人民共和国公司法》（简称《公司法》）的规定设立，并以营利为目的的企业法人。公司是企业的一种组织形式，它具有企业所共有的属性。

公司的主要特征如下。

（1）公司是依照《公司法》设立的经济组织。公司要依照《公司法》设立，符合《公司法》规定的设立条件。《公司法》对公司的股东人数，公司的组织机构的地位、性质、职权等都做了明确规定。公司的外部关系和内部关系都必须严格依照《公司法》等有关法律规定进行运作。

（2）公司是以营利为目的的经济组织。以营利为目的是指公司从事的是经营活动，而经营活动的目的是获取利润，并将其分配给公司的股东。

（3）公司是具有法人资格的经济组织。按照《公司法》规定条件设立的公司自成立之日起具有法人资格。公司具有民事权利能力和民事行为能力，依法独立享有民事权利和承担民事义务。

（4）公司是由法定数额的股东共同或单独出资形成的经济组织。公司股东以其出资额形成对公司的股权，在法律上体现为一种股份式的联合。公司股东以其出资额或者所持股份为限，对公司承担有限责任；公司以其全部财产对公司债务承担责任。

疑难问题 2-1

教材中有时提到公司，有时提到企业，公司与企业有什么区别？

【解析】 公司是依照《公司法》设立的以营利为目的的企业法人。企业是指依法设立的、以营利为目的的、从事生产经营活动的独立核算的经济组织。企业根据不同的标准可以有不同的分类。按照组织形式的不同，企业可以分为个人独资企业、合伙企业、公司制企业等，所以公司是企业的一种。依照《公司法》设立的公司，都具有法人资格，可以依法独立承担民事责任；而企业中还包括不具有法人资格的企业，比如个人独资企业。

2.1.2 公司的分类

按照不同的划分标准，公司可分为不同的种类。一般来讲，公司主要有以下分类。

(1) 以股东对公司债务承担的责任形式为划分标准，公司可分为无限公司、有限责任公司、两合公司和股份有限公司。无限公司是指全体股东就公司债务负连带无限责任的公司。有限责任公司是指全体股东对于公司的债务仅以各自的出资额为限承担责任的公司。两合公司是指一部分股东对公司债务负无限责任，另一部分股东负有限责任的公司。股份有限公司是指公司资本划分为若干金额相等的股份，全体股东仅以自己认购的股份为限对公司债务承担责任的公司。我国法律只规定两种公司形式，即有限责任公司和股份有限公司。

(2) 以一个公司对另一个公司的控制与依附关系为划分标准，公司可分为母公司与子公司。母公司是指通过持有其他公司一定比例以上的股份或者通过协议的方式，能够实际上控制其他公司营业活动的公司。子公司是指虽然在法律上具有法人资格，但其经营活动受母公司实际控制的公司。在法律上，母公司与子公司仍应互相独立，各自具有独立的法人资格。

(3) 依据公司内部管辖系统，公司可分为总公司和分公司。总公司是指依法设立并管辖分公司的总机构。分公司是指总公司管辖之下的法人分支机构。分公司不具有独立的法人资格，不具有独立的财产，其权利和义务由总公司承担。但是，分公司可以在总公司授权的范围内以自己的名义进行业务活动。

随堂演练 2-1

判断题：根据《公司法》的规定，子公司与分公司的区别在于是否具有法人资格。(　　)

【答案】 √

【解析】 公司可以设立分公司和子公司。分公司不具有企业法人资格，其民事责任由总公司承担。子公司具有企业法人资格，依法独立承担民事责任。

随堂演练 2-2

A 公司的分公司在核准的经营范围内以自己的名义对外签订一份货物买卖合同，此项合同的法律效力是（　　）。

A. 无效，A 公司和分公司均不承担民事责任

B. 有效，其民事责任由分公司独立承担

C. 有效，其民事责任由 A 公司承担

D. 有效，其民事责任由分公司承担，A 公司负连带责任

【答案】 C

【解析】 分公司不具有企业法人资格，但可以依法独立从事生产经营活动，其民事责任由总公司承担。

（4）以公司的国籍为划分标准，可分为本国公司与外国公司。在我国，本国公司是指依照《公司法》在我国境内登记设立的公司。外国公司是指依据外国法律在我国境外登记设立的公司。

2.1.3 公司法的概念与调整范围

1. 公司法的概念

公司法是调整公司在其设立、经营、变更、终止过程中所发生的经济关系的法律规范的总称。

《公司法》于 1993 年 12 月 29 日第八届全国人民代表大会常务委员会第五次会议通过，根据 1999 年 12 月 25 日第九届全国人民代表大会常务委员会第十三次会议《关于修改〈中华人民共和国公司法〉的决定》第一次修正，根据 2004 年 8 月 28 日第十届全国人民代表大会常务委员会第十一次会议《关于修改〈中华人民共和国公司法〉的决定》第二次修正，根据 2005 年 10 月 27 日第十届全国人民代表大会常务委员会第十八次会议修订，根据 2013 年 12 月 28 日第十二届全国人民代表大会常务委员会第六次会议《关于修改〈中华人民共和国海洋环境保护法〉等七部法律的规定》第三次修正，根据 2018 年 10 月 26 日第十三届全国人民代表大会常务委员会第六次会议《关于修改〈中华人民共和国公司法〉的决定》第四次修正。《公司法》对于确定公司这一市场主体的法律地位，规范公司的组织和行为，保护公司、股东和债权人的合法权益，维护社会经济秩序，促进社会主义市场经济的发展，有着重要的意义。

2. 公司法的调整范围

《公司法》第二条规定："本法所称公司是指依照本法在中国境内设立的有限责任公司和股份有限公司。"因此，我国《公司法》的调整范围只包括有限责任公司和股份有限公司，对其他公司没有做出规定。

2.2 有限责任公司

2.2.1 有限责任公司的概念和特征

1. 有限责任公司的概念

有限责任公司是指依照《公司法》在中国境内设立的，由五十个以下股东共同出资，

股东以其认缴的出资额对公司承担有限责任，公司以其全部资产对公司的债务承担责任的企业法人。

2. 有限责任公司的特征

（1）公司资本的不等额性。有限责任公司的全部资本不必划分为等额股份，股东按协议确定出资比例，按出资比例享有权利、承担义务和风险，股东的股权表现形式是公司签发的出资证明书。

（2）股东人数的相对稳定性。有限责任公司股东人数的最高限额均由法律严格规定，使得股东人数相对稳定，而不像股份有限公司股东人数是无上限的。股东人数的相对稳定性决定了股东间的关系较为密切，股东出资的转让也受到严格限制。

（3）股权转让的限制性。《公司法》第七十一条规定："股东向股东以外的人转让股权，应当经其他股东过半数同意。股东应就其股权转让事项书面通知其他股东征求同意，其他股东自接到书面通知之日起满三十日未答复的，视为同意转让。其他股东半数以上不同意转让的，不同意的股东应当购买该转让的股权；不购买的，视为同意转让。经股东同意转让的股权，在同等条件下，其他股东有优先购买权。"

（4）设立程序的简便性。由于有限责任公司不发行股票，不向社会公开募集资本，这决定了它的设立方式只有发起设立，即由股东共同制定章程，缴纳出资，经验资机构验资，最后由指定的代表或委托的代理人向公司登记机关申请设立登记，公司即告成立。

随堂演练 2-3

根据《公司法》规定，下列选项中，属于有限责任公司特征的是（　　）。

A. 财务不必公开　　B. 可以通过发行股票筹集资本

C. 必须设置董事会　　D. 既可以发起设立也可以募集设立

【答案】A

【解析】选项 B、C、D 属于股份有限公司的特征。

2.2.2　有限责任公司的设立

1. 有限责任公司的设立条件

（1）股东符合法定人数。根据我国《公司法》的规定，有限责任公司由五十个以下股东出资设立。

（2）有符合公司章程规定的全体股东认缴的出资额。

（3）股东共同制定公司章程。公司章程是公司设立及活动的基本规则，是公司依法确立公司内外部法律关系及股东权利义务的基本法律文件。设立公司必须依法制定公司章程。公司章程对公司、股东、董事、监事、高级管理人员具有约束力。

公司章程应当载明下列事项：

1）公司名称和住所；

2）公司经营范围；

3）公司注册资本；

4）股东的姓名或者名称；

5）股东的出资方式、出资额和出资时间；

6）公司的机构及其产生办法、职权、议事规则；

7）公司法定代表人；

8）股东会会议认为需要规定的其他事项。

股东应当在公司章程上签名、盖章。

（4）有公司名称，建立符合有限责任公司要求的组织机构。公司的名称是公司的标志。依法设立的有限责任公司必须在公司名称中标明“有限责任公司”或者“有限公司”字样。同时，有限责任公司还必须建立与法律规定相一致的组织机构，即设立股东会、董事会或执行董事、监事会或监事。

（5）有公司住所。公司要有固定的住所，公司的住所是公司主要办事机构所在地，一方面是进行正常生产经营活动的需要；另一方面也便于国家有关部门对其生产经营活动进行必要的监督管理。

2. 有限责任公司的设立程序

（1）制定公司章程。有限责任公司的公司章程由公司全体股东共同订立，并经全体股东同意后，所有股东应当在公司章程上签名、盖章。公司章程对公司、股东、董事、监事、高级管理人员具有约束力。

国有独资公司章程由国有资产监督管理机构制定，或者由董事会制定，报国有资产监督管理机构批准。

（2）有限责任公司的注册资本为在公司登记机关登记的全体股东认缴的出资额。法律、行政法规及国务院决定对有限责任公司注册资本实缴、注册资本最低限额另有规定的，从其规定。

股东可以用货币出资，也可以用实物、知识产权、土地使用权等可以用货币估价并可以依法转让的非货币财产作价出资。但是，法律、行政法规规定不得作为出资的财产除外。

对作为出资的非货币财产应当评估作价，核实财产，不得高估或者低估作价。法律、行政法规对评估作价有规定的，从其规定。

股东应当按期足额缴纳公司章程中规定的各自所认缴的出资额。股东以货币出资的，应当将货币出资足额存入有限责任公司在银行开设的账户；以非货币财产出资的，应当依法办理财产权的转移手续。

股东不按照前款规定缴纳出资的，除应当向公司足额缴纳外，还应当向已按期足额缴纳出资的股东承担违约责任。

随堂演练 2-4

设立有限责任公司的股东可以用货币出资，也可以用实物和无形资产出资，其中，货币出资金额占注册资本的最低比例是（　　）。

A. 20%　　B. 没有规定　　C. 50%　　D. 70%

【答案】 B

【解析】2013 年 12 月 28 日，第十二届全国人民代表大会常务委员会第六次会议通过对《中华人民共和国公司法》的修改，取消对公司货币出资的比例限制。这意味着，有限责任公司股东或者股份有限公司的发起人可以用货币、实物、知识产权、土地使用权等可以用货币估价并可以依法转让的非货币财产的一种或者几种出资，出资方式不再做任何限制，公司注册资本可以不用货币出资。

（3）设立登记（参考从“三证合一”到“五证合一、一照一码”登记制度改革）。

从“三证合一”到“五证合一、一照一码”登记制度改革

一、设立登记

根据《国务院办公厅关于加快推进“三证合一”登记制度改革的意见》（国办发〔2015〕50 号，以下简称《意见》）和《工商总局等六部门关于贯彻落实〈国务院办公厅关于加快推进“三证合一”登记制度改革的意见〉的通知》(工商企注字〔2015〕121 号，以下简称《通知》）要求，从 2015 年 10 月 1 日开始，全国实施营业执照、组织机构代码证、税务登记证三证合一的政策，正在使用中的证照于 2016 年 12 月 31 日前可以正常使用，过了时间就将无法使用了，所以企业必须在此时间之前进行“三证合一”申请。

1. 全面实施“三证合一”登记制度改革

自 2015 年 10 月 1 日起，我国将全面实施“三证合一”登记制度改革，通过“一窗受理、互联互通、信息共享”，将企业登记时依次申请，分别由工商行政管理部门核发营业执照、质量技术监督部门核发组织机构代码证、税务部门核发税务登记证，改为一次申请、由工商行政管理部门核发加载法人和其他组织统一社会信用代码（以下简称“统一社会信用代码”）的营业执照。实施范围为各类企业、农民专业合作社及其分支机构（以下统称“企业”）。个体工商户注册登记暂按现行规定执行。改革后，企业的组织机构代码证、税务登记证不再发放。企业原需要使用组织机构代码证、税务登记证办理的相关事务，一律改为使用“三证合一”后的营业执照办理。各级、各部门、金融机构办理相关企业事务时，不得以任何理由要求企业提供组织机构代码证和税务登记证或开具相关证明。

2. 需要准备的资料

（1）《三证合一登记（备案）申请书》。

备注：只需要填写“三证合一”相关内容，其他部分都让其空着就可以。

（2）《指定代表或者共同委托代理人授权委托书》及指定代表或委托代理人的身份证件复印件，经办人带着身份证原件。表格依照要求先填好。

（3）全体股东签署的公司章程。如果没有标准的章程可以从文库里面下载，按照自己公司的情况填写完整即可。

（4）股东的主体资格证明或者自然人身份证件复印件。股东为企业的，提交营业执照副本复印件；股东为事业法人的，提交事业法人登记证书复印件；股东为社团法人的，提交社团法人登记证复印件；股东为民办非企业单位的，提交民办非企业单位证书复印件。

“三证合一”由老证换新证只需要到工商局办理就可以了，质检和税务窗口就可以免去了，不过，最好还是在当地咨询一下，区域不一样也会有不同。

3. “三证合一”实施方案的流程

实行三证“一窗办理、一表填报、一网录入、一证三号”的登记新模式。

（1）一窗办理。申请人在工商部门完成名称预先核准后，由政务服务中心综合窗口根据申请人申请事项，向申请人提供咨询服务，发放申请文书或表格，并一次性告知需要提交的全部申请材料和办事流程。同时，收取企业的申请材料，及时将申请材料流转给工商、质监、国税和地税部门。

（2）一表填报。整合“三证”申请表格为一种表格（《企业注册登记“三证合一”申请表》），企业申请设立登记时，申请表不需要加盖公司公章，由拟任法定代表人（负责人、执行事务合伙人、投资人）签署即可。

（3）一网录入。综合窗口工作人员将表格中的信息录入平台，平台自动将数据推送至工商、质监、国税、地税部门。申请人向工商、质监、国税、地税部门提交的申请材料重复的，申请人只需提交一份。申请材料由综合窗口办理复印或者扫描成档案影像，原件由工商部门保存，档案影像共享给质监、国税和地税部门。工商、质监、国税、地税部门都须审查的申请材料和登记事项，工商有关部门已经审查过了的，其他部门不须再重复审查。

（4）一证三号。工商、质监、国税、地税部门对符合受理要求的申请及时做出准予许可决定，通过各自系统生成营业执照注册号、组织机构代码、税务登记号，由综合窗口颁发加载营业执照注册号、组织机构代码、税务登记号的营业执照（营业执照加盖工商行政管理局或市场监督管理局公章）并收取相关费用。不予许可的，各部门要说明理由，并且及时反馈至综合窗口。申请人若须另外单独领取相关证照的，凭“三证合一”营业执照，到各相关部门通过各自系统无偿补打。

4. 平稳有序地推进新旧制度转换

（1）过渡期限。自2015年10月1日起，各级登记部门向企业发放加载统一社会信用代码的营业执照，条件具备的同时发放电子营业执照。新设立企业在办理登记业务时直接核发“一照一码”营业执照。存量企业在办理变更或备案业务时换发“一照一码”营业执照，也可直接申请换发“一照一码”营业执照。改革过渡期为2015年10月1日至2017年12月31日。在过渡期内，各级登记部门要完成存量企业的证照换发工作，原发的营业执照（包括试点的“一照三号”营业执照）、组织机构代码证和税务登记证可继续使用；2018年1月1日后，原发的营业执照、组织机构代码证、税务登记证不再有效。

（2）存量企业赋码原则。存量企业已领取组织机构代码证的，将原9位组织机构代码的统一代码直接嵌入新核发的营业执照；未领取组织机构代码证的，按照统一代码设计原则赋新码。省质监局会同省工商局对现有存量企业代码信息数据进行比对，将比对后的数据进行统一社会信用代码的转换，并一次性将转换后的统一社会信用代码数据传送给省工商局。省工商局要及时改造登记业务系统，有序做好存量企业新旧营业执照转码工作。

（3）存量企业换照程序。存量企业申请换发“一照一码”营业执照时，须交回原有的工商营业执照、组织机构代码证、税务登记证（含国税登记证、地税登记证），由登记部门发给“一照一码”营业执照。原有证照信息不一致的，由登记部门按营业执照记载的信息发给“一照一码”营业执照；原有证件不齐全的，登记部门根据数据比对结果进行处理。

（4）建立企业联络员制度。根据《通知》要求，为优化政务服务、提升服务效能，建立企业联络员制度。企业联络员主要负责企业与登记部门的联系，代表企业办理登记注册业务、申领电子营业执照、以本人个人信息登录企业信用信息公示系统报送企业年报及即时信息，贯彻落实国家有关登记的法律、法规、政策等。2015 年 10 月 1 日后首次申请换照的企业，须同时办理企业联络员备案手续。

二、住所变更、注销登记的特别要求

（1）企业住所（经营场所、营业场所）变更涉及税务登记机关改变的，在办理流程结束后，受理人员告知申请人到税务机关办理税务相关手续，在申请人办结税务相关手续后，税务登记号发生改变的，申请人可通过换照程序，在工商“三证合一”办理窗口换发税务登记。

（2）已实行“三证合一”的企业办理注销登记的，应先按原税务注销登记程序和时限，到税务登记机关办理税务注销登记；持国税、地税登记机关出具的税务注销证明材料《注销税务登记申请审批表》，到工商“三证合一”办理窗口办理注销登记。

三、企业年度报告公示制度

企业年度报告是指工商行政管理机关依法按年度对企业进行检查，确认企业继续经营资格的法定程序，凡领取《中华人民共和国企业法人营业执照》《中华人民共和国营业执照》《企业法人营业执照》《营业执照》的有限责任公司、股份有限公司、非公司企业法人和其他经营单位，均须参加年检。当年设立登记的企业，下一年起参加年检。2014 年 2 月 19 日，国家工商总局[㊀]根据国务院出台的《注册资本登记制度改革方案》，将企业年度检验制度改为企业年度报告公示制度；改革个体工商户验照制度，建立符合个体工商户特点的年度报告制度；探索实施农民专业合作社年度报告制度。

国家工商总局发出通知，自 2014 年 3 月 1 日起正式停止企业年度检验工作，年检改为年度报告公示制度。

1. 企业年度报告对象

凡是上年 12 月 31 日之前（含 31 日）领取《中华人民共和国企业法人营业执照》《中华人民共和国营业执照》《企业法人营业执照》《营业执照》的有限责任公司、股份有限公司、非公司企业法人和其他经营单位，均须报送并公示年度报告。

当年设立登记的企业，自下一年起报送并公示年度报告。

2. 企业年度报告提交的时间与方式

企业应当于每年 1 月 1 日至 6 月 30 日，通过企业信用信息公示系统向工商行政管理部门报送上一年度年度报告，并向社会公示。

当年设立登记的企业，自下一年起报送并公示年度报告。

3. 企业年度报告应当提交的资料

（1）企业通信地址、邮政编码、联系电话、电子邮箱等信息。

（2）企业开业、歇业、清算等存续状态信息。

（3）企业投资设立企业、购买股权信息。

㊀ 2018 年国务院机构改革后，将国家工商总局的职责整合，不再保留国家工商管理总局，组建国家市场监督管理总局。

(4) 企业为有限责任公司或者股份有限公司的，其股东或者发起人认缴和实缴的出资额、出资时间、出资方式等信息。

(5) 有限责任公司股东股权转让等股权变更信息。

(6) 企业网站以及从事网络经营的网店的名称、网址等信息。

(7) 企业从业人数、资产总额、负债总额、对外提供保证担保、所有者权益合计、营业总收入、主营业务收入、利润总额、净利润、纳税总额信息。

前款第（1）项至第（6）项规定的信息应当向社会公示，第（7）项规定的信息由企业选择是否向社会公示。

经企业同意，公民、法人或者其他组织可以查询企业选择不公示的信息。

4. 企业年报公示的内容

企业应当自下列信息形成之日起20个工作日内通过企业信用信息公示系统向社会公示：

(1) 有限责任公司股东或者股份有限公司发起人认缴和实缴的出资额、出资时间、出资方式等信息；

(2) 有限责任公司股东股权转让等股权变更信息；

(3) 行政许可取得、变更、延续信息；

(4) 知识产权出质登记信息；

(5) 受到行政处罚的信息；

(6) 其他依法应当公示的信息。

工商行政管理部门发现企业未依照前款规定履行公示义务的，应当责令其限期履行。

5. 对不按照规定进行年报制度的企业的处罚

有下列情形之一的，由县级以上工商行政管理部门将其列入经营异常名录，通过企业信用信息公示系统向社会公示，提醒其履行公示义务；情节严重的，由有关主管部门依照有关法律、行政法规规定给予行政处罚；造成他人损失的，依法承担赔偿责任；构成犯罪的，依法追究刑事责任。

(1) 企业未按照《企业信息公示暂行条例》规定的期限公示年度报告或者未按照工商行政管理部门责令的期限公示有关企业信息的。

(2) 企业公示信息隐瞒真实情况、弄虚作假的。

被列入经营异常名录的企业依照《企业信息公示暂行条例》规定履行公示义务的，由县级以上工商行政管理部门将其移出经营异常名录；满3年未依照《企业信息公示暂行条例》规定履行公示义务的，由国务院工商行政管理部门或者省、自治区、直辖市人民政府工商行政管理部门将其列入严重违法企业名单，并通过企业信用信息公示系统向社会公示。被列入严重违法企业名单的企业的法定代表人、负责人，3年内不得担任其他企业的法定代表人、负责人。

企业自被列入严重违法企业名单之日起满5年未再发生第一款规定情形的，由国务院工商行政管理部门或者省、自治区、直辖市人民政府工商行政管理部门将其移出严重违法企业名单。

四、“五证合一、一照一码”登记

2016年6月30日，国务院办公厅发布《国务院办公厅关于加快推进“五证合一、一照一码”登记制度改革的通知》（国办发〔2016〕53 号）。继 2015 年 10 月 1 日全面实行“三证合一”后，再度整合社会保险登记证和统计登记证，实现“五证合一、一照一码”。各地各部门自 2016 年 10 月 1 日起全面实施。在“三证合一、一照一码”的基础上全面实行“五证合一、一照一码”登记模式，整合社会保险登记证和统计登记证，由工商行政管理部门核发加载法人和其他组织统一社会信用代码的营业执照，社会保险登记证和统计登记证不再另行发放。

改革后，企业申请设立登记的，原执照有效期满、申请变更登记或者申请换发营业执照的，由登记机关依法核发、换发加载统一代码的营业执照。对于已领取社会保险登记证和统计登记证的企业，不再收缴原社会保险登记证和统计登记证。

2018 年 1 月 1 日前，原发证照继续有效，过渡期结束后一律使用加载统一代码的营业执照，未换发的证照不再有效。取消社会保险登记证和统计登记证的定期验证和换证制度，原有验证和换证要求企业报送的事项经整合后纳入企业年度报告内容，由企业自行报送年度报告并向社会公示。

相关部门要在各自领域认可、使用、推广“一照一码”营业执照。对已领取加载统一代码营业执照的企业在办理相关事务时，不再要求企业提供社会保险登记证、统计登记证；对于企业持原有证、照办理的备案、审批等，不要求企业因换领加载统一代码营业执照而再行办理变更手续，切实减轻企业负担。

1. “五证合一、一照一码”登记制度改革的重点任务

通知明确了五个方面的重点任务。

（1）完善一站式服务工作机制。全面实行“一套材料、一表登记、一窗受理”的工作模式，申请人办理企业注册登记时只需填写“一张表格”，向“一个窗口”提交“一套材料”。登记部门直接核发加载统一社会信用代码的营业执照，相关信息在全国企业信用信息公示系统公示，并归集到全国信用信息共享平台。

（2）推进部门间信息共享互认。制定统一的信息标准和传输方案，改造升级各相关业务信息系统和共享平台，健全信息共享机制，确保数据信息落地到工作窗口，并在各相关部门业务系统中有效融合使用。

（3）做好登记模式转换衔接工作。已按照“三证合一”登记模式领取加载统一社会信用代码营业执照的企业，不需要重新申请办理“五证合一”登记，由登记机关将相关登记信息发送至社会保险经办机构、统计机构等单位。取消社会保险登记证和统计登记证的定期验证和换证制度。没有发放和已经取消统计登记证的地方通过与统计机构信息共享的方式做好衔接。

（4）推动“五证合一、一照一码”营业执照广泛应用。改革后，原要求企业使用社会保险登记证和统计登记证办理相关业务的，一律改为使用营业执照办理，各级政府部门、企事业单位及中介机构等均要予以认可。

（5）加强办事窗口能力建设。加强业务培训，使办事窗口工作人员准确把握改革要求，熟练掌握业务流程和工作规范。进一步完善办事窗口服务功能，提高服务效率。

2. 企业申请“五证合一”流程

（1）提交资料。市场监管登记窗口收到申请人申请资料后，经审核，申请资料齐全并

符合法定形式的，应向申请人出具《“五证合一”受理通知书》，并及时将相关申请信息录入企业注册登记系统，进入联合审批流程；申请资料不齐全的，市场监管登记窗口应当场一次性告知申请人需要补正的全部内容，并出具《补办通知书》。同时，综合窗口对受理的相关资料进行拍照或扫描，并及时传至平台。

（2）部门审核。市场监管登记窗口在承诺时间（内资2个工作日，外资3个工作日）内完成营业执照审批手续后，将申请资料和营业执照信息传至平台。

质监窗口收到平台推送的申请资料和营业执照信息后，要在0.5个工作日内办理组织机构代码登记手续，并将组织机构代码发送至平台。

国税、地税、统计和人力社保等部门窗口收到平台推送的申请资料、营业执照和组织机构代码信息后，要在0.5个工作日内分别办理税务登记证、统计登记证和社会保险登记证相关手续，并分别将税务登记证号、统计登记证号、社会保险登记证号发送至平台。

（3）及时办结。综合窗口收到各相关部门核准（或确认）登记信息后，在“五证合一”系统平台上打印出载有注册号、组织机构代码、税务登记证号、社会保险登记证号和统计登记证号的营业执照。

（4）一窗发证。申请人凭《“五证合一”受理通知书》或有效证件到综合窗口领取“五证合一”营业执照。申请资料原件由市场监管部门保存，在申请人需要向有关部门提交资料原件时，可向市场监管部门查询、复印。

案例分析 2-1

A公司是2018年12月10日设立的商贸型小微企业，注册地址在上海市奉贤区庄行镇，注册资本50万元，实缴资本0元。营业执照上登记的公司成立日期为2018年12月10日。2019年1月12日，A公司从奉贤区市场监管局正式领取营业执照。A公司认为，领取营业执照的日期就是公司的成立日期，因此没有按要求在规定时间内公示2018年年报。2019年7月1日，奉贤区市场监管局正式立案调查。

【解析】A公司未在2019年1月1日至6月30日期间公示年度报告的行为，违反了《企业信息公示暂行条例》第八条的规定，符合列入经营异常名录的情形。依据《企业经营异常名录管理暂行办法》第六条的规定，办案机关2019年7月9日对A公司做出列入经营异常名录的决定，并在企业信用信息公示系统中予以公示。其后，A公司在登记人员指导下补报并公示2018年年报信息，向奉贤区市场监管局提交了移出经营异常名录的申请。2016年5月18日，A公司被移出经营异常名录。

案例分析 2-2

2019年8月，上海市著名商标评审委员会对B公司申报上海市著名商标的资料进行评审，发现B公司提交的审计报告中有关销售额、利润等主要经济指标数据与年报公示的销售总额、利润总额等信息不符。其后，B公司未能提供有效说明，被视作提交虚假材料，其新申报上海市著名商标的申请不予通过审查。

2019年9月7日，宝山区市场监管局对B公司立案调查。办案机关认为，B公司在年报公示中有隐瞒真实情况、弄虚作假的行为，违反了《企业信息公示暂行条例》第十七条的规定。依据《企业经营异常名录管理暂行办法》第八条的规定，办案机关2015年9月

29 日对 B 公司做出列入经营异常名录的决定，并在企业信用信息公示系统中予以公示。2019 年 1 月 6 日，B 公司更正年报信息，被移出经营异常名录。

【解析】 在指导企业公示年报信息过程中，应注意提示五个方面的问题。

（1）正确理解公司成立日期。根据《中华人民共和国公司登记管理条例》第二十五条的规定，依法设立的公司，由公司登记机关发给《企业法人营业执照》。公司营业执照签发日期为公司成立日期。需要注意的是，不能将公司成立日期与领取营业执照的日期相混淆。

（2）正确理解年报公示企业的范围界定。依据《企业信息公示暂行条例》第八条的规定，企业应当于每年 1 月 1 日至 6 月 30 日，通过企业信用信息公示系统向工商部门报送上一年度的年度报告并向社会公示。也就是说，上一年度 12 月新设立的公司，虽然成立不足 1 个月，即使正在筹备阶段、没有实缴资本，也应当公示上一年度的年报信息。

（3）公示信息失真将被列入经营异常名录。当事人应当对公示信息的真实性负责。上海市著名商标评审委员会将公示信息作为著名商标认定的重要考量因素，对申请人提交的审计报告数据与年报公示的相关信息（销售总额、利润总额等）逐一核对，以审查提交的申请材料中证明使用该商标的商品近三年销售额、利润等主要经济指标的真实性。案例中，B 公司因公示信息不实被列入经营异常名录。

（4）经营异常企业荣誉评定受限。根据上海市工商局《关于健全信用约束机制加强内部工作联动的意见》的规定，被列入经营异常名录的企业，其商标不得认定为著名商标；被列入严重违法失信企业名单的企业，不得申报认定著名商标。

（5）企业须主动申请移出经营异常名录。依据《企业经营异常名录管理暂行办法》第十一条的规定，企业在补报未报年份的年度报告并公示后，申请移出经营异常名录，工商部门应当自收到申请之日起 5 个工作日内作出移出决定。企业不申请的，应保留在经营异常名录内，工商部门不得自行做出移出决定。

随堂演练 2-5

多选题：下列关于分公司法律地位的说法中正确的有（　　）。

A. 分公司具有独立的法人资格

B. 分公司独立承担民事责任

C. 分公司可以依法独立从事生产经营活动

D. 分公司从事经营活动的民事责任由其总公司承担

【答案】 CD

【解析】 分公司只是总公司管理的分支机构，不具有法人资格，但可以依法独立从事生产经营活动，其民事责任由设立分公司的总公司承担。因此选项 A、B 是错误的。

（4）签发出资证明书。有限责任公司登记注册后应当向股东签发出资证明书。出资证明书是证明股东出资份额的书面凭证。出资证明书应当载明下列事项：

1）公司名称；

2）公司成立日期；

3）公司注册资本；

4）股东的姓名或者名称、缴纳的出资额和出资日期；

5）出资证明书的编号和核发日期。出资证明书由公司盖章。

股东有权查阅、复制公司章程、股东会会议记录、董事会会议决议、监事会会议决议和财务会计报告。股东可以要求查阅公司会计账簿。股东要求查阅公司会计账簿的，应当向公司提出书面请求，说明目的。公司有合理根据认为股东查阅会计账簿有不正当目的，可能损害公司合法利益的，可以拒绝提供查阅，并应当自股东提出书面请求之日起十五日内书面答复股东并说明理由。公司拒绝提供查阅的，股东可以请求人民法院要求公司提供查阅。

公司法定代表人依照公司章程的规定，由董事长、执行董事或者经理担任，并依法登记。公司法定代表人变更的，应当办理变更登记。

随堂演练 2-6

判断题：根据《公司法》的规定，有限责任公司和股份有限公司的法定代表人均可以由公司的经理担任。(　　)

【答案】√

【解析】《公司法》规定，公司的法定代表人均可由董事长、执行董事或者经理担任。

2.2.3 有限责任公司的组织机构

1. 有限责任公司的股东会

（1）股东会的性质和职权。有限责任公司的股东会由全体股东组成。根据《公司法》的规定，有限责任公司股东会是公司的权力机构，是公司的最高决策机关，对公司的重大问题进行决策。有限责任公司的股东会行使下列职权。

1）决定公司的经营方针和投资计划。

2）选举和更换非由职工代表担任的董事、监事，决定有关董事、监事的报酬事项。

3）审议批准董事会的报告。

4）审议批准监事会或者监事的报告。

5）审议批准公司的年度财务预算方案、决算方案。

6）审议批准公司的利润分配方案和弥补亏损方案。

7）对公司增加或者减少注册资本作出决议。

8）对发行公司债券作出决议。

9）对公司合并、分立、解散、清算或者变更公司形式作出决议。

10）修改公司章程。

11）公司章程规定的其他职权。

对前款所列事项股东以书面形式一致表示同意的，可以不召开股东会会议直接作出决定，并由全体股东在决定文件上签名、盖章。

此外，股东会或者股东大会要求董事、监事、高级管理人员列席会议的，董事、监事、高级管理人员应当列席并接受股东的质询。董事、高级管理人员违反法律、行政法规或者公司章程的规定、损害股东利益的，股东可以向人民法院提起诉讼。

（2）股东会的议事规则。首次股东会会议由出资最多的股东召集和主持。有限责任公司设立董事会或执行董事后，股东会由董事会或执行董事召集和主持。股东会会议分为定期会议和临时会议。

定期会议应当依照公司章程的规定按时召开。代表 1/10 以上表决权的股东，1/3 以上的董事，监事会或者不设监事会的公司的监事提议召开临时会议的，应当召开临时会议。召开股东会会议应当于会议召开 15 日前通知全体股东；但是，公司章程另有规定或者全体股东另有约定的除外。

有限责任公司设立董事会的，股东会会议由董事会召集，董事长主持；董事长不能履行职务或者不履行职务的，由副董事长主持；副董事长不能履行职务或者不履行职务的，由半数以上董事共同推举一名董事主持；有限责任公司不设董事会的，股东会会议由执行董事召集和主持。

董事会或者执行董事不能履行或者不履行召集股东会会议职责的，由监事会或者不设监事会的公司的监事召集和主持；监事会或者监事不召集和主持的，代表 1/10 以上表决权的股东可以自行召集和主持。

股东会会议由股东按照出资比例行使表决权。但是，公司章程另有规定的除外。股东会会议作出修改公司章程、增加或者减少注册资本的决议，以及公司合并、分立、解散或者变更公司形式的决议，必须经代表 2/3 以上表决权的股东通过。

股东会应当对所议事项的决定做成会议记录，出席会议的股东应当在会议记录上签名、盖章。

随堂演练 2-7

某有限责任公司的股东会拟对公司为股东甲提供担保事项进行表决。下列有关该事项表决通过的表述中，符合《公司法》规定的是（　　）。

A. 该项表决由公司全体股东所持表决权的过半数通过

B. 该项表决由出席会议的股东所持表决权的过半数通过

C. 该项表决由除甲以外的股东所持表决权的过半数通过

D. 该项表决由出席会议的除甲以外的股东所持表决权的过半数通过

【答案】D

【解析】根据《公司法》的规定，公司为公司股东或者实际控制人提供担保的，必须经股东会或者股东大会决议。接受担保的股东或者受实际控制人支配的股东不得参加表决。该项表决由出席会议的其他股东所持表决权的过半数通过。

随堂演练 2-8

下列事项中，必须经有限责任公司股东会决议并经代表 2/3 以上表决权的股东通过的是（　　）。

A. 修改公司财务管理制度　　B. 选举董事

C. 增加公司注册资本　　D. 公司利润分配方案

【答案】C

【解析】股东会会议作出修改公司章程、增加或者减少注册资本的决议，以及公司合并、分立、解散或者变更公司形式的决议，必须经代表 2/3 以上表决权的股东通过。

2. 有限责任公司的董事会

（1）董事会的设立及职权。有限责任公司设董事会，其成员为 3 ～ 13 人；但是，设有执行董事的除外。

两个以上的国有企业或者两个以上的其他国有投资主体投资设立的有限责任公司，其董事会成员中应当有公司职工代表；其他有限责任公司董事会成员中可以有公司职工代表。董事会中的职工代表由公司职工通过职工代表大会、职工大会或者其他形式民主选举产生。

董事会设董事长一人，可以设副董事长。董事长、副董事长的产生办法由公司章程规定。董事任期由公司章程规定，但每届任期不得超过三年。董事任期届满，连选可以连任。董事任期届满未及时改选，或者董事在任期内辞职导致董事会成员低于法定人数的，在改选出的董事就任前，原董事仍应当依照法律、行政法规和公司章程的规定，履行董事职务。

董事会对股东会负责，行使下列职权。

1）召集股东会会议，并向股东会报告工作。

2）执行股东会的决议。

3）决定公司的经营计划和投资方案。

4）制订公司的年度财务预算方案、决算方案。

5）制订公司的利润分配方案和弥补亏损方案。

6）制订公司增加或者减少注册资本以及发行公司债券的方案。

7）制订公司合并、分立、解散或者变更公司形式的方案。

8）决定公司内部管理机构的设置。

9）决定聘任或者解聘公司经理及其报酬事项，并根据经理的提名决定聘任或者解聘公司副经理、财务负责人及其报酬事项。

10）制定公司的基本管理制度。

11）公司章程规定的其他职权。

（2）董事会会议。董事会会议由董事长召集和主持；董事长不能履行职务或者不履行职务的，由副董事长召集和主持；副董事长不能履行职务或者不履行职务的，由半数以上董事共同推举一名董事召集和主持。

董事会决议的表决，实行一人一票。董事会应当对所议事项的决定做成会议记录，出席会议的董事应当在会议记录上签名。

股东人数较少或者规模较小的有限责任公司，可以设一名执行董事，不设董事会。执行董事可以兼任公司经理。执行董事的职权由公司章程规定。

3. 有限责任公司经理的设立及职权

有限责任公司可以设经理，由董事会决定聘任或者解聘。经理对董事会负责，行使下列职权。

（1）主持公司的生产经营管理工作，组织实施董事会决议。

（2）组织实施公司年度经营计划和投资方案。

（3）拟订公司内部管理机构设置方案。

（4）拟订公司的基本管理制度。

（5）制定公司的具体规章。

（6）提请聘任或者解聘公司副经理、财务负责人。

（7）决定聘任或者解聘除应由董事会决定聘任或者解聘以外的负责管理人员。

（8）董事会授予的其他职权。

公司章程对经理职权另有规定的，从其规定。经理列席董事会会议。

4. 有限责任公司的监事会或者监事

（1）监事会的设立与组成。有限责任公司设监事会，其成员不得少于 3 人。股东人数较少或者规模较小的有限责任公司，可以设 1 ～ 2 名监事，不设监事会。

监事会应当包括股东代表和适当比例的公司职工代表。其中，职工代表的比例不得低于 1/3，具体比例由公司章程规定。监事会中的职工代表由公司职工通过职工代表大会、职工大会或者其他形式民主选举产生。

监事会设主席一人，由全体监事过半数选举产生。监事会主席召集和主持监事会会议；监事会主席不能履行职务或者不履行职务的，由半数以上监事共同推举一名监事召集和主持监事会会议。董事、高级管理人员不得兼任监事。

监事的任期每届为 3 年。监事任期届满，连选可以连任。监事任期届满未及时改选，或者监事在任期内辞职导致监事会成员低于法定人数的，在改选出的监事就任前，原监事仍应当依照法律、行政法规和公司章程的规定，履行监事职务。

随堂演练 2-9

某股份有限公司召开股东大会，选举监事会成员，以下人员中可能成为公司监事的有（　　）。

A. 股东代表　　　　B. 经理

C. 公司职工代表　　　　D. 本公司的董事

【答案】AC

【解析】根据规定，董事、高级管理人员不得兼任监事。

案例分析 2-3

甲、乙、丙、丁等 20 人拟共同出资设立一家有限责任公司。股东共同制定了公司章程。在公司章程中，对董事任期、监事会组成、股权转让规则等事项做了如下规定：①公司董事任期为 4 年；②公司设立监事会，监事会成员为 7 人，其中包括 2 名职工代表；③股东向股东以外的人转让股权，必须经 2/3 以上其他股东同意。

根据上述情况与《公司法》的有关规定，回答下列问题：

（1）公司章程中关于董事任期的规定是否合法？简要说明理由。

（2）公司章程中关于监事会职工代表人数的规定是否合法？简要说明理由。

（3）公司章程中关于股权转让的规定是否合法？简要说明理由。

【解析】

(1) 公司章程中关于董事任期的规定不合法。根据《公司法》第四十五条的规定,董事任期由公司章程规定,但每届任期不得超过3年。本题中,规定公司董事任期为4年是不符合要求的。

(2) 公司章程中关于监事会职工代表人数的规定不合法。根据《公司法》第五十一条的规定,监事会应当包括股东代表和适当比例的公司职工代表,其中职工代表的比例不得低于三分之一,具体比例由公司章程规定。本题中,监事会成员为7人,职工代表人数不得低于3人,因此公司章程中规定2名职工代表是不合法的。

(3) 公司章程中关于股权转让的规定合法。根据《公司法》的规定,公司章程对股权转让另有规定的,从其规定。本题中,公司章程虽然就股权转让做出了与《公司法》不同的规定,但也要按照公司章程的规定执行。

(2) 监事会或者监事的职权。监事会、不设监事会的公司的监事行使下列职权:

1) 检查公司财务;

2) 对董事、高级管理人员执行公司职务的行为进行监督,对违反法律、行政法规、公司章程或者股东会决议的董事、高级管理人员提出罢免的建议;

3) 当董事、高级管理人员的行为损害公司的利益时,要求董事、高级管理人员予以纠正;

4) 提议召开临时股东会会议,在董事会不履行《公司法》规定的召集和主持股东会会议职责时召集和主持股东会会议;

5) 向股东会会议提出提案;

6) 依照《公司法》第一百五十一条的规定,对董事、高级管理人员提起诉讼;

7) 公司章程规定的其他职权。

监事可以列席董事会会议,并对董事会决议事项提出质询或者建议。监事会每年度至少召开一次会议,监事可以提议召开临时监事会会议。监事会决议应当经半数以上监事通过。监事会应当对所议事项的决定做成会议记录,出席会议的监事应当在会议记录上签名。

监事会、不设监事会的公司的监事行使职权所必需的费用由公司承担。

董事、高级管理人员应当如实向监事会或者不设监事会的有限责任公司的监事提供有关情况和资料,不得妨碍监事会或者监事行使职权。监事会或者不设监事会的有限责任公司的监事可以依法向人民法院提起诉讼。

2.2.4 公司董事、监事、高级管理人员的资格和义务

《公司法》第一百四十六条规定,有下列情形之一的,不得担任公司的董事、监事、高级管理人员。

(1) 无民事行为能力或者限制民事行为能力。

(2) 因贪污、贿赂、侵占财产、挪用财产或者破坏社会主义市场经济秩序,被判处刑罚,执行期满未逾5年,或者因犯罪被剥夺政治权利,执行期满未逾5年。

（3）担任破产清算的公司、企业的董事或者厂长、经理，对该公司、企业的破产负有个人责任的，自该公司、企业破产清算完结之日起未逾 3 年。

（4）担任因违法被吊销营业执照、责令关闭的公司、企业的法定代表人，并负有个人责任的，自该公司、企业被吊销营业执照之日起未逾 3 年。

（5）个人所负数额较大的债务到期未清偿。

公司违反前款规定选举、委派董事、监事或者聘任高级管理人员的，该选举、委派或者聘任无效。董事、监事、高级管理人员在任职期间出现本条第一款所列情形的，公司应当解除其职务。董事、监事、高级管理人员应当遵守法律、行政法规和公司章程，对公司负有忠实义务和勤勉义务。

2.2.5　董事、高级管理人员的禁止行为

董事、高级管理人员不得有下列行为。

（1）挪用公司资金。

（2）将公司资金以其个人名义或者以其他个人名义开立账户存储。

（3）违反公司章程的规定，未经股东会、股东大会或者董事会同意，将公司资金借贷给他人或者以公司财产为他人提供担保。

（4）违反公司章程的规定或者未经股东会、股东大会同意，与本公司订立合同或者进行交易。

（5）未经股东会或者股东大会同意，利用职务便利为自己或者他人谋取属于公司的商业机会，自营或者为他人经营与所任职公司同类的业务。

（6）接受他人与公司交易的佣金归为己有。

（7）擅自披露公司秘密。

（8）违反对公司忠实义务的其他行为。

董事、高级管理人员违反上述规定所得的收入应当归公司所有。

董事、监事、高级管理人员执行公司职务时违反法律、行政法规或者公司章程的规定，给公司造成损失的，应当承担赔偿责任。

案例分析 2-4

王某是某市百货大楼股份有限公司（以下简称“百大公司”）的董事兼总经理。2018 年 11 月，王某以华天商城的名义从国外进口了一批家电产品，总计价值为 380 万元，后王某又将该批家电产品全部销售给凯地家电销售中心（以下简称“家电中心”）。“百大公司”董事会获悉上述情况后，认为王某身为本公司董事兼总经理，经营与本公司同类的业务，其行为违反了《公司法》关于董事、高级管理人员竞业禁止的规定，属于无效行为，并作出决议，责成王某取消该销售合同，将这批家电改由“百大公司”经营销售。“家电中心”则认为，这批家电的购销合同是其与华天商城签订的，与“百大公司”没有任何关系，而该销售合同系双方共同协商一致达成，合同内容也不违反法律。因此，这是一份已经生效的合同，双方当事人应按合同约定履行各自的义务。至于王某作为“百大公司”的董事兼总经理以华天商城的名义经营同类业务，这是“百大公司”的内部事务，与华天

商城及家电中心无关。

公司董事违反“竞业禁止义务”与第三人做交易的行为是否合法？

【解析】 王某以华天商城的名义与“家电中心”签订的购销合同应有效。王某因此竞业禁止行为给公司造成的损失，公司可要求王某承担赔偿责任。

《公司法》规定：“董事、高级管理人员不得自营或者为他人经营与其所任职公司同类的营业或者从事损害本公司利益的活动，从事上述营业或者活动的，所得收入应当归公司所有。”《公司法》并没有明确规定这种行为是无效的。王某以华天商城的名义与“家电中心”签订的购销合同应被认为是华天商城与“家电中心”的合同，其意愿表示真实，主体和合同内容均合法，符合有效合同的构成要件，故该合同应认定为有效合同，应当履行。但是《公司法》第一百四十八条规定，董事、高级管理人员的此种行为的收入应归公司所有，这样就既维护了公司的利益，同时又保护了善意第三人的利益。王某以华天商城的名义进口家电，同时又销售给“家电中心”，挤占了“百大公司”在市场上占有的份额，损害了公司利益，此种行为所得的收入应当归“百大公司”所有。但是，董事、高级管理人员的此种行为的个人收入往往小于公司的损失，因此《公司法》规定：“董事、高级管理人员执行公司职务时违反法律、行政法规或者公司章程的规定，给公司造成损害的，应当承担赔偿责任。”如果王某因此“竞业禁止行为”给公司造成损失，公司可要求王某承担赔偿责任。

2.3 国有独资公司和一人有限责任公司

2.3.1 国有独资公司

1. 国有独资公司的概念

国有独资公司是指国家单独出资，由国务院或者地方人民政府授权本级人民政府国有资产监督管理机构履行出资人职责的有限责任公司。国有独资公司章程由国有资产监督管理机构制定，或者由董事会制定报国有资产监督管理机构批准。

2. 国有独资公司的组织机构

国有独资公司不设股东会，由国有资产监督管理机构行使股东会职权。国有资产监督管理机构可以授权公司董事会行使股东会的部分职权，决定公司的重大事项，但公司的合并、分立、解散、增加或者减少注册资本和发行公司债券，必须由国有资产监督管理机构决定；其中，重要的国有独资公司合并、分立、解散、申请破产的，应当由国有资产监督管理机构审核后，报本级人民政府批准。

（1）国有独资公司董事会。国有独资公司设董事会，依照《公司法》第四十六条、第六十六条的规定行使职权。董事每届任期不得超过3年。董事会成员由国有资产监督管理机构委派，董事会成员中应当有公司职工代表。董事会成员中的职工代表由公司职工代表大会选举产生。

董事会设董事长一人，可以设副董事长。董事长、副董事长由国有资产监督管理机构从董事会成员中指定。国有独资公司设经理，由董事会聘任或者解聘。经理依照《公司法》第四十九条规定行使职权。经国有资产监督管理机构同意，董事会成员可以兼任经理。

国有独资公司的董事长、副董事长、董事、高级管理人员，未经国有资产监督管理机构同意，不得在其他有限责任公司、股份有限公司或者其他经济组织兼职。

(2) 国有独资公司监事会。国有独资公司监事会成员不得少于 5 人，其中职工代表的比例不得低于1/3，具体比例由公司章程规定。监事会成员由国有资产监督管理机构委派；但是，监事会成员中的职工代表由公司职工代表大会选举产生。监事会主席由国有资产监督管理机构从监事会成员中指定。

随堂演练 2-10

判断题：国有独资公司董事会全体成员均由国有资产监督管理机构委派。(　　)

【答案】 ×

【解析】 董事会成员由国有资产监督管理机构委派；但是，董事会成员中的职工代表由公司职工代表大会选举产生。

国有独资公司的监事行使下列职权。

1）检查公司财务。

2）对董事、高级管理人员执行公司职务的行为进行监督，对违反法律、行政法规、公司章程或者股东会决议的董事、高级管理人员提出罢免的建议。

3）当董事、高级管理人员的行为损害公司的利益时，要求董事、高级管理人员予以纠正。

4）国务院规定的其他职权。

2.3.2　一人有限责任公司

1. 一人有限责任公司的概念

一人有限责任公司是指只有一个自然人股东或者一个法人股东的有限责任公司。

根据《公司法》的规定，一个自然人只能投资设立一个一人有限责任公司。该一人有限责任公司不能投资设立新的一人有限责任公司。

2. 一人有限责任公司的特别规定

一人有限责任公司的设立和组织机构，适用《公司法》第二章第三节一人有限责任公司的特别规定；第一节没有规定的，适用有限责任公司的设立和组织机构的有关规定。

一人有限责任公司应当在公司登记中注明自然人独资或者法人独资，并在公司营业执照中载明。一人有限责任公司不设股东会。股东做出决定时，应当采用书面形式，并由股东签名后置备于公司。

一人有限责任公司应当在每一会计年度终了时编制财务会计报告，并经会计师事务所审计。一人有限责任公司的股东不能证明公司财产独立于股东自己的财产的，应当对公司债务承担连带责任。

随堂演练 2-11

判断题：张某出资设立了一人有限责任公司 A，张某不得再以自己的名义设立另外的一人有限责任公司，但是张某可以用 A 公司的名义再设立一人有限责任公司 B。(　　)

【答案】 ×

【解析】 根据规定，一个自然人只能投资设立一个一人有限责任公司，该一人有限责任公司不能投资设立新的一人有限责任公司。

一人有限责任公司和其他有限责任公司的异同如表 2-1 所示。

表 2-1　一人有限责任公司和其他有限责任公司的异同

	一人有限责任公司	有限责任公司
股东人数	一个股东	2～50 人
注册资本最低限额	没有最低注册资本限额的规定	没有最低注册资本限额的规定
出资情况	自行规定其认缴的注册资本是否分期出资、出资额和出资时间。全体股东（发起人）认缴的注册资本可以在 10 年、20 年甚至更长时间内缴足	自行规定其认缴的注册资本是否分期出资、出资额和出资时间。全体股东（发起人）认缴的注册资本可以在 10 年、20 年甚至更长时间内缴足
年检	每年年检必须委托会计师事务所出具审计报告	每年年检无特别规定无须出具审计报告
设立个数	一个自然人只能成立一个一人有限责任公司	股东可成立多个有限责任公司

2.4　股份有限公司

2.4.1　股份有限公司的概念和特征

1. 股份有限公司的概念

股份有限公司是指由一定人数的股东组成，公司资本划分为若干金额相等的股份，股东仅以自己认购的股份为限对公司债务承担责任，公司以全部资产对公司债务承担责任的公司。

2. 股份有限公司的特征

（1）股东责任的有限性。股份有限公司的股东仅以自己持有的股份为限对公司债务承担责任。公司的债务完全以公司独立的资产承担。

（2）股东人数的广泛性。股份有限公司股东的人数只有下限没有上限，且公司可以公开向社会募集资本，股份可以自由转让。这就决定了股份有限公司股东人数的广泛性和不确定性。

（3）股份的等额性。股份有限公司的全部资本划分为若干股份，每股金额相等。公司的股份体现为股票形式，股票可以向社会公开发行，持有公司股票即为公司股东。

（4）股份转让的自由性。这与有限责任公司不同，股份有限公司的股票在法定的条件下可由股东自由转让。

（5）股份有限公司的设立程序的复杂性。股份有限公司设立程序与有限责任公司相比，设立程序较为复杂。

2.4.2　股份有限公司的设立

1. 股份有限公司的设立条件

（1）发起人符合法定人数。设立股份有限公司，应当有 2 人以上 200 人以下为发起人，其中须有半数以上的发起人在中国境内有住所。

（2）有符合公司章程规定的全体发起人认购的股本总额或募集的实收股本总额。

（3）股份发行、筹办事项符合法律规定。股份有限公司的资本划分为股份，每一股的金额相等。公司的股份采取股票的形式。股票是公司签发的证明股东所持股份的凭证。

股份的发行实行公平、公正的原则，同种类的每一股份应当具有同等权利。同次发行的同种类股票，每股的发行条件和价格应当相同；任何单位或者个人所认购的股份，每股应当支付相同的价额。

（4）发起人制定公司章程，采用募集方式设立的须经创立大会通过。股份有限公司的设立，可以采取发起设立或者募集设立的方式。采用募集方式设立的公司章程须经创立大会通过。

（5）有公司名称，建立符合股份有限公司要求的组织机构。依照《公司法》设立的股份有限公司必须在公司名称中标明“股份有限公司”或者“股份公司”字样。同时，股份有限责任公司还必须建立与法律规定相一致的组织机构，即设立股东会、董事会、监事会。

（6）有公司住所。公司要有固定的住所，公司的住所是公司主要办事机构所在地。公司住所一方面是进行正常生产经营活动的需要；另一方面也便于国家有关部门对其生产经营活动进行必要的监督管理。

2. 股份有限公司的设立程序

（1）发起人制定公司章程。发起人在确立了设立公司的共同意愿，并订立了发起人协议后，则开始进行公司的筹建工作，首先由全体发起人制定公司章程。

股份有限公司章程应当载明下列事项：

1）公司名称和住所；

2）公司经营范围；

3）公司设立方式；

4）公司股份总数、每股金额和注册资本；

5）发起人的姓名或者名称、认购的股份数、出资方式和出资时间；

6）董事会的组成、职权和议事规则；

7）公司法定代表人；

8）监事会的组成、职权和议事规则；

9）公司利润分配办法；

10）公司的解散事由与清算办法；

11）公司的通知和公告办法；

12）股东大会会议认为需要规定的其他事项。

（2）设立审批。董事会应于创立大会结束后 30 日内向公司登记机关报送下列文件，申请设立登记：

1）公司登记申请书；

2）创立大会的会议记录；

3）公司章程；

4）验资证明；

5）法定代表人、董事、监事的任职文件及身份证明；

6）发起人的法人资格证明或者自然人身份证明；

7）公司住所证明。

以募集方式设立股份有限公司公开发行股票的，还应当向公司登记机关报送国务院证券监督管理机构的核准文件。

（3）出资和募股。股份有限公司的设立可以采取发起设立或者募集设立的方式。发起设立是指由发起人认购公司应发行的全部股份而设立公司。募集设立是指由发起人认购公司应发行股份的一部分，其余部分向社会公开募集而设立公司。以募集设立方式设立股份有限公司的，发起人认购的股份不得少于公司股份总数的 35%。但是，法律、行政法规另有规定的，从其规定。

股东可以用货币出资，也可以用实物、知识产权、土地使用权等可以用货币估价并可以依法转让的非货币财产作价出资。但是，法律、行政法规规定不得作为出资的财产除外。对作为出资的非货币财产应当评估作价，核实财产，不得高估或者低估作价。法律、行政法规对评估作价有规定的，从其规定。

以发起设立方式设立股份有限公司的，发起人应当书面认足公司章程规定其认购的股份，并按照公司章程规定缴纳出资。以非货币财产出资的，应当依法办理其财产权的转移手续。

发起人不依照前款规定缴纳出资的，应当按照发起人协议承担违约责任。

发起人认足公司章程规定的出资后，应当选举董事会和监事会，由董事会向公司登记机关报送公司章程以及法律、行政法规规定的其他文件，申请设立登记。

以发起方式设立的，发起人应在认购公司章程规定发行的股份后，缴纳全部股款或者依法办理其抵作股款的财产权的转移手续。

以募集方式设立股份有限公司的，发起人认购的股份不得少于公司股份总数的 35%；法律、行政法规以及国务院决定对股份有限公司注册资本实缴、注册资本最低限额另有规定的，从其规定。

发起人向社会公开募集股份，必须公告招股说明书，并制作认股书。认股书由认股人填写认购股数、金额、住所，并签名、盖章。认股人按照所认购股数缴纳股款。

招股说明书应当载明向社会公开募集股份，应当由依法设立的证券公司承销，签订承销协议，应当附有发起人制订的公司章程，并载明下列事项：

1）发起人认购的股份数；

2）每股的票面金额和发行价格；

3）无记名股票的发行总数；

4）募集资金的用途；

5）认股人的权利、义务；

6）本次募股的起止期限及逾期未募足时认股人可以撤回所认股份的说明。

发起人向社会公开募集股份，应当同银行签订代收股款协议。代收股款的银行应当按照协议代收和保存股款，向缴纳股款的认股人出具收款单据，并负有向有关部门出具收款证明的义务。

发行股份的股款缴足后，必须经依法设立的验资机构验资并出具证明。发起人应当自股款缴足之日起 30 日内主持召开公司创立大会。创立大会由发起人、认股人组成。发行的股份超过招股说明书规定的截止期限尚未募足的，或者发行股份的股款缴足后，发起人在 30 日内未召开创立大会的，认股人可以按照所缴股款并加算银行同期存款利息，要求发起人返还。

（4）建立公司组织机构。

1）采用发起方式设立的，发起人交付全部出资后，应当选举董事会和监事会，由董事会向公司登记机关申请设立登记。

2）采用募集方式设立的，发行股份的股款缴足后，发起人应当在 30 日内主持召开公司创立大会。创立大会由发起人、认股人组成。发起人应当在创立大会召开 15 日前将会议日期通知各认股人或者予以公告。创立大会应有代表股份总数过半数的发起人、认股人出席方可举行。创立大会行使下列职权：

①审议发起人关于公司筹办情况的报告；

②通过公司章程；

③选举董事会成员；

④选举监事会成员；

⑤对公司的设立费用进行审核；

⑥对发起人用于抵作股款的财产的作价进行审核；

⑦发生不可抗力或者经营条件发生重大变化直接影响公司设立的，可以作出不设立公司的决议。创立大会对上述事项作出决议，必须经出席会议的认股人所持表决权过半数通过。

公司登记机关自接到股份有限公司设立登记申请之日起 30 日内作出是否予以登记的决定：对符合《公司法》规定条件的，予以登记，发给公司营业执照。公司营业执照签发日期为公司成立日期。

2.4.3　股份有限公司发起人应当承担的责任

股份有限公司的发起人应当承担下列责任。

（1）公司不能成立时，对设立行为所产生的债务和费用负连带责任。

（2）公司不能成立时，对认股人已缴纳的股款，负返还股款并加算银行同期存款利息的连带责任。

（3）在公司设立过程中，由于发起人的过失致使公司利益受到损害的，应当对公司承担赔偿责任。

有限责任公司和股份有限公司之间的主要区别如表 2-2 所示。

表 2-2　有限责任公司和股份有限公司主要区别

	有限责任公司	股份有限公司
设立方式	发起设立	发起设立，募集设立
股东人数	50 人以下	有下限无上限，发起人 2～200 人
出资证明形式	出资证明书	股票
股权转让方式	对外转让须经其他股东过半数同意	可依法自由转让
注册资本最低限额	没有最低注册资本限额的规定	没有最低注册资本限额的规定
注册资本体现方式	划分为比例	划分为等额股份
组织机构	较为灵活（股东人数较少、资金规模较小的设执行董事或者监事）	健全规范
所有权与经营权分离程度	分离程度低，股东直接参与管理	分离程度高
信息披露义务	非开放性公司，无须公开	开放性公司，财务、经营情况必须依法披露

2.4.4　股份有限公司的组织机构

1. 股份有限公司的股东大会

（1）股东大会的性质和职权。股东大会是公司的权力机构，由股份有限公司全体股东组成。依照《公司法》规定，股东大会行使下列职权：

1）决定公司的经营方针和投资计划；

2）选举和更换非由职工代表担任的董事、监事，决定有关董事、监事的报酬事项；

3）审议批准董事会的报告；

4）审议批准监事会或者监事的报告；

5）审议批准公司的年度财务预算方案、决算方案；

6）审议批准公司的利润分配方案和弥补亏损方案；

7）对公司增加或者减少注册资本作出决议；

8）对发行公司债券做出决议；

9）对公司合并、分立、解散、清算或者变更公司形式作出决议；

10）修改公司章程；

11）公司章程规定的其他职权。

对上述事项股东以书面形式一致表示同意的，可以不召开股东会会议，直接作出决定，并由全体股东在决定文件上签名、盖章。

（2）股东大会的召开。股东大会应当每年召开一次年会。有下列情形之一的，应当在两个月内召开临时股东大会：

1）董事人数不足《公司法》规定人数或者公司章程所定人数的 2/3 时；

2）公司未弥补的亏损达实收股本总额 1/3 时；

3）单独或者合计持有公司 10% 以上股份的股东请求时；

4）董事会认为必要时；

5）监事会提议召开时；

6）公司章程规定的其他情形。

股东大会会议由董事会召集，由董事长主持；董事长不能履行职务或者不履行职务的，由副董事长主持；副董事长不能履行职务或者不履行职务的，由半数以上董事共同推举一名董事主持。

董事会不能履行或者不履行召集股东大会会议职责的，监事会应当及时召集和主持；监事会不召集和主持的，连续九十日以上单独或者合计持有公司 10% 以上股份的股东可以自行召集和主持。

(3) 股东大会议事规则。股东出席股东大会会议，所持每一股份有一表决权。但是，公司持有的本公司股份没有表决权。

股东大会作出决议，必须经出席会议的股东所持表决权过半数通过。但是，股东大会作出修改公司章程、增加或者减少注册资本的决议，以及公司合并、分立、解散或者变更公司形式的决议，必须经出席会议的股东所持表决权的 2/3 以上通过。

股东有权查阅公司章程、股东名册、公司债券存根、股东大会会议记录、董事会会议决议、监事会会议决议、财务会计报告，对公司的经营提出建议或者质询。

随堂演练 2-12

根据《公司法》的规定，股份有限公司股东大会的下列决议中，必须经出席会议的股东所持表决权的 2/3 以上通过的有（　　）。

A. 公司合并决议　　B. 公司分立决议

C. 修改公司章程决议　　D. 批准公司年度预算方案决议

【答案】 ABC

【解析】 修改公司章程、增加或者减少注册资本，以及公司合并、分立、解散或者变更公司形式属于特别决议。股份有限公司的特别决议必须经出席会议的股东所持表决权的 2/3 以上通过。

2. 股份有限公司的董事会和经理

(1) 董事会。股份有限公司设董事会，其成员为 5 ～ 19 人。董事会成员中可以有公司职工代表。董事会中的职工代表由公司职工通过职工代表大会、职工大会或者其他形式民主选举产生。

董事任期由公司章程规定，但每届任期不得超过 3 年。董事任期届满，连选可以连任。董事会对股东会负责，行使下列职权：

1）召集股东会会议，并向股东会报告工作；

2）执行股东会的决议；

3）决定公司的经营计划和投资方案；

4）制订公司的年度财务预算方案、决算方案；

5）制订公司的利润分配方案和弥补亏损方案；

6）制订公司增加或者减少注册资本以及发行公司债券的方案；

7）制订公司合并、分立、解散或者变更公司形式的方案；

8）决定公司内部管理机构的设置；

9）决定聘任或者解聘公司经理及其报酬事项，并根据经理的提名决定聘任或者解聘公司副经理、财务负责人及其报酬事项；

10）制定公司的基本管理制度；

11）公司章程规定的其他职权。

董事会设董事长一人，可以设副董事长。董事长和副董事长由董事会以全体董事的过半数选举产生。董事长召集和主持董事会会议，检查董事会决议的实施情况。副董事长协助董事长工作，董事长不能履行职务或者不履行职务的，由副董事长履行职务；副董事长不能履行职务或者不履行职务的，由半数以上董事共同推举一名董事履行职务。

董事会每年度至少召开两次会议，每次会议应当于会议召开 10 日前通知全体董事和监事。代表 1/10 以上表决权的股东、1/3 以上董事或者监事，可以提议召开董事会临时会议。董事长应当自接到提议后 10 日内召集和主持董事会会议。董事会召开临时会议，可以另定召集董事会的通知方式和通知时限。

随堂演练 2-13

下列人员中，可以成为公司的法定代表人的有（　　）。

A. 监事　　B. 董事长　　C. 执行董事　　D. 经理

【答案】 BCD

【解析】 公司的法定代表人依照公司章程的规定，由董事长、执行董事或者经理担任。所持表决权的过半数通过。

董事会会议应有过半数的董事出席方可举行。董事会作出决议，必须经全体董事的过半数通过。董事会决议的表决实行一人一票。董事会会议应由董事本人出席；董事因故不能出席，可以书面委托其他董事代为出席，委托书中应载明授权范围。

董事会应当对会议所议事项的决定做成会议记录，出席会议的董事应当在会议记录上签名。董事应当对董事会的决议承担责任。董事会的决议违反法律、行政法规或者公司章程、股东大会决议，致使公司遭受严重损失的，参与决议的董事对公司负赔偿责任。但经证明在表决时曾表明异议并记载于会议记录的，该董事可以免除责任。

（2）经理。股份有限公司设经理，由董事会决定聘任或者解聘。

经理对董事会负责，行使下列职权：

1）主持公司的生产经营管理工作，组织实施董事会决议；

2）组织实施公司年度经营计划和投资方案；

3）拟订公司内部管理机构设置方案；

4）拟订公司的基本管理制度；

5）制定公司的具体规章；

6）提请聘任或者解聘公司副经理、财务负责人；

7）决定聘任或者解聘除应由董事会决定聘任或者解聘以外的负责管理人员；

8）董事会授予的其他职权。

公司章程对经理职权另有规定的，从其规定。公司董事会可以决定由董事会成员兼任经理。

3. 股份有限公司的监事会

（1）监事会的组成。股份有限公司设监事会，其成员不得少于 3 人。监事会应当包括股东代表和适当比例的公司职工代表。其中，职工代表的比例不得低于 1/3，具体比例由公司章程规定。监事会中的职工代表由公司职工通过职工代表大会、职工大会或者其他形式民主选举产生。监事会设主席一人，可以设副主席。监事会主席和副主席由全体监事过半数选举产生。监事会主席召集和主持监事会会议；监事会主席不能履行职务或者不履行职务的，由监事会副主席召集和主持监事会会议；监事会副主席不能履行职务或者不履行职务的，由半数以上监事共同推举一名监事召集和主持监事会会议。

董事、高级管理人员不得兼任监事。监事的任期每届为 3 年。监事任期届满，连选可以连任。

（2）监事会的职权。监事会、不设监事会的公司的监事行使下列职权：

1）检查公司财务；

2）对董事、高级管理人员执行公司职务的行为进行监督，对违反法律、行政法规、公司章程或者股东会决议的董事、高级管理人员提出罢免的建议；

3）当董事、高级管理人员的行为损害公司的利益时，要求董事、高级管理人员予以纠正；

4）提议召开临时股东会会议，在董事会不履行《公司法》规定的召集和主持股东会会议职责时召集和主持股东会会议；

5）向股东会会议提出提案；

6）依照《公司法》第一百五十一条的规定，对董事、高级管理人员提起诉讼；

7）公司章程规定的其他职权。

监事可以列席董事会会议，并对董事会决议事项提出质询或者建议。

监事会、不设监事会的公司的监事发现公司经营情况异常，可以进行调查；必要时，可以聘请会计师事务所等协助其工作，费用由公司承担。监事会行使职权所必需的费用由公司承担。

（3）监事会会议。监事会每六个月至少召开一次会议。监事可以提议召开临时监事会会议。监事会的议事方式和表决程序，除《公司法》有规定的外，由公司章程规定。

监事会决议应当经半数以上监事通过。监事会应当对所议事项的决定做成会议记录，出席会议的监事应当在会议记录上签名。

2.4.5　公司股票和公司债券

1. 股份和股票

股份是指将股份有限公司的注册资本按相同的金额或比例划分为相等的份额，股份作为代表公司资本的一部分，是公司资本的最小划分单位，股东根据其出资额计算出其持有的股份数量，所有股东持有的股份加起来所代表的资本数额即为公司的资本总额。股份有限公司的股份具有平等性，公司每股金额相等，表现出的股东权利和义务是相等的。股票是指公司签发的证明股东所持股份的凭证，是股份的表现形式。

股票具有以下四个性质。

（1）股票是有价证券。股票是一种具有财产价值的证券，股票记载股票种类、票面金额及代表的股份数，反映股票的持有人对公司的权利。

（2）股票是证权证券。股票表现的是股东的权利，任何人只要合法占有股票，其就可以依法向公司行使权利，而且公司股票发生转移时，公司股东的权益也即随之转移。

（3）股票是要式证券。股票应当采取纸面形式或者国务院证券监督管理机构规定的其他形式，其记载的内容和事项应当符合法律的规定。

（4）股票是流通证券。股票可以在证券交易市场依法进行交易。

2. 公司债券

公司债券是指公司依照法定程序发行，约定在一定期限还本付息的有价证券。公司债券与公司股票同属于资本证券，但二者有不同的法律特征。

（1）公司债券持有人是公司的债权人，对于公司享有民法上规定的债权人的所有权利，而股票的持有人是公司的股东，享有公司法所规定的股东权利。

（2）公司债券的持有人，无论公司是否盈利，对公司享有按照约定给付利息的请求权，而股票持有人必须在公司有盈利时才能依法获得股利分配。

（3）公司债券到了约定期限，公司必须偿还债券本金，而股票持有人仅在公司解散时方可请求分配剩余财产。

（4）公司债券的持有人享有优先于股票持有人获得清偿的权利，而股票持有人必须在公司全部债务被清偿之后，方可就公司剩余财产请求分配。

（5）公司债券的利率一般是固定不变的，风险较小，而股票股利分配的高低，与公司经营好坏密切相关，并常有变动，风险较大。

公开发行公司债券，应当符合《证券法》《公司法》的相关规定，经中国证监会核准。发行公司债券的申请经国务院授权的部门核准后，应当公告公司债券募集办法。

2.5 公司财务、会计

2.5.1 财务会计报告

公司应当依照法律、行政法规和国务院财政部门的规定建立本公司的财务、会计制度。公司应当在每一会计年度终了时编制财务会计报告，并依法经会计师事务所审计。财务会计报告应当依照法律、行政法规和国务院财政部门的规定制作。

有限责任公司应当按照公司章程规定的期限将财务会计报告送交各股东。股份有限公司的财务会计报告应当在召开股东大会年会的二十日前置备于本公司，供股东查阅。以募集设立方式成立的股份有限公司必须公告其财务会计报告。

2.5.2 利润分配

1. 利润分配的顺序

公司利润是指公司在一定时期内从事经营活动的财务成果，包括营业利润、投资净收益以及营业外收支净额。

根据法律规定，公司的利润分配顺序如下。

（1）弥补以前年度的亏损，但不得超过税法规定的弥补期限（最长不得超过 5 年）。

（2）缴纳所得税。

（3）法定公积金不足以弥补以前年度亏损的，在依照前款规定提取法定公积金之前，应当先用当年利润弥补亏损。

（4）依法提取法定公积金和任意公积金。

公司分配当年税后利润时，应当提取利润的 10% 列入公司法定公积金。公司法定公积金累计额为公司注册资本的 50% 以上的，可以不再提取。

公司从税后利润中提取法定公积金后，经股东会或者股东大会决议，还可以从税后利润中提取任意公积金。

公司弥补亏损和提取公积金后所余税后利润，有限责任公司依照《公司法》第三十四条的规定分配；股份有限公司按照股东持有的股份比例分配，但股份有限公司章程规定不按持股比例分配的除外。

（5）向股东分配利润。有限责任公司依照股东出资比例进行分配；股份有限公司依照股东持有的股份比例进行分配。

股东会、股东大会或者董事会违反第（5）款规定，在公司弥补亏损和提取法定公积金之前向股东分配利润的，股东必须将违反规定分配的利润退还公司。公司持有的本公司股份不得分配利润。

2. 相关项目的使用

（1）公积金的使用。公积金是公司为预防亏损和增加财力、扩大营业规模的目的，依照法律和公司章程的规定或股东大会决议，从公司盈余或公司资本收益中提取的一种储备金。公积金分为资本公积金和盈余公积金。

公积金主要有两个方面的用途：一是弥补亏损；二是转增资本。公司为了实现增加资本的目的，可以将公积金的一部分转为资本。但是，在用法定公积金转为资本时，法律规定公司所留存的该项公积金不得少于转增前公司注册资本的 25%。

股份有限公司经股东大会决议将公积金转增资本时，按股东原有股份比例派送新股或增加每股面值。

（2）公益金的使用。公益金是公司从税后利润中提取的用于集体福利的资金。公司依法提取的法定公益金应当按照国家有关规定用于本公司的集体福利，如修建医疗保健设施、生活服务设施、职工宿舍等。

（3）股利的分配。股利是指按股份支付给股东的公司盈余。一般来说，公司在纳税、弥补亏损和提取法定公积金、公益金后才能分配股利。公司当年无利润时不得分配股利。

随堂演练 2-14

乙公司为股份有限公司，2019 年年底的股本为 2.6 亿元，截至 2019 年年初累计已提法定盈余公积金 1.12 亿元，2019 年弥补亏损和交纳企业所得税后的净利润为 0.98 亿元。则该公司 2019 年应提取法定盈余公积金（　　）亿元。

A. 1.960　　B. 1.470　　C. 0.098　　D. 0.080

【答案】C

【解析】 根据《公司法》的规定，法定盈余公积金按照税后利润的10%提取，当公司法定公积金累计额已达到公司注册资本的50%时可不再提取，所以本题应提取的法定盈余公积金 =0.98×10% =0.098（亿元）。

2.5.3 会计资料和账簿

公司应当向聘用的会计师事务所提供真实、完整的会计凭证、会计账簿、财务会计报告及其他会计资料，不得拒绝、隐匿、谎报。

公司除法定的会计账簿外不得另立会计账簿。对公司资产，不得以任何个人名义开立账户存储。

2.6 公司的合并、分立、解散和清算

2.6.1 公司的合并、分立

1. 公司的合并

公司合并是指两个或者两个以上的公司依照法定程序变更为一个公司的法律行为。公司合并可以采取吸收合并和新设合并两种形式。一个公司吸收其他公司为吸收合并，被吸收的公司解散。两个以上公司合并设立一个新的公司为新设合并，合并各方解散。

公司合并时，合并各方的债权、债务应当由合并后存续的公司或者新设的公司承继。

2. 公司的分立

公司分立是指一个公司依照法定程序分为两个或两个以上公司的法律行为。公司分立前的债务由分立后的公司承担连带责任。但是，公司在分立前与债权人就债务清偿达成的书面协议另有约定的除外。

2.6.2 公司的解散和清算

1. 公司的解散

根据《公司法》的规定，公司因下列原因解散。

（1）公司章程规定的营业期限届满或者公司章程规定的其他解散事由出现。

（2）股东会或者股东大会决议解散。

（3）因公司合并或者分立需要解散。

（4）依法被吊销营业执照、责令关闭或者被撤销。

（5）公司经营管理发生严重困难，继续存续会使股东利益受到重大损失，通过其他途径不能解决的，持有公司全部股东表决权10%以上的股东，可以请求人民法院解散公司。

2. 公司的清算

（1）清算组的成立。公司因《公司法》规定而解散的，应当在解散事由出现之日

起 15 日内成立清算组，开始清算。有限责任公司的清算组由股东组成，股份有限公司的清算组由董事或者股东大会确定的人员组成。逾期不成立清算组进行清算的，债权人可以申请人民法院指定有关人员组成清算组进行清算。人民法院应当受理该申请，并及时组织清算组进行清算。

（2）清算组的职权。清算组在清算期间行使下列职权：

1）清理公司财产，分别编制资产负债表和财产清单；

2）通知、公告债权人；

3）处理与清算有关的公司未了结的业务；

4）清缴所欠税款以及清算过程中产生的税款；

5）清理债权、债务；

6）处理公司清偿债务后的剩余财产；

7）代表公司参与民事诉讼活动。

清算组在清理公司财产、编制资产负债表和财产清单后应当制订清算方案，并报股东会、股东大会或者人民法院确认。

（3）清算程序。公司财产在分别支付清算费用、职工的工资、社会保险费用和法定补偿金，缴纳所欠税款，清偿公司债务后的剩余财产，有限责任公司按照股东的出资比例分配，股份有限公司按照股东持有的股份比例分配。清算期间，公司存续，但不得开展与清算无关的经营活动。公司财产在未依照上述规定清偿前不得分配给股东。

（4）资不抵债与破产。清算组在清理公司财产、编制资产负债表和财产清单后，发现公司财产不足清偿债务的，应当依法向人民法院申请宣告破产。公司经人民法院裁定宣告破产后，清算组应当将清算事务移交给人民法院。

随堂演练 2-15

判断题：公司分立前的债务由分立后的公司承担连带责任，但公司在分立前与债权人就债务清偿达成的书面协议另有约定的除外。（　　）

【答案】√

【解析】根据《公司法》第一百七十六条的规定，公司分立前的债务由分立后的公司承担连带责任。但是，公司在分立前与债权人就债务清偿达成的书面协议另有约定的除外。

2.7　违反公司法的法律责任

2.7.1　虚报注册资本和虚假出资的法律责任

违反《公司法》的规定，虚报注册资本、提交虚假材料或者采取其他欺诈手段隐瞒重要事实取得公司登记的，由公司登记机关责令改正，对虚报注册资本的公司处以虚报注册资本金额 5% 以上 15% 以下的罚款；对提交虚假材料或者采取其他欺诈手段隐瞒重要事实的公司处以 5 万元以上 50 万元以下的罚款；情节严重的，撤销公司登记或者吊销营业执照。

公司的发起人、股东虚假出资，未交付或者未按期交付作为出资的货币或者非货币财产的，由公司登记机关责令改正，处以虚假出资金额5%以上15%以下的罚款。

公司的发起人、股东在公司成立后，抽逃出资的，由公司登记机关责令改正，处以所抽逃出资金额5%以上15%以下的罚款。

案例分析 2-5

2018年7月，胡某、刘某和马某共同出资成立了彩虹服装有限责任公司。其出资方式分别是：胡某以货币出资45万元；刘某以土地使用权出资作价30万元；马某提供机器设备作价20万元，并且向银行贷款25万元。2019年，胡某私自从公司银行账户上提走了10万元。2020年6月，彩虹服装有限责任公司因资不抵债向法院申请宣告破产。法院在审理此案时发现，刘某出资的土地使用权仅价值20万元。刘某和胡某应承担什么责任？

【解析】本案中胡某的行为构成抽逃出资，刘某的行为构成虚假出资。虚假出资是指公司章程中规定各自所认缴的出资额，不依承诺实际缴纳出资，行为人须向已足额缴纳出资的股东承担违约责任。公司成立后，发现作为出资的实际价格显著低于公司章程所定价额的，应当由交付该出资的股东补交其差额。不能补交时，其他股东对其承担补交的连带责任。根据《公司法》的规定，有虚假出资的，责令改正，并处以罚款；构成犯罪的，责令改正，处以虚假出资金额5%以上15%以下的罚款，并依法追究刑事责任。

刘某将仅价值20万元的土地使用权作价30万元，这是虚假出资行为，法院应当责令其补交10万元的资本，并对其处以罚款。胡某在公司登记后又抽回10万元，这是抽逃出资行为，法院应责令其补齐，并处以罚款。

2.7.2 提供虚假财务会计报告的法律责任

公司在依法向有关主管部门提供的财务会计报告等材料上做虚假记载或者隐瞒重要事实的，由有关主管部门对直接负责的主管人员和其他直接责任人员处以3万元以上30万元以下的罚款。

2.7.3 承担资产评估、验资或者验证的机构提供虚假材料的法律责任

承担资产评估、验资或者验证的机构提供虚假材料的，由公司登记机关没收违法所得，处以违法所得1倍以上5倍以下的罚款，并可以由有关主管部门依法责令该机构停业、吊销直接责任人员的资格证书，吊销营业执照。

承担资产评估、验资或者验证的机构因过失提供有重大遗漏的报告的，由公司登记机关责令改正，情节较重的，处以所得收入1倍以上5倍以下的罚款，并可以由有关主管部门依法责令该机构停业、吊销直接责任人员的资格证书，吊销营业执照。

承担资产评估、验资或者验证的机构因其出具的评估结果、验资或者验证证明不实，给公司债权人造成损失的，除能够证明自己没有过错的外，在其评估或者证明不实的金额范围内承担赔偿责任。

2.7.4　公司在合并、分立、减少注册资本或者进行清算中违法行为的法律责任

公司在合并、分立、减少注册资本或者进行清算中，不依照《公司法》规定通知或者公告债权人的，由公司登记机关责令改正，对公司处以 1 万元以上 10 万元以下的罚款。

2.7.5　清算组在清算中违法行为的法律责任

清算组不依照《公司法》规定向公司登记机关报送清算报告，或者报送清算报告隐瞒重要事实或者有重大遗漏的，由公司登记机关责令改正。

公司在进行清算时隐匿财产，对资产负债表或者财产清单做虚假记载或者在未清偿债务前分配公司财产的，由公司登记机关责令改正，对公司处以隐匿财产或者未清偿债务前分配公司财产金额 5% 以上 10% 以下的罚款；对直接负责的主管人员和其他直接责任人员处以 1 万元以上 10 万元以下的罚款。

清算组成员利用职权徇私舞弊、谋取非法收入或者侵占公司财产的，由公司登记机关责令退还公司财产，没收违法所得，并可以处以违法所得 1 倍以上 5 倍以下的罚款。

疑难问题 2-2

吊销《企业法人营业执照》和注销《企业法人营业执照》有什么区别?

【解析】二者的主要区别有如下三点。

(1) 二者的行为主体主动性不同。吊销《企业法人营业执照》是企业登记部门的主动行为；注销《企业法人营业执照》是企业的主动行为。

(2) 二者的法律性质不同。吊销是企业因违法而导致的一种行政处罚；而注销是企业终止的一种正常法律行为。

(3) 二者的法律后果不同。吊销会给企业及其法定代表人和直接责任人带来一些限制，甚至是严重的法律责任；而注销在一般情况下对企业及其法定代表人无重大影响。

疑难问题 2-3

A 有限责任公司有四位股东，该公司没有设立董事会和监事会。股东甲持有 40% 的股份，担任公司执行董事；股东乙持有 30% 的股份，担任公司监事；股东丙持有 20% 的股份；股东丁持有 10% 的股份。2018 年 9 月 1 日，股东甲提议召开临时股东会，审议事项是：为股东乙提供担保。全体股东出席了临时股东会，虽然股东丁反对，但是股东会还是通过了该项决议。为此，股东丁要求公司按照合理的价格收购其股权，退出公司。

要求：根据上述事实及有关法律规定，回答下列问题。

(1) 股东甲是否有权提议召开临时股东会？说明理由。

(2) 股东会通过提供担保的决议是否符合法律规定？说明理由。

(3) 股东丁要求退出公司是否符合法律规定？说明理由。

【解析】

(1) 股东甲有权提议召开临时股东会。根据《公司法》的规定，代表 1/10 以上表决权的股东，1/3 以上的董事，监事会或者不设监事会的公司的监事提议召开临时会议的，应当召开临时会议。

(2) 股东会通过提供担保的决议符合法律规定。根据《公司法》的规定，公司为公司股东或实际控制人提供担保的，必须经股东会决议。接受担保的股东或受实际控制人支配的股东，不得参与该表决，该表决由出席会议的其他股东所持表决权的过半数通过。本题中，股东乙没有表决权，即 70% 的股份有表决权，股东甲和股东丙共持有 60% 的股份，通过提供担保的决议符合法律规定。

(3) 股东丁要求退出公司不符合法律规定。根据《公司法》的规定，有下列情形之一的，对股东会该项决议投反对票的股东可以请求公司按照合理的价格收购其股权，退出公司：①公司连续 5 年不向股东分配利润，而公司该 5 年连续盈利，并且符合《公司法》规定的分配利润条件的；②公司合并、分立、转让主要财产的；③公司章程规定的营业期限届满或者章程规定的其他解散事由出现，股东会会议通过决议修改章程使公司存续的。本题中不具有上述情形。

复习思考题

一、判断题

1. 有限责任公司的股东会议由股东按照出资比例行使表决权。(　　)
2. 根据《公司法》的规定，国有独资公司不设股东会。(　　)
3. 有限责任公司的监事会或者监事有权对董事、经理执行公司职务时违反法律、法规或者公司章程的行为进行监督。(　　)
4. 国有独资公司监事会主要由国务院或者国务院授权的机构、部门委派人员组成。(　　)
5. 转让公司债券可以不在依法设立的证券交易所进行。(　　)
6. 按照《公司法》的规定，有限责任公司不得减少其注册资本。(　　)
7. 股份有限公司的股东大会是公司的权力机构。(　　)
8. 股份有限公司的经理为公司的法定代表人。(　　)
9. 股票发行价格不得超过票面价格。(　　)
10. 股份有限公司的董事会对股东大会负责，并报告工作。(　　)

二、单项选择题

1. 发起人以工业产权、非专利技术作价出资的金额不得超过股份有限公司注册资本的(　　)。
   A. 10%　　B. 20%　　C. 30%　　D. 70%
2. 公司债券的发行规模由(　　)确定。
   A. 国务院　　B. 证监会　　C. 公司主管机关　　D. 公司董事会
3. (　　)是股份有限公司的权力机关。
   A. 董事会　　B. 股东大会　　C. 职工代表大会　　D. 监事会
4. 有限责任公司的股东人数应为(　　)。

A. 50 人以下　　B. 2 ～ 30 人　　C. 2 ～ 20 人　　D. 2 ～ 10 人

三、多项选择题

1. 不得兼任股份有限公司监事会监事的人员包括（　　）。
   A. 股东代表　　B. 董事　　C. 经理　　D. 财务负责人
2. 有限责任公司股东出资的方式包括（　　）。
   A. 可以用货币出资　　B. 可以用实物作价出资
   C. 可以用非专利技术作价出资　　D. 可以用土地使用权作价出资
3. 为筹集生产经营资金，可以依照《公司法》发行公司债券的公司包括（　　）。
   A. 国有独资公司
   B. 股份有限公司
   C. 两个以上的集体企业投资设立的有限责任公司
   D. 经中国证监会核准的国有企业投资设立的有限责任公司
4. 根据公司在管辖与被管辖关系中所处的地位不同，可以划分为（　　）。
   A. 母公司　　B. 子公司　　C. 总公司　　D. 分公司
5. 公司章程除对公司具有约束力以外，还对《公司法》规定的人员具有约束力。这些人员包括（　　）。
   A. 股东　　B. 董事　　C. 经理　　D. 监事

四、填空题

1. 设立有限责任公司，__________、__________规定需要经有关部门审批的，应当在申请设立登记时提交批准文件。
2. 有限责任公司的__________由全体股东组成，它是公司的__________机构。
3. 有限责任公司，股东人数__________和规模__________的，可以设一名执行董事，不设立董事会。
4. 国有独资公司的董事会成员由国有资产监督管理机构按照董事会的任期__________或__________。
5. 公司合并可以采取__________合并和__________合并两种形式。
6. 股份有限公司的设立，可以采取__________设立或者__________设立的方式。
7. 股份有限公司__________签发日期，为公司__________日期。
8. 股份有限公司的设立、合并或者分立，必须经__________授权的部门或者__________人民政府批准。
9. 有限责任公司股东可以用__________出资，也可以用__________、__________、__________出资。
10. 国有独资公司监事会主要由__________委派的人员组成，并有__________参加。

五、名词解释

1. 公司　2. 公司法（广义）　3. 有限责任公司　4. 股份有限公司　5. 股份　6. 股票　7. 国有独资公司　8. 公司债券

六、简答题

1. 简述公司定义的基本含义。
2. 有限责任公司主要具有哪些特征?
3. 根据有限责任公司股东会的职权和董事会的职权,简述股东会与董事会的关系。
4. 根据有限责任公司董事会和经理的职权,简述董事会与经理的关系。
5. 有限责任公司在什么情况下可以解散或者应当解散?
6. 股份有限公司主要有哪些特征?
7. 设立股份有限公司应当具备哪几个条件?
8. 简述股份的含义。
9. 简述股票和债券不同的法律特征。
10. 简述股票发行的原则。
11. 简述国有独资公司的特征。
12. 简述上市公司股票上市交易的特点。

七、案例分析题

1. 某公司增资扩股,甲股东以三辆重型自卸车作价90万元增资,车辆按时交付公司,公司遂使用该车辆运营,但是由于种种原因,始终未办理产权过户手续。公司因不能清偿到期债务,被债权人申请诉前财产保全,法院依法扣押了该公司的三辆重型自卸车,但是甲股东出面称三辆车并没有过户,是自己的财产,不属于公司,不能被扣押。法院见甲股东有产权证书,只得解除保全债权人继续追索,但是该公司没有足够的财产可以用于清偿,公司股东称有限公司只承担有限责任,现在公司的资产不足清偿债务,债权人无权主张更多的清偿金额,债权人对此辩解不服。

请问:(1)甲股东以三辆重型自卸车出资是否符合《公司法》的规定?
(2)债权人能否申请对该公司运营的三辆重型自卸车进行诉前财产保全?
(3)公司股东的辩解有无法律依据?
(4)债权人若不服,有何解决方法?

2. 甲、乙、丙、丁、戊拟共同组建一有限责任性质的饮料公司,注册资本为200万元,其中甲、乙各以货币20万元出资;丙以实物出资,经评估机构评估为50万元;丁以其专利技术出资,作价100万元;戊以劳务出资,经全体出资人同意作价10万元。公司拟不设董事会,由甲任执行董事;不设监事会,由丙担任公司的监事。

饮料公司成立后经营一直不景气,已欠A银行贷款100万元未还。股东会作出决议,把饮料公司唯一盈利的保健品车间分出去,另成立有独立法人资格的保健品厂。1年后,保健品厂也出现严重亏损,资不抵债,其中欠B公司货款达400万元。

请问:(1)饮料公司组建过程中,各股东的出资是否存在不符合《公司法》的规定之处?
(2)饮料公司的组织机构设置是否符合《公司法》的规定?为什么?
(3)饮料公司设立保健品厂的行为在《公司法》上属于什么性质的行为?设立后,饮料公司原有的债权债务应如何承担?

第 3 章

企业法律制度

3.1 企业的概念和分类

3.1.1 企业的概念

企业是依法设立的，以营利为目的，从事生产经营活动的独立核算的经济组织。企业具有如下特征。

（1）企业是社会经济组织。企业作为一种社会组织，有自己的机构及工作程序。企业作为一种社会经济组织，主要从事经济活动，并有相应的财产。

（2）企业是以营利为目的而从事生产经营活动的社会经济组织。

（3）企业是实行独立核算的社会经济组织，不实行独立核算的社会经济组织不能称为企业。

（4）企业是依法设立的社会经济组织。企业通过依法设立，可以取得相应的法律地位，获得合法的身份，得到国家法律的认可和保护。

3.1.2 企业的分类

根据不同的分类标准，企业可以有不同的分类。

（1）按企业所有制性质的不同，企业可以分为全民所有制企业、集体所有制企业、私营企业、混合所有制企业等。

（2）按企业所属行业的不同，企业可以分为工业企业、商业企业、农业企业等。

（3）按企业出资者的不同，企业可以分为内资企业、外商投资企业等。

（4）按企业组织形式的不同，企业可以分为独资企业、合伙企业、公司制企业等。

（5）按企业法律地位的不同，企业可以分为法人企业和非法人企业。

3.2 个人独资企业法

3.2.1 个人独资企业法概述

1. 个人独资企业的概念和法律特征

（1）个人独资企业的概念。个人独资企业是指由一个自然人投资，财产为投资人个人所有，投资人以其个人财产对企业债务承担无限责任的经营实体。需要注意的是，由于一个自然人既可以投资设立外商独资企业，也可以投资设立个人独资企业，所以，设立个人独资企业的自然人必须是中国公民，只有一个中国公民设立的企业才是个人独资企业。否则，其设立的企业就是外商独资企业。

个人独资企业是历史上最早出现的企业组织形式，现代公司企业的繁荣兴盛并没有淘汰个人独资企业这种古老的企业形式。今天，在许多产业里，个人独资企业显示了勃勃生机，其责任的无限性、设立的简便性、管理的直接性、投入的广泛性以及与投资者利益的直接相关性使个人独资企业更能适应市场发展的需要。

（2）个人独资企业的法律特征如下。

1）投资人为一个自然人。根据《中华人民共和国个人独资企业法》（简称《个人独资企业法》）的规定，设立个人独资企业的只能是一个自然人，国家机关、国家授权投资的机构或者国家授权的部门、企业、事业单位等都不能作为个人独资企业的设立人。个人独资企业的“独资”，意味着没有资本的联合，企业发展的规模会受到相应的限制。因此，个人独资企业一般属于中小企业。

2）个人独资企业的财产为投资人个人所有。这是个人独资企业在产权关系和组织管理方面的特征。投资人对个人独资企业的财产依法享有所有权，因此个人独资企业自身不是一个独立的财产权主体，这种产权关系是个人独资企业区别于其他企业形态的重要特点之一。由于“独资”，投资人对个人独资企业具有完全的控制权，而且法律没有强制规定企业所有权与企业经营权分离的机制，投资人可以视企业情况自主选择经营管理方式。因此，个人独资企业的内部机构设置简单，经营管理方式灵活。个人独资企业的投资人既可以是企业的所有者，又可以是企业的经营者。

3）个人独资企业的投资人承担无限责任。这是个人独资企业在责任承担方面的特征。投资人以其个人的全部财产对企业的债务承担无限责任，即当企业的资产不足以清偿到期债务时，投资人应以自己个人的全部财产用于清偿，这实际上将企业的责任与投资人的责任连为一体。因此，个人独资企业债权人债权的实现在很大程度上依赖于投资人的信用和偿债能力。鉴于此，《个人独资企业法》对个人独资企业的注册资本没有做出任何强制性的规定。但是，在我国尚未建立起有效的个人财产监控制度之前，债权人的风险仍然很大。

个人独资企业的财产通常和投资人个人的财产不分彼此、难以划清。由于个人独资企业由一个自然人投资设立，企业的财产属于投资人个人所有，所以投资人对企业的投资、收益等和投资人个人的其他财产往往难以区分，这也是投资人对个人独资企业债务承担无限责任的原因所在。

4）个人独资企业是非法人企业。这是个人独资企业在法律地位上的特征。个人独资企业是自然人从事商业经营的一种组织形式，但这种组织形式本身未成为完全独立的法律主体。尽管个人独资企业是以一个企业的名义参与市场经济活动，但其并非一个独立的责任主体，没有自己的法律人格。由此决定：在财产关系上，个人独资企业所使用的财产由投资人一人投资，也由其一人所有，企业本身没有所有权；在经营管理上，投资人享有决定企业一切事务、管理企业事务的权利；在利润分配上，企业盈利由投资人独自享有和自由处分；在财产责任上，企业负债等于投资人个人负债，并由其个人承担偿债责任，如出现资不抵债的情况，投资人应以其个人的全部财产而不仅以其投资于该企业的财产对债务负责，这就是无限责任，其中也包括对其雇员在执行职务过程中发生的损害责任。需要注意的是，个人独资企业虽然不具有法人资格，却是独立的民事主体，可以自己的名义从事民事活动。

5）设立程序简单。我国对成立个人独资企业的注册资金没有法定最低数额的要求，只要符合个人独资企业成立要件，即可登记领取营业执照。

疑难问题 3-1

个人独资企业与个体工商户有何区别？

【解析】个人独资企业与个体工商户的区别如下。

（1）出资人不同。个人独资企业的出资人只能是一个自然人；个体工商户既可以由一个自然人出资设立，也可以由家庭共同出资设立。

（2）承担责任的财产范围不同。个人独资企业的出资人在一般情况下仅以其个人财产对企业债务承担无限责任，只是在企业设立登记时明确以家庭共有财产作为个人出资的，才依法以家庭共有财产对企业债务承担无限责任。而根据《民法典》第五十六条第一款的规定，个体工商户的债务，个人经营的，以个人财产承担；家庭经营的，以家庭财产承担；无法区分的，以家庭财产承担。

（3）适用的法律不同。个人独资企业适用《个人独资企业法》的规定，个体工商户适用《民法典》《个体工商户条例》的规定。

（4）法律地位不同。个人独资企业是经营实体，是一种企业组织形态；个体工商户则不采用企业形式。区分二者的关键在于是否进行了独资企业登记，并领取独资企业营业执照。

2. 个人独资企业法的概念及适用范围

（1）个人独资企业法的概念。个人独资企业法有广义和狭义之分。广义的个人独资企业法是指调整个人独资企业在设立、生产经营、解散、清算活动中发生的各种社会的法律规范的总称，包括所有规范个人独资企业的宪法规范、民法规范、经济法规范、行政法规范等。狭义的个人独资企业法是指1999年8月30日第九届全国人民代表大会常务委员会第十一次会议通过，自2000年1月1日起施行的《个人独资企业法》，共6章48条。

（2）个人独资企业法的适用范围。《个人独资企业法》只适用于一个自然人投资设立的独资企业，即个人独资企业。外国企业、其他经济组织和个人在我国境内举办的独资企业属外商独资企业，不适用本法。

3.2.2 个人独资企业的设立

1. 设立条件

设立个人独资企业应当具备下列条件。

（1）投资人为具有中国国籍的自然人。根据《个人独资企业法》的规定，个人独资企业的投资人为一个具有中国国籍的自然人，但法律、行政法规禁止从事营利性活动的人，不得作为投资人申请设立个人独资企业。

（2）有合法的企业名称。企业名称是一个企业区别于其他企业的标志，企业的名称权是企业人身权的一种，具有多方面的价值，所以企业必须有自己的名称。个人独资企业的名称必须符合国家的有关规定，要与自身的性质、经营范围相一致，可以叫厂、店、部、中心、工作室等，不得使用“有限”“有限责任”和“公司”等字样。

随堂演练3-1

判断题：规模比较大的个人独资企业的名称可以使用“有限责任公司”字样。(　　)

【答案】 ×

【解析】 个人独资企业的名称中不得使用“有限”“有限责任”和“公司”等字样。

（3）有投资人申报的出资。任何企业都要有一定的资本，作为自身存续和经营的物质基础，个人独资企业也不例外。按照鼓励发展、方便设立的原则，法律对个人独资企业没有规定最低注册资本的数额，仅要求有投资人申报的出资。设立个人独资企业，可以用货币出资，也可以用实物、土地使用权、知识产权或者其他财产权利出资。采取实物、土地使用权、知识产权或者其他财产权利出资的，应将其折算成货币数额。

随堂演练3-2

下列各项中，不能作为设立个人独资企业出资的是（　　）。

A. 外币　　B. 商标权　　C. 劳务　　D. 房产

【答案】 C

【解析】 设立个人独资企业可以用货币出资，也可以用实物、土地使用权、知识产权或者其他财产权利出资。

（4）有固定的生产经营场所和必要的生产经营条件。个人独资企业的生产经营场所及条件要根据企业的经营业务内容等具体情况来确定，自有、租赁均可。

（5）有必要的从业人员。

2. 设立程序

（1）设立申请。个人独资企业的设立申请，可以由投资人自己提出，也可以由投资人委托代理人代为提出。委托代理人申请设立登记时，应当出具投资人的委托书和代理人的合法证明。个人独资企业所在地的工商行政管理机关为受理申请的登记机关。

申请人应当向登记机关提交设立申请书、投资人身份证明、生产经营场所使用证明等文件。设立申请书应当载明下列事项：企业的名称和住所；投资人的姓名和居所；投资人的出资额和出资方式；经营范围。

个人独资企业不得从事法律、行政法规禁止经营的业务，如军工、金融业等。从事法律、行政法规规定须报经有关部门审批的业务，应当在申请设立登记时提交有关部门的批准文件。

（2）设立登记。登记机关应当在收到设立申请文件之日起 15 日内，对符合法律规定条件的，予以登记，并发放营业执照。个人独资企业的营业执照的签发日期，为个人独资企业成立日期。在领取个人独资企业营业执照前，投资人不得以个人独资企业名义从事经营活动。

登记机关对于不符合《个人独资企业法》规定条件的设立申请，不予登记，并应当给予书面答复，说明理由。

（3）设立分支机构。个人独资企业设立分支机构，应当由投资人或者其委托的代理人向分支机构所在地的工商行政管理机关申请登记，领取营业执照。分支机构经核准登记后，应将登记情况报该分支机构隶属的个人独资企业的登记机关备案。分支机构的民事责任由设立该分支机构的个人独资企业承担。

（4）变更登记。个人独资企业存续期间登记事项发生变更的，应当在作出变更决定之日起 15 日内依法向登记机关申请办理变更登记。

3.2.3 个人独资企业的投资人及事务管理

1. 个人独资企业的投资人

《个人独资企业法》没有明确规定投资人的积极条件，而只规定了消极条件，即哪些人不得成为个人独资企业的投资人。根据该法的规定，法律、行政法规禁止从事营利性活动的人，不得作为投资人申请设立个人独资企业。下列人员不得成为个人独资企业的投资人：国家公务员；人民警察；法官；检察官；属于竞业禁止范围内的人员。

随堂演练 3-3

下列人员不得作为投资人申请设立个人独资企业的有（　　）。

A. 党政机关领导干部　　B. 警察

C. 大学生　　D. 商业银行工作人员

【答案】 ABD

【解析】 根据我国有关法律、行政法规规定，国家公务员、党政机关领导干部、警官、法官、检察官、商业银行工作人员等人员，不得作为投资人申请设立个人独资企业。

2. 个人独资企业的事务管理

（1）管理方式。个人独资企业投资人可以自行管理企业事务，也可以委托或者聘用其他具有完全民事行为能力的人负责企业的事务管理。投资人委托或者聘用他人管理个人独资企业事务，应当与受托人或者被聘用的人签订书面合同，明确委托的具体内容和授予的权利范围。受托人或者被聘用的人员应当履行诚信、勤勉义务，按照与投资人签订的合同负责个人独资企业的事务管理。投资人对受托人或者被聘用的人员职权的限制，不得对抗善意第三人。

（2）受托人或被聘用的管理人员的义务。受托人或者被聘用的人应当履行诚信、勤勉义务，按照与投资人签订的合同负责个人独资企业的事务管理。受托人或被聘用的人必须尽其努力管理企业事务，积极地保障、维护企业的利益，不得从事任何可能损害企业利益的活动。

投资人委托或者聘用的管理个人独资企业事务的人不得有下列行为：

1）利用职务上的便利，索取或者收受贿赂；

2）利用职务或者工作上的便利侵占企业财产；

3）挪用企业的资金归个人使用或者借贷给他人；

4）擅自将企业资金以个人名义或者以他人名义开立账户储存；

5）擅自以企业财产提供担保；

6）未经投资人同意，从事与本企业相竞争的业务；

7）未经投资人同意，同本企业订立合同或者进行交易；

8）未经投资人同意，擅自将企业商标或者其他知识产权转让给他人使用；

9）泄露本企业的商业秘密；

10）法律、行政法规禁止的其他行为。

3.2.4 个人独资企业的权利和义务

1. 个人独资企业的权利

（1）依法申请贷款权。个人独资企业可以根据《中华人民共和国商业银行法》（简称《商业银行法》）《民法典：合同》和中国人民银行发布的《贷款通则》等一系列法律、行政法规的规定申请贷款，以供企业生产经营之用。

（2）依法取得土地使用权。个人独资企业可根据《中华人民共和国土地管理法》（简称《土地管理法》）、《中华人民共和国土地管理法实施条例》（简称《土地管理法实施条例》）和《中华人民共和国城镇国有土地使用权出让和转让暂行条例》（简称《城镇国有土地使用权出让和转让暂行条例》）等的规定取得土地使用权。

（3）拒绝摊派权。摊派是指在法律、法规的规定之外，以任何方式要求企业提供财力、物力和人力的行为。摊派是一种违法行为，国家禁止任何国家机关、人民团体、部队、企业、事业单位和其他社会组织向企业摊派。《个人独资企业法》规定：“任何单位和个人不得违反法律、行政法规的规定，以任何方式强制个人独资企业提供财力、物力、人力；对于违法强制提供财力、物力、人力的行为，个人独资企业有权拒绝。”

（4）法律、行政法规规定的其他权利。例如，根据《中华人民共和国专利法》（简称

《专利法》）的规定，企业可以取得专利保护；根据《中华人民共和国商标法》（简称《商标法》）的规定，企业可以取得商标专用权等。

2. 个人独资企业的义务

（1）个人独资企业从事经营活动必须守法，不得损害社会公共利益。

（2）个人独资企业应当依法进行会计核算。个人独资企业应当依法设置会计账簿，进行会计核算。

（3）个人独资企业应当依法纳税。

（4）个人独资企业负有保障职工合法权益的义务。个人独资企业应与职工在自愿的基础上，经过充分协商签订劳动合同，保障职工合理的休息权、获取劳动报酬权、接受职业技能培训权、享受保险福利权等《劳动法》和其他有关法律规定的权利不受侵犯。

疑难问题 3-2

张某出资设立一家服装经销店，经营性质为个人独资企业。一年后，张某因病委托朋友李某管理该店。由于李某管理不善，该经销店财产已所剩无几。债权人相继找上门来，要求张某归还欠债。张某宣称自己没有能力还债。债权人告上法庭，要求用张某和李某的家庭共有财产抵偿债款。经法院查明，张某在设立登记时并没有明确是以家庭共有财产出资。

要求：根据以上情况并结合相关法律制度的规定，回答下列问题。

（1）张某除用货币出资外，能否以自己的劳务作价出资？说明理由。

（2）张某能否委托李某经营管理其个人独资企业？说明理由。

（3）对该经销店所欠债款，法院应否支持债权人的要求？说明理由。

【解析】

（1）张某不能以自己的劳务作价出资。根据《个人独资企业法》的规定，设立个人独资企业可以用货币出资，也可以用实物、土地使用权、知识产权或者其他财产权利出资，但不得以劳务作价出资。

（2）张某可以委托李某经营管理其个人独资企业。根据《个人独资企业法》的规定，个人独资企业的投资人可以自行管理企业事务，也可以委托或者聘用其他具有民事行为能力的人负责企业的事务管理。

（3）法院不应支持债权人的要求。根据规定，个人独资企业的投资人在申请企业设立登记时明确以其家庭共有财产作为个人出资的，应当依法以其家庭共有财产对企业债务承担无限责任。但张某设立企业时并未明确以其家庭共有财产作为个人出资，所以不应以其家庭共有财产对企业债务承担责任。至于李某，并非该个人独资企业的投资人，只是经营管理人员，不应为企业债务对债权人承担个人责任，也不应该以其家庭共有财产承担责任。

3.2.5　个人独资企业的解散和清算

1. 解散原因

个人独资企业有下列情形之一时，应当解散。

（1）投资人决定解散。个人独资企业的投资人对个人独资企业的一切事务有完全的决定控制权，在不违反法律规定的情况下，投资人可以决定解散个人独资企业来终止生产经营活动。

（2）投资人死亡或者被宣告死亡，无继承人或者继承人决定放弃继承。个人独资企业投资人对企业的权利，可以依法继承。如果投资人没有继承人或者继承人决定放弃继承，则投资人对个人独资企业的所有权就没有合法的权利继承者和财产经营者，个人独资企业就失去了必要的经营条件，企业应当解散。

（3）被依法吊销营业执照。当个人独资企业严重违反法律、行政法规的规定时，政府有关主管机关可依法吊销企业的营业执照。个人独资企业被依法吊销营业执照，则企业的民事主体资格消灭，应予以解散。

（4）法律、行政法规规定的其他情形。

随堂演练 3-4

根据《个人独资企业法》的规定，在下列情形中，个人独资企业应当解散的有(　　)。

A. 投资人决定解散　　B. 个人独资企业被依法吊销营业执照

C. 投资人死亡，无继承人　　D. 投资人被依法宣告死亡，继承人放弃继承

【答案】ABCD

【解析】个人独资企业的财产可以依法继承和转让，因此当投资人死亡或者被依法宣告死亡，只有投资人无继承人或者继承人放弃继承时，个人独资企业才应当解散。

2. 清算程序

（1）清算通知、公告及债权申报。个人独资企业解散，由投资人自行清算或者由债权人申请人民法院指定清算人清算。投资人自行清算的，应当在清算前十五日内书面通知债权人，无法通知的，应当予以公告。债权人应当在接到通知之日起三十日内，未接到通知的应当在公告之日起六十日内，向投资人申报其债权。

（2）债务清偿。个人独资企业解散后，原投资人对个人独资企业存续期间的债务应承担偿还责任，但债权人在五年内未向债务人提出偿债请求的，该责任消灭。

个人独资企业解散的，财产应当按下列顺序清偿：所欠职工工资和社会保险费用；所欠税款；其他债务。个人独资企业财产不足清偿债务的，投资人应当以其个人的其他财产予以清偿。

（3）注销登记。个人独资企业清算结束后，投资人或者人民法院指定的清算人应当编制清算报告，并于十五日内到登记机关办理注销登记。

随堂演练 3-5

判断题：个人独资企业解散后，其财产不足清偿债务的，投资人应当以其个人的其他财产予以清偿，仍不足清偿的，投资人应当以其家庭共有财产予以清偿。(　　)

【答案】×

【解析】个人独资企业投资人在申请企业设立登记时，明确以其家庭共有财产作为个人出资的，应当依法以其家庭共有财产对企业债务承担无限责任。本题中，投资人未明确

以其家庭共有财产作为个人出资，不应当以其家庭共有财产予以清偿。

个人独资企业和一人有限责任公司的区别如表 3-1 所示。

表 3-1　个人独资企业和一人有限责任公司的区别

	个人独资企业	一人有限责任公司
法律地位	不是法人	独立法人
承担责任	无限责任	有限责任
投资人	一个中国国籍的自然人	一个自然人或法人
注册资本	申报的出资，没有最低限额的规定	没有最低注册资本限额的规定
能否破产	不能	能

3.3　合伙企业法

3.3.1　合伙企业的概念及特征

合伙是一种古老的企业组织形式。由于它具有组织简便、灵活等优点，因此，合伙企业始终是中小企业普遍采用的企业形态，各国也通过立法对其进行规范。改革开放以来，随着民间投资的启动，合伙企业在我国逐渐恢复并发展起来。据此，立法机关先是在民法中对个人合伙与企业联营的有关内容做了规定。之后，国务院又在《私营企业暂行条例》中将其作为私营企业三种组织形式中的一种加以规范。1997 年，立法机关根据实行社会主义市场经济体制以来我国市场主体的发展规范与合伙企业的发展需要，专门制定了《中华人民共和国合伙企业法》（简称《合伙企业法》），使其成为与公司、个人独资企业并列的市场经济体制下的企业组织形式。随着市场经济体制的逐步完善，在经济社会生活中出现了一些新的情况和问题，加之民间投资、风险投资以及专业服务机构发展对合伙组织形式的不同需要，《合伙企业法》难以适应当前经济与社会发展要求，为此，立法机关于 2006 年 8 月 27 日修订了《合伙企业法》，自 2007 年 6 月 1 日起施行。

所谓合伙企业，是指两个或两个以上合伙人订立合伙协议，共同投资，合伙经营，共享收益，至少有一个以上的合伙人对企业债务承担无限责任的营利性组织。与其他企业形态相比，合伙企业具有以下法律特征。

（1）合伙企业必须有两个或两个以上合伙人共同投资。按照我国法律规定，合伙人可以是自然人、法人和其他组织。

合伙企业中的合伙人分为普通合伙人和有限合伙人两类。普通合伙人依法对合伙企业债务承担无限连带责任，有限合伙人依法对合伙企业债务以其认缴的出资额为限承担有限责任。虽然所有的市场主体都可以参与设立合伙企业，成为合伙人，但对于一些特殊的市场主体来说，如果让其成为合伙企业的普通合伙人，对合伙企业债务承担无限连带责任，不利于保护国有资产和上市公司利益以及公共利益。因此，法律对一些特定市场主体成为普通合伙人作出了限制性规定，《合伙企业法》第三条明确规定："国有独资公司、国有企业、上市公司以及公益性的事业单位、社会团体不得成为普通合伙人。"

（2）合伙企业设立的法律基础是合伙协议。合伙协议是各合伙人按照自愿、平等、公平、诚实信用的原则，就合伙企业的基本问题，按照法定的内容和要求所订立的书面法律文件。合伙企业正是通过合伙协议这一法律形式将合伙人联结起来的营利性组织。

（3）合伙企业必须有人对企业债务承担无限连带责任。合伙企业有普通合伙企业和有限合伙企业两种法定形式。普通合伙企业的合伙人均承担无限连带责任；有限合伙企业最少必须有一个合伙人承担无限连带责任。所谓无限责任，是指合伙企业的财产不足以清偿合伙企业债务时，合伙人应以其个人财产清偿；所谓连带责任，是指对债权人而言，不论合伙人就合伙企业的债务、各合伙人的承担是如何划分的，债权人有权要求承担连带责任的合伙人予以清偿。若该合伙人超出自己应承担份额承担了债务，其有权向其他合伙人追偿。在有限合伙企业经营中，承担无限责任的合伙人要负责企业经营，执行企业事务，对外代表企业。

（4）合伙人可按各自对合伙企业的贡献，通过协议约定合伙企业的利润分配和亏损分担，合伙协议未约定或者约定不明确的，由合伙人协商决定；协商不成的，由合伙人按照实缴出资比例分配、分担；无法确定出资比例的，由合伙人平均分配、分担。

疑难问题 3-3

个人独资企业的投资人和合伙企业的普通合伙人都必须是完全民事行为能力人吗?

【解析】我国《个人独资企业法》对于投资人是否需要具备完全民事行为能力没有作出明确的规定，但是因为投资人对企业的债务承担无限责任，并且个人独资企业的民事责任需要个人独资企业的投资人承担，所以投资人应推定为完全民事行为能力人。对于合伙企业而言，设立为合伙企业普通合伙人的自然人必须是完全民事行为能力人，无民事行为能力人和限制民事行为能力人不得成为合伙企业设立时的普通合伙人。

3.3.2 普通合伙企业

普通合伙企业由普通合伙人组成，合伙人对合伙企业债务承担无限连带责任。

随堂演练 3-6

下列企业中，出资人对企业债务承担无限连带责任的是（　　）。

A. 普通合伙企业　　B. 有限责任公司　　C. 有限合伙企业　　D. 国有独资企业

【答案】A

【解析】普通合伙企业由普通合伙人组成。合伙人（出资人）对合伙企业债务承担无限连带责任。

1. 普通合伙企业的设立

合伙企业的设立，是指合伙人按照法定条件和程序申请取得合伙企业资格的行为。为鼓励发展合伙企业，我国立法对于合伙企业的设立，体现了放宽限制、简化手续、简便程序的精神。

（1）设立条件。设立合伙企业，应当具备下列条件。

1）有两个以上合伙人。合伙人为自然人的，应当具有完全民事行为能力。

2）有书面合伙协议。合伙协议应当载明：合伙企业的名称和主要经营场所的地点；合伙目的和合伙经营范围；合伙人的姓名或者名称、住所；合伙人的出资方式、数额和缴付期限；利润分配、亏损分担方式；合伙事务的执行；入伙与退伙；争议解决办法；合伙企业的解散与清算，违约责任。

合伙协议经全体合伙人签名、盖章后生效。

随堂演练 3-7

根据《合伙企业法》的规定，应当写入有限合伙企业合伙协议的事项有（　　）。

A. 普通合伙人和有限合伙人的姓名或者名称

B. 执行事务合伙人应具备的条件

C. 有限合伙人入伙、退伙的条件

D. 有限合伙人和普通合伙人相互转变程序

【答案】 ABCD

【解析】 有限合伙企业的合伙协议应当载明下列事项：①普通合伙人和有限合伙人的姓名或者名称、住所；②执行事务合伙人应具备的条件和选择程序；③执行事务合伙人权限与违约处理办法；④执行事务合伙人的除名条件和更换程序；⑤有限合伙人入伙、退伙的条件、程序以及相关责任；⑥有限合伙人和普通合伙人相互转变程序。

3）有合伙人认缴或者实际缴付的出资。合伙人的出资方式可以是货币、实物、知识产权、土地使用权或者其他财产权利，也可以是劳务。合伙人以实物、知识产权、土地使用权或者其他财产权利出资，需要评估作价的，可以由全体合伙人协商确定，也可以由全体合伙人委托法定评估机构评估。合伙人以劳务出资的，其评估办法由全体合伙人协商确定，并在合伙协议中载明。合伙人应当按照合伙协议约定的出资方式、数额和缴付期限，履行出资义务。以非货币财产出资的，依照法律、行政法规的规定，需要办理财产权转移手续的，应当依法办理。合伙人按照合伙协议的约定或者经全体合伙人决定，可以增加或者减少对合伙企业的出资。

4）有合伙企业的名称和生产经营场所。合伙企业名称是本企业区别于其他同类企业的标记，也是树立企业形象、提高企业知名度、保护自身利益的法律手段，因此，合伙企业的设立应有企业名称；合伙企业的生产经营场所是企业经营不可缺少的物质条件。

5）法律、行政法规规定的其他条件。该规定主要是针对有关专业服务机构的特殊管理要求设定的。会计师事务所、资产评估师事务所、律师事务所等专业服务机构的设立，有相应的特别法规定。

疑难问题 3-4

个人独资企业的投资人对企业的债务承担无限责任，合伙企业的普通合伙人对合伙企业的债务承担无限连带责任。那么，这里的“无限责任”和“无限连带责任”的意思是否一样？如何理解？

【解析】 无限责任界定的是“债务人和债权人”之间的关系，即债务人必须承担全部的清偿责任，当企业的全部财产不足清偿到期债务时，投资人应以自己个人的全部财产用于清偿，实际上就是将企业的责任与投资人的责任连为一体。连带责任界定的是“投资人之间”的关系，即不管债务人之间内部如何约定，每个债务人都有义务对债权人承担全部的清偿责任，当合伙企业财产不足清偿其债务时，普通合伙人应以其在合伙企业出资以外的财产清偿债务，每一个合伙人对企业债务都有清偿的义务，债权人可以就合伙企业财产不足以清偿的那部分债务，向任何一个合伙人要求全部偿还。由于连带责任界定的是债务人之间的责任，所以个人独资企业的投资人就没有连带责任的问题了。

无限连带责任是指对外承担的是无限责任，各普通合伙人内部之间承担的是连带责任。所以合伙企业的普通合伙人对合伙企业债务承担的是无限连带责任，个人独资企业的投资人对企业债务承担的是无限责任。

（2）设立程序。设立合伙企业的程序如下。

1）申请。申请设立合伙企业，应当向企业登记机关提交登记申请书、合伙协议书、合伙人身份证明等文件。合伙企业的经营范围中有属于法律、行政法规规定在登记前须经批准的项目的，该项经营业务应当依法经过批准，并在登记时提交批准文件。

2）登记。参照第 2 章中“五证合一、一照一码”登记制度改革。

2. 合伙企业财产

合伙企业的财产，是指合伙人的出资、以合伙企业名义取得的收益和依法取得的其他财产。合伙企业是典型的人合企业，一般而言，在《合伙企业法》没有特别规定的情况下，合伙人在合伙企业清算前，不得请求分割合伙企业的财产。

为保护善意第三人，《合伙企业法》明确规定：“合伙人在合伙企业清算前私自转移或者处分合伙企业财产的，合伙企业不得以此对抗善意第三人。”

另外，合伙企业中财产份额的转让也应严格依照法律规定进行。

（1）除合伙协议另有约定外，合伙人向合伙人以外的人转让其在合伙企业中的全部或者财产份额的，须经其他合伙人一致同意。合伙人以外的人依法受让合伙人在合伙企业中的财产份额的，经修改合伙协议即成为合伙企业的合伙人，依照《合伙企业法》和修改后的合伙协议享有权利，履行义务。

（2）合伙人之间转让在合伙企业中的全部或者部分财产份额时，应当通知其他合伙人。

（3）合伙人向合伙人以外的人转让其在合伙企业中的财产份额的，在同等条件下，其他合伙人有优先购买权，但是，合伙协议另有约定的除外。

（4）合伙人以其在合伙企业中的财产份额出质的，须经其他合伙人一致同意；未经其他合伙人一致同意，其行为无效，由此给善意第三人造成损失的，由行为人依法承担赔偿责任。

随堂演练 3-8

根据我国《合伙企业法》的规定，设立普通合伙企业时，合伙协议应当载明的事项有（　　）。

A. 合伙目的　　　　B. 合伙人出资的资金来源

C. 合伙人出资的期限　　D. 亏损分担办法

【答案】ACD

【解析】合伙人的资金来源不是合伙协议应当载明的事项。

3. 合伙事务的执行

（1）合伙事务执行的要求。合伙人对执行合伙事务享有同等的权利。按照合伙协议的约定或者经全体合伙人决定，可以委托一个或者数个合伙人对外代表合伙企业，执行合伙事务。委托一个或者数个合伙人执行合伙事务的，其他合伙人不再执行合伙事务。不执行合伙事务的合伙人有权监督执行事务合伙人执行合伙事务的情况。其他组织执行合伙事务的，由作为合伙人的法人委派的代表执行。

由一个或者数个合伙人执行合伙事务的，执行事务合伙人应当定期向其他合伙人报告事务执行情况以及合伙企业的经营和财务状况，其执行合伙事务所产生的收益归合伙企业，所产生的费用和亏损由合伙企业承担。合伙人为了解合伙企业的经营状况和财务状况，有权查阅合伙企业会计账簿等财务资料。合伙人分别执行合伙事务的，执行事务合伙人可以对其他合伙人执行的事务提出异议。提出异议时，应当暂停该项事务的执行。如果发生争议，依法表决决定。受委托执行合伙事务的合伙人不按照合伙协议或者全体合伙人的决定执行事务的，其他合伙人可以决定撤销该委托。

合伙人对合伙企业有关事项作出决议，按照合伙协议约定的表决办法办理。合伙协议未约定或者约定不明确的，实行合伙人一人一票并经全体合伙人过半数通过的表决办法。《合伙企业法》对合伙企业的表决办法另有规定的，从其规定。

除合伙协议另有约定外，合伙企业的下列事项应当经全体合伙人一致同意：

1）改变合伙企业的名称；

2）改变合伙企业的经营范围、主要经营场所的地点；

3）处分合伙企业的不动产；

4）转让或者处分合伙企业的知识产权和其他财产权利；

5）以合伙企业名义为他人提供担保；

6）聘任合伙人以外的人担任合伙企业的经营管理人员。

被聘任的合伙企业的经营管理人员应当在合伙企业授权范围内履行职务。超越合伙企业授权范围履行职务，或者在履行职务过程中因故意或者重大过失给合伙企业造成损失的，依法承担赔偿责任。

（2）合伙人的义务。合伙人不得自营或者同他人合作经营与本合伙企业相竞争的业务。除合伙协议另有约定或者经全体合伙人一致同意外，合伙人不得同本合伙企业进行交易。合伙人不得从事损害本合伙企业利益的活动。

（3）合伙企业的利润分配、亏损分担。合伙企业的利润分配、亏损分担，按照合伙协议的约定办理；合伙协议未约定或者约定不明确的，由合伙人协商决定；协商不成的，由合伙人按照实缴出资比例分配、分担；无法确定出资比例的，由合伙人平均分配、分担。合伙协议不得约定将全部利润分配给部分合伙人或者由部分合伙人承担全部亏损。

4. 合伙企业与第三人关系

合伙企业对合伙人执行合伙事务以及对外代表合伙企业权利的限制，不得对抗善意第三人。合伙企业对其债务，应先以其全部财产进行清偿。合伙企业不能清偿到期债务的，合伙人承担无限连带责任。合伙人由于承担无限连带责任，清偿数额超过其应当承担的亏损分担比例的，有权向其他合伙人追偿。

随堂演练 3-9

判断题：甲、乙、丙开办一普通合伙企业，合伙企业存续期间，由于合伙人之间意见不合，甲私自运走作为出资的机器设备。当合伙企业现有的财产不足以清偿善意第三人丁的债务时，丁只能向甲追讨。(　　)

【答案】 ×

【解析】 合伙企业的内部"问题"不得对抗善意第三人。

合伙人发生与合伙企业无关的债务，相关债权人不得以其债权抵销其对合伙企业的债务；也不得代位行使合伙人在合伙企业中的权利。

合伙人的自有财产不足清偿其与合伙企业无关的债务的，该合伙人可以以其从合伙企业中分取的收益用于清偿；债权人也可以依法请求人民法院强制执行该合伙人在合伙企业中的财产份额用于清偿。

人民法院强制执行合伙人的财产份额时，应当通知全体合伙人，其他合伙人有优先购买权；其他合伙人未购买，又不同意将该财产份额转让给他人的，依照规定为该合伙人办理退伙结算，或者办理削减该合伙人相应财产份额的结算。

5. 合伙人变更

合伙人变更是指合伙企业存续期间，合伙人会发生退伙或别人愿意加入合伙企业的情况。因此，合伙人的变更主要有入伙和退伙这两种情况。

（1）入伙。所谓入伙，即合伙企业存续期间，合伙人以外的人加入合伙，从而取得合伙人资格的行为。

入伙应当具备以下条件：a. 新合伙人入伙，除合伙协议另有约定外，应当经全体合伙人一致同意，并依法订立书面入伙协议；b. 订立入伙协议时，原合伙人应当向新合伙人如实告知原合伙企业的经营状况和财务状况。

入伙行为的发生，必然产生新合伙人对合伙企业的权利和义务。新合伙人入伙后，原则上应享有与原合伙人同等的地位，即享有同等权利，承担同等责任。但是按照当事人意思自治的原则，原合伙人与新合伙人另有约定的，从其约定。新合伙人对入伙前合伙企业的债务承担无限连带责任。

（2）退伙。所谓退伙，即合伙人退出合伙企业，丧失合伙人资格的行为。退伙有以下四种方式。

1）协议退伙。合伙协议约定合伙期限的，在合伙企业存续期间，有下列情形之一的，合伙人可以退伙：

①合伙协议约定的退伙事由出现；

②经全体合伙人一致同意；

③发生合伙人难以继续参加合伙的事由；

④其他合伙人严重违反合伙协议约定的义务。

2）通知退伙。合伙协议未约定合伙企业的经营期限的，合伙人在不给合伙企业事务执行造成不利影响的情况下，可以退伙，但应当提前 30 日通知其他合伙人。

合伙人违反协议退伙和通知退伙的有关规定，擅自退伙的，应当赔偿由此给其他合伙人造成的损失。

3）当然退伙。当然退伙又称法定退伙，即合伙企业存续期间，发生以下法定退伙事由时，有关合伙人自然丧失合伙人资格的一种退伙方式：

①作为合伙人的自然人死亡或者被依法宣告死亡；

②个人丧失偿债能力；

③作为合伙人的法人或者其他组织依法被吊销营业执照、责令关闭撤销，或者被宣告破产；

④法律规定或者合伙协议约定合伙人必须具有相关资格而丧失该资格；

⑤合伙人在合伙企业中的全部财产份额被人民法院强制执行。

合伙人被依法认定为无民事行为能力人或者限制民事行为能力人的，经其他合伙人一致同意，可以依法转为有限合伙人，普通合伙企业依法转为有限合伙企业。其他合伙人未能一致同意的，该无民事行为能力或者限制民事行为能力的合伙人退伙。退伙事由实际发生之日为退伙生效日。

4）除名退伙。合伙人有下列情形之一的，经其他合伙人一致同意，可以决议将其除名：

①未履行出资义务；

②因故意或者重大过失给合伙企业造成损失；

③执行合伙事务时有不正当行为；

④发生合伙协议约定的事由。对合伙人的除名决议应当书面通知被除名人。被除名人自接到除名通知之日起，除名生效，被除名人退伙。被除名人对除名决议有异议的，可以自接到除名通知之日起三十日内，向人民法院起诉。

不管退伙的发生原因如何，都必然产生相应的法律后果。具体来讲，退伙的法律效果表现为以下四个方面。

1）退伙结算。合伙人退伙，其他合伙人应当与该退伙人按照退伙时的合伙企业财产状况进行结算，退还退伙人的财产份额。退伙人对给合伙企业造成的损失负有赔偿责任的，相应扣减其应当赔偿的数额。退伙时有未了结的合伙企业事务的，待该事务了结后进行结算。退伙人在合伙企业中财产份额的退还办法，由合伙协议约定或者由全体合伙人决定，可以退还货币，也可以退还实物。

2）债务与亏损承担。退伙人对基于其退伙前的原因发生的合伙企业债务，承担无限连带责任。合伙人退伙时，合伙企业财产少于合伙企业债务的，退伙人应当依照法律规定分担亏损。

3）财产继承。合伙人死亡或者被依法宣告死亡的，对该合伙人在合伙企业中的财产份额享有合法继承权的继承人，按照合伙协议的约定或者经全体合伙人一致同意，从继承开始之日起，取得该合伙企业的合伙人资格。有下列情形之一的，合伙企业应当向合伙人的继承人退还被继承合伙人的财产份额：

①继承人不愿意成为合伙人；

②法律规定或者合伙协议约定合伙人必须具有相关资格，而该继承人未取得该资格；

③合伙协议约定不能成为合伙人的其他情形。

4）普通合伙企业转为有限合伙企业。合伙人的继承人为无民事行为能力人或者限制民事行为能力人的，经全体合伙人一致同意，可以依法成为有限合伙人，普通合伙企业依法转为有限合伙企业。全体合伙人未能一致同意的，合伙企业应当将被继承合伙人的财产份额退还该继承人。

6. 特殊的普通合伙企业

普通合伙作为一种传统的组织形式，其基本特点是合伙人共同出资、共同经营、共享收益、共担风险，合伙人对合伙债务负无限连带责任。很多会计师事务所、律师事务所等专业服务机构采用这种组织形式。随着社会对各项专业服务需求的迅速增长，专业服务机构的规模扩大，合伙人数目大增，以至于合伙人之间并不熟悉甚至不认识，各自的业务也不重合，与传统普通合伙中合伙人人数较少、共同经营的模式已有不同，因而让合伙人对其并不熟悉的合伙人的债务承担无限连带责任，有失公平。为了减少专业服务机构中普通合伙人的风险，促进专业服务机构的发展壮大，《合伙企业法》在“普通合伙企业”一章中，以专节规定了特殊的普通合伙企业。

（1）特殊的普通合伙企业的适用范围。《合伙企业法》规定，以专业知识和专门技能为客户提供有偿服务的专业服务机构，可以设立为特殊的普通合伙企业，适用《合伙企业法》关于特殊的普通合伙企业的责任规定。此外，《合伙企业法》只规范注册为企业的专业服务机构，而很多专业服务机构如律师事务所并未注册为企业，不适用《合伙企业法》的规定，但在责任形式上也可以采用《合伙企业法》规定的特殊的普通合伙的责任形式。因此，《合伙企业法》在附则中专门作出规定：“非企业专业服务机构依据有关法律采取合伙制的，其合伙人承担责任的形式可以适用本法关于特殊的普通合伙企业合伙人承担责任的规定。”

（2）对特殊的普通合伙企业的公示要求。特殊的普通合伙企业，其合伙人对特定合伙企业债务只承担有限责任，为保护交易相对人的利益，应当对这一情况予以公示。《合伙企业法》规定，特殊的普通合伙企业名称中应当标明“特殊普通合伙”字样。

（3）特殊的普通合伙企业合伙人的责任形式。这是特殊的普通合伙企业制度的最关键的内容，就是有限责任合伙。有限责任合伙是普通合伙的一种特殊形式，在这种合伙中各合伙人仍对合伙债务承担无限连带责任，但这种责任仅局限于合伙人本人业务范围及过错，即对企业形成的债务属于本人职责范围且由本人的过错所导致的承担无限责任，对于其他合伙人职责范围或过错所导致的债务不负连带责任。

当然，合伙人在执业活动中非因故意或者重大过失造成的合伙企业债务以及合伙企业的其他债务，由全体合伙人承担无限连带责任。

（4）对特殊的普通合伙企业债权人的保护。特殊的普通合伙企业，其合伙人对特定合伙企业债务只承担有限责任，对合伙企业的债权人的保护相对削弱。为了保护债权人的利益，《合伙企业法》专门规定了对特殊的普通合伙企业债权人的保护制度，即特殊的普通合伙企业应当建立执业风险基金、办理职业保险。执业风险基金用于偿付合伙人执业活动造成的债务。执业风险基金应当单独立户管理。具体管理办法由国务院规定。

随堂演练 3-10

甲、乙、丙三人准备注册一家特殊的普通合伙企业形式的会计师事务所。初步拟定的合伙协议主要内容有：

（1）合伙企业名称为“××普通合伙企业”；

（2）经营过程中，由于合伙人个人原因造成合伙企业债务的，没有责任的合伙人对外不承担任何责任；

（3）当盈利达到10万元时再建立执业风险基金。

请问：该合伙协议是否有不符合法律规定之处？分别说明理由。

【解析】

（1）合伙企业名称为“××普通合伙企业”不符合法律规定。根据《合伙企业法》的规定，特殊的普通合伙企业名称中应当标明“特殊普通合伙”字样。

（2）由于合伙人个人原因造成合伙企业债务的，没有责任的合伙人对外不承担任何责任不符合法律规定。根据《合伙企业法》的规定，合伙人在执业活动中非因故意或者重大过失造成的合伙企业债务以及合伙企业的其他债务，由全体合伙人承担无限连带责任。一个合伙人或者数个合伙人在执业活动中因故意或者重大过失造成合伙企业债务的，应当承担无限责任或者无限连带责任，其他合伙人以其在合伙企业中的财产份额为限承担责任。

（3）当盈利达到10万元时再建立执业风险基金不符合法律规定。根据《合伙企业法》的规定，特殊的普通合伙企业应当在建立的同时建立执业风险基金、办理职业保险。执业风险基金用于偿付合伙人执业活动造成的债务。

特殊的普通合伙企业实质上仍然是普通合伙企业，因此，关于特殊的普通合伙企业未做特别规定的，适用有关普通合伙企业的规定。

3.3.3 有限合伙企业

有限合伙企业由普通合伙人和有限合伙人组成，普通合伙人对合伙企业债务承担无限连带责任，有限合伙人以其认缴的出资额为限对合伙企业债务承担责任。

随堂演练 3-11

判断题：有限合伙企业的全体合伙人以其认缴的出资额为限对合伙企业债务承担有限责任。（　　）

【答案】 ×

【解析】 有限合伙企业由普通合伙人和有限合伙人组成，普通合伙人对合伙企业债务承担无限连带责任，有限合伙人以其认缴的出资额为限对合伙企业债务承担责任。

有限合伙是由普通合伙发展而来的一种合伙形式。二者的主要区别是，普通合伙的全体合伙人共同负责合伙的经营管理，并对合伙债务承担无限连带责任。而在有限合伙中，普通合伙人负责合伙的经营管理，并对合伙债务承担无限连带责任；有限合伙人通常不负责合伙的经营管理，仅以其出资额为限对合伙债务承担有限责任。

有限合伙融合了公司和普通合伙的优点。与公司相比，普通合伙人直接从事合伙的经营管理，使合伙的组织结构简单，节省管理费用和运营成本；普通合伙人对合伙要承担无限连带责任，可以促使其对合伙的管理尽职尽责。同时，对有限合伙企业本身不征所得税，直接对合伙人征收所得税，避免了公司的双重税负。与普通合伙相比，允许投资者以承担有限责任的方式参加合伙成为有限合伙人，解除了投资者承担无限连带责任的后顾之忧，有利于吸引投资。由于有限合伙的上述特点，实践中为资本与智力的结合提供了一种便利的组织形式。

1. 有限合伙企业合伙人的人数

为防止有人利用有限合伙企业形式进行非法集资活动，体现合伙企业人合性的特性，并为今后的实践留有必要的空间，《合伙企业法》规定，有限合伙企业由 2 个以上 50 个以下合伙人设立；但是，法律另有规定的除外。

随堂演练 3-12

除法律另有规定外，有限合伙企业合伙人的数量是（　　）。

A. 2 人以上　　　　B. 2 人以上 30 人以下

C. 2 人以上 50 人以下　　　　D. 50 人以下

【答案】C

【解析】有限合伙企业由 2 人以上 50 人以下合伙人设立；但是，法律另有规定的除外。

2. 对有限合伙企业的公示要求

为了保护交易相对人的利益，有限合伙企业的一些情况应当公示，让交易相对人知悉。因此，《合伙企业法》规定，有限合伙企业应当在其名称中标明“有限合伙”字样；有限合伙企业登记事项中应当载明有限合伙人的姓名或者名称及认缴的出资数额。

3. 有限合伙人的权利

有限合伙中，有限合伙人以不执行合伙企业事务为代价，获得对合伙企业债务承担有限责任的权利。因此，在有限合伙企业中，有限合伙人的权利是受到一定的限制的：

（1）有限合伙人不得以劳务出资；

（2）有限合伙人不执行合伙事务，不得对外代表有限合伙企业。

《合伙企业法》规定，有限合伙人的下列行为，不视为执行合伙事务：

（1）参与决定普通合伙人入伙、退伙；

（2）对企业的经营管理提出建议；

（3）参与选择承办有限合伙企业审计业务的会计师事务所；

（4）获取经审计的有限合伙企业财务会计报告；

（5）对涉及自身利益的情况，查阅有限合伙企业财务会计账簿等财务资料；

（6）在有限合伙企业中的利益受到侵害时，向有责任的合伙人主张权利或者提起诉讼；

（7）执行事务合伙人怠于行使权利时，督促其行使权利或者为了本企业的利益以自己的名义提起诉讼；

（8）依法为本企业提供担保。

4. 有限合伙人有限责任的免除

有限合伙人对合伙企业债务承担有限责任也不是绝对的，当出现法定情形时，有限合伙人也会对合伙企业债务承担无限连带责任。《合伙企业法》规定，第三人有理由相信有限合伙人为普通合伙人并与其交易的，该有限合伙人对该笔交易承担与普通合伙人同样的责任。有限合伙人未经授权以有限合伙企业名义与他人进行交易，给有限合伙企业或者其他合伙人造成损失的，该有限合伙人应当承担赔偿责任。

5. 有限合伙企业不同于普通合伙企业的其他规定

针对有限合伙企业的特点，《合伙企业法》对有限合伙企业还作出了一些不同于普通合伙企业的规定，主要包括以下 10 个方面。

（1）有限合伙企业不得将全部利润分配给部分合伙人；但是，合伙协议另有约定的除外。

（2）有限合伙人可以同本有限合伙企业进行交易；但是，合伙协议另有约定的除外。

（3）有限合伙人可以自营或者同他人合作经营与本有限合伙企业相竞争的业务；但是，合伙协议另有约定的除外。

（4）有限合伙人可以将其在有限合伙企业中的财产份额出质；但是，合伙协议另有约定的除外。

（5）有限合伙人可以按照合伙协议的约定向合伙人以外的人转让其在有限合伙企业中的财产份额，但应当提前三十日通知其他合伙人。

（6）有限合伙人的自有财产不足清偿其与合伙企业无关的债务的，该合伙人可以以其从有限合伙企业中分取的收益用于清偿；债权人也可以依法请求人民法院强制执行该合伙人在有限合伙企业中的财产份额用于清偿。人民法院强制执行有限合伙人的财产份额时，应当通知全体合伙人。在同等条件下，其他合伙人有优先购买权。

（7）作为有限合伙人的自然人在有限合伙企业存续期间丧失民事行为能力的，其他合伙人不得因此要求其退伙。

（8）作为有限合伙人的自然人死亡、被依法宣告死亡或者作为有限合伙人的法人及其他组织终止时，其继承人或者权利承受人可以依法取得该有限合伙人在有限合伙企业中的资格。

（9）有限合伙企业与普通合伙企业的相互转换。有限合伙企业仅剩有限合伙人的，应当解散；有限合伙企业仅剩普通合伙人的，转为普通合伙企业。除合伙协议另有约定外，普通合伙人转变为有限合伙人，或者有限合伙人转变为普通合伙人，应当经全体合伙人一致同意。有限合伙人转变为普通合伙人的，对其作为有限合伙人期间有限合伙企业发生的债务承担无限连带责任。普通合伙人转变为有限合伙人的，对其作为普通合伙人期间合伙企业发生的债务承担无限连带责任。

（10）有限合伙人退伙后，对基于其退伙前的原因发生的有限合伙企业债务，以其退伙时从有限合伙企业中取回的财产承担责任。另外，法律对有限合伙企业未做特殊规定的，适用关于普通合伙企业的一般规定。

疑难问题3-5

有限合伙人和普通合伙人有何区别?

【解析】 有限合伙人与普通合伙人在法律规定上可以做如下区分。

(1) 对企业债务的责任承担方面:根据《合伙企业法》的规定,有限合伙企业由普通合伙人和有限合伙人组成,普通合伙人对合伙企业债务承担无限连带责任,有限合伙人以其认缴的出资额为限对合伙企业债务承担责任。可以看出,普通合伙人对企业债务的承担范围要大于有限合伙人。

(2) 与本企业交易方面:根据《合伙企业法》的规定,除合伙协议另有约定或者经全体合伙人一致同意外,普通合伙人不得同本合伙企业进行交易。而有限合伙人可以同本有限合伙企业进行交易。因此,在关联交易方面,法律允许有限合伙人与本企业进行交易。

(3) 在竞业禁止方面:根据规定,除合伙协议另有约定或者经全体合伙人一致同意外,普通合伙人不得同本合伙企业进行交易。而有限合伙人可以自营或者同他人合作经营与本有限合伙企业相竞争的业务;但是,合伙协议另有约定的除外。可以看出,法律允许有限合伙人从事与本企业相竞争的业务。

(4) 在财产份额出质方面:根据《合伙企业法》的规定,普通合伙人以其在合伙企业中的财产份额出质的,须经其他合伙人一致同意;未经其他合伙人一致同意,其行为无效,由此给善意第三人造成损失的,由行为人依法承担赔偿责任。而有限合伙人可以将其在有限合伙企业中的财产份额出质。

(5) 在财产份额转让方面:根据规定,除合伙协议另有约定外,普通合伙人向合伙人以外的人转让其在合伙企业中的全部或者部分财产份额时,须经其他合伙人一致同意;而有限合伙人可以按照合伙协议的约定向合伙人以外的人转让其在有限合伙企业中的财产份额,但应当提前30日通知其他合伙人。可以看出,除合伙协议另有约定外,普通合伙人向合伙人以外的人转让财产份额时,须经其他合伙人"一致同意";而有限合伙人转让时,仅需要按照规定进行"通知"。

(6) 在出资方面:根据《合伙企业法》的规定,普通合伙人可以用货币、实物、知识产权、土地使用权或者其他财产权利出资,也可以用劳务出资;而有限合伙人不得以劳务出资。

3.3.4 合伙企业的解散和清算

1. 合伙企业的解散

合伙企业有下列情形之一的,应当解散:

(1) 合伙期限届满,合伙人决定不再经营;

(2) 合伙协议约定的解散事由出现;

(3) 全体合伙人决定解散;

(4) 合伙人已不具备法定人数满三十天;

(5) 合伙协议约定的合伙目的已经实现或者无法实现;

（6）依法被吊销营业执照、责令关闭或者被撤销；

（7）法律、行政法规规定的其他原因。

2. 合伙企业的清算

合伙企业解散，应当由清算人进行清算。清算人由全体合伙人担任；经全体合伙人过半数同意，可以自合伙企业解散事由出现后十五日内指定一个或者数个合伙人，或者委托第三人，担任清算人。自合伙企业解散事由出现之日起十五日内未确定清算人的，合伙人或者其他利害关系人可以申请人民法院指定清算人。

清算人在清算期间执行下列事务：

（1）清理合伙企业财产，分别编制资产负债表和财产清单；

（2）处理与清算有关的合伙企业未了结事务；

（3）清缴所欠税款；

（4）清理债权、债务；

（5）处理合伙企业清偿债务后的剩余财产；

（6）代表合伙企业参加诉讼或者仲裁活动。

清算人自被确定之日起十日内将合伙企业解散事项通知债权人，并于六十日内在报纸上公告。债权人应当自接到通知书之日起三十日内，未接到通知书的自公告之日起四十五日内，向清算人申报债权。债权人申报债权，应当说明债权的有关事项，并提供证明材料。清算人应当对债权进行登记。清算期间，合伙企业存续，但不得开展与清算无关的经营活动。

合伙企业财产在支付清算费用和职工工资、社会保险费用、法定补偿金以及缴纳所欠税款、清偿债务后的剩余财产，依照《合伙企业法》第三十三条第一款的规定进行分配。

清算结束，清算人应当编制清算报告，经全体合伙人签名、盖章后，在十五日内向企业登记机关报送清算报告，申请办理合伙企业注销登记。合伙企业注销后，原普通合伙人对合伙企业存续期间的债务仍应承担无限连带责任。

合伙企业不能清偿到期债务的，债权人可以依法向人民法院提出破产清算申请，也可以要求普通合伙人清偿。合伙企业依法被宣告破产的，普通合伙人对合伙企业债务仍应承担无限连带责任。

疑难问题 3-6

合伙企业与公司有何区别?

【解析】合伙企业是指由各合伙人订立合伙协议，共同出资，共同经营，共享收益，共担风险，并对企业债务承担无限连带责任的营利性组织。合伙企业分为普通合伙企业和有限合伙企业。公司是依照《公司法》在中国境内设立的有限责任公司和股份有限公司，是以营利为目的的企业法人。两者的主要区别如下：

（1）承担的责任不同。合伙企业承担无限连带责任，即合伙人共负盈亏，合伙人个人的财产也需要偿还企业的债务。公司承担的是有限责任，即以公司的财产承担公司的债务，不足部分，不以股东个人财产承担。

（2）缴纳的税种不一致。合伙企业缴纳个人所得税，公司缴纳企业所得税。

（3）地位不同。合伙企业没有法人资格，属于企业组织形式。公司有独立的法人资格。

随堂演练 3-13

根据合伙企业法律制度的规定，下列各项中，可导致合伙企业解散的情形有（　　）。

A. 2/3 的合伙人决定解散

B. 合伙人已不具备法定人数

C. 合伙企业被依法吊销营业执照

D. 合伙协议约定的合伙目的无法实现

【答案】 CD

【解析】 ①合伙企业解散应由全体合伙人决定，所以选项 A 错误。②合伙人已不具备法定人数满 30 天才可以解散，所以选项 B 错误。

复习思考题

一、判断题

1. 在合伙企业合伙人之间转让出资财产份额，必须经全体合伙人同意。（　　）
2. 以合伙企业名义为他人提供担保，必须经全体合伙人同意。（　　）
3. 合伙企业的利润在合伙协议无约定时，按各合伙人出资比例分配。（　　）
4. 合伙企业新入伙的合伙人，对其入伙前合伙企业的债务要承担连带责任。（　　）
5. 合伙企业合伙人退伙后，对合伙企业的任何债务不再承担责任。（　　）
6. 设立独资企业，投资人为一个自然人或法人。（　　）
7. 独资企业解散的，首先应当清偿所欠税款。（　　）
8. 机关辞职、退职人员不得申请开办私营企业。（　　）

二、单项选择题

1. 设立独资企业，应当具备（　　）的条件。

A. 投资人为一个自然人　　B. 投资人为一个法人

C. 投资人为一个外国公司　　D. 投资人为一个外国公民

2. 根据《个人独资企业法》的规定，下列关于个人独资企业投资人的表述中，正确的是（　　）。

A. 投资人对企业债务承担无限责任　　B. 投资人可以是自然人、法人或其他组织

C. 投资人只能以个人财产出资　　D. 投资人不得以土地使用权出资

3. 合伙企业的利润和亏损，由合伙人（　　）分配和分担。

A. 按出资比例　　B. 按合伙协议约定的比例

C. 按其贡献大小　　D. 随意

4.《合伙企业法》调整（　　）企业的关系。

A. 无限合伙　　B. 有限合伙

C. 隐名合伙　　D. 法人合伙

5. 甲为合伙企业合伙人，乙为甲个人债务的债权人，当甲的个人财产不足以清偿乙的债务时，根据合伙企业法律制度的规定，乙可以行使的权利是（　　）。
A. 代位行使甲在合伙企业中的权利
B. 依法请求人民法院强制执行甲在合伙企业中的财产份额用于清偿
C. 自行接管甲在合伙企业中的财产份额
D. 以对甲的债权抵销其对合伙企业的债务

6. 某合伙企业合伙人甲因故死亡，甲的儿子不愿因继承甲在合伙企业中的财产份额而成为该合伙企业的合伙人，该企业的其他合伙人对甲的合伙财产份额的正确处理方式是（　　）。
A. 将甲的合伙财产份额退还给甲的儿子
B. 将甲的合伙财产份额在其他合伙人之间平分
C. 将甲的合伙财产份额用来偿还企业债务
D. 将甲的合伙财产份额转给新入伙的合伙人

7. 下列有关个人独资企业投资人及其企业事务管理的表述中，符合个人独资企业法律制度规定的有（　　）。
A. 任何具有中国国籍的自然人都可以成为个人独资企业的投资人
B. 个人独资企业投资人应当自行管理事务
C. 个人独资企业无权取得土地使用权
D. 投资人与被聘用人员之间有关权利限制的约定，对善意第三人没有约束力

三、多项选择题

1. 独资企业应当（　　）。
A. 遵守诚实信用　　B. 遵守法律、行政法规
C. 履行纳税义务　　D. 依法招用职工

2. 个人独资企业的投资人对本企业的财产（　　）。
A. 享有所有权　　B. 只享有经营权
C. 依法可转让　　D. 依法可继承

3. 合伙企业有（　　）情形之一的，应当解散。
A. 合伙协议约定的解散事由出现　　B. 合伙目的无法达到
C. 合伙人只剩下两人　　D. 过半数合伙人同意

4. 合伙企业合伙人的出资方式包括（　　）。
A. 货币　　B. 土地使用权　　C. 劳务　　D. 知识产权

5. 根据个人独资企业法律制度的规定，下列各项中，可以作为个人独资企业出资的有（　　）。
A. 投资人的知识产权　　B. 投资人的劳力
C. 投资人的土地使用权　　D. 投资人家庭共有的房屋

四、填空题

1.《个人独资企业法》保护个人独资企业投资人和__________的合法权益。

2. 个人独资企业财产不足清偿债务的，投资人应当以其__________予以清偿。

3. 新合伙人入伙时，应当经__________同意，并依法订立__________。

4. 退伙一般有两种原因：__________退伙和__________退伙。

5.《合伙企业法》规定的合伙企业，仅限于以__________为合伙人的企业。

6. 独资企业的__________权与__________权合一，由__________行使。

五、名词解释

1. 合伙企业　2. 合伙协议　3. 个人独资企业　4. 合伙企业的财产　5. 合伙人的竞业禁止义务

六、简答题

1. 独资企业具有哪些特征？
2. 简述个人独资企业的概念和特征。
3. 设立个人独资企业应具备的条件是什么？
4. 简述个人独资企业的事务管理。
5. 简述合伙企业的特征。
6. 简述合伙企业的概念及设立条件。
7. 在什么情况下合伙人可以入伙、退伙？
8. 简述清算人在合伙企业清算期间应执行的事务。

七、案例分析题

1. 李某，男，25岁，想成立一家独资企业，通过传销方式进行销售。投资人只有他一人，但由于其个人财产不多，只有20万元，他的家人便给他50万元作为出资（不是借贷）。李某自己并不熟悉企业的事务，于是他想请王某（男，15岁，头脑活络，朋友很多）管理该企业。在申请设立登记时，登记机关的工作人员张某要求李某在其企业为张某的女友安排一个职位，月薪不低于800元。李某心中不悦，但又怕不同意会被张某刁难，只好应允。

请问：（1）设立独资企业应具备哪些条件？

（2）该企业从事的业务是否合法？

（3）李某的家人是否要承担该独资企业的债务？为什么？

（4）聘用王某是否合法？为什么？

（5）张某的要求是否合法？李某可以拒绝吗？

2. 某合伙企业，合伙人共5人，其中1人为在职职工，其他4人均为辞职、退职人员。根据合伙协议约定，合伙人中有3人对企业债务承担无限责任，并执行合伙企业事务，另外2人以其出资额为限承担有限责任，不参与企业的经营管理。经各合伙人同意，4名合伙人以货币、资产出资，1名合伙人以劳务出资。合伙协议中未约定企业经营期限。企业设立一年后，某不执行合伙企业事务的合伙人提出退伙，一个多月后，该合伙人撤资退伙。于是，合伙企业又接纳一新人入伙。此后，合伙企业的1名债权人就退伙发生前的债务要求合伙企业的现合伙人及退伙人共同承担连带清偿责任。对债权人的要求，合伙协议中约定负有限责任的合伙人认为自己仅以出资额为限承担责任，不在出资之外负无限连带责任；已退伙人认为其已退伙，对合伙企业债务不再承担责任；新入伙人则认为，自己对入伙前发生的债务不承担责任。

请问：上述合伙企业的各项活动是否符合法律规定？对债权人提出的清偿要求，各合伙人是否应承担责任？

3. 甲、乙、丙三人于 2018 年 10 月 1 日书面订立了一份合伙协议。协议约定，三人共同出资 10 万元开设一家综合商店，其中甲出资 4 万元，乙出资 3 万元，丙出资 3 万元；三人按出资比例分享收益或分摊亏损。2018 年 10 月 20 日，三人缴清了全部出资，并经登记管理机关核准登记领取了营业执照。

2019 年 2 月 1 日，为了解决资金周转困难，甲、乙、丙三人向荣昌市商业银行（以下简称银行）贷款 28 万元，期限为 1 年。2019 年 5 月 1 日，甲向乙、丙二人提出准备将自己在综合商店的全部财产份额以 7 万元的价格转让给丁，自己退出综合商店，乙、丙二人协商后表示同意。2019 年 5 月 10 日，甲办理了退伙结算手续；丁向甲交付了 7 万元；乙、丙向丁介绍了有关综合商店的经营和财务状况后，共同修订了合伙协议，并向原登记管理机关办理了变更登记手续。2019 年年终结算，该综合商店发生严重亏损。

2020 年 1 月 20 日，乙、丙、丁三人商定解散综合商店，并将综合商店现有财产 10 万元予以分配，但对如何清偿银行贷款未处理。2020 年 2 月 2 日，银行贷款到期后，银行便要求甲偿还全部贷款，甲说自己早已退出综合商店，对合伙债务由丁承担，自己不负责。银行找到丁要求偿还全部贷款，丁说这笔贷款是在自己入伙前由甲、乙、丙三人借的，自己不负责。银行又找乙、丙二人要求偿还全部贷款，乙、丙二人均表示按合伙协议约定的比例偿还应由其偿付的份额。

请问：（1）丁入伙是否符合入伙的条件和程序？说明理由。

（2）甲、乙、丙、丁四人的主张能否成立？说明理由。

（3）综合商店欠银行的贷款如何清偿？

（4）甲、乙、丙、丁四人之间如何分担清偿责任？

4. 某私营合伙企业，合伙人共 5 人。根据合伙协议的约定，合伙人中有 3 人对企业债务承担无限责任，并执行合伙企业事务，另外 2 人以其出资额为限承担有限责任，不参与企业的经营管理。经各合伙人同意，4 名合伙人以货币、资产出资，1 名合伙人以劳务出资。合伙协议中未约定企业经营期限。企业设立 1 年后，某不执行合伙企业事务的人提出退伙。此后，合伙企业以债权人就退伙发生前的债务，要求合伙企业的现合伙人及退伙人共同承担连带清偿责任。对债权人的要求，合伙协议中约定负有限责任的合伙人仅以出资额为限承担责任，不在出资之外负无限连带责任；已退伙人认为其已退伙，对合伙企业债务不再承担责任；新入伙人则认为，自己对入伙前发生的债务不承担责任。

请问：上述合伙企业的各项活动是否符合法律规定？对债权人提出的清偿要求，各合伙人是否应该承担责任？

5. 自然人季某、周某、赵某、葛某与有限责任公司甲共同商定依《合伙企业法》设立一合伙企业。其中周某年龄 15 周岁，赵某是本县公安局副局长，学历初中。所有人协商一致：周某、赵某、葛某分别以货币出资，季某以劳务出资，甲以实物出资；合伙企业事务由季某全权负责，其他合伙人不得过问合伙企业事务；若合伙企业盈利，由各合伙人平均分配利润，若亏损，则由季某一人承担。

请问：(1) 季某、周某、赵某、葛某和甲哪些不能作为合伙企业合伙人?

(2) 合伙企业法是否允许合伙人以货币、劳务和实物出资?

(3) 关于合伙企业的事务执行的约定是否有不合法之处?

第 4 章

合同法律制度

4.1　合同法概述

4.1.1　合同的概念和分类

1. 合同的概念

《民法典：合同》规定："合同是民事主体之间设立、变更、终止民事法律关系的协议。"民事主体包括自然人、法人、其他组织。法人是指具有民事权利能力和民事行为能力，依法独立享有民事权利和承担民事义务的组织。

合同具有以下法律特征。

（1）合同是民事主体之间的民事法律行为。

（2）合同是以设立、变更、终止民事法律关系为目的的民事法律行为。

（3）合同是当事人意思表示一致而达成的协议。

疑难问题 4-1

合同和协议有什么区别？

【解析】合同与协议是同一概念，协议是人们一种习惯上的叫法，类似的还有契约，如房契、地契。《民法典：合同》对合同所做的定义是"民事主体之间设立、变更、终止民事法律关系的协议"。由此可见，合同是具有特定内容的协议，用来约定民事主体相互之间的权利义务关系。同样具备上述特征的协议就是合同。实践中，合同以不同的名称出现，如合同、合同书、协议、协议书、备忘录。名字并不重要，关键是看其内容。

2. 合同的分类

根据不同的标准可以对合同进行不同的分类。

（1）单务合同和双务合同。根据民事主体双方是否互负义务，合同可以分为单务合同和双务合同。

单务合同是指仅有一方负担给付义务的合同，如赠与合同。双务合同是指民事主体双方互负给付义务的合同，如买卖合同。在合同的履行过程中，民事主体行使抗辩权的前提必须是在同一双务合同中，在单务合同中，民事主体不能行使抗辩权。

（2）要式合同和不要式合同。根据合同成立是否需要采用特定的形式和手续，合同可以分为要式合同和不要式合同。

要式合同是指需要特定形式或手续才能成立的合同，如房屋买卖合同属于要式合同。不要式合同是指不需要采用特定形式或手续即可成立的合同。

（3）诺成合同和实践合同。根据是否需要交付标的物合同才能成立，合同可以分为诺成合同和实践合同。

诺成合同是指民事主体双方意思表示相一致，合同即告成立的合同，如买卖合同。实践合同是指除民事主体意思表示一致外，还要求以标的物的实际交付完成合同才能成立的合同，如自然人之间的借贷合同、质押合同、定金合同等。

（4）主合同和从合同。根据合同是否具有从属性，合同可以分为主合同和从合同。

主合同是指不需依附于其他合同而能独立存在的合同。从合同是指必须依附于其他合同而存在的合同。如借款合同是主合同，为借款合同而设立的抵押合同是从合同。

（5）有名合同和无名合同。根据法律上是否规定了一定合同的名称与规则，合同分为有名合同和无名合同。

有名合同是指法律上确定了一定名称的合同与规则。《民法典：合同》确认了以下几种有名合同：买卖合同；供用电、水、气、热力合同；赠与合同；借款合同；租赁合同；融资租赁合同；保理合同；承揽合同；建设工程合同；运输合同（货运合同、多式联运合同）；技术合同（技术开发合同，技术转让合同和技术许可合同，技术咨询合同和技术服务合同）；保管合同；仓储合同；委托合同；物业服务合同；行纪合同；中介合同。无名合同是指法律上尚未确定一定的名称和规则的合同，如劳务合同。无名合同只要不违反法律的禁止性规范或社会公共利益，同样具有法律效力。

4.1.2 合同法的概念和调整范围

1. 合同法的概念

合同法是调整合同关系的法律规范的总称。

我国现行《合同法》是1999年3月15日第九届全国人民代表大会第二次会议通过的，自1999年10月1日起施行。该法分为总则、分则、附则3篇，共23章428条。为保障《合同法》的顺利实施，最高人民法院于1999年12月1日通过了《关于适用〈中华人民共和国合同法〉若干问题的解释（一）》，自1999年12月29日起施行；于2009年2月

9 日通过了《关于适用〈中华人民共和国合同法〉若干问题的解释（二)》，该解释自 2009 年 5 月 13 日起施行。《中华人民共和国民法典》已由第十三届全国人民代表大会第三次会议于 2020 年 5 月 28 日通过，自 2021 年 1 月 1 日起施行。《合同法》《物权法》《民法通则》《民法总则》同时废止。

2. 合同法的调整范围

（1）《民法典：合同》调整的是因合同产生的民事关系。政府的经济管理活动属于行政管理关系，不是民事关系，不适用《民法典：合同》；企业、单位内部的管理关系，不是平等主体之间的关系，也不适用《民法典：合同》。

（2）《民法典：合同》调整因合同产生的民事关系，包括买卖、租赁、借款、赠与等合同关系。

（3）婚姻、收养、监护等有关身份关系的协议，适用有关该身份关系的法律规定，没有规定的，可以根据其性质，参照适用《民法典：合同》。

4.2　合同的订立

4.2.1　合同订立的程序

当事人订立合同，可以采取要约、承诺的方式或者其他方式。也就是说，合同的订立包括要约和承诺两个阶段。

1. 要约

要约是希望和他人订立合同的意思表示。发出要约的当事人称为要约人，要约所指向的对方当事人称为受要约人。

（1）要约应具备以下两个条件。

1）内容具体确定。要约的内容必须具备使合同得以成立的全部主要条款，受要约人一经承诺，合同即可成立。

2）表明一经受要约人承诺，要约人即受该意思表示约束。只要受要约人作出承诺，合同即告成立，要约人就要受到合同的约束。

（2）要约邀请。要约邀请是希望他人向自己发出要约的表示。要约邀请与要约不同：要约是以订立合同为目的的法律行为，一经发出就会产生一定的法律效力；要约邀请是合同的准备阶段，其目的是让他人向自己发出要约，不属于订立合同的行为，没有法律约束力。《民法典：合同》规定，拍卖公告、招标公告、招股说明书等均为要约邀请。商业广告和宣传、寄送的价目表是要约邀请，商业广告和宣传若内容符合要约规定条件的，则视为要约，否则是要约邀请。

（3）要约生效时间。我国《民法典：合同》采取到达主义确定合同的生效时间，即要约到达受要约人时生效。采用数据电文形式订立合同，收件人指定特定系统接收数据电文的，该数据电文进入该特定系统的时间，视为到达时间；未指定特定系统的，该数据电文进入收件人的任何系统的首次时间，视为到达时间。需要注意的是，到达受要约人，并不是指要约一定实际到达受要约人或者其代理人手中，要约只要送达受要约人通常的地址、住所或者能够控制的地方（如邮箱等）即为送达。

（4）要约的撤回。要约撤回是指要约发出后、生效前，要约人做出的取消要约的意思表示。《民法典：合同》规定，撤回要约的通知应当在要约到达受要约人之前或者与要约同时到达受要约人。

（5）要约的撤销。要约撤销是指要约人在要约生效后、受要约人承诺前，使要约丧失法律效力的意思表示。《民法典：合同》规定，撤销要约的通知应当在受要约人作出承诺通知之前到达受要约人。由于撤销要约可能会给受要约人带来不利的影响，损害受要约人的利益，《民法典：合同》规定，有下列情形之一的，要约不得撤销。

1）要约人确定了承诺期限或者以其他形式明示要约不可撤销。

2）受要约人有理由认为要约是不可撤销的，并且已经为履行合同做了合理准备工作。

（6）要约的失效。要约失效是指要约丧失法律约束力。根据《民法典：合同》的规定，有下列情形之一的，要约失效。

1）拒绝要约的通知到达要约人。

2）要约人依法撤销要约。

3）承诺期限届满，受要约人未作出承诺。

4）受要约人对要约的内容作出实质性变更。

随堂演练 4-1

甲公司于3月5日向乙企业发出签订合同要约的信函。3月8日，乙企业收到甲公司声明该要约作废的传真。3月10日，乙企业收到该要约的信函。根据《民法典：合同》规定，甲公司发出传真声明要约作废的行为是（　　）。

A. 要约撤回　　B. 要约撤销　　C. 要约生效　　D. 要约失效

【答案】A

【解析】法律规定要约可以撤回，撤回要约的通知应当在要约到达受要约人之前或者与要约同时到达受要约人。

2. 承诺

承诺是受要约人完全同意要约的意思表示。

（1）承诺应具备的条件。承诺生效必须具备如下要件。

1）承诺必须由受要约人作出。只有受要约人才有资格作出承诺，第三人不能作出承诺。第三人向要约人作出的同意要约的意思表示，应视为其向要约人发出的要约。

2）承诺必须在有效期限内作出。只有在要约有效期限内作出承诺，才能使合同成立。受要约人超过承诺期限发出承诺的，除要约人及时通知受要约人该承诺有效以外，视为新要约。

3）承诺必须向要约人作出。承诺是对要约的同意，因此，承诺只有向要约人作出才能达到缔约目的。如果不是向要约人作出的意思表示，不构成承诺。

4）承诺内容必须与要约的内容一致。承诺的内容只有与要约的内容一致，合同才能成立。《民法典：合同》规定，受要约人对要约的内容作出实质性变更的，为新要约。所谓对要约内容的实质性变更，是指有关合同标的、数量、质量、价款或者报酬、履行期限、履行地点和方式、违约责任和解决争议方法的变更等。

（2）承诺生效的时间。根据《民法典：合同》的规定，承诺生效时合同成立。承诺自通知到达要约人时生效。

（3）承诺的撤回。承诺可以撤回。撤回承诺的通知应当在承诺通知到达要约人之前或者与承诺通知同时到达要约人。

随堂演练 4-2

判断题：采用数据电文形式订立合同，收件人未指定特定系统的，数据电文进入收件人的任何系统的首次时间，视为要约或者承诺到达时间。（　　）

【答案】√

【解析】采用数据电文形式订立合同，收件人指定特定系统接收数据电文的，该数据电文进入该特定系统的时间，视为到达时间；未指定特定系统的，该数据电文进入收件人的任何系统的首次时间，视为到达时间。

4.2.2　合同成立的时间和地点

1. 合同成立的时间

根据《民法典：合同》的规定，承诺生效时合同成立。由于合同的形式不同，确定合同成立的时间标准也不同。根据《民法典：合同》的规定，当事人采用合同书形式订立合同，自双方当事人签字或者盖章或按指印时合同成立；当事人采用信件、数据电文等形式订立合同，要求签订确认书的，签订确认书时合同成立。法律、行政法规规定或者当事人约定采用书面形式订立合同，当事人未采用书面形式；或者采用合同书形式订立合同，当事人未签字、盖章，但当事人一方已经履行主要义务，对方接受的，合同成立。

2. 合同成立的地点

承诺生效的地点为合同成立的地点。采用数据电文形式订立合同的，收件人的主营业地为合同成立的地点；没有主营业地的，其经常居住地为合同成立的地点。当事人另有约定的，按照其约定。

4.2.3　缔约过失责任

缔约过失责任是指当事人在订立合同的过程中，因违背诚实信用原则致使合同不能成立，给对方造成损失时应承担的法律责任。

根据《民法典：合同》的规定，当事人在订立合同过程中有下列情形之一，给对方造成损失的，应当承担损害赔偿责任。

（1）假借订立合同，恶意进行磋商。

（2）故意隐瞒与订立合同有关的重要事实或提供虚假情况。

（3）泄露或者不正当地使用对方的商业秘密。

（4）有其他违背诚实信用原则的行为。

《民法典：合同》还规定，当事人在订立合同过程中知悉的商业秘密，无论合同是否成立，不得泄露或者不正当地使用。泄露或者不正当地使用该商业秘密给对方造成损失的，应当承担损害赔偿责任。

4.2.4 合同的内容和形式

1. 合同的内容

《民法典：合同》规定，合同的内容由当事人约定，一般包括以下条款：当事人的名称或者姓名和住所；标的；数量；质量；价款或者报酬；履行期限、地点和方式；违约责任；解决争议的方法。

随堂演练 4-3

合同的条款是合同中经双方当事人协商一致，规定双方当事人权利义务的具体条文。下列选项中，属于所有合同必备条款的有（　　）。

A. 当事人的名称或姓名　　B. 当事人的住所

C. 标的　　D. 违约责任

【答案】 ABC

【解析】 当事人为了保证合同义务严格按照约定履行，为了及时地解决合同纠纷，“可以”在合同中明确规定违约责任条款。

2. 合同的形式

（1）书面形式。书面形式是指合同书、信件和数据电文（包括电报、电传、传真、电子数据交换和电子邮件）等可以有形地表现所载内容的形式。法律、行政法规规定或当事人约定采用书面形式的，应当采用书面形式。

（2）口头形式。口头形式是指当事人以直接对话的方式订立合同。凡是当事人无约定或法律无规定必须采用书面形式的，均可以采取口头形式。口头形式的优点是简便易行，缺点是发生纠纷时难以取证。口头形式主要适用于能够即时清结的合同。

（3）其他形式。合同除了书面形式和口头形式之外，还可以采用其他形式，如公证、鉴证、登记等形式。

随堂演练 4-4

判断题：甲乙双方约定采用合同书形式订立一份买卖合同，在签字、盖章之前，甲顺路将货物送到，乙方接收了货物，此时该合同已经成立。（　　）

【答案】 √

【解析】 采用合同书形式订立合同，在签字或者盖章之前，当事人一方已经履行主要义务，对方接受的，该合同成立。

4.3 合同的效力

合同的效力，又称合同的法律效力，是指已成立的合同具有的法律约束力。合同的成立与合同的效力不同，合同成立与否取决于当事人之间是否就合同内容达成一致，而合同具有怎样的效力取决于法律作出怎样的评价。我国的《民法典：合同》对合同的效力规定了四种情况：生效合同、无效合同、可撤销合同、效力待定合同。

4.3.1 生效合同

合同的生效是指已经依法成立的合同发生相应的法律效力。我国《民法典：合同》对合同生效的时间规定了四种情形。

（1）依法成立的合同，自成立时生效。

（2）法律、行政法规规定应当办理批准、登记等手续生效的，依照其规定。如担保法规定，房屋抵押合同自办理登记手续之日起生效。

（3）当事人对合同的效力可以约定附条件。附生效条件的合同，自条件成就时生效。例如，甲与乙约定，当甲的弟弟考上外地大学时，甲的房屋就让乙进来居住（租赁合同生效)，这就是附生效条件的合同。附解除条件的合同，自条件成就时失效。例如，丙与丁约定，当丙的弟弟大学毕业从外地分配到北京工作，丁就从丙的房屋中搬出（解除租赁合同)，这就是附解除条件的合同。当事人为自己的利益不正当地阻止条件成就的，视为条件已成就；不正当地促成条件成就的，视为条件不成就。例如，王某与李某约定，如果李某考上研究生，王某负担李某上学三年的生活费。李某在考试之前，得到了考试试题，因而业务课考试成绩名列前茅。王某得知真相，遂拒绝支付李某生活费，理由是李某不正当地促使赠与合同生效条件的成就。

（4）当事人对合同的效力可以约定附期限。附生效期限的合同，自期限届至时生效。附终止期限的合同，自期限届满时失效。

4.3.2 无效合同

无效合同是指合同虽然已经成立，但因其违反法律、行政法规或者社会公共利益，因而不发生法律效力的合同。合同的无效分为全部无效与部分无效两种情况。

根据《民法典：合同》的规定，有下列情形之一的，合同无效。

（1）一方以欺诈、胁迫的手段订立合同，损害国家利益。所谓欺诈是指以使他人陷入错误认识并因而作出意思表示为目的，故意陈述虚伪事实或隐瞒真实情况的行为。所谓胁迫是指向对方当事人表示施加危害，使其发生恐惧，并且基于恐惧而为一定意思表示的行为。因欺诈、胁迫而订立的合同，只有损害国家利益的，才属无效合同。

（2）恶意串通，损害国家、集体或者第三人利益。

（3）以合法形式掩盖非法目的。以合法形式掩盖非法目的，是指当事人订立的合同在形式上是合法的，但在缔约目的和内容上是非法的。例如，甲乙之间订立赠与合同的目的是逃避法院的强制执行。这种合同因损害他人利益，应属无效。

疑难问题 4-2

如何理解无效合同中规定的以合法形式掩盖非法目的的情形？

【解析】 以合法形式掩盖非法目的是指当事人通过实施合法的行为而掩盖其非法的目的；或其从事的行为形式上是合法的，而在内容上非法。这种行为又称为隐匿行为。在实施这种行为中，当事人故意表现出来的形式和故意实施的行为并不是其想达到的目的，也不是其真实意志，而只是希望通过这种形式和行为而掩盖和达到非法的目的。比如：通过合法的买卖行为而达到隐匿财产、逃避债务的目的；为滥发实物而采取合法的赠送手段等。这种行为就其外表来看是合法的，但是外表行为只是达到行为人的非法目的的手段。由于被掩盖的目的是非法的，并将造成对国家、集体或第三人的损害，因此这种行为是无效的。

掩盖非法目的行为与规避法律行为并不完全等同。掩盖非法目的的行为是以一种行为掩盖另一种当事人所希望实施的行为，而规避法律行为只是通过实施某种规避行为达到违法的目的，并没有掩盖的行为。

要注意的是：如果当事人所掩盖的目的并不是违法的，而是合法的，如自然人之间通过租赁私人房屋的办法掩盖借用的目的，在这种情况下，应按照行为人的真实意图处理，使被掩盖的行为生效，而不能认为是无效合同。

（4）损害社会公共利益。例如，以从事犯罪或者帮助犯罪为内容的合同、规避税收的合同等属于无效合同。

（5）违反法律、行政法规的强制性规定。例如，《中华人民共和国文物保护法》规定，国家禁止出境的文物，不得转让、出租、质押给外国人。如果签订将文物转让、出租、质押给外国人的合同，则该合同因违反法律的强制性规定而无效。

另外，《民法典：合同》还对免责条款的无效情形做了规定。根据规定，下列免责条款无效。

（1）造成对方人身伤害的。

（2）因故意或者重大过失造成对方财产损失的。

无效合同自始没有法律约束力，任何人均可主张。合同部分无效，不影响其他部分效力的，其他部分仍然有效。

合同无效后，因合同取得的财产，应当予以返还；不能返还或者没有必要返还的，应当折价补偿。有过错的一方应当赔偿对方因此受到的损失，双方都有过错的，应当各自承担相应的责任。当事人恶意串通，损害国家、集体或者第三人利益的，因此取得的财产收归国家所有或者返还集体、第三人。

4.3.3 可撤销合同

可撤销合同是指合同当事人订立合同时意思表示不真实，通过享有撤销权的当事人向人民法院或仲裁机构行使撤销权，使已经生效的合同变更或归于无效合同。合同被撤销后，自始没有法律约束力。

根据《民法典：合同》的规定，下列合同，当事人一方有权请求人民法院或者仲裁机构予以变更或撤销。

（1）因重大误解订立的。重大误解是指误解人作出意思表示时，对涉及合同法律效力的重大事项存在认识上的显著缺陷，其后果是使误解人受到较大损失，以至于不能达到缔约的目的。重大误解主要包括：其一，对合同性质的误解，例如误以借贷为赠与，误以出租为出卖；其二，对对方当事人的误解，例如误以甲公司为乙公司而与其签订合同；其三，对标的物品种的误解，例如把人造革衣服当作皮衣购买；其四，对标的物质量的误解，例如误把次等品当作一等品；其五，对标的物的数量、包装以及合同的履行方式、履行地点、履行期限等内容的误解。

随堂演练 4-5

根据《民法典：合同》的规定，下列各项中，属于无效合同的有（　　）。

A. 违反法律和行政法规的合同

B. 一方以欺诈、胁迫手段，使对方在违背真实意思的情况下订立的合同，但未损害国家利益

C. 因重大误解订立的合同

D. 损害社会公共利益的合同

【答案】 AD

【解析】 选项 B 需要注意的是，因一方欺诈、胁迫而订立的合同，如损害到国家利益，则是无效合同。选项 C“因重大误解订立的合同”为可撤销合同。

（2）在订立合同时显失公平的。显失公平是指合同双方当事人的权利义务明显不对等，对一方当事人过分有利，而对另一方过分不利。

（3）一方以欺诈、胁迫的手段或者乘人之危，使对方在违背真实意思的情况下订立的合同，受损害方有权请求人民法院或者仲裁机构变更或撤销。但一方以欺诈、胁迫手段而订立的合同，若损害到国家利益，则不属于可撤销合同，而是无效合同。

撤销权人应在除斥期间内行使撤销权。撤销权的除斥期间为一年。根据《民法典：合同》规定，有下列情形之一的，撤销权消灭：具有撤销权的当事人自知道或者应当知道撤销事由之日起一年内没有行使撤销权；具有撤销权的当事人知道撤销事由后明确表示或者以自己的行为放弃撤销权。

随堂演练 4-6

判断题：对可撤销合同，具有撤销权的当事人如果自合同签订之日起 1 年内没有行使撤销权，撤销权消灭。（　　）

【答案】 ×

【解析】《民法典：合同》规定，撤销权自“撤销权人知道或者应当知道撤销事由”之日起 1 年内行使。

可撤销合同因撤销权人是否行使了撤销权而不同：①撤销权人放弃了撤销权或者在除斥期限内未行使撤销权，可撤销合同具有法律效力，当事人双方应积极履行合同义务，当事人任何一方不履行义务的，则构成违约，应承担违约责任。②撤销权人行使了撤销权的，被撤销的合同，同无效合同一样，自始没有法律约束力。未履行的合同不再履行，已履行的合同应停止履行。已经从合同对方取得的财产，应返还对方；财产已不再存在或第

三人善意取得的，应折价偿还。因自己的过错给对方造成损失的，应承担赔偿损失的责任；双方都有过错的，则各自承担相应的责任。

随堂演练 4-7

下列关于可撤销合同特征的表述中，符合《民法典：合同》规定的有（　　）。

A. 可撤销合同一般是意思表示不真实的合同

B. 可撤销合同的效力在撤销前处于未定状态

C. 对可撤销合同的撤销要由有撤销权人通过行使撤销权来实现

D. 可撤销合同在未被撤销以前，仍然是有效的，一旦撤销，则从行为开始时无效

【答案】 ACD

【解析】 可撤销的合同在被撤销之前仍是有效合同。

4.3.4 效力待定合同

效力待定合同是指合同的有效或无效处于不确定状态，尚待享有形成权的第三人的追认（同意或拒绝）来确定的合同。效力待定合同包括以下四种类型。

1. 限制民事行为能力人依法不能独立订立的合同

限制民事行为能力人依法不能独立订立的合同属于效力待定的合同，经法定代理人追认后，该合同有效。相对人可以催告法定代理人在一个月内予以追认。法定代理人未作表示的，视为拒绝追认。但纯获利益的合同或者与限制民事行为能力人的年龄、智力、精神健康状况相适应而订立的合同，不必经法定代理人追认。

2. 无代理权人以他人名义订立的合同

无代理权人以他人名义订立的合同包括三种情况：一是无权代理人自始没有代理权而以他人名义订立的合同；二是无权代理人超越代理权订立的合同；三是无权代理人在代理权终止后订立的合同。行为人没有代理权，超越代理权或者代理权终止后以被代理人名义订立的合同，未经被代理人追认，对被代理人不发生效力，由行为人承担责任。但相对人有理由相信行为人有代理权的，则该代理行为有效。例如，相对人见到行为人所持有的有效的某法人的介绍信或盖有该单位印章的空白合同书，则可认定行为人与该单位之间的代理关系有效。法人或其他组织的法定代表人、负责人超越权限订立的合同，除相对人知道或者应该知道其超越权限的以外，该代理行为有效。

3. 代理人滥用代理权订立的合同

滥用代理权包括自己代理、双方代理以及代理人与第三人恶意串通。损害被代理人利益的三种情况，除了后一种情况肯定属于无效合同以外，前两种情况下订立的合同应属效力待定合同。无论是自己代理所签订的合同，还是双方代理签订的合同，如经被代理人同意，则该合同发生效力；如被代理人不予同意或拒绝，则该合同不发生效力。

4. 无处分权人处分他人财产的合同

无处分权人处分他人财产的合同属于效力待定合同，经权利人追认或者无处分权人订立合同后取得处分权的，该合同有效。

随堂演练 4-8

2019 年 3 月 10 日，甲以其不动产为抵押，与乙签订为期 1 年的借款合同。2020 年 2 月 10 日，乙将甲抵押的不动产作为标的与丙签订买卖合同，甲得知后对此表示反对。按照法律规定，乙丙双方所签订的合同是（　　）。

A. 有效合同　　B. 无效合同

C. 可撤销合同　　D. 效力待定合同

【答案】 B

【解析】 根据《民法典：合同》规定，无处分权的人处分他人财产，经权利人追认或者无处分权的人订立合同后取得处分权的，该合同有效。在本案中，乙将甲抵押的不动产作为标的与丙签订买卖合同，由于甲得知后对此表示反对，因此乙丙双方所签订的合同在效力上属于无效合同。若乙丙订立的买卖合同经不动产的权利人甲追认，或者乙在订立合同后取得处分权的，该合同属于有效合同。

4.4　合同的履行

4.4.1　合同履行的概念

合同的履行是指债务人全面地、适当地完成约定的义务，以使债权人的债权得到完全实现。例如，在买卖合同中，出卖人的义务是按照约定交付标的物，买受人的义务是按照约定支付价款。另外，在合同的履行过程中，当事人应当遵循诚实信用原则完成合同中规定的各项义务，同时还要根据合同的性质、目的和交易习惯履行通知、协助、保密等义务。

4.4.2　合同履行的规则

1. 合同部分条款没有约定或约定不明确时的履行规则

根据《民法典：合同》的规定，合同生效后，当事人就质量、价款或报酬、履行地点等内容没有约定或者约定不明确的，应适用以下履行规则。

（1）协议补充。《民法典：合同》规定，合同生效后，当事人就质量、价款或报酬、履行地点等内容没有约定或者约定不明确的，可以协议补充。

（2）根据合同相关条款或交易习惯确定。当事人不能达成补充协议的，按照合同相关条款或交易习惯确定。

（3）法律补救。《民法典：合同》规定，当事人就有关内容约定不明确，依照上述方法仍不能确定的，适用以下规定：

①质量要求不明确的，按照强制性国家标准履行；没有强制性国家标准的，按照推荐性国家标准履行；没有推荐性国家标准的，按照行业标准履行；没有国家标准、行业标准的，按照通常标准或者符合合同目的的特定标准履行。

②价款或报酬约定不明确的，按照订立合同时履行地的市场价格履行；依法应当执行

政府定价或者政府指导价的，按照规定履行。

③履行地点不明确，给付货币的，在接受货币一方所在地履行；交付不动产的，在不动产所在地履行；其他标的，在履行义务一方所在地履行。

④履行期限不明确的，债务人可以随时履行，债权人也可以随时请求履行，但应当给对方必要的准备时间。

⑤履行方式不明确的，按照有利于实现合同目的的方式履行。

⑥履行费用的负担不明确的，由履行义务一方负担；因债权人原因增加的履行费用，由债权人承担。

2. 执行政府定价或者政府指导价遇价格调整时的履行规则

执行政府定价或者政府指导价的，在合同约定的交付期限内政府价格调整时，按照交付时的价格计价。逾期交付标的物的，遇价格上涨时，按照原价格执行；价格下降时，按照新价格执行。逾期提取标的物或者逾期付款的，遇价格上涨时，按照新价格执行；价格下降时，按照原价格执行。

4.4.3 合同履行中的抗辩权

双务合同的当事人互负对待给付义务，当事人一方所享有的合同权利，即为对方所承担的合同义务。在双务合同的履行过程中，当事人享有履行抗辩权。双务合同履行抗辩权，是指在符合法定条件时，当事人一方对抗对方当事人的履行请求权，暂时拒绝履行其债务的权利。履行抗辩权是一种自助权，当事人在符合法定条件时，可以自己行使该权利，不必经人民法院或仲裁机构确认。履行抗辩权的行使，在于阻止合同请求权的效力，但其本身并不消灭合同的履行效力，在产生履行抗辩权的原因消失后，债务人应当履行合同。我国《民法典：合同》规定了双务合同的三种履行抗辩权：同时履行抗辩权、不安抗辩权、后履行抗辩权。

1. 同时履行抗辩权

（1）概念。同时履行抗辩权，是指双务合同的当事人应同时履行义务的，一方在他方未履行之前有权拒绝对方的履行请求。根据《民法典：合同》规定，当事人互负债务，没有先后履行顺序的，应当同时履行。一方在对方履行之前有权拒绝其履行要求；一方在对方履行债务不符合约定时，有权拒绝其相应的履行要求。

（2）构成要件。同时履行抗辩权的行使，须具备以下构成要件。

1）当事人因同一双务合同而互负债务。

2）双方当事人互负的债务没有先后履行顺序且均已届清偿期。

3）对方当事人未履行债务或未按约定履行债务。

4）对方的对待给付是可能履行的。法律设定同时履行抗辩权的目的是使双方当事人同时履行自己的债务，同时实现自己的债权。如果对方当事人的履行已经不可能时，同时履行的目的不可能达到，当事人只能通过其他途径寻求救济。

随堂演练 4-9

甲公司与乙饮料厂签订一份买卖纯净水的合同，约定提货时付款。甲公司提货时称公司出纳员突发急病，支票一时拿不出来，要求先提货，过两天再把货款送来，乙饮料厂拒绝了甲公司的要求。乙饮料厂行使的这种权利称为（　　）。

A. 不安抗辩权　　B. 先履行抗辩权

C. 后履行抗辩权　　D. 同时履行抗辩权

【答案】 D

【解析】 同时履行抗辩权是指当事人互负债务，没有先后履行顺序的，应当同时履行；一方在对方履行之前有权拒绝其履行要求，一方在对方履行债务不符合约定时，有权拒绝其相应的履行要求。

（3）法律效力。同时履行抗辩权属于一时的、延缓的抗辩权，只是暂时阻止对方当事人请求权的行使，非永久的抗辩权，不具有消灭对方请求权的效力。对方当事人一旦完全履行了合同义务，同时履行抗辩权消灭，当事人应当履行自己的义务。

2. 不安抗辩权

（1）概念。不安抗辩权是指在双务合同中，应当先履行债务的一方当事人有确切证据证明对方的经营状况严重恶化，或者转移财产、抽逃资金以逃避债务，或者丧失商业信誉，以及有丧失或者可能丧失履行债务能力的其他情形时，中止履行自己债务的权利。设立不安抗辩权制度是为了保护先履行债务当事人的合法权益。

（2）构成要件如下。

1）当事人因同一双务合同而互负债务。

2）一方当事人应先履行债务。在双务合同中，当事人的履行有先后顺序时，先履行一方应当先履行债务。但是，如果后履行一方当事人出现或发生丧失或可能丧失履行债务能力的情形时，为避免先履行债务一方当事人对待给付不能实现的风险，先履行债务一方可以暂停自己的履行。

3）后履行一方有不能对待给付的现实危险。不安抗辩权制度保护先履行一方是有条件的，不允许其在后履行一方有履行能力的情况下行使不安抗辩权，只能在有不能为对待给付的现实危险，害及先履行一方的债权实现时，才能行使不安抗辩权。根据《民法典：合同》的规定，应当先履行债务的当事人，有确切证据证明对方有下列情形之一的，可以中止履行：经营状况严重恶化；转移财产、抽逃资金，以逃避债务；丧失商业信誉；有丧失或者可能丧失履行债务能力的其他情形。

4）不安抗辩权的行使人是履行债务顺序在前的一方当事人。

（3）法律效力。不安抗辩权的法律效力表现为中止履行及解除合同。

1）中止履行。中止履行是指暂停履行合同或延期履行合同：先履行一方有确切证据证明后履行一方丧失或者可能丧失履行能力时，有权中止履行合同，当后履行一方提供担保时，先履行一方应恢复履行。

2）解除合同。先履行一方中止履行后，后履行一方在合理期限内未恢复履行能力并且未提供适当担保的，先履行一方有权解除合同。

3）通知及举证义务。通知义务，即主张不安抗辩权的当事人，应当立即通知对方。不安抗辩权的行使，取决于权利人一方的意思，无须征得对方的同意。但为避免给对方当事人造成损害，同时也便于对方及时提供担保，《民法典：合同》规定，主张不安抗辩权的当事人应当及时通知对方。举证义务，即主张不安抗辩权的当事人应提供证据证明对方存在丧失或可能丧失履行能力的情形。为防止不安抗辩权的滥用，防止先履行一方借不安抗辩权随意中止合同的履行，《民法典：合同》规定，主张不安抗辩权的一方应负举证义务；如果没有确切证据而中止合同的履行的，中止履行的一方应当承担违约责任。

随堂演练 4-10

判断题：《民法典：合同》规定，应当先履行债务的当事人，有确切证据证明对方有法律规定的中止履行合同情形的，即可行使不安抗辩权。一旦行使不安抗辩权，合同即被解除。(　　)

【答案】 ×

【解析】 行使不安抗辩权，不一定造成合同解除，也可以中止合同，即先履行合同的当事人暂停履行或延期履行合同。如果对方当事人恢复了履行能力或提供了相应的担保后，先履行一方当事人“不安”的原因消除，应当恢复合同的履行。

3. 后履行抗辩权

（1）概念。后履行抗辩权是指当事人互负债务，有先后履行顺序的，先履行一方未履行之前，后履行一方拒绝履行自己债务的权利。先履行一方履行债务不符合约定的，后履行一方有权拒绝其相应的履行要求。

后履行抗辩权不同于同时履行抗辩权：后履行抗辩权发生于有先后履行顺序的双务合同中，而同时履行抗辩权发生于双方当事人的债务没有先后履行顺序的双务合同中。后履行抗辩权不同于不安抗辩权：不安抗辩权与后履行抗辩权都是发生在双方当事人的债务有先后履行顺序的双务合同中，但不安抗辩权是先履行一方享有的权利，而后履行抗辩权是后履行一方享有的权利。

（2）构成要件。构成后履行抗辩权须具备以下要件。

1）须双方当事人因同一双务合同互负债务。

2）合同债务的履行须有先后履行顺序。

3）先履行一方未履行债务或其履行债务不符合约定。

4）后履行抗辩权的行使人是履行义务顺序在后的一方当事人。

随堂演练 4-11

甲公司与乙公司订立的买卖合同约定：甲公司向乙公司购买西服价款总值为 19 万元，甲公司于 8 月 1 日前向乙公司预先支付货款 16 万元，余款于 10 月 15 日在乙公司交付西服后 2 日内一次付清。甲公司以资金周转困难为由未按合同约定预先支付货款 6 万元。10 月 15 日，甲公司要求乙公司交付西服。根据合同法律制度的规定，乙公司可以行使的权利是（　　）。

A. 同时履行抗辩权　　B. 后履行抗辩权

C. 不安抗辩权　　D. 撤销权

【答案】 B

【解析】 当事人互负债务，有先后履行顺序，先履行一方未履行的，后履行一方有权拒绝其履行要求。先履行一方履行债务不符合约定的，后履行一方有权拒绝其相应的履行要求。本题中，甲公司未按合同约定预先支付货款6万元，所以乙公司可以行使后履行抗辩权。

合同履行中的抗辩权比较如表4-1所示。

表4-1 同时履行抗辩权、后履行抗辩权、不安抗辩权的比较

项目	同时履行抗辩权	后履行抗辩权	不安抗辩权
行使主体	合同双方当事人中的任何一方	只能是合同当事人中的后履行一方	只能是合同当事人中的先履行一方
合同履行的时间	双方同时履行	一方先履行，另一方后履行	一方先履行，另一方后履行
行使的前提条件	（1）须基于同一双务合同 （2）双方当事人应当同时履行 （3）履行期限届满	（1）须基于同一双务合同 （2）双方当事人的履行有先后顺序 （3）先履行合同的一方当事人不履行或不适当履行合同 （4）由后履行合同的一方当事人行使抗辩权	（1）须基于同一双务合同 （2）后履行合同一方当事人有丧失或者可能丧失履行债务能力的情形 （3）先履行合同的一方当事人有确切的证据证明另一方当事人丧失履行能力 （4）由先履行合同的一方当事人行使抗辩权
适用的情形	同时履行合同的一方当事人未履行或部分履行的情形	先履行合同的一方当事人未履行或部分履行的情形	先履行合同的一方当事人有证据证明后履行合同的一方当事人出现丧失履行或者不能履行的几种情形之一
效力	暂时阻止对方当事人请求权的行使	暂时阻止对方当事人请求权的行使	中止履行合同或解除合同并可以请求对方承担违约责任

4.4.4 合同的保全

合同的保全是指在合同关系生效后，债权人为防止债务人的财产不当减少而危害其债权，对合同关系之外的第三人所采取的保护债权的法律措施。合同的保全措施包括两种：一是债权人有权代债务人之位向第三人行使债务人的权利，即债权人的代位权制度；二是债权人有权撤销债务人与第三人之间所为的法律行为，即债权人的撤销权制度。

1. 代位权

（1）概念。债权人的代位权是指因债务人怠于行使其对第三人的到期债权，对债权人造成损害，债权人为保全自己的债权，可以向人民法院请求以自己的名义代位行使债务人的债权。债权人的代位权不同于代理权，债权人的代位权是债权人以自己的名义行使债务人的债权的权利，而代理权是指债权人作为债务人的代理人以债务人的名义对第三人行使债务人的权利。

（2）成立要件。债权人代位权的成立，必须同时具备以下四个要件。

1）债权人对债务人的债权合法。

2）须债务人享有对第三人的合法债权。债权人代位权的行使是为了增加债务人的财产，以保证债权人债权的实现，因而必须存在债务人享有对第三人的合法债权。但是，如果债务人对第三人的债权是专属于债务人自身的债权，如基于抚养关系、赡养关系、继承关系产生的给付请求权和劳动报酬、退休金、养老金、抚恤金、安置费、人身伤害赔偿请求权等权利，债权人不得代位行使。

3）须债务人怠于行使对第三人的到期债权，损害到对债权人履行债务。怠于行使是指债务人客观上应行使而不行使。只有在债务人怠于行使对第三人的到期债权时，债权人的代位权才能成立。

4）债务人与债权人的合同关系已到期，债务人已陷于迟延履行。

（3）代位权的行使。债权人的代位权是债权人的一项权利，债权人在行使代位权时应当符合法律的规定，即应符合下列要求：一是代位权行使的主体是债权人；二是代位权的行使须以债权人自己的名义；三是代位权行使须以诉讼的方式为之。代位权的行使涉及债的关系以外的第三人，必须通过诉讼程序以法院裁判的方式行使，债权人不得自己自行行使；四是代位权行使以保全债权为必要限度。债权人行使代位权的范围，以保全债权人的债权为必要限度；五是债权人行使代位权的必要费用，由债务人负担。

疑难问题 4-3

甲公司向乙商业银行借款 10 万元，借款期限为一年。借款合同期满后，甲公司由于经营不善，无力偿还借款本息。但是丙公司欠甲公司到期货款 20 万元，甲公司不积极向丙公司主张支付货款。为此，乙商业银行以自己的名义请求法院执行丙公司的财产，以偿还甲公司的借款。法院是否应支持乙商业银行的请求？

【解析】法院应支持乙商业银行的请求。《民法典：合同》第五百三十五条第一款规定：“因债务人怠于行使其债权或者与该债权有关的从权利，影响债权人的到期债权实现的，债权人可以向人民法院请求以自己的名义代位行使债务人对相对人的权利，但是该权利专属于债务人自身的除外。”本案中，甲公司怠于行使对丙公司的债权，损害了债权人乙商业银行的利益，因此，乙商业银行有权行使代位权，请求人民法院执行丙公司的财产以偿还甲公司的借款。

2. 撤销权

（1）概念。撤销权是指债权人对债务人实施的危及债权实现的减少财产行为，可以请求人民法院予以撤销的权利。根据《民法典：合同》的规定，因债务人放弃其到期债权或者无偿转让财产，对债权人造成损害的，债权人可以请求人民法院撤销债务人的行为。债务人以明显不合理的低价转让财产，对债权人造成损害，并且受让人知道该情形的，债权人也可以请求人民法院撤销债务人的行为。

（2）成立要件如下。

1）须有债务人的行为。撤销权的目的在于撤销债务人行为的法律效力，故须以存在债务人的行为为前提。债务人的行为包括放弃到期债权、无偿转让财产、以明显不合理的低价转让财产等行为。

2）债务人的行为须害及债权。债务人的所谓害及债权是指因债务人的行为，致使债权不能完全受清偿。债务人的行为不影响债权人债权实现的，债权人不得行使撤销权。

3）须债务人有恶意。这是债权人行使撤销权的主观要件，即债务人与第三人进行该行为时，明知该行为有害于债权人而故意为之。对于低价转让的有偿行为，须以债务人和受让人的主观恶意为要件，债权人的撤销权才能成立。对于无偿转让行为，撤销权的成立不以债务人和第三人的恶意为要件。

（3）撤销权的行使。债权人的撤销权由债权人行使。撤销权的行使，应以诉讼方式为之。债权人撤销权的行使范围以保全债权人的债权为必要限度。撤销权的行使，应在法定期间内进行。《民法典：合同》规定，撤销权自债权人知道或者应当知道撤销事由之日起 1 年内行使。自债务人的行为发生之日起 5 年内没有行使撤销权的，该撤销权消灭。

（4）撤销权的效力。债权人撤销权行使的效力，依法院的判决而发生。其效力及于债权人、债务人和第三人。对于债权人而言，行使撤销权的债权人可以请求第三人将所得的利益返还给债务人。对债务人及第三人而言，债务人的行为一经法院撤销，自始没有法律效力。

随堂演练 4-12

根据《民法典：合同》的规定，可撤销合同的当事人行使撤销权的有效期限是(　　)。

A. 自合同签订之日起 1 年内

B. 自合同签订之日起 2 年内

C. 自知道或者应当知道撤销事由之日起 1 年内

D. 自知道或者应当知道撤销事由之日起 2 年内

【答案】 C

【解析】 具有撤销权的当事人自知道或者应当知道撤销事由之日起 1 年内没有行使撤销权，撤销权消灭。

疑难问题 4-4

甲经营饭店向乙借款 5 万元，借款期限为 1 年，利率与同期银行利率相同。双方约定的还款期限为 2018 年 12 月 5 日。甲经营管理不善，结果严重亏损。还款期限一到，乙向甲索要借款及利息。甲称无力还款，乙便让甲以变卖饭店或向他人借款等方式清偿自己的债权。甲请求给自己一个月的时间筹款、想办法。在此期间，甲考虑到反正饭店也保不住了，不如做个顺水人情，将饭店无偿转让给他的侄子丙经营（整个饭店可折价 6 万元）。甲还有一辆价值 1.5 万元的摩托车，以 7 500 元的价格卖给了饭店的厨师丁，丁知道甲向乙借款不还的事实。2019 年 1 月 5 日，乙又来催甲还款，并要求其变卖其饭馆和摩托车等财产还债。甲称饭店和摩托车都已不属于自己的财产，都已属于别人，并提供了合同等相关证明。甲说现在只有卖摩托车的车款 7 500 元。乙对甲的行为非常生气，又无计可施。乙应该怎么办?

【解析】 本案中，乙可通过行使撤销权保全自己的债权。甲无偿转让饭店的行为、低价转让摩托车的行为（丁知情）都符合撤销权的条件可以撤销。撤销后，乙可实现部分债权。但是撤销权的行使必须通过向法院起诉的方式进行，由乙行使。另外，行使撤销权时，要注意一定在法定期限内行使，即自债权人知道或应当知道撤销事由之日起1年内行使，即应当在2019年1月5日至2020年1月5日行使撤销权。

4.5 合同的担保

4.5.1 合同担保的概念与种类

合同的担保是指依据法律规定或者当事人的约定，为保证合同履行或者债权实现而采取的法律保障措施。设定担保的根本目的，是保证合同的切实履行，既保障合同债权人实现其债权，也促使合同债务人履行其债务。担保活动应当遵循平等、自愿、公平、诚实信用的原则，以维护参加担保各方当事人的合法权益。合同的担保，一般在订立合同的同时成立，既可以是单独订立的书面合同，包括当事人之间的具有担保性质的信函、传真等，也可以是主合同中的担保条款。担保合同是主合同的从合同，主合同无效，担保合同无效。

4.5.2 合同担保的主要方式

根据我国《民法典：合同》的规定，合同担保的方式有保证、抵押、质押、留置和定金五种。

随堂演练 4-13

我国担保法律规定的合同的担保方式有（　　）。

A. 保证人保证　　B. 支付定金

C. 提供财产抵押　　D. 约定违约金

【答案】 ABC

【解析】 本题考核点为合同的担保方式。合同的担保方式包括：保证、抵押、质押、留置、定金。约定违约金属于承担违约责任的形式之一。

1. 保证

（1）保证的概念。保证是指保证人与债权人约定，当债务人不履行自己的债务时，保证人将按照约定履行债务或者承担责任的担保方式。在保证关系中，涉及的有三方当事人：债权人、债务人和保证人（第三人）。涉及三个不同的法律关系：一是债权人与债务人之间的主债权债务关系，它是保证关系存在的前提和保证担保对象；二是保证人与债务人之间的委托保证关系；三是保证人与债权人之间的保证关系，这是保证法律关系的主要方面，即通常所说的保证关系。

（2）保证成立的条件如下。

1）须有符合条件的保证人。根据《民法典：合同》中“保证合同”章的规定，具有代为清偿债务能力的法人、其他组织或者公民，可以做保证人。国家机关、学校、幼儿园、医疗机构等以公益为目的的事业单位、社会团体，企业法人的分支机构、职能部门不得做保证人，但经国务院批准为使用外国政府或者国际经济组织贷款进行转贷的除外。企业法人的分支机构有法人书面授权的，可以在授权范围内提供保证。

2）须订立保证合同。保证合同为要式合同，应以书面形式订立。保证合同一般应写明被保证的主债权种类、数额、债务人履行债务的期限、保证的方式、保证担保的范围、保证的期间等内容。保证合同可以单独订立，也可以附于主合同之中。

（3）保证的方式。保证的方式一般分为一般保证和连带责任保证两种。

1）一般保证。保证人和债权人在保证合同中约定，当债务人不能履行债务时，由保证人承担保证责任的，为一般保证。

一般保证的保证人在主合同纠纷未经审判或者仲裁，并就债务人财产依法强制执行仍不能履行债务前，对债权人可以拒绝承担保证责任。一般保证人享有的这项权利在法律上称为先诉抗辩权。

2）连带责任保证。连带责任保证是指债务人在债务履行期届满时，仍未履行债务的，债权人既可以请求债务人履行债务，也可以请求保证人履行保证债务的保证方式。

在连带责任保证中，保证人不享有先诉抗辩权，主债务履行期届满债务人未履行债务的，债权人可以要求债务人履行债务，也可以要求保证人在其保证范围内承担保证责任。

当事人对保证方式没有约定或者约定不明确的，按照连带责任保证承担保证责任。

随堂演练 4-14

判断题：甲和乙签订了一份买卖合同，甲作为供货方请丙为保证人，并签订了一般保证的担保合同。当甲不能按期交货时，乙可以直接要求丙承担担保责任。（　　）

【答案】 ×

【解析】 一般保证的保证人在主合同纠纷未经审判或者仲裁，并就债务人财产依法强制执行仍不能履行债务前，对债权人可以拒绝承担保证责任。

（4）保证范围。除当事人另有约定外，保证担保的范围包括主债权及利息、违约金、损害赔偿金以及实现债权的费用。当事人对保证担保的范围没有约定或者约定不明确的，保证人应当对全部债务承担责任。

（5）保证期间。保证人在与债权人约定的保证期间或者法律规定的保证期间内承担保证责任。保证人与债权人未约定保证期间的，保证期间为主债务履行期届满之日起 6 个月。在合同约定的保证期间或法律规定的保证期间内，债权人未对债务人提起诉讼或者申请仲裁的，或者债权人未要求保证人承担保证责任的，保证人免除保证责任。

随堂演练 4-15

甲、乙双方在签订合同时，乙方应甲方要求，由丙方对乙方履行合同提供保证担保，并另行签订保证合同。该保证合同应由（　　）。

A. 甲方与乙方签订　　B. 甲方与丙方签订

C. 乙方与丙方签订　　D. 甲、乙、丙三方共同签订

【答案】 B

【解析】 保证是指第三人为债务人的债务履行做担保，由保证人和债权人约定，当债

务人不履行债务时，保证人按照约定履行债务或者承担责任的行为。本题中，丙方是保证人，甲方是债权人，所以应由甲方和丙方签订保证合同。

（6）保证的消灭。根据《民法典：物权》《民法典：合同》及相关法律规定，能够引起保证责任消灭的原因如下。

1）主债务消灭。保证合同的产生和存在是以被保证人与债权人所设立并存在的债的关系为前提的。主债务消灭，保证债务则因失去存在的基础而归于消灭。

2）主债务转让。保证期间内，债权人许可债务人转让债务的，应当取得保证人书面同意，保证人对未经其同意转让的债务，不承担保证责任。

3）保证期限届满而债权人未向保证人要求履行保证债务。

4）债权人与债务人协议变更主合同内容，未经保证人同意。保证期间内，债权人与债务人对主合同数量、价款、币种、利率等内容做了变动，未经保证人同意的，如果减轻债务人的债务，保证人仍应当对变更后的合同承担保证责任；如果加重债务人的债务，保证人对加重的部分不承担保证责任。债权人与债务人对主合同履行期限做了变动，未经保证人书面同意的，保证期间为原合同约定的或者法律规定的期间。另外，债权人与债务人协议变动主合同内容，但并未实际履行的，保证人仍应当承担保证责任。

2. 抵押

（1）抵押的概念。抵押是债务人或者第三人的特定财产在不转移占有的前提下，将该财产作为债权的担保，当债务人不能履行债务时，债权人有权依法以该财产折价或者以拍卖、变卖该财产的价款优先受偿。享有抵押权的债权人称为抵押权人，提供财产的债务人或者第三人称为抵押人。

（2）抵押物。根据《民法典：物权》“抵押权”章的规定，可以用于抵押的财产有：其一，建筑物和其他土地附着物；其二，建设用地使用权；其三，海域使用权；其四，生产设备、原材料、半成品、产品；其五，正在建造的建筑物、船舶、航空器；其六，交通运输工具；其七，法律、行政法规未禁止抵押的其他财产。

根据《民法典》第三百九十九条的规定，不得抵押的财产有：土地所有权；宅基地、自留地、自留山等集体所有土地的使用权；学校、幼儿园、医院等为公益目的成立的非营利法人的教育设施、医疗卫生设施和其他公益设施；所有权、使用权不明或者有争议的财产；依法被查封、扣押、监管的财产；法律、行政法规规定不得抵押的其他财产。

抵押人所担保的债权不得超出其抵押物的价值。财产抵押后，该财产的价值大于所担保债权的余额部分，可以再次抵押。

随堂演练 4-16

公民张某为筹款经商，以自有的价值 80 万元的房屋依法进行抵押，向甲银行贷款 40 万元，后又依法以该房屋为抵押，向乙银行贷款 35 万元，均办理了登记。下列说法正确的是（　　）。

A. 向甲银行的抵押有效，向乙银行的抵押无效

B. 向乙银行的抵押有效，向甲银行的抵押无效

C. 两次抵押均有效

D. 两次抵押均无效

【答案】C

【解析】根据规定，财产抵押后，该财产的价值大于所担保债权的余额部分，可以再次抵押，但不得超出其余额部分。本题中，两次抵押合计未超过房屋的价值，均有效。

（3）抵押合同。根据我国法律规定，抵押人和抵押权人应当以书面形式订立抵押合同。抵押合同应当包括以下内容：被担保的主债权种类、数额，债务人履行债务的期限，抵押物的名称、数量、质量、状况、所在地、所有权权属或者使用权权属，抵押担保的范围（包括主债权及利息、违约金、损害赔偿金和实现抵押权的费用），当事人认为需要约定的其他事项。

（4）抵押物登记。当事人以法律规定的需要办理抵押物登记的财产抵押的，应当向有关部门办理抵押物登记，抵押合同自登记之日起生效。以其他财产抵押的，可以自愿办理抵押物登记，抵押合同自签订之日起生效。

（5）抵押的范围和效力。抵押担保的范围包括主债权及利息、违约金、损害赔偿金和实现抵押权的费用。抵押合同另有约定的，按照约定。

在抵押期间，抵押人转让已办理登记的抵押物的，应当通知抵押权人并告知受让人转让物已经抵押的情况。抵押人未通知抵押权人或者未告知受让人的，转让行为无效。转让抵押物的价款明显低于其价值的，抵押权人可以要求抵押人就债务清偿提供相应的担保；抵押人不提供的，不得转让抵押物。

（6）抵押权的实现。债务履行期限届满，抵押权人未受清偿的，可以与抵押人协议以抵押物折价或者以拍卖、变卖该抵押物所得的价款受偿；协议不成的，抵押权人可以向人民法院提起诉讼。抵押物折价或者拍卖、变卖后，其价款超过债权数额的部分归抵押人所有，不足部分由债务人清偿。

若同一财产向两个以上债权人抵押的，应遵循以下原则清偿。

1）抵押合同自登记之日起生效的，按照抵押物登记的先后顺序清偿；顺序相同的，按照债权比例清偿。

2）抵押合同自签订之日起生效的，该抵押物已登记的，按照 1）中规定清偿；未登记的，按照合同生效时间的先后顺序清偿，顺序相同的，按照债权比例清偿。抵押物已登记的先于未登记的受偿。

3. 质押

（1）质押的概念。质押是指债务人或者第三人将动产或权利移交给债权人占有，作为债务履行的担保，当债务人不能履行债务时，债权人有权依法以该动产或权利折价或者以拍卖、变卖该动产或权利的价款优先受偿。在质押法律关系中，享有质权的债权人为质权人或质押权人，将财产或权利移交给质权人占有的债务人或第三人为出质人。

（2）质押分为动产质押与权利质押。

1）动产质押。动产质押是指债务人或第三人将动产移交债权人占有，将该动产作为债权的担保。设立动产质押必须由出质人与质权人订立质押合同。

①质押合同。质押合同应当以书面形式订立。质押合同为实践合同，自质物移交于质权人占有时生效。质押合同应当包括以下内容：被担保的主债权种类、数额；债务人履行

债务的期限；质物的名称、数量、质量、状况；质押担保的范围；质物移交的时间；当事人认为需要约定的其他事项。除质押合同另有约定外，质押担保的范围包括主债权及利息、违约金、损害赔偿金、质物保管费用和实现质权的费用。

②质权人的权利。a. 留置质物的权利。质权人在债务人未清偿债务之前有权留置质物，并有收取留置质物所产生的孳息的权利。b. 请求担保权。如果质物有损坏或者价值有明显减少的可能，足以危害质权人权利的，质权人可以要求出质人提供相应的担保。出质人不提供的，质权人可以拍卖或者变卖质物，并与出质人协议将拍卖或者变卖所得的价款用于提前清偿所担保的债权或者向与出质人约定的第三人提存。c. 优先受偿权。债务履行期限届满时质权人未受清偿的可以与出质人协议以质物折价，也可以依法拍卖、变卖质物。质物折价或者拍卖、变卖后，其价款优先清偿债务，其价款超过债权数额的部分归出质人所有，不足部分由债务人清偿。

③质权人的义务。a. 质权人负有妥善保管质物的义务。因保管不善致使质物灭失或者毁损的，应当承担民事赔偿责任。质权人在质权存续期间，未经出质人同意，擅自使用、处分质物的，如果因此给出质人造成损失，由质权人承担赔偿责任。b. 质权人返还质物的义务。债务履行期限届满，债务人履行债务的，或者出质人提前清偿所担保的债权的，质权人应当返还质物。

2）权利质押。权利质押是指以所有权以外可让与的财产权为标的物而设置的债权担保。

①权利质押合同的标的。根据《民法典》第四百四十条的规定，下列权利可以质押：汇票、支票、本票；债券、存款单；仓单、提单；可以转让的基金份额、股权；可以转让的注册商标专用权、专利权、著作权等知识产权中的财产权；现有的以及将有的应收账款；法律、行政法规规定可以出质的其他财产权利，其包括公路桥梁、公路隧道或者公路渡口等不动产的收益权。

②权利质押合同的生效时间。权利质押合同因出质标的不同，合同生效的时间也不同：a. 以汇票、支票、本票、债券、存款单、仓单、提单出质的，应当在合同约定期限内将权利凭证交付质权人，质押合同自权利凭证交付之日起生效。b. 以可以转让的基金份额、股权出质的，出质人和质权人应当订立书面合同，证券登记机构办理出质登记，质押合同自办理出质登记之日起生效。c. 以可以转让的注册商标专用权、专利权、著作权等知识产权中的财产权出质的，出质人、质权人应当订立书面合同，并向其管理部门办理出质登记，质押合同自登记之日起生效。

4. 留置

（1）留置的概念。留置是指债权人按照合同约定占有债务人的动产，债务人不按照合同约定的期限履行债务的，债权人有权扣留该财产，以该财产折价或者以拍卖、变卖该财产的价款优先受偿的一种债权担保方式。

（2）取得留置权应具备以下几个条件。

1）须债权人合法占有债务人的动产。只有债权人因保管合同、运输合同、加工承揽合同或者法律规定可以留置的其他合同而占有债务人动产，债务人不履行债务的，债权人方可行使留置权。

2）须债权已届清偿期。只有在债权已届清偿期，而债务人仍未履行债务时，债权人才可以留置债务人的动产。而债权尚未届清偿期时，债权人不享有留置权。

3）占有的动产与债权有牵连关系。牵连关系是指占有动产与其享有债权是基于同一合同。如乙为甲修理汽车，乙享有的修理费债权与其对甲汽车的占有系出于同一修理合同。

（3）留置的范围。留置的范围包括主债权及利息、违约金、损害赔偿金、留置物保管费用和实现留置权的费用。

（4）留置权的实现。债权人与债务人应当在合同中约定，债权人留置动产后，债务人应当在不少于两个月的期限内履行债务。债权人与债务人在合同中未约定的，债权人留置债务人动产后，应当确定两个月以上的期限，通知债务人在该期限内履行债务。债务人逾期仍不履行债务，债权人可以与债务人协议以留置物折价或依法拍卖、变卖留置物来偿还债务。留置物折价或者拍卖、变卖后，其价款超过债权数额的部分归债务人所有，不足部分由债务人清偿。债权人未通知债务人履行偿债义务，直接变价处分留置物的，应当对此造成的损失承担赔偿责任。

5. 定金

（1）定金的概念。定金是指合同当事人为确保合同的履行，依据法律规定或当事人的约定，由一方当事人在合同订立时，或合同订立后、履行前，预先向对方当事人交付一定数额的金钱以担保合同履行的担保方式。

定金不同于预付款。虽然二者都具有预付的性质，都是在合同履行前由一方支付一定数额的金钱给对方当事人，但二者的性质不同，其区别如下。

1）定金的主要作用是担保，是债的一种担保方式；而预付款则属于履行给付的一部分，其主要作用是为对方履行合同提供资金上的帮助，不具有担保的作用。

2）交付定金的协议是从合同，只有在交付定金后才能成立；而交付预付款的协议属于主合同的部分内容，只要双方当事人的意思表示一致即可成立。

3）定金的双方当事人在不能履行合同时，适用定金罚则，丧失定金或双倍返还定金；而预付款在交付后不能履行合同时，不发生丧失或双倍返还的效力。

（2）定金合同的内容如下。

1）定金合同的当事人。定金合同是担保主债权得以实现的从合同，因此，定金合同的当事人就是主合同的当事人双方。

2）定金合同的形式。定金合同是要式合同，应当采用书面形式，既可以是单独订立的书面合同，包括当事人之间具有担保性质的信函、传真等，也可以是主合同中的定金条款。

3）定金合同的成立。定金合同是实践合同，自实际交付定金之日起生效。

4）定金的数额。定金的数额由当事人自主协商确定，但双方约定的定金数额不得超过主合同标的额的 20%，当事人约定的定金数额超过主合同标的额 20% 的，超过的部分，人民法院不予支持。

（3）定金罚则。合同当事人一方不履行合同时，须承受定金罚则，即交付定金的一方不履行约定的债务的，无权要求返还定金；收受定金的一方不履行债务的，则应双倍返还定金。

几种担保形式的比较如表4-2所示。

表4-2 几种担保形式的比较

担保形式	特 征	比 较
保证	以第三人的信用作为担保	—
抵押	以债务人或第三人的财产作为担保	与质押的区别在于不改变对担保物的占有
质押	以债务人或第三人的动产或权利作为担保	与抵押的区别在于改变对担保物的占有；与留置的区别在于质物与债权不一定属于同一个法律关系
留置	以债务人的动产作为担保	与质押的区别在于留置物与债权属于同一个法律关系
定金	以债务人的钱作为担保	—

4.6 合同的变更和转让

4.6.1 合同的变更

依法订立的合同，即具有法律约束力，受法律保护，当事人必须全面履行合同规定的义务，任何一方都不得擅自变更或者解除。但是，在合同的履行过程中，由于主客观情况的变化，使原合同的履行已经不可能或者不必要时，为了减少不必要的损失，当事人可以依法变更合同。

1. 合同变更的概念

合同变更，是指依法成立的合同没有履行或没有完全履行时，当事人双方根据客观情况的变化，依照法律规定的条件和程序，就其内容进行修改和补充而达成的协议。合同的变更是在合同主体不改变的前提下对合同内容进行的变更，合同的性质和标的性质并不改变，其实质上仍是同一合同。其可能表现为标的数量和质量的变更，也可能表现为履行的期限、地点和方式的变更，还可能表现为价款或酬金的变更等。合同变更必须以有效成立的合同为对象。凡未成立或无效的合同，不存在变更的问题。

2. 合同变更的条件

（1）原已存在合同关系。合同的变更是指改变原合同关系，无原合同关系便不存在合同变更。

（2）合同内容已发生变化。合同内容的变化包括标的物数量的增减、标的物品质的改变、价金或酬金的增减、履行期限的变更、履行地点的变更等。

（3）合同的变更须依当事人协议。根据《民法典：合同》第五百四十三条的规定，当事人协商一致，可以变更合同。双方当事人协商达不成协议的，不发生合同变更的法律效力。当事人对合同变更的内容约定不明确的，推定为未变更。

（4）遵守法律规定的形式。法律要求对合同变更须采取办理批准、登记手续等特定形式的，应遵守法律要求的形式。

4.6.2 合同的转让

合同的转让是指合同当事人一方将其合同的权利和义务全部或部分转让给第三人。合同的转让是合同主体的变更，合同的内容保持不变。合同的转让可分为三种情形：债权让与、债务承担、债权债务的概括转移。

1. 债权让与

债权让与是指债权人与第三人协商，在不改变债的内容的情形下，将其债权转让给第三人享有的一种法律制度。债权人也称让与人，第三人也称受让人。

债权让与须具备以下条件。

（1）须存在有效的债权。有效的债权是指债权真实、合法并且未消灭。

（2）让与的债权具有可让与性。根据《民法典：合同》的规定，下列债权不得让与：其一，具有人身性质的债权不得让与。例如，以特定身份为基础的债权，如退休金受领权、养老金请求权等债权不得让与。其二，当事人约定不得让与的债权不得让与。其三，依照法律规定不得让与的债权不得让与。例如，最高额抵押的主合同债权不得转让。

（3）通知债务人。债权的让与是债权人与第三人就债权让与达成的协议。债务人不是债权让与协议的当事人，债权人的变更对债务人承担的义务没有什么影响，债务人的意志不能影响债权让与的效力，因此，无须征得债务人的同意。但是，债权让与以后，债务人须向受让人履行债务，因而债权人应当通知债务人。根据《民法典：合同》的规定，债权人转让权利的，应当通知债务人。未经通知，该转让对债务人不发生效力。

2. 债务承担

债务承担是指不改变债的内容，债务人将其负担的债务转移给第三人承担。

债务承担须具备以下条件。

（1）须存在合法有效的债务。合法有效的债务是债务承担的前提。

（2）债务具有可转移性。债务人转移的债务必须具有可转移性，不可转移的债务不能成立债务承担。主要包括：在性质上不能转移的债务，如演出合同中的演出义务等；当事人约定不能转移的债务，以及不作为的债务都是不能转移的债务。

（3）第三人与债务人达成承担债务的协议。

（4）须经债权人同意。债的关系建立在债权人对债务人履行能力的了解和信任的基础上，债务人的支付能力对于债权人权利的实现至关重要。当债务人将债务转移于第三人时，可能会影响到债权人债权的实现，只有经债权人同意的债务承担合同才能有效；未经债权人同意而转移债务的债务承担协议对债权人并无效力。

3. 债权债务的概括转移

债权债务的概括转移是指债权和债务同时转移归第三人享有和承担。如甲企业将自己在合同中的权利义务一并转移给乙企业，乙企业一并承受甲企业在合同中的权利和义务，即为债权债务的概括转移。

债权债务的概括转移又可分为合同承受和因当事人合并、分立发生的权利和义务转让。

（1）合同承受。当事人一方经对方同意，将自己在合同中的权利和义务一并转让给第三人。由于合同承受既有债权的让与，又有债务的承担，所以《民法典：合同》规定转让方必须征得对方当事人的同意。

（2）因当事人合并、分立发生的权利和义务转让。对当事人订立合同后发生合并的，法律规定，由合并后的法人或者其他组织行使合同权利，履行合同义务。对于当事人订立合同后分立的，《民法典：合同》规定，除债权人和债务人另有约定的以外，由分立的法人或其他组织对合同的权利和义务享有连带债权，承担连带债务。

4.7 合同的权利义务终止

4.7.1 合同权利义务终止的概念

合同权利义务终止，又称合同的终止或合同的消灭，是指合同当事人双方终止合同关系，合同确立的权利、义务关系随之消灭。根据《民法典：合同》的规定，导致合同权利义务终止的事件有履行、解除、抵销、提存、免除、混同，以及法律规定或者当事人约定终止的其他情形。

案例分析 4-1

合同成立、定金、违约金、抵押合同、质押、留置、优先权综合案例。

甲为了经营运输业务，决定购买一辆汽车，遂于 2019 年 4 月 5 日向乙汽车销售公司（以下简称乙公司）发出一份传真，要求以 20 万元的价格订购东风 141 汽车一辆，货到后 10 天内验货付款。4 月 10 日，乙公司电话通知接受甲的条件，但要求支付定金 2 万元，违约金为应付货款的 30%，并于当天向甲寄出一份乙公司已签字的合同。4 月 13 日，甲收到合同后在合同上签字，并于当天寄回乙公司，4 月 16 日，乙公司收到甲寄回的合同。甲为了筹集资金，向张某借款 5 万元，并以自己所有的一幅价值 5 万元的古代名画抵押，双方签订了抵押合同，但未办理抵押物登记。张某担心甲不能按期还款，于是甲父又以其所在中学校舍为其设定抵押，并办理了抵押登记。甲又向丙借款 5 万元，并以该幅古代名画质押，双方签订质押合同后，甲将古代名画交付丙。甲得款后，购买了该汽车，但仍有 10 万元迟迟未付。后甲在运输过程发生交通事故，无力偿还借款，产生纠纷。人民法院接到诉讼后，经审理查明，丙在保管过程中不慎将名画损坏，送到丁处修复，因无力支付费用 5 000 元，该名画被丁留置，丁有一次拿出该画让朋友戊欣赏，被戊看中，遂出价 4 000 元买下该画。

请问：

（1）甲与乙公司买卖合同成立的时间与地点是什么？

（2）甲与乙公司约定的定金、违约金是否合法？

（3）甲不能按时付款，乙公司如何能最大限度地维护自己的利益？

（4）甲与张某之间的抵押是否有效？

（5）甲父与张某之间的抵押是否有效？

（6）甲、丙之间是什么法律关系？是否有效？

（7）丙、丁之间是什么法律关系？

（8）张某、丙、丁对该幅古代名画的权利，谁可以优先行使？

（9）该幅古代名画的所有权最后属于谁？

【解析】

（1）甲与乙公司的买卖合同于 4 月 13 日成立，甲所在地为合同成立的地点。《民法典：合同》第四百九十条规定："当事人采用合同书形式订立合同的，自当事人均签字、盖章或者被按指印时合同成立。"第四百九十三条规定："当事人采用合同书形式订立合同的，最后签字、盖章或者按指印的地点为合同成立的地点，但是当事人另有约定的除外。"

（2）甲与乙公司约定的定金及违约金条款都是合法的。定金、违约金均由双方当事人约定，其中定金按照《民法典：合同》第五百八十六条的规定不能超过主合同标的额的 20%，本案中合同标的额为 20 万元，定金为 2 万元，符合法律规定。

（3）当甲不能按时付款时，乙公司为最大限度地维护自己的利益，可以请求甲支付违约金 6 万元，并支付未付的货款 8 万元。

（4）甲与张某之间的抵押合同有效，且张某已取得该幅名画的所有权。

（5）甲父与张某之间的抵押合同无效。《民法典：担保物权》第三百九十九条规定："下列财产不得抵押：……（三）学校、幼儿园、医疗机构等为公益目的成立的非营利法人的教育设施、医疗卫生设施和其他社会公益设施……"

（6）甲、丙之间是质押法律关系，是有效的，丙已取得对该画的质权。

（7）丙、丁之间的行为是承揽合同法律关系，后因丙无力支付修复费，丁留置该画构成留置权法律关系，丁善意取得该画的留置权。

（8）张某、丙、丁对该幅古代名画的权利中丁可以优先行使。《民法典：担保物权》第四百五十六条规定："同一动产上已经设立抵押权或者质权，该动产又被留置的，留置权人优先受偿。"

（9）若戊并不知该画并非丁所有，则戊可善意取得该画的所有权。若戊明知丁无权处分该画仍购买的，并不能取得画的所有权，该画仍归甲所有。

4.7.2　合同权利义务终止的具体情形

1. 履行

因履行而终止，即当事人已经按照合同的约定全面履行了各自的义务，表明当事人缔约目的已经得以实现，因此，这是导致合同的权利义务终止的最为正常的原因。

2. 解除

合同的解除是指合同有效成立以后，因当事人一方的意思表示或者双方协议，使基于合同发生的债权债务关系归于消灭的行为。合同解除可分为约定解除和法定解除。

（1）约定解除。约定解除分为两种情况：一是协议解除。当事人协商一致，可以解除合同。也就是说，当事人未在合同中约定解除条件，但在合同履行完毕前，经双方协商一致而解除合同。二是约定解除权。当事人可以约定一方解除合同的条件。解除合同的条件成就时，解除权人可以解除合同。

（2）法定解除。合同的法定解除，是由法律直接规定解除的条件，当此种条件具备时，当事人就可以解除合同。

1）可以解除合同的法定情形。根据《民法典：合同》第五百六十三条的规定，有下列情形之一的，当事人可以解除合同。

①因不可抗力致使不能实现合同目的。“不可抗力”是指不能预见、不能避免、不能克服的情况。它包括自然现象，如地震、洪水等；也包括某些社会现象，如战争、动乱等。发生了不可抗力致使不能实现合同目的，当事人可以解除合同，但如果发生了不可抗力，仍能履行的，则不能解除合同。

随堂演练 4-17

判断题：2 月 1 日，甲、乙双方签订了一份购销合同。合同约定甲方在 6 月底前将货物运至乙方，乙方于接到货物后 15 天内将货款付给甲方。甲方按期将货物通过火车发运给乙方，但迟至 9 月底仍未收到乙方的货款，后诉至法院。乙方在法庭上辩称，由于 8 月本地发洪水，致使自己无法履行合同义务，请求免除违约责任。乙方的理由可以成立，法院应予支持。(　　)

【答案】 ×

【解析】 根据《民法典：合同》的规定，当事人迟延履行后发生不可抗力的，不能免除责任。本题中，如果在 6 月底前发洪水，乙方能免除责任。

②在履行期限届满之前，当事人一方明确表示或者以自己的行为表明不履行主要债务。

③当事人一方迟延履行主要债务，经催告后在合理期限内仍未履行。

④当事人一方迟延履行债务或者有其他违约行为致使不能实现合同目的。

⑤法律规定的其他情形。

案例分析 4-2

2019 年 4 月 1 日，张某到新浪潮服装店定做了一套结婚礼服，准备“五一”结婚时穿。双方约定，面料由服装店按照张某的要求提供，该礼服只能由该服装店的刘某加工制作（刘某为该店最好的结婚礼服裁剪师），必须在 2019 年 5 月 1 日前交付。随后张某预先支付了服装加工费 980 元。4 月 30 日，张某到服装店取礼服时得知礼服刚刚开始剪裁，5 月 1 日前不可能完成。张某非常生气，要求与服装店解除合同，并返还服装加工费 980 元，服装店不同意返还加工费。由于婚期将至，张某只好去婚纱中心租了一套结婚礼服在婚礼上使用。5 月 3 日，服装店将礼服送至张某处，张某拒收。双方争执不下，张某向法院起诉要求与服装店解除合同，返还服装加工费 980 元，并赔偿精神损失费 1 000 元。

【解析】 该案中的张某与服装店签订的加工结婚礼服的合同，属于法定解除的情形之一。双方约定 5 月 1 日前交付服装，准备结婚使用。服装店的迟延交付（5 月 3 日）致使没有实现张某结婚使用的目的。根据《民法典：合同》对合同解除情形的规定，当事人一方迟延履行主要债务或者有其他违约行为致使不能实现合同目的的，可以解除合同。张某解除合同的主张，法院应予支持。

2）合同解除的法律后果。《民法典：合同》第五百六十六条规定：“合同解除后，尚未履行的，终止履行；已经履行的，根据履行情况和合同性质，当事人可以要求恢复原状或者采取其他补救措施，并有权请求赔偿损失。”

合同解除后，不影响合同约定的争议处理条款的效力，也不影响当事人要求赔偿损失的权利。因此，合同解除后使一方遭受损失的，除依法或依约可以免除责任外，应由有过错的一方承担责任。

几种合同情况的溯及力比较如表 4-3 所示。

表 4-3　几种合同情况的溯及力的比较

合同情况	有无溯及力
无效、可撤销合同	有溯及力，故自订立时起无效
合同变更	没有溯及力，变更前按老合同履行，变更后按新合同履行；当事人另有约定的除外
合同解除	可以有溯及力，当事人可以要求恢复原状或者采取其他补救措施，并有权要求赔偿损失

3. 抵销

抵销是指合同当事人互负债务，各以其债权冲抵债务，而使其债务与对方的债务在对等额内相互消灭。抵销既消灭了互负的债务，也消灭了互享的债权，是法律确认的能独立消灭合同权利义务的原因。以发生根据为标准，抵销分为法定抵销和约定抵销。前者是依照法律的规定，通过当事人一方意思表示而进行的抵销；后者是指互负债务的双方当事人意思表示一致而对互负债务进行的抵销。

4. 提存

提存是指因债权人无正当理由拒绝接受履行，或由于其他原因致使债务人难以履行债务时，债务人将履行的标的物提交给提存机关，以消灭债务的行为。提存后可以认定债务已经履行，债务人和债权人之间的债权债务消灭。建立提存制度对防止和解决债权债务关系长期悬而不决的状态，维护债务人的合法权益，具有重要意义。

（1）提存应具备以下几个条件。

1）须发生可以提存的合法原因。提存的原因包括：债权人迟延受领的；债权人下落不明的；债权人死亡或丧失行为能力而未确定继承人或监护人的；法律规定的其他情形等。

2）债务已到期。对于未到期的债务，债权人可以不接受债务人的履行。债务人不得用提存的方式提前免除自己的履行义务。

3）依法定程序。提存人应先向提存机关呈交申请书，经审查批准后方可进行。如果标的物不适于提存或提存费用过高，债务人也可以依法拍卖或变卖标的物，提存所得价款。

标的物提存后，除了债权人下落不明外，债务人应当及时通知债权人或者债权人的继承人、监护人、债权受领人。债务人不能通知的，提存机关应以公告的形式通知债权人。

（2）提存的法律效力如下。

1）在债务人与债权人之间的效力。提存后，债务人与债权人之间的债的关系归于消灭，债务人不再负清偿责任，提存标的物的所有权以及标的物毁损灭失的风险因提存而一并转移于债权人，标的物的孳息归债权人所有，提存费用由债权人承担。

2）在提存人与提存机关之间的效力。提存成立后，提存机关负有保管提存标的物的义务。

3）在提存机关与债权人之间的效力。提存成立后，债权人享有请求提存机关交付提存标的物的权利，提存机关负有交付的义务。债权人领取标的物的权利，自提存之日起5年内不行使而消灭，提存标的物扣除提存费用后收归国库所有。

5. 免除

免除是指债权人以消灭债为目的而放弃债权的单方意思表示。债权人放弃债权，使债务人免除清偿债务，因此免除也是合同终止的一种方法。

6. 混同

混同是指债权债务归于一人，致使合同权利义务终止的法律事实。合同关系须有债权人和债务人同时存在才能成立，当债权人和债务人合为一人时，合同关系自然地终止。

法律规定或者当事人约定合同终止的其他情形的，合同权利义务即终止。

随堂演练4-18

判断题：甲企业欠乙企业货款10万元，现乙企业将甲企业兼并，这种情况下，甲企业对乙企业的债务消灭。(　　)

【答案】√

【解析】债权和债务同归于一人，即债权债务混同时，合同的权利义务终止，但涉及第三人利益的除外。

4.8 违约责任

4.8.1 违约责任的概念和特征

违约责任是违反合同的民事责任，是指合同当事人一方不履行合同义务或履行合同义务不符合约定时，依照法律规定或者合同约定所承担的法律责任。违约责任区别于其他民事责任的特征如下。

（1）违约责任是当事人不履行合同债务时所产生的民事责任。违约责任的成立必须以合同的存在为前提，以当事人不履行合同约定的债务为要件。这一特征把违约责任和其他民事责任区别开来。

（2）违约责任可以由当事人在法定范围内约定。违约责任具有一定的任意性，法律允许当事人在一定范围内约定违约责任。当事人既可以约定承担责任的范围，也可以约定承担责任的方式；既可以约定违约金的金额，也可以约定赔偿损失的计算方法。但是，当事人对违约责任的约定不得违反法律的规定，不得损害对方当事人的合法权益。

（3）违约责任具有相对性。违约责任只能存在于合同当事人之间，具有相对性，是违反合同义务的一方当事人向对方当事人承担的民事责任，合同关系以外的人不承担违约责任，违约方也不对合同关系以外的第三人承担违约责任。

（4）违约责任具有补偿和惩罚双重作用。

（5）违约责任是一种财产责任。违约责任是违反合同的民事责任，合同内容通常具有财产价值而可以用金钱来衡量，因而违约责任通常表现为财产责任。

缔约过失责任与违约责任的区别如表4-4所示。

表 4-4　缔约过失责任与违约责任的区别

	缔约过失责任	违约责任
发生时间	合同订立过程中	合同生效以后
适用范围	合同未成立、未生效、被撤销、无效	生效合同
客观表现	违反诚实信用原则（四种）	不履行合同或不适当履行合同
后果	已造成损失	不一定造成损失

4.8.2　承担违约责任的方式

根据《民法典：合同》的规定，违约责任的承担方式如下。

1. 继续履行

继续履行又称实际履行，是指当事人一方不履行合同义务或者履行义务不符合约定时，另一方当事人有权请求人民法院或者仲裁机构以国家强制力强制对方履行合同义务。

继续履行分为金钱债务的继续履行和非金钱债务的继续履行。由于金钱债务不存在履行不能，《民法典：合同》第五百七十九条直接规定："当事人一方未支付价款、报酬、租金、利息，或者不履行其他金钱债务的，对方可以请求其支付。"非金钱债务由于可能存在履行不能的情况，《民法典：合同》第五百八十条规定，"当事人一方不履行非金钱债务或者履行非金钱债务不符合约定的，对方可以请求履行，但有下列情形之一的除外：法律上或者事实上不能履行；债务的标的不适于强制履行或者履行费用过高；债权人在合理期限内未请求履行。"

2. 赔偿损失

赔偿损失，又称损害赔偿，是指合同当事人不履行合同义务或履行合同义务不符合约定时，依法赔偿对方当事人所受损失的违约责任方式。赔偿损失是违约责任中最重要的责任方式。承担赔偿损失的责任应具备四个构成要件：存在违约行为、发生损害后果、违约行为与损害后果之间具有因果关系；违约方有过错或法律规定应当赔偿。赔偿损失的范围可由法律直接规定，也可由当事人双方自行约定，在法律没有特别规定或者当事人没有另行约定的情况下，应按完全赔偿原则赔偿全部损失。但是，违约方支付的赔偿金应相当于违约造成的损失，包括合同履行后可以获得的利益，但不得违反合同一方订立合同时应当预见到的因违反合同可能造成的损失。另外，当事人一方违约后，对方应当采取适当措施防止损失的扩大；没有采取适当措施致使损失扩大的，不得就扩大的损失要求赔偿。当事人因防止损失扩大而支出的合理费用，由违约方承担。

3. 支付违约金

违约金是指合同当事人一方由于不履行合同或者履行合同不符合约定时，按照合同的约定，向对方支付一定数额的货币。违约金是对不能履行或者不能完全履行合同行为的一种带有惩罚性质的经济补偿手段，不论违约的当事人是否已给对方造成损失，都应当支付。

根据《民法典：合同》第五百八十八条的规定，约定的违约金低于造成的损失的，当事人可以请求人民法院或者仲裁机构予以增加；约定的违约金过分高于造成的损失的，当事人可以请求人民法院或者仲裁机构予以适当减少。规定违约金增减制度，体现了《民法典：合同》的公平原则，有利于防止当事人滥用约定违约金的权利。

4. 定金

当事人可以根据《民法典：担保物权》的规定，约定一方向对方给付定金作为债权的担保。债务人履行债务后，定金应当抵作价款或者收回。给付定金的一方不履行约定的债务的，无权要求返还定金；收受定金的一方不履行约定的债务的，应当双倍返还定金。当事人既约定违约金，又约定定金的，一方违约时，对方可以选择适用违约金或者定金条款。

定金与违约金的关系如表4-5所示。

表4-5 定金与违约金的关系

项目	定　金	违约金
数额	双方约定，但不得超过主合同标的额的20%	有法定按法定，无法定由双方当事人约定，无比例限制
同时约定时的处理	选择定金，就不能再选择违约金	选择了违约金，就不能再选择定金，守约方已经缴付的定金仍要收回
与赔偿损失的关系	选择定金后，对违约行为造成的损失未能弥补的，还可以补偿其损失差额	选择违约金后，若违约金低于造成的损失，当事人可以请求人民法院或者仲裁机构予以增加；约定的违约金过分高于造成的损失的，当事人可以请求人民法院或者仲裁机构予以适当减少

随堂演练4-19

根据我国《民法典：合同》第五百八十八条的规定，当事人既约定违约金，又约定定金的，一方违约时，对方可以采取的追究违约责任的方式是（　　）。

A. 只能适用定金条款　　B. 只能适用违约金条款

C. 合并适用违约金和定金条款　　D. 选择适用违约金或者定金条款

【答案】 D

【解析】 根据《民法典：合同》第五百八十八条的规定，当事人既约定违约金，又约定定金的，一方违约时，对方可以选择适用违约金或者定金条款，两者不能并用。

5. 补救措施

补救措施主要是指矫正或者修补履行不当（质量不合格）中的一些缺陷、使缺陷得以消除的一种措施。《民法典：合同》第五百八十二条对补救措施作出具体规定，履行不符合约定的，应当按照当事人的约定承担违约责任。对违约责任没有约定或者约定不明确，则由当事人协议补充；达不成补充协议的，则按合同的有关条款或者交易习惯确定；仍不能确定的，则受害方根据标的的性质以及损失的大小，可以合理选择请求对方承担修理、更换、重作、退货、减少价款或者报酬等违约责任。修理、更换、重作、退货、减少价款或者报酬是典型的补救措施。

4.8.3 违约责任的免除

1. 违约责任免除的概念

违约责任免除是指在合同的履行过程中，由于法律规定或当事人约定的免责事由致使当事人不能履行合同义务或者履行合同义务不符合约定的，当事人可以免于承担违约责任。

2. 违约责任免除的事由

（1）不可抗力。不可抗力是免除合同当事人不履行合同债务的主要事由。根据《民法典：合同》的规定，因不可抗力不能履行合同的，根据不可抗力的影响，部分或者全部免除责任，但法律另有规定的除外。当事人迟延履行后发生不可抗力的，不能免除责任。当事人一方因不可抗力不能履行合同的，应当及时通知对方，以减轻可能给对方造成的损失，并应当在合理期限内提供证明。

（2）法律有特别规定。合同订立时，法律有特别规定，当发生合同不履行或不能适当履行又符合这些免责条款时，也可免除违约者的责任。例如，《民法典：合同》规定，承租人按照约定的方法或者租赁物的性质使用租赁物，致使租赁物受到损耗的，不承担赔偿责任。

（3）合同有特别约定。合同订立时，当事人有特别约定，当发生合同不能履行或不适当履行又符合这些免责条款时，通常也可免除违约者的责任。但是根据《民法典：合同》的规定，格式条款提供方不得利用格式条款免除自身的责任。《民法典：合同》还规定，合同中的下列免责条款无效：一是造成对方人身伤害的；二是因故意或者重大过失造成对方财产损失的。

需要说明的是，根据《民法典：合同》的规定，当事人一方由于第三人的原因造成违约的，应当向对方承担违约责任。当事人一方和第三人之间的纠纷，依照法律规定或者约定解决。

案例分析 4-3

天津机电公司向英国 A 公司于 2019 年 10 月 10 日发出电传，要求购买该公司的精密机床 4 台。电传对该机床的质量、价格、交货期限、方式和在上海港交货等提出了明确要求，并说明若接受上述条件，应签署确认书。A 公司签署了确认书并按期交付了机床。机电公司收货后，经商检局检验发现机床质量不符合规定，故及时派员赴英国与 A 公司协商，提出退货并要求赔偿损失，但未果。机电公司曾在收到 A 公司的确认书后，签订了一份将上述机床销售给国内一工厂的购销合同。因机床质量不合格，机电公司无法交货，遂向工厂支付了违约金。由于与 A 公司协商不成，机电公司遂按原电传提出并经确认书确认的仲裁条款向中国涉外仲裁机构申请仲裁。

请问：（1）该合同是否有效？

（2）合同未规定解决争议适用的法律，仲裁机构适用何国法律？

（3）此合同应如何处理？

【解析】

（1）该合同有效。机电公司要约，英国 A 公司签署确认书承诺，合同成立。

（2）仲裁机构应选择中国法律处理该项争议。

（3）A 公司应承担全部责任：第一，赔偿机电公司因购买机床支付的全部费用；第二，赔偿机电公司向工厂支付的违约金；第三，赔偿机电公司履行该合同可能得到的利润。

复习思考题

一、判断题

1. 个体工商户不能成为合同的主体。( )
2. 合同签订人持有委托单位出具的订立合同或者联系业务的介绍信签订合同的，应视为委托单位授予合同签订人代理权。( )
3. 运输合同的标的是货物。( )
4. 合同都必须采用书面形式。( )
5. 无效合同从订立之日起，就没有法律约束力。( )
6. 合同被撤销的，不影响合同中独立存在的有关解决争议方法条款的效力。( )
7. 显失公平的合同为无效合同。( )
8. 借款合同的借款方不按合同规定使用政策性贷款的，贷款方有权提前收回全部贷款。( )
9. 合同当事人一方有另一方不能履行合同的确切证据时，可以中止履行合同，但是，应当立即通知另一方。( )
10. 合同当事人一方将合同权利和义务全部或者部分转让给第三人的，应当取得另一方的同意。( )

二、单项选择题

1. 合同履行的原则包括（ ）和诚实信用履行原则。

   A. 全面履行　B. 代偿履行　C. 对应履行　D. 任意履行

2. 当事人恶意串通，损害国家、集体或者第三人利益，因此取得的财产（ ）。

   A. 继续要求双方交付　B. 双方当事人不再交付
   C. 收归国家所有或者返还集体、第三人　D. 交由人民法院作为违法物证保存

3. 定金法则规定，接受定金的一方不履行合同的，应（ ）。

   A. 返还定金　B. 双倍返还定金
   C. 三倍返还定金　D. 向对方道歉

4. 当事人一方在规定期限内不执行仲裁机构裁决的，另一方可以向（ ）申请强制执行。

   A. 对方上级行政主管机关　B. 人民政府
   C. 工商行政管理机关　D. 人民法院

5. 无效合同从（ ）时起没有法律效力。

   A. 发现无效　B. 被依法撤销　C. 订立　D. 被确认无效

三、多项选择题

1. 合同（ ）。

   A. 都是双务合同　B. 既有双务合同，又有单务合同
   C. 既有有偿合同，又有无偿合同　D. 都是有偿合同

2. 下列各项中，属于《合同法》规定的合同的主要条款有（ ）。

A. 数量　　B. 履行地点
C. 担保条款　　D. 当事人一方要求必须规定的条款

3. 下列合同中，属于加工承揽合同的有（　　）。
A. 修理合同　　B. 印刷合同　　C. 广告合同　　D. 定做合同

4. 下列合同中，属于可撤销合同的有（　　）。
A. 因重大误解订立的合同
B. 显失公平的合同
C. 一方以欺诈、胁迫的手段或者乘人之危，使对方在违背真实意思的情况下订立的合同
D. 违反社会公共利益的合同

5. 合同的价款包括（　　）。
A. 运输费　　B. 仓储费
C. 财产租赁的租金　　D. 借款的利息

6. 合同的担保，根据不同合同的特点，可以采取的形式有（　　）。
A. 定金　　B. 保证　　C. 抵押　　D. 留置

7. 合同当事人一方向另一方偿付违约金的条件是（　　）。
A. 存在违约事实　　B. 违约已造成实际损失
C. 违约是当事人一方的过错造成的　　D. 另一方当事人要求偿付违约金

8. 根据《合同法》规定，由（　　）确认合同的无效。
A. 人民法院　　B. 工商行政管理部门
C. 仲裁机构　　D. 国家公证机关

四、填空题

1. 订立合同，必须遵守__________和行政__________。
2. 无效合同的确认权归__________和__________。
3. 订立合同的程序包括__________和__________两个阶段。
4. 合同履行的原则包括__________和__________。
5. 合同争议的解决方式包括和解、__________、__________和诉讼。
6. 当事人没有在合同中订立仲裁条款，事后又未达成书面仲裁协议的，当发生合同争议时，可向__________。

五、名词解释

1. 合同　2. 合同法　3. 买卖合同　4. 标的　5. 价款和报酬　6. 履行的期限　7. 履行的地点　8. 履行的方式　9. 违约责任　10. 合同的形式　11. 要约　12. 承诺　13. 无效合同　14. 定金　15. 违约金　16. 继续履行　17. 违约责任的免除　18. 抵押　19. 质押　20. 留置

六、简答题

1. 简述《民法典：合同》的基本原则。

2. 简述《民法典：合同》的调整范围。
3. 合同应具备哪些主要条款？
4. 简述无效合同的种类。
5. 简述无效合同的确认和处理。
6. 简述合同履行过程中价格发生变动时的履行规则。
7. 合同因某些条款不明确而发生争议，当事人又不能协商解决的，应按什么原则处理？
8. 简述合同变更和转让的条件。
9. 简述承担违约责任的前提和方式。
10. 简述合同法中的违约金和定金制度。它们是否可以并用？

七、论述题

1. 试述合同的担保形式。
2. 试述如何解决合同争议。

八、案例分析题

1. 甲、乙两公司于2019年1月订立了一份买卖合同。合同中规定，甲公司于2019年2月10日前向乙公司交付合同约定的货物；合同的货款总额为60万元；违约金比例双方按法律约定为2%。乙公司为保证合同的履行，向甲公司支付了定金6万元。到2019年2月初，甲公司履行了合同的2/3，即交付了总额为40万元的商品。随后甲公司推说货源有困难，请求延期到4月交付剩余货物。双方经协商，乙公司支付了40万元的货款，并同意甲公司在4月15日以前交付未履行的其余1/3货物。但一直到2019年4月30日，甲公司仍未交付未履行部分的货物。乙公司为避免损失，及时从另一公司处购置了同类商品，幸未造成经济损失。2019年5月15日，乙公司提出解除合同，并向法院起诉，请求法院判处甲公司违法，并追究其违约责任。

请问：（1）乙公司单方解除合同是否合法？其法律依据是什么？

（2）法院如何追究甲公司的违约责任（必须依次说明承担违约责任的法律依据和方式，如需用金额表示，应列出算式）。

2. 甲厂于2019年2月与乙印刷厂签订了一台旧设备买卖合同，价款50万元。合同规定，款到后1个月内交货。5月，甲厂将货款一次付清，可是2个月后，乙印刷厂厂长调走了，新任厂长不承认原厂长所签合同，提出该设备必须重新作价，否则不履行合同。此后，甲厂曾多次派人前往催货，均遭乙印刷厂拒绝，导致甲厂生产无法上马，且损失差旅费2 000多元、银行利息5 000多元。

请问：乙印刷厂这样做对吗？为什么？该纠纷应如何解决？

3. 李红携带一块手表到某维修部由王语涵修理，并约好3天后交费取货。3天后，李红来取手表，维修部让李红交修理费100元，李红认为收费太高，双方协商不成。李红只好说："要不这样，我还有一台电视机要修，一起给你修，但一定要少收费。"王语涵同意。谁知李红拿来电视机，王语涵不但不修，反而扣下电视机，让李红支付修理手表的钱。李红向法院起诉。

请问：王语涵有没有权利扣留电视机?

4. 一家有出口贸易权的中国企业，准备出口一批畜牧产品，经联系找到一家法国公司。双方通过电报、电传达成了协议，法方要求签订确认书。中方尚未签署确认书即将货物发出，法方收到货物后，并未按协议要求付款。中方决定向法院提出诉讼请求。

请问：本合同是否合法有效？其法律依据是什么？

第 5 章

工业产权法律制度

5.1 工业产权法概述

5.1.1 工业产权的概念

工业产权是指人们对应用于商品生产和流通中的创造发明和显著标记等智力成果享有的专有权利。工业产权的范围十分广泛，主要包括发明、实用新型、外观设计、商标、服务标记、厂商名称、货源标记、原产地名称以及制止不正当竞争的权利。在我国，工业产权主要指专利权和商标权。

5.1.2 工业产权的特征

工业产权属于知识产权的范畴，是一种无形财产权，是人们对自己的脑力劳动所创造出的精神财富依法享有的权利。它与有形财产权相比具有下列法律特征。

（1）专有性。专有性又称排他性，是指依照法律规定取得的专利权和商标权专属于权利人所有，排除他人享有同样权利的可能性。享有该项权利的人有权使用或依其意志进行转让，其他任何人非经权利人同意不得使用，否则即为侵权。

（2）地域性。地域性是指工业产权的法律保护具有域内效力，即一国授予的专利权和商标权只在该国领域内有效，对其他国家没有任何效力。一国的发明创造或商标要在他国获得专利权或商标权，必须依照他国的法律程序去申请并获得批准，否则得不到他国法律的保护。

(3) 时间性。时间性是指工业产权的法律保护是有一定期限的，即权利人在法定期限内享有专有权，有效期限届满后，工业产权就不再受法律保护，成为社会财富，任何人都可以自由地使用而不发生侵权问题。

(4) 确认性。确认性是指工业产权必须是依据国家有关法律规定的程序确认的。例如，专利权、商标专用权的取得，必须依据《专利法》《商标法》的规定，向国家的专门主管机关提出申请，经主管机关依法审查批准，并以法定形式正式确认后，才能给予法律保护。

5.1.3　工业产权法的概念

工业产权法是指调整因确认、保护和使用工业产权而发生的各种社会关系的法律规范的总称。

工业产权法主要包括《专利法》和《商标法》以及与此相关的条例、细则等。我国调整工业产权的法律、法规主要有《商标法》《中华人民共和国商标法实施细则》（简称《商标法实施细则》）、《专利法》《中华人民共和国专利法实施细则》（简称《专利法实施细则》）等。

5.1.4　工业产权的国际保护

工业产权的效力是有地域限制的，它只能在授予这种权利的国家内存在和行使。但是，在各国对外经济、政治、文化等方面交流日益增强的情况下，如果缺乏国家之间的有力协作，跨国界的侵权行为势必泛滥，如抢注商标、盗版软件等。为此，有关工业产权保护的国际性、地区性国际条约先后出台。保护工业产权的条约主要有《保护工业产权巴黎公约》《商标国际注册马德里协定》《商标注册用商品与服务国际分类尼斯协定》《保护原产地名称及其国际注册协定》《专利合作条约》《商标注册条约》等。

我国已经加入的有关工业产权的国际公约有《成立世界知识产权组织公约》（1980 年加入）、《保护工业产权巴黎公约》（1985 年加入）、《商标国际注册马德里协定》（1989 年加入）、《专利合作条约》（1993 年加入）、《商标注册用商品与服务国际分类尼斯协定》（1994 年加入）、《国际植物新品种保护公约》（1999 年加入）等。

5.2　商标法律制度

5.2.1　商标法律制度概述

1. 商标的概念

商标，俗称“牌子”，是商品和商品服务的标记，是任何能够将自然人、法人或者其他组织的商品或者提供的服务与他人的商品或提供的服务区别开来具有显著特征的标志，包括文字、图形、字母、数字、三维标志、颜色组合和声音等，以及上述要素的组合。商标包括商品商标和服务商标。

2. 商标法概述

为了加强商标管理，保护商标专用权，促使生产、经营者保证商品和服务质量，维护商标信誉，以保障消费者和生产、经营者的利益，促进社会主义市场经济的发展，1982 年 8 月 23 日第五届全国人民代表大会常务委员会第二十四次会议通过了《商标法》。1993 年 2 月 22 日第七届全国人民代表大会常务委员会第三十次会议进行了第一次修正，2001 年 10 月 27 日第九届全国人民代表大会常务委员会第二十四次会议进行了第二次修正，2013 年 8 月 30 日第十二届全国人民代表大会常务委员会第四次会议进行了第三次修正。2019 年 4 月 23 日第十三届全国人民代表大会常务委员会第十次会议进行了第四次修改，自 2019 年 11 月 1 日起施行。

3. 商标的功能

商标的功能主要表现在以下几个方面。一是商标具有识别功能，它可以区别商品不同的生产者、制造者、加工者、经营者以及提供商业服务的不同服务者。二是商标具有品质保证功能，相同商标的商品或服务的质量具有同一性，使用商标便于保证商品的质量。三是商标具有广告功能，可以引导消费者选择商品经营者、服务的提供者以及标明本商标的商品等。

5.2.2 商标权的主体和客体

1. 商标权的主体

商标权的主体，即商标权人，是指依法享有注册商标专用权并同时承担相应义务的自然人、法人或者其他组织。商标权可以共有。根据《商标法》第五条规定，两个以上的自然人、法人或者其他组织可以共同向商标局申请注册同一商标，共同享有和行使该商标专用权。商标权共有人不能擅自处分他们共有的注册商标专用权，否则无效。

2. 商标权的客体

商标权的客体是指注册商标。商标使用的文字、图形或者其组合，应当具有显著特征，便于识别。用文字（汉字、少数民族文字、数字、外国文字等）构成的商标叫文字商标，用各种图形图案构成的商标叫图形商标，文字、声音和图形组合在一起的叫组合商标。以上三种均可作为商标权客体加以保护。

商标不得与他人在先取得的合法权利相冲突。《商标法》明确规定：商标不得与他人在先取得的合法权利相冲突。也就是说，不得在相同或近似的商品上与已经注册或申请在先的商标相同或近似。

根据《商标法》第十条规定，下列标志不得作为商标使用，也就是说，不论是注册商标还是非注册商标都不得使用。

（1）同中华人民共和国的国家名称、国旗、国徽、国歌、军旗、军徽、军歌、勋章等相同或者近似的，以及同中央国家机关的名称、标志、所在地特定地点的名称或者标志性建筑物的名称、图形相同的。如“中华”洗衣机、“中南海”酱菜等。

（2）同外国的国家名称、国旗、国徽、军旗等相同或者近似的，但经该国政府同意的除外。如“法兰西”羊绒大衣、“英格兰”香烟等。

（3）同政府间国际组织的名称、旗帜、徽记等相同或者近似的，但经该组织同意或者不易误导公众的除外。如“WTO”“APEC”等不得作为商标使用。

（4）与表明实施控制、予以保证的官方标志、检验印记相同或者近似的，但经授权的除外。

（5）同“红十字”“红新月”的名称、标志相同或者近似的。红十字组织和红新月组织均为国际卫生组织，后者是伊斯兰国家间国际卫生组织。如“红十字”药店等不能作为商标使用。

（6）带有民族歧视性的。如“黑鬼”牙膏等。

（7）带有欺骗性，容易使公众对商品的质量等特点或者产地产生误认的。如“绿色”卷烟等。

（8）有害于社会主义道德风尚或者有其他不良影响的。如以“纳粹”等作为商标则不得使用。

此外，县级以上行政区划的地名或者公众知晓的外国地名，不得作为商标，但是，地名具有其他含义或者作为集体商标、证明商标组成部分的除外；已经注册的使用地名的商标继续有效。如“金华”火腿、“嘉兴”肉粽已经作为集体商标注册，继续有效。

随堂演练 5-1

根据《商标法》的规定，下列选项中，不得作为注册商标的有（　　）。

A. 三维标志　　B. 气味标志

C. 植物名称　　D. 与“红十字”标志近似的标志

【答案】BC

【解析】根据《商标法》的规定，申请注册的商标应当具备以下条件。①商标应当具有显著性。②商标应当符合可视性要求。《商标法》规定，任何能够将自然人、法人或者其他组织的商品与他人的商品区别开的可视性标志，包括文字、图形、字母、数字、三维标志和颜色组合，以及上述要素的组合，均可以作为商标申请注册。由此可见，气味标志、音响标志不能作为注册商标。③根据《商标法》的规定，同“红十字”“红新月”的名称、标志相同或者近似的名称、标志不得作为商标使用。

根据《商标法》第十一条的规定，下列标志不得作为商标注册：

（1）仅有本商品的通用名称、图形、型号的。

（2）仅直接表示商品的质量、主要原料、功能、用途、重量、数量及其他特点的。

（3）其他缺乏显著特征的。

如果上述标志经过使用取得显著特征，并便于识别的，可以作为商标注册。

5.2.3　商标注册

1. 商标注册的概念

商标注册是指商标使用人为了取得商标专用权，将其使用的商标依照《商标法》的规定，向商标管理机关提出注册申请，经商标管理机关审查核准，在商标注册簿上登录，并发给商标注册证，予以公告，授予申请人以商标专用权的法律活动。在我国，只有经过商标局依法核准注册的商标才是注册商标。注册商标由商标注册人使用，享有专用权，受法律保护。使用注册商标的，应当标明“注册商标”或注册标记“®”。

2. 我国商标注册的原则

（1）申请在先原则。申请在先原则又称先申请原则、注册在先原则，是指两个或者两个以上的商标注册申请人，在同一种商品或者类似商品上，分别以相同或者近似的商标申请注册的，初步审定并公告申请在先的商标；同一天申请的，初步审定并公告使用在先的商标，驳回其他人的申请，不予公告。

我国《商标法》在坚持先申请原则的同时，强调申请商标注册不得损害他人现有的在先权利，也不得以不正当手段抢先注册他人已经使用并有一定影响的商标。

（2）自愿注册原则。我国《商标法》允许使用注册商标和未经注册的商标。除法律规定必须注册的商标外，在注册方法上，采用自愿注册的原则。自愿注册，是指商标使用人是否申请商标注册完全取决于自己的愿望。注册商标的商标使用人对其注册的商标享有专用权；未注册的商标可以使用，但使用人不享有专有权（除驰名商标外），使用人无权禁止他人在相同或者近似的商品上使用与其商标相同或者近似的商标。

在确认自愿注册原则的同时，《商标法》还规定：法律、行政法规规定必须使用注册商标的商品，必须申请商标注册，未经核准注册的，不得在市场销售。对违反这一规定的，由工商行政管理机关禁止其商品销售和广告宣传，封存或者收缴其商标标识，并可根据情节处以非法经营额罚款。目前，我国必须使用注册商标的商品只有烟草制品和人用药品。

（3）诚实信用原则。诚实信用是指恪守信用，诚实不欺，遵循诺言，不得弄虚作假、欺诈蒙骗。商标注册申请人或使用人行使权利、履行义务应当遵循诚实信用的原则。

3. 商标注册的程序

（1）商标注册的申请。《商标法》规定：自然人、法人或者其他组织在生产经营活动中，对其商品或服务需要取得商标专用权的，应当向商标局申请商标注册。不以使用为目的的恶意商标注册申请，应当予以驳回。

申请商标注册或办理其他商标事宜，申请人可以委托依法设立的商标代理机构办理，也可以自行办理。可以通过一份申请就多个类别的商品申请注册同一商标。

（2）商标注册的审查和批准。

1）初步审查和公告。对申请注册的商标，商标局应当自收到商标注册申请文件之日起9个月内审查完毕，符合《商标法》有关规定的，予以初步审定公告。公告的目的是向社会公众征集意见，防止侵犯他人商标权，有利于正确核准申请注册的商标。凡不符合《商标法》规定的，商标局驳回申请，发给申请人《驳回通知书》。

2）复审。国家工商行政管理局设立负责处理商标争议事宜的商标评审委员会。复审是由商标评审委员会对当事人不服商标局所做驳回商标注册申请的异议的裁定复审申请重新进行的审查。对驳回申请、不予公告的商标，商标局应当书面通知商标注册申请人。商标注册申请人对商标局的决定不服的，可以自收到通知之日起15日内向商标评审委员会申请复审。商标评审委员会应当自收到申请之日起9个月内作出决定，并书面通知申请人。有特殊情况需要延长的，经国务院工商行政管理部门批准，可以延长3个月。当事人对商标评审委员会的决定不服的，可以自收到通知之日起30日内向人民法院起诉。

3）核准。初步审定公告的商标，3个月内无人提出异议，或者经裁定异议不成立，对申请的商标予以核准注册。

5.2.4　商标使用的管理和注册商标专用权的法律保护

1. 注册商标的有效期和续展

注册商标的有效期为 10 年，自核准注册之日起计算。注册商标有效期满，需要继续使用的，商标注册人应当在有效期满前 12 个月内申请续展注册，在此期间未能提出申请的，可以给予 6 个月的宽展期。每次续展注册的有效期为 10 年。注册商标可以转让，也可以许可他人使用。

2. 注册商标专用权的保护范围

《商标法》第五十六条规定，注册商标的专用权，以核准注册的商标和核定使用的商品为限。这表明商标权人行使商标权的范围。也就是说，注册商标所有人实际使用的商标必须与核准注册的商标相一致，如果二者不一致，不受《商标法》的保护；注册商标所有人实际使用注册商标的商品与核定使用的商品必须一致，否则，将会承担违法使用注册商标的法律后果。

商标注册人可以将其拥有的商标权转让给他人所有。转让注册商标的，转让人和受让人应当签订转让协议，并共同向商标局提出申请。受让人应当保证使用该注册商标的商品质量。转让人对其在同一种商品上注册的近似的商标，或者在类似商品上注册的相同或者近似的商标，应当一并转让。

对容易导致混淆或者有其他不良影响的转让，商标局不予核准，书面通知申请人并说明理由。转让注册商标经核准后，予以公告。受让人自公告之日起享有商标专用权。

商标注册人可以通过签订商标使用许可合同，许可他人使用其注册商标。许可人应当监督被许可人使用其注册商标的商品质量。经许可使用他人注册商标的，必须在使用该注册商标的商品上标明被许可人的名称和商品产地。许可他人使用其注册商标的，许可人应当将其商标使用许可报商标局备案。商标使用许可未经备案不得对抗善意第三人。

3. 商标侵权行为

有下列行为之一的，均属侵犯注册商标专用权：

（1）未经商标注册人的许可，在同一种商品上使用与其注册商标相同的商标的；

（2）未经商标注册人的许可，在同一种商品上使用与其注册商标近似的商标，或者在类似商品上使用与其注册商标相同或者近似的商标，容易导致混淆的；

（3）销售侵犯注册商标专用权的商品的；

（4）伪造、擅自制造他人注册商标标识或者销售伪造、擅自制造的注册商标标识的；

（5）未经商标注册人同意，更换其注册商标并将该更换商标的商品又投入市场的；

（6）故意为侵犯他人商标专用权行为提供便利条件，帮助他人实施侵犯商标专用权行为的；

（7）给他人的注册商标专用权造成其他损害的。

侵犯注册商标专用权行为之一，引起纠纷的，由当事人协商解决；不愿协商或者协商不成的，商标注册人或者利害关系人可以向人民法院起诉，也可以请求工商行政管理部门处理。

工商行政管理部门处理时，认定侵权行为成立的，责令立即停止侵权行为，没收、销毁侵权商品和主要用于制造侵权商品、伪造注册商标标识的工具。违法经营额 5 万元以上的，可以处违法经营额5倍以下的罚款，没有违法经营额或者违法经营额不足5万元的，可以处25万元以下的罚款。对5年内实施两次以上商标侵权行为或者有其他严重情节的，应当从重处罚。销售不知道是侵犯注册商标专用权的商品，能证明该商品是自己合法取得并说明提供者的，由工商行政管理部门责令停止销售。

案例分析 5-1

2020年1月，某甲与乙饭店签订合作开办饭店协议一份。3月，乙饭店开业后，未悬挂店名，但在该店门上方悬挂“正宗厚味美包子第四代传人赵某第五代传人甲”的牌匾一块，其中“厚味美包子”为大字，其余为小字，并聘请甲为该店厨师。该店自2020年3月起经营包子。2010年12月，多年经营厚味美包子的丙饮食公司取得厚味美牌商标注册证，当其发现乙饭店及甲的行为后，即向法院提起诉讼要求保护其商标专用权。甲与乙饭店辩称，制作悬挂的牌匾是对“厚味美”的创始人及传人赵某和甲个人身份的宣传；且丙公司的商标已过有效期，所以法院应驳回。

请问：（1）丙公司是否拥有厚味美牌商标专用权？为什么？

（2）甲与乙饭店的行为是否侵权？为什么？

（3）哪一方当事人应承担民事责任？应承担什么民事责任？

【解析】

（1）丙饮食公司拥有厚味美饭店商标专用权。丙饮食公司的该商标已经国家工商总局注册登记，其有效期10年虽已满，但未过6个月申请续展期，仍应认为有效。

（2）甲与乙饭店行为构成侵权；属于“未经注册商标所有人的许可，在同一种商品或者类似商品上使用与注册商标相同或近似的商标”的侵权行为。

（3）甲与乙饭店应承担责任，承担停止侵权、赔偿损失的民事责任。

上述“（3）销售侵犯注册商标专用权的商品的”，该条内容是2001年修改《商标法》时，在“销售明知是假冒注册商标的商品的”基础上修改而成的。将承担侵权责任的范围从“销售假冒注册商标的行为”扩大到“所有销售侵犯注册商标专用权商品的行为”，而且更重要的改变在于将“明知”二字去掉了，即“销售假冒注册商标的行为”不再以“明知”为承担侵权责任的条件。这一修改使实施假冒注册商标的行为人以不明知为借口而逃避法律责任没有了可乘之机，有效地制止了侵犯注册商标专用权的销售行为。

“（4）伪造、擅自制造他人注册商标标识或者销售伪造、擅自制造的注册商标标识的”，这是一种故意的侵权行为。商标标识是指附有文字、图形或者组合等商标图样的物质实体，如商标纸、商标牌、商标织带、印有商标的包装等。我国《商标法》对制造注册商标标识有严格的规定。伪造、擅自制造或者销售伪造、擅自制造的注册商标标识是商标侵权行为。

“（5）未经商标注册人同意，更换其注册商标并将该更换商标的商品又投入市场的”，这种行为又称为反向假冒行为、撤换商标行为。构成这种侵权必须具备两个条件：一是行为人未经商标所有人同意而擅自更换商标；二是撤换商标的商品又投入市场进行销售。

“（7）给他人的注册商标专用权造成其他损害的”，比如，在同一种或者类似商品上，将与他人注册商标相同或者近似的标志作为商品名称或者商品装潢使用，误导公众的；故意为侵犯他人注册商标专用权行为提供仓储、运输、邮寄、隐匿等便利条件的。

对商标侵权行为，县以上工商行政管理部门有权对商标侵权者进行处罚，人民法院也可视情节轻重，追究其民事责任或刑事责任。

案例分析 5-2

A 市服装厂从 B 市商标厂的王某处买到上海的兰花牌服装商标织带 1 600 个，并将这些商标织带用于自己生产的男女服装上。由于这批商标织带上没有注明厂名，只有“上海时装”字样，致使消费者误认为是上海服装。而“兰花牌”服装商标是上海某西服厂经商标局核准注册的商标。

请问：此案该如何处理？

【解析】

（1）“兰花牌”服装是上海某西服厂的注册商标，A 市服装厂显然侵犯了注册商标专用权。

（2）本案中，B 市商标厂的王某贩卖注册商标标识也属侵权行为。据此可对王某处以罚款，并责令其赔偿被侵权人的经济损失。

（3）对于 A 市服装厂未经许可使用注册商标的行为，应根据《商标法》的规定，采用责令其停止侵害、收缴其标识、赔偿给他人造成的损失等方式处理。

5.2.5　注册商标的撤销和注册商标争议的裁定

1. 注册商标的撤销

商标注册人在使用注册商标的过程中，自行改变注册商标、注册人名称、地址或者其他注册事项的，由地方工商行政管理部门责令限期改正；期满不改正的，由商标局撤销其注册商标。

注册商标成为其核定使用的商品的通用名称或者没有正当理由连续 3 年不使用的，任何单位或者个人可以向商标局申请撤销该注册商标。商标局应当自收到申请之日起 9 个月内作出决定。有特殊情况需要延长的，经国务院工商行政管理部门批准，可以延长 3 个月。

将未注册商标冒充注册商标使用的，或者使用未注册商标违反《商标法》第十条规定的，由地方工商行政管理部门予以制止，限期改正，并可以予以通报。违法经营额 5 万元以上的，可以处违法经营额 20% 以下的罚款，没有违法经营额或者违法经营额不足 5 万元的，可以处 1 万元以下的罚款。

注册商标被撤销后，商标专用权视为自始不存在。

2. 注册商标争议的裁定

对已经注册的商标产生争议的，自该商标核准注册之日起 5 年内，先权利人或利害关系人可以请求商标评审委员会宣告该注册商标无效。对恶意注册的，驰名商标所有人不受 5 年的时间限制。单位核准注册前已经提出异议并经裁定的商标，不得再以相同的事实和理由申请裁定。

疑难问题 5-1

驰名商标、著名商标、知名商标

驰名商标、著名商标和知名商标作为“名商标”，三者之间有许多相同之处，也存在显著区别，主要体现在以下几方面。

一是认定机构不相同：驰名商标由国家工商总局商标局或人民法院按司法程序认定，著名商标由省工商部门认定，知名商标则一般由地（市）工商部门进行认定。

二是认定标准不相同：驰名商标必须是为全国相关公众知悉，著名商标和知名商标则至少要为本省或本地（市）相关公众知悉。

三是对商标是否注册的要求不相同：驰名商标可能是注册商标，也可能是非注册商标，而著名商标和知名商标则必须是注册商标。

三者之间也是可以相互转化的，因为每一个商标的声誉和知名度是随着时间的推移或商标使用人使用情况的变化而不断变化的，知名商标和著名商标可以逐步演化成驰名商标，而驰名商标也有可能淡化成著名商标甚至是普通商标。

我国《商标法》只有驰名商标这一概念，并没有关于著名商标的规定，著名商标并不是一个法律概念。驰名商标的概念，源于发达国家的国内法律制度与实践，经由《保护工业产权巴黎公约》和 WTO 知识产权协议（TRIPs 协议）在国际层面得到延伸和推广，我国也在加入巴黎公约后引入了该概念，并将公约中的规定纳入了国内法。

著名商标只是地方政府、有关部门通过一定程序赋予一个商标的荣誉称号。政府评选认定著名商标、知名商标的方式，面临着政府“越位”的巨大风险：一是政府“越位”影响政府公信力，二是政府选择性的支持扭曲了市场公平竞争，三是政府替代市场的评定误导消费者的选择。

著名商标制度核心：提供特殊保护

被评为著名商标后，企业可以在招投标等方面得到保护和奖励。比如，很多地方政府采购将是否为著名商标作为重要指标，著名商标可以加分，还有些地方直接规定只有著名商标才可以参与招投标；在进驻超市、大卖场等方面，也可以得到直接的现金奖励。

地方认定评选出的著名商标也有明显泛滥的趋势，出现缺乏公信力、与消费者的感受和正常情理不符等现象。

2018 年 3 月 1 日，国家工商总局局长张茅在国务院新闻办公室的新闻发布会上指出，著名商标不是政府评比出来的，而是要消费者认可，地方政府不应组织评比著名商标。此外，国家工商总局也和有关部门联合下发了通知，要求各地对本地方涉及著名商标的地方政府规章、规范性文件进行清理，并说明工商总局对各地评选著名商标的行为是不支持的。

驰名商标是指在一定地域范围内为有关公众广泛知晓并享有较高声誉的商标。我国《商标法》规定，对驰名商标的认定主要考虑以下几个方面：相关公众对该商标的知晓程度；该商标使用的持续时间；该商标的任何宣传工作的持续时间、程度和地理范围；该商标作为驰名商标受保护的记录；该商标驰名的其他因素。到目前为止，经国家工商行政管理局认定的国内驰名商标包括北京“同仁堂”成药、上海“凤凰”自行车、贵州“茅台”酒、山东“青岛”啤酒等。

驰名商标具有巨大的商业价值，是不法经营者假冒或仿冒的重点对象，因而《商标法》对驰名商标规定了特殊的保护措施。《商标法》规定，就相同或者类似商品申请注册的商标是复制、模仿或者翻译他人未在中国注册的驰名商标，容易导致混淆的，不予注册并禁止使用；就不相同或者不相类似商品申请注册的商标是复制、模仿或者翻译他人已经在中国注册的驰名商标，误导公众，致使该驰名商标注册人的利益可能受到损害的，不予注册并禁止使用。

2013 年 8 月 30 日，全国人民代表大会常务委员会审议通过了《中华人民共和国商标法修正案》，自 2014 年 5 月 1 日起施行。这次修订的《商标法》第十四条改为被动与主动相结合，确定了驰名商标的认定应依照当事人的申请在个案中认定的原则，即“个案认定，被动保护”的原则；第十四条第二、三、四款则规定了有权认定驰名商标的主题和场合，明确商标局、商标评审委员会、人民法院只有当事人在商标案件提出保护其驰名商标的申请后，才可以适用相应的规定，除此之外不得主动适用相关法规，同时规定认定结果仅对该案件有效；新增了第五款规定，“生产、经营者不得将‘驰名商标’字样用于商品、商品包装或者容器上，或者用于广告宣传、展览以及其他商业活动中。”新商标法还规定了有关驰名商标的惩罚性措施：第五十三条规定，“违反本法第十四条第五款规定的，由地方工商行政管理部门责令改正，处十万元罚款”。这些规定对于驰名商标制度的正本清源、回归原本正确的立法本意起到了非常重要的积极作用，可以说这是第三次修正后的商标法的一大亮点。

驰名商标的设立是为了保护商标的持有人，使其拥有更高的声誉，获得更高的价值。在我国商标法中，驰名商标不是一种特殊的商标，而是一种特殊的保护制度，认定驰名商标是法律进行保护而依据的前提。此次修正案对驰名商标的修改，反映出对驰名商标保护的重要性，对于推动我国市场经济的发展、促进良好的市场竞争关系有着重要的作用。

5.3 专利法律制度

5.3.1 专利、专利权、专利法的概念

1. 专利的概念

广义的“专利”一词通常有三种含义：一是指专利局授予的专利权；二是指取得专利权的发明创造，一般包括发明、实用新型、外观设计三种形式；三是指专利文献。狭义的专利是指专利权。从这个意义上说，专利就是专利权的简称。

2. 专利权的概念

专利权是指专利权人在法律规定的期限内对其发明创造所享有的一种独占权或专有权。

3. 专利法的概念

专利法是指确认、保护发明创造专有权和调整、利用发明创造过程中所发生的各种社会关系的法律规范的总称。

为了保护发明创造专利权，鼓励发明创造，1984 年 3 月 12 日第六届全国人民代表大会常务委员会第四次会议通过了《专利法》，1985 年 4 月 1 日起实施。1992 年 9 月 4 日、

2000 年 8 月 25 日，全国人民代表大会常务委员会分别修订了《专利法》。2008 年 12 月 27 日召开的第十一届全国人民代表大会常务委员会第六次会议上再次修订了《专利法》，自 2009 年 10 月 1 日起实施。

5.3.2 专利权的主体、客体和内容

1. 专利权的主体

专利权的主体是指有权提出专利申请并获得专利权的单位和个人。当一项发明创造依法取得专利权后，专利申请人就成了专利权所有人。

我国《专利法》对专利权主体的主要规定如下。

（1）发明人（设计人）、申请人和专利权人。发明人（设计人）是指真正完成发明创造的人，即对发明创造的实质性特点做出创造性贡献的人。申请人是指就一项发明创造向专利局申请专利的人。除了发明人可以作为申请人外，通过合同从发明人那里取得发明专利申请权的其他人，从发明人那里继承发明专利申请权的继承人，职务发明创造中按规定享有申请权的单位，都可以成为专利申请人。专利权人是指依法享有专利权的人。发明人（设计人）、申请人依法申请被批准后，成为专利权人。

案例分析 5-3

2018 年 6 月 22 日，甲大学和乙柴油机总厂就无侧向力发动机的研制工作签订了“科研项目协作合同书”。合同规定：“本科研成果由甲、乙双方共同享有”，合同明确课题组人员有杨某、刘某、胡某（均属甲大学）、蒋某（乙柴油机总厂）。合同生效后，课题组人员确定了技术方案——双曲轴、双连杆机构，2018 年 7 月 12 日，以“无侧向力发动机的研制”为项目名称列入湖南省科研计划项目，11 月底完成样机图纸，2019 年 1 月开始样机试制，10 月样机试车成功。11 月 9 日，甲大学单方面以“一种内燃机曲柄连杆机构”为题申请了实用新型专利，设计人为课题组成员杨某及课题组外的张某、李某。乙专利申请公告后，乙柴油机总厂就该项专利申请向中国专利局提出了异议。

请求人认为，根据我国《专利法》第八条的规定和两家协作合同书中“本科研成果双方共同享有”的条款，专利申请人应该是甲大学和乙柴油机总厂两家，设计人应该是课题组成员：杨某、刘某、胡某、蒋某，而与专利无关的张某、李某不能成为设计人。

被请求人认为，申请专利的“一种内燃机曲柄连杆机构”是在甲大学与乙柴油机总厂协作之前杨某等人多年研究的成果，并且在与乙柴油机总厂协作之前的 2018 年 3 月，曾与丙柴油机厂以同样的机构共同申报了湖南省科研计划，只因丙柴油机厂放弃才转而与乙柴油机总厂合作的，因此，“一种内燃机曲柄连杆机构”专利申请权应该属于甲大学，设计人不应变动。

请问：（1）此案中的设计人是谁？

（2）如何处理双方签订的协作合同？为什么？

【解析】

（1）此案虽然是两个单位协作完成一项发明创造——无侧向力发动机，但是被请求人在双方协作之前，已经完成了双曲柄、双连杆机构的技术方案，因此有权单方面申请专

利，设计人不应变动。而请求人认为，在双方协作之前签订了协作合同，该合同规定成果双方共同享有是不合理的。根据我国《专利法》第八条的规定，应该双方共同申请专利，设计人应为课题组成员，非课题组成员不应成为设计人。

(2) 甲大学与乙柴油机总厂双方签订的协作合同规定：科研成果由双方共同享有。甲大学申请专利的一种内燃机曲柄连杆机构是无侧向力发动机科研成果，即协议规定应完成任务的组成部分。我国《专利法》第八条规定：两个以上单位或者个人合作完成的发明创造、一个单位或者个人接受其他单位或者个人委托，除另有协议的以外，申请专利的权利属于完成或者共同完成的单位或者个人。这一条有两层意思：①如果订立协议，则按协议执行；②如果没有订立协议，则申请专利的权利属于完成或者共同完成的单位或者个人。既然双方有协议，当然只能按协议执行。因此，“一种内燃机曲柄连杆机构”专利申请权应该属甲大学和乙柴油机总厂两家共同所有。考虑到双曲柄、双连杆机构是整个协作任务的一部分，并且在双方协作以前，甲大学就已完成这样一个事实，最理想的处理方式是双方能达成一致调解协议，对双方共同持有权利彼此作出一些限定。

（2）职务发明和非职务发明。企业、事业单位、社会团体、国家机关等单位的工作人员执行本单位的任务或者主要利用本单位的物质技术条件所完成的发明创造，是职务发明创造。职务发明创造申请专利的权利属于该单位。申请被批准后，该单位为专利权人。除上述两种情况，发明人、设计人完成的发明创造是非职务发明创造，非职务发明创造申请专利的权利属于发明人、设计人；申请被批准后，该发明人或设计人为专利权人。利用本单位的物质技术条件所完成的发明创造，单位与发明人或者设计人订有合同，对申请专利的权利和专利权的归属作出约定的，从其约定。这里，执行本单位的任务是指：在从事本职工作时作出的发明创造；履行本单位交付的本职工作之外的任务所作出的发明创造；退职、退休或者调动工作后一年内作出的，与其在原单位承担的本职工作或者分配的任务有关的发明创造。主要利用本单位的物质技术条件是指利用本单位的资金、设备、零部件、原材料或者不对外公开的技术资料等。

案例分析 5-4

2015 年 10 月 1 日，甲公司的退休职工王某在退休后 6 个月完成了一项方法发明创造，甲公司认为王某的发明与其在甲公司承担的本职工作有关，向王某提出该方法发明申请专利的权利属于甲公司，王某表示同意。2016 年 1 月 1 日，甲公司向国务院专利行政部门提出发明专利的书面申请。国务院专利行政部门经初步审查认为该方法发明符合《专利法》的规定要求，于 2017 年 7 月 1 日即行公布。2018 年 10 月 1 日，国务院专利行政部门根据甲公司的请求，对该方法发明进行实质审查后，于 2019 年 1 月 1 日作出授予甲公司发明专利权的决定，并于同日予以登记和公告。

2019 年 4 月 20 日，甲公司对乙公司、丙公司、丁公司分别提起专利侵权诉讼。人民法院在审理过程中，查明以下情况。

(1) 乙公司从 2018 年 4 月 1 日开始，多次使用甲公司的该项方法发明，非法获利 120 万元。2018 年 12 月 15 日，甲公司得知情况后要求乙公司支付使用费时，遭到乙公司的拒绝。

（2）2019年4月1日，甲公司得知丙公司在未经许可的情况下于2019年2月1日在与某公司的买卖合同中使用甲公司的专利号，非法获利200万元。

（3）丁公司在2014年1月1日前已经使用相同的方法，甲公司于2019年1月1日取得发明专利权后，丁公司在原有范围内继续使用该方法。

2019年6月1日，人民法院经审理，作出如下判决：责令丙公司立即停止侵权行为，向甲公司赔偿200万元，并追究相关当事人的刑事责任。丙公司于2019年6月10日向甲公司支付赔偿金200万元。

2019年8月1日，甲公司的发明专利被国务院专利行政部门宣告无效，于是丙公司向甲公司要求退还200万元的专利侵权赔偿金。

要求：根据《专利法》的有关法律规定，分别回答以下问题。

（1）甲公司是否属于该方法发明的专利权人？说明理由。

（2）甲公司发明专利权20年的保护期限从何时计算？说明理由。

（3）指出甲公司对乙公司提起诉讼的具体诉讼时效期间，并说明理由。

（4）指出甲公司对丙公司提起诉讼的具体诉讼时效期间，并说明理由。

（5）在甲公司对丙公司的专利侵权诉讼中，举证责任在甲公司还是丙公司？说明理由。

（6）丁公司的行为是否属于专利侵权？说明理由。

（7）丙公司向甲公司要求退还200万元的专利侵权赔偿金的主张是否成立？说明理由。

【解析】

（1）甲公司属于专利权人。根据《专利法》的规定，退休后1年内作出的，与其原单位承担的本职工作有关的发明创造属于职务发明创造。对于职务发明创造，申请专利的权利属于该单位；申请被批准后，该单位为专利权人。在本题中，甲公司退休职工王某在退休后6个月做出的与原本职工作有关的方法发明属于职务发明创造。

（2）甲公司发明专利权的保护期限自2016年1月1日起计算。根据《专利法》的规定，发明专利权的保护期限自申请日起计算。

（3）甲公司对乙公司的诉讼时效期间为2019年1月1日至2021年1月1日。根据《专利法》的规定，发明专利申请公布后至专利权授予前（2017年7月1日至2019年1月1日）使用该发明未支付适当使用费的，专利权人要求支付使用费的诉讼时效为2年，自专利权人得知他人使用其发明之日起计算；但是，专利权人于专利权授予之日前即已得知的，自专利权授予之日（2019年1月1日）起计算。

（4）甲公司对丙公司的诉讼时效期间为2019年4月1日至2021年4月1日。根据《专利法》的规定，侵犯专利权的诉讼时效为2年，自专利权人得知侵权行为之日起计算。

（5）举证责任在丙公司。根据《专利法》的规定，方法发明专利权被侵权后，诉讼中的举证责任在被告一方。

（6）丁公司不属于专利侵权。根据《专利法》的规定，在专利申请日前已经制造相同产品、使用相同方法，并且仅在原有范围内继续制造、使用的，不视为侵犯专利权。

（7）丙公司的主张不成立。根据《专利法》的规定，宣告专利权无效的决定，对在宣告前人民法院作出并已经执行的专利侵权的判决、裁定，不具有溯及力。

(3) 共同发明和委托发明。两个以上对同一发明创造共同构思，并且做出了创造性贡献的人是共同发明人或共同设计人，专利被批准后，专利由他们共有。

两个以上单位或者个人合作完成的发明创造、一个单位或者个人接受其他单位或者个人委托所完成的发明创造，除另有协议的以外，申请专利的权利属于完成或共同完成的单位或者个人；申请被批准后，申请单位或者个人为专利权人。委托发明是委托方委托受托方进行的发明，一般相关权利归属于委托方。合同有规定的，从其规定；合同没有规定的，相关权利属受托人。

2. 专利权的客体

专利权的客体是指《专利法》规定的予以专利保护的发明创造。具体而言，不同的国家有不同的规定。我国《专利法》所称的发明创造是指发明、实用新型和外观设计。发明是指对产品、方法或者其改进所提出的新的技术方案。发明可分为产品发明和方法发明。实用新型是指对产品的形状、构造或者其结合所提出的适于实用的新的技术方案。因实用新型专利的创造性要求比发明专利低，人们又称其为“小发明”。外观设计是指对产品的形状、图案或者其结合以及色彩与形状、图案的结合所作出的富有美感并适合工业应用的新设计。

随堂演练 5-2

应当根据（　　）确定外观设计专利的保护范围。

A. 图片或照片　　B. 说明书

C. 实物模型或样品　　D. 说明书加图片或照片

【答案】A

【解析】根据《专利法》的规定，外观设计的保护范围以表示在图片或者照片中的该外观设计专利产品为准。

《专利法》第二十五条规定，下列各项不授予专利权：

(1) 科学发现；

(2) 智力活动的规则和方法；

(3) 疾病的诊断和治疗方法；

(4) 动物和植物品种；

(5) 用原子核变换方法获得的物质；

(6) 对平面印刷品的图案、色彩或者二者结合作出的主要起标识作用的设计。

其中第 (4) 项动物和植物品种的生产方法，可以依照《专利法》规定授予专利权。另外，对违反国家法律、社会公德或者妨害公共利益的发明创造不授予专利权。

随堂演练 5-3

下列内容属于专利法保护对象的是（　　）。

A. 一种减肥的锻炼方法和锻炼器械

B. 一种抗虫害的彩棉新品种的培育方法

C. 肝病新的治疗方法和辅助治疗的新设备

D. 一种在宣纸上进行印刷的新方法和适用该方法的新设备

【答案】 ABD

【解析】 根据《专利法》第二十五条的规定，选项 A 是一种减肥的锻炼方法和锻炼器械，并非疾病的诊断和治疗方法，可以获得专利保护。选项 B 是植物品种的培育方法，不是植物品种本身，能够获得专利保护。选项 C 属于疾病的诊断和治疗方法，不能获得专利保护。选项 D 不属于上述任何一种不能获得专利的情形，可以获得专利保护。

随堂演练 5-4

《专利法》中规定，不授予专利权的有（　　）。

A. 科学发现

B. 智力活动的规则和方法

C. 动物和植物品种的生产方法

D. 疾病诊断和治疗方法

【答案】 ABD

【解析】《专利法》规定，动物和植物品种的生产方法，依法可以授予专利权。

3. 专利权的内容

专利权的内容，即专利法律关系的权利和义务。

（1）专利权人的主要权利。根据《专利法》的有关规定，专利权人享有以下权利：

1）实施权。专利权人在专利有效期限内享有为生产经营目的专有制造、使用和销售其专利产品或专有使用其专利方法的权利。除法律另有规定外，任何单位或个人未经专利权人许可，都不得实施其专利，即不得以生产经营为目的制造、使用、许诺销售、销售、进口其专利产品，或者使用专利方法以及使用、许诺销售、销售、进口依照该专利方法直接获得的产品。

外观设计专利权被授予后，任何单位和个人未经专利权人许可，都不得实施其专利，即不得为生产经营目的制造、销售、进口其外观设计专利产品。

2）许可权。专利权人有权许可他人使用其专利权，并收取专利使用费。任何单位或者个人实施他人专利的，除《专利法》另有规定的以外，都应当与专利权人订立书面使用许可合同，向专利权人支付专利使用费。被许可人无权允许合同规定以外的任何单位或者个人实施该专利。

3）转让权。专利申请权和专利权可以转让。转让专利申请权或者专利权的，当事人应当订立书面合同，并向专利局登记，由国务院专利行政部门予以公告。专利申请权或者专利权的转让自登记之日起生效。

4）标记权。专利权人有权在其专利产品或该产品的包装上标明专利标记和专利号；发明人或设计人有在专利文件中写明自己是发明人或者设计人的权利。

5）阻止权。除《专利法》另有规定外，任何单位或者个人未经专利权人许可，都不得实施其专利，即不得以生产经营目的制造、使用、许诺销售、销售、进口其专利产品或者使用该专利方法以及使用、许诺销售、销售、进口依照该专利方法直接获得的产品。

（2）专利权人的主要义务。专利权人在享有上述权利的同时应当履行下列义务：

1）实施专利。专利权被授予后，专利权人有义务实施该专利，有义务以生产经营为目的在中国境内制造、使用、销售其专利产品或者使用其专利方法。

2）按期缴纳专利年费。专利权人应当自被授予专利权的当年开始缴纳年费。年费缴纳方式为一年一次，在前一年度期满前一个月缴纳。专利权人希望维持专利权必须缴纳年费。

5.3.3　取得专利权的条件

授予专利权的发明、实用新型应当具备新颖性、创造性和实用性。

（1）新颖性是指在申请日以前没有同样的发明或实用新型在国内外出版物上公开发表过、在国内公开使用过或以其他方式为公众所知，也没有同样的发明或实用新型由他人向专利局提出申请并且记载在申请日以后公布的专利申请文件中。但是，申请专利的发明创造在申请日以前 6 个月内有下列情形之一的不丧失新颖性：

1）在中国政府主办或者承认的国际展览会上首次展出的；

2）在规定的学术会议或者技术会议上首次发表的；

3）他人未经申请人同意而泄露其内容的。

随堂演练 5-5

根据《专利法》的规定，申请专利的发明创造在申请日以前 6 个月内，下列各项中，不丧失新颖性的有（　　）。

A. 在中国政府主办的国际展览会上首次展出的

B. 在中国政府承认的国际展览会上首次展出的

C. 在规定的学术会议上首次发表的

D. 他人未经申请人同意泄露其内容的

【答案】 ABCD

（2）创造性是指同申请日以前的已有技术相比，该发明有突出的实质性特点和显著的进步，该实用新型有实质性特点和进步。

（3）实用性是指该发明或实用新型能够制造或使用，并且能够产生积极效果。

关于授予外观设计专利的条件，《专利法》规定，授予专利权的外观设计应当同申请日以前在国内外出版物上公开发表过或在国内公开使用过的外观设计不相同或不近似，并不得与他人在先取得的合法权利相冲突。

5.3.4　专利的申请

1. 专利申请应遵循的原则

（1）一件创造发明一件申请原则。一件发明或者实用新型专利申请应当限于一项发明或者实用新型。属于一个总的发明构思的两个以上的发明或者实用新型，可以作为一件申请提出。一件外观设计专利申请应当限于一种产品所使用的一项外观设计。用于同一类别并且成套出售或者使用的产品的两项以上的外观设计，可以作为一件申请提出。

（2）申请在先原则。在两个以上的申请人分别就同样的发明创造申请专利的情况下，专利权授予最先提出申请的申请人。

随堂演练 5-6

判断题：如果两个以上的专利申请人在同一日就同样的发明创造申请专利的，应当以使用在先确定申请人。(　　)

【答案】 ×

【解析】 注意商标与专利申请的先申请原则的区别。专利申请中遇到该情形，应当自行协商确定申请人。

（3）优先权原则。申请人自发明或者实用新型在外国第一次提出专利申请之日起 12 个月内或者自外观设计在外国第一次提出专利申请之日起 6 个月内，又在中国就相同主题提出专利申请的，依照该外国同中国签订的协议或者共同参加的国际条约或者依照相互承认优先权的原则，可以享有优先权。申请人自发明或者实用新型在中国第一次提出专利申请之日起 12 个月内，又向外国专利局就相同主题提出专利申请的，可以享有优先权。申请人要求优先权的，应当在申请的时候提出书面声明，并且在 3 个月内提交第一次提出的专利申请文件的副本；未提出书面声明或者逾期未提交专利申请文件副本的，视为未要求优先权。

随堂演练 5-7

根据专利法律制度规定，当事人甲于2017 年1 月1 日首次向美国专利部门提出外观设计专利申请，如果甲在（　　）之前在中国就相同主题提出专利申请的，可以享有优先权。

A. 2017 年 4 月 1 日　B. 2017 年 7 月 1 日　C. 2018 年 1 月 1 日　D. 2019 年 1 月 1 日

【答案】 B

【解析】 ①发明专利、实用新型专利的优先权为 12 个月；②外观设计专利的优先权为 6 个月。

2. 专利申请手续

申请发明或实用新型专利的，应当提交请求书、说明书及其摘要、权利要求书等文件。请求书应当写明发明或者实用新型的名称，发明人或者设计人的姓名，申请人姓名或者名称、地址以及其他事项。说明书应当对发明或者实用新型作出清楚、完整的说明，以使所属技术领域的技术人员能够实现为准；必要的时候应当有附图。摘要应当简明扼要地说明发明或者实用新型的技术特点。权利要求书以说明书为依据，说明要求专利保护的范围。

申请外观设计专利的，应当提交请求书及该外观设计的图片或者照片等文件，并且应当写明使用该外观设计的产品及所属的类别。

3. 专利的审查和批准

专利局对发明专利采取早期公开、迟延审查制度，对实用新型和外观设计采取登记制度。

（1）发明专利的审查、批准主要程序。

1）初审和早期公开。专利局收到发明专利申请后，经初步审查认为符合《专利法》要求的，自申请之日起满 18 个月即行公布。专利局可以根据申请人的请求提前早日公布其申请。

2）实质审查。实质审查是对发明专利的新颖性、创造性、实用性的全面审查。发明专利申请自申请之日起 3 年内，国务院专利行政部门可以根据申请人随时提出的请求，对其进行实质审查；申请人无正当理由逾期未请求实质审查的，该发明专利的申请被视为撤回。国务院专利行政部门认为有必要时，也可以对发明专利申请进行实质审查。

发明专利的申请人请求实质审查的时候，应当提交在申请日前与其发明有关的参考资料。发明专利已经在外国提出过申请的，申请人应当提交该国为审查其申请进行检索的资料或者审查结果的资料；无正当理由逾期不提交的，该申请即被视为撤回。

国务院专利行政部门对发明专利申请进行实质审查后，认为不符合《专利法》规定的，应当通知申请人，要求其在指定的期限内陈述意见，或者对其申请进行修改；无正当理由逾期不答复的，该申请即被视为撤回。发明专利申请经申请人陈述意见或者修改后，国务院专利行政部门仍然认为不符合《专利法》规定的，应当予以驳回。

3）审定公告。发明专利申请经实质审查没有发现驳回理由的，由国务院专利行政部门作出授予发明专利权的决定，发给发明专利证书，并予以登记和公告。发明专利权自公告之日起生效。

4）复审制度。国务院专利行政部门设立专利复审委员会。专利申请人对国务院专利行政部门驳回申请的决定不服的，可以自收到通知之日起 3 个月内向专利复审委员会请求复审。专利复审委员会复审后作出决定，并通知专利申请人。专利申请人对专利复审委员会决定不服的，可以自收到通知之日起 3 个月内向人民法院起诉。

（2）实用新型和外观设计的审查、批准程序。实用新型和外观设计的审查、批准程序较为简便。根据《专利法》的规定，实用新型和外观设计专利申请经初步审查没有发现驳回理由的，由国务院专利行政部门作出授予实用新型专利权或者外观设计专利权的决定，发给相应的专利证书，同时予以登记和公告。实用新型专利权和外观设计专利权自公告之日起生效。

疑难问题 5-2

专利申请和专利申请权的转让

周语迟博士自己独立完成“一次性多头加药器”的外观设计，并依法向中国专利局提出专利申请，专利局向申请人发出了受理通知书，并确定了相应的专利申请号。

但是，在被授予专利权之前，周博士依法将自己的专利申请权转让给了某公司。根据转让合同的约定，周博士将“一次性多头加药器”的外观设计专利申请权转让给某公司，某公司向甲支付转让费 10 万元。合同签订后，某公司按照约定先支付了一定数额的转让费，周博士则将专利申请受理通知书、外观设计专利申请书、一次性多头加药器设计图、外观设计简要说明和外观设计图等有关申请专利的文件材料交给了某公司。

于是，专利局向受让人某公司发出了授予其专利申请人的决定通知书，即专利申请权人依法由周博士转移到某公司。

请问：（1）申请专利时，应提交哪些法律文件？

（2）专利申请权应在何时转让？如何依法转让专利申请权？

【答案】

（1）申请发明或实用新型专利的，应当提交请求书、说明书、说明书摘要、权利要求书等法律文件。而申请外观设计专利权的，应提交请求书以及该外观设计的图片或者照片等文件，并且应当写明使用该外观设计的产品及其所属的类别，必要时还应当写明对外观设计的简要说明。

（2）转让专利申请可能发生在两个不同的时间：一是发生在原始专利申请人向专利局提出专利申请以前；二是发生在原始专利申请人向专利局提出专利申请之后，被授予专利权之前。

转让专利申请权的，当事人之间必须订立书面合同，并向专利局登记，由专利局予以公告。专利申请权的转让自登记之日起生效。

【解析】

（1）《专利法》第二十六条、第二十七条分别规定了申请发明或者实用新型专利应提交的法律文件，申请外观设计专利应提交的法律文件。由于发明与实用新型都是某种技术性的方案，因此《专利法》要求发明专利和实用新型专利申请者应提交的文件基本相同。而外观设计不是技术性的方案，因此，申请外观设计专利应提交的法律文件有所不同，只需提交专利请求书和图片或照片即可。

（2）专利申请权不同于专利权，专利申请权是取得专利权的基础，而有专利申请权并不必然能取得相应的专利权。从时间上看，应先有专利申请权后有专利权，因此，专利申请权的转让必须是在"被授予专利权之前"。不过《专利法》没有具体划分专利申请权不同的转让时间，但根据实际情况，理论上将专利申请权转让的时间分为两种情况。专利申请权转让的时间不同，法律意义也就不同。在专利申请提出前的转让，属于普通民事权利的转让，转让行为仅涉及转让合同双方。如果有第三人独立完成了同样的发明创造并且提出了专利申请，受让人仅仅凭着一纸转让合同是无法与之对抗的，因为这时权利本身的效力尚不足以对抗善意第三人；如果专利申请权在专利申请提出后转让，那么被转让的权利的效力具有排斥申请日后的善意第三人的效力。

根据《专利法》第十条规定："专利申请权和专利权可以转让。中国单位或者个人向外国人、外国企业或者外国其他组织转让专利申请权或者专利权的，应当依照有关法律、行政法规的规定办理手续。"

本案的难点是专利申请权的转让问题，因为在多数情况下发生的是有关专利权的转让问题。实践中不少人忽视专利申请权的价值和转让，事实上由于专利权的取得是申请授权制，专利申请权的价值就在于其是专利权取得的基础，故专利申请权被视为一种独立的财产权。由于专利申请权的重要性和价值性，《专利法》第十条明确规定专利申请权依法可以转让，并具体规定了转让的形式和程序。而容易出现错误的地方是混淆申请不同类型的专利时应提交的不同法律文件。

5.3.5　专利权的期限、终止和无效

1. 专利权的期限

专利权的期限，即专利权有效期间。发明专利权的期限为 20 年，实用新型专利权和

外观设计专利权的期限为 10 年，均自申请日起计算。

随堂演练 5-8

判断题：实用新型专利的保护期限为 10 年，发明专利权的保护期限为 20 年。(　　)

【答案】√

【解析】《专利法》规定，发明专利权的保护期限为 20 年，而实用新型专利权的保护期限为 10 年。

2. 专利权的终止

有下列情形之一的，专利权在期限届满前终止。

(1) 没有按照规定缴纳年费的。

(2) 专利权人以书面声明放弃其专利权的。

专利权在期限届满前终止的，由国务院专利行政部门登记和公告。

3. 专利权的无效

自国务院专利行政部门公告授予专利权之日起，任何单位或者个人认为该专利权的授予不符合《专利法》有关规定的，都可以请求专利复审委员会宣告该专利权无效。

专利复审委员会对宣告专利权无效的请求进行审查，作出决定，并通知请求人和专利权人。宣告专利权无效的决定，由国务院专利行政部门登记和公告。宣告无效的专利权视为自始即不存在。

对专利复审委员会宣告发明专利权无效或者维持发明专利权的决定不服的，可以在收到通知之日起 3 个月内向人民法院起诉。

三种专利的区别比较如表 5-1 所示。

表 5-1　三种专利的区别比较

<table>
<tr><th>专利类型</th><th>授权条件</th><th>国际优先权</th><th>国内优先权</th><th>强制许可</th><th>审批程序</th><th>保护期限</th></tr>
<tr><td>发明实用新型</td><td rowspan="2">新颖性
创造性
实用性</td><td rowspan="2">12 个月</td><td rowspan="2">12 个月</td><td rowspan="2">可以</td><td rowspan="2">初步审查、申请公开、实质审查、授权决定</td><td rowspan="2">20 年</td></tr>
<tr><td>实用新型</td></tr>
<tr><td>外观设计</td><td>不相同和不相近似</td><td>6 个月</td><td>没有</td><td>不可以</td><td>只初步审查、不实质审查、授权决定</td><td>10 年</td></tr>
</table>

5.3.6　专利的实施

专利的实施是指专利权人或者他人为生产经营的目的而制造、使用、许诺销售、销售、进口专利产品或者使用专利方法。专利实施有以下几种方式。

1. 专利权人自行实施

专利权人将已经获得专利权的发明创造用于制造、使用、许诺销售、销售、进口的活动中以取得经济效益。专利权人可以自己单独实施，也可以将专利权作为投资，与他人合作实施。

2. 许可他人实施

专利权人通过订立使用许可合同，许可他人实施其专利，获得使用费。使用许可合同可分为普通许可、排他许可、独占许可。

（1）普通许可，即专利权人有权通过使用许可合同，除授予被许可人在特定地区范围内使用其专利技术的权利外，还有权在该特定地区再授权给其他第三人使用其专利技术。

（2）排他许可，即在特定地区范围内，专利权人除自己和使用许可合同确定的被许可人之外，不再许可任何第三人使用该专利技术。

（3）独占许可，即在特定地区范围内仅仅允许使用许可合同确定的被许可人使用该专利技术，专利权人在该特定地区不得使用该专利技术，也不得授权任何第三人在该特定地区使用该专利技术。

3. 将专利权转让给他人实施

专利权人在专利有效期内将专利权转让给他人，原专利权人即丧失其专利权，受让人成为新专利权人。

4. 强制许可实施

在下列情况中，国务院专利行政部门可给予强制许可。

（1）具备实施条件的单位以合理的条件请求发明或者实用新型专利权人许可实施其专利，而未能在合理的时间内获得这种许可时，国务院专利行政部门根据该单位的申请，可以给予实施发明专利或者实用新型专利的强制许可。

（2）在国家出现紧急状态或者非常情况时，或者为了公共利益的目的，国务院专利行政部门可以给予实施发明专利或者实用新型专利的强制许可。

（3）关联专利，即一项取得专利权的发明或者实用新型比以前已经取得专利权的发明或者实用新型具有显著经济意义的重大技术进步，其实施又有赖于前一发明或者实用新型的实施的，专利局根据后一专利权人的申请，可以给予实施前一发明或者实用新型的强制许可；在依照该规定给予强制许可的情形下，国务院专利行政部门根据前一专利权人的申请，也可以给予实施后一发明或者实用新型的强制许可。

除上述规定外，还应遵守下列规定。

（1）申请实施强制许可的单位或者个人应当提出未能以合理条件与专利权人签订实施许可合同的证明。

（2）取得强制许可的当事人不享有独占实施权，也无权允许他人实施。

（3）强制许可并不妨碍专利权人自己实施或授权他人实施。

（4）获得强制许可的实施人必须付给专利权人专利使用费。

（5）国务院专利行政部门作出的给予强制许可的决定，应当及时通知专利权人，并予以登记和公告。

（6）给予实施强制许可的决定，应当根据强制许可的理由规定实施的范围和时间。强制许可的理由消除并不再发生时，国务院专利行政部门应当根据专利权人的请求，经审查后作出终止实施强制许可的决定。

5.3.7　专利权的保护

1. 专利权保护的范围

发明或者实用新型专利权的保护范围以其权利要求的内容为准，说明书及附图可以用于解释权利要求；外观设计专利权的保护范围以表示在图片或者照片中的该外观设计专利产品为准。

2. 专利侵权

专利侵权是指受《专利法》保护的有效专利权遭到侵害的行为。我国《专利法》规定的专利侵权行为主要是假冒他人专利行为，表现如下。

（1）未经专利权人许可，以生产经营为目的，制造、使用、许诺销售、销售专利产品或者使用专利方法及使用、许诺销售、销售、依照该专利方法直接获得的产品，以及擅自制造、销售外观设计专利产品的行为。

（2）未经专利权人许可，以生产经营为目的，进口其专利产品或进口依照其专利方法直接获得的产品的行为。

（3）非专利权人未经专利权人许可，在其产品或产品包装上标注专利权人的专利标记和专利号，在合同中使用他人专利号，使人误认为他人专利的行为。

（4）伪造或变造他人的专利证书、专利文件或专利申请文件。

3. 不视为侵权的实施专利的行为

为了社会整体利益，需对专利权作出适当限制。《专利法》规定，有下列情形之一的，不视为侵犯专利权。

（1）专利产品或者依照专利方法直接获得的产品，由专利权人或者经其许可的单位、个人售出后，使用、许诺销售、销售、进口该产品的。

（2）在专利申请日前已经制造相同产品、使用相同方法或已经做好准备制造、使用的必要准备，并且仅在原有范围内继续制造、使用的。

（3）临时通过中国领陆、领水、领空的外国运输工具，依照其所属国同中国签订的协议或者共同参加的国际条约，或者依照互惠原则，为运输工具自身需要而在其装置和设备中使用有关专利的。

（4）专为科学研究和实验而使用有关专利的。

（5）为提供行政审批所需要的信息，制造、使用、进口专利药品或者专利医疗器械的，以及专门为其制造、进口专利药品或者专利医疗器械的。

案例分析 5-5

请求人南方儿童食品厂于 2015 年 11 月 4 日向中国专利局递交“黑芝麻糊包装袋”外观设计专利申请，2016 年 10 月 14 日被授予专利权，其专利号为 91304447。

2019 年以来，南方儿童食品厂有关人员在市场上发现玉泉食品厂生产的黑芝麻糊使用的是与该厂外观设计专利相同的黑芝麻糊包装袋，遂于 2019 年 7 月 21 日向安徽省某市中级人民法院提起诉讼，要求被请求人立即停止侵犯请求人“黑芝麻糊包装袋”外观设计专利的行为，并销毁其全部侵权包装袋及其印版，赔偿经济损失，赔礼道歉，承担全部案件受理费。同时，提供了专利证书、专利文件、专利产品及被请求人制造销售的“黑雪”黑芝麻糊外包装袋等证据。

经法院查明：被请求人自2019年起，在宿明市某彩印厂印制黑芝麻糊包装袋，该包装袋在造型、图案、文字及色彩等方面均与请求人南方儿童食品厂的外观设计专利产品相同，其技术特征落入请求人外观设计专利权的保护范围。在诉讼期间，法院依法查封被请求人私自印制“黑雪”牌黑芝麻糊外包装袋8 400只，从其生产作坊拆下包装散件580只，并扣押被请求人擅自刻制印刷该包装袋彩色制版一套5只。

请问：玉泉食品厂的行为构成侵权吗？为什么？

【解析】对照中国专利局2016年6月24日公告，请求人的黑芝麻糊包装袋外观设计专利申请图片特征与被请求人印制的“黑雪”牌黑芝麻糊包装袋进行比较，该侵权产品与请求外观设计保护的主视、后视平面图和文字排列造型、图案的整体布局，运用红、黑色调与请求人的外观设计专利产品相同，同属一类产品。其技术特征落入请求人外观设计专利权的保护范围。双方的注册商标不同（不属《专利法》调处范围，请求人也未提出此种诉讼请求予以追究）。被请求人未经专利权人的许可，以生产经营为目的将产品连同黑芝麻糊包装袋销往各地，已构成专利侵权，应承担相应的法律责任。

案例分析 5-6

A电器制品厂生产了一种新产品“多功能按摩梳”，并于2017年7月向国家专利局申请了实用新型专利，于2018年5月授予专利权。6月，A电器制品厂以普通许可方式将该专利使用权转让给B保健器械公司获转让费15万元。2019年2月，A电器制品厂在市场上发现了与该专利产品相近、功能相同的按摩梳，为邻县C医疗器械厂生产。于是A电器制品厂向专利管理机关提出要求保护专利权，制止侵权行为并赔偿损失。C医疗器械厂获知后，向专利管理机关提出，它们生产的产品，虽然和A电器制品厂生产的多功能按摩梳相似，却是该厂科技人员2013年最初研制出来，2015年即开始投入生产。同时C医疗器械厂提出，A电器制品厂的专利产品不符合我国《专利法》有关新颖性的规定，要求国家专利局宣告该专利无效。

请问：（1）如A医疗器械厂所述为实，国家专利局能否宣告该专利无效？依据是什么？

（2）如该专利被宣告无效，B保健器械公司能否要求退回专利转让费？

【解析】

（1）我国《专利法》第二十二条规定：“授予专利权和实用新型，应当具备新颖性、创造性和实用性。新颖性，是指在该发明或者实用新型不属于现有技术；也没有任何单位或者个人就同样的发明或者实用新型在申请日以前向国务院专利行政部门提出过申请，并记载在申请日以后公布的专利申请文件或者公告的专利文件中。”同时第四十五条规定：“自国务院专利行政部门公告授予专利权之日起，任何单位或者个人认为该专利权的授予不符合本法有关规定的，都可以请求专利复审委员会宣告该专利无效。”本案中，如C医疗器械厂所述为实，在A电器制品厂申请专利之前，该产品已由其生产并向市场销售，而且两种产品工作原理和结构均相同或相近，则A电器制品厂的产品“多功能按摩梳”不符合《专利法》关于新颖性的规定，专利复审委员会应宣告 A 电器制品厂研制的“多功能按摩梳”专利权无效。

(2)《专利法》第四十七条规定：“宣告无效的专利权视为自始即不存在。宣告专利权无效的决定，对在宣告专利权无效前人民法院已作出并已执行的专利侵权的判决、调解书，已经履行或者强制执行的专利侵权纠纷处理决定，以及已经履行的专利实施许可合同和专利权转让合同，不具有追溯力。但是因专利权人恶意给他人造成的损失，应当给予赔偿。”但该条第三款又指出：“依照前款规定不返还专利侵权赔偿金、专利使用费、专利权转让费，明显违反公平原则的，应当全部或者部分返还。”依照上述规定，对本案中 B 保健器械公司提出的退回专利转让费的要求，专利行政部门可以酌情处理，适当退回部分转让费或者否决其要求。

4. 专利权的保护措施

(1) 专利权的保护方法。对未经专利权人许可而实施其专利的侵权行为，专利权人或者利害关系人可以请求专利管理机关进行处理，也可以直接向人民法院起诉。

管理专利工作的部门处理时，认定侵权行为成立的，可以责令侵权人立即停止侵权行为。当事人不服的，可以自收到处理通知之日起 15 日内依照《行政诉讼法》向人民法院起诉；侵权人期满不起诉又不停止侵权行为的，管理专利工作的部门可以申请人民法院强制执行。

进行处理的管理专利工作的部门应当事人的请求，可以就侵犯专利权的赔偿数额进行调解；调解不成的，当事人即可以依照《民事诉讼法》向人民法院起诉。侵犯专利权的赔偿数额，按照权利人因被侵权所受到的损失或者侵权人因侵权所获得的利益确定；难以确定的，参照该专利许可使用费的倍数合理确定。专利权人或利害关系人有证据证明他人正在实施或即将实施侵犯专利权的行为，如不及时制止将会使其合法权益受到难以弥补的损害的，可以在起诉前向人民法院申请采取责令停止有关行为和财产保全的措施。

(2) 专利权纠纷的诉讼时效。侵犯专利权的诉讼时效为 2 年，自专利权人或者利害关系人得知或者应当得知侵权行为之日起计算。

(3) 假冒专利的行政责任和刑事责任。假冒专利的，除依法承担民事责任外，由管理专利工作的部门责令改正并予以公告，没收违法所得，可以并处违法所得四倍以下的罚款；没有违法所得的，可以处二十万元以下的罚款；构成犯罪的，依法追究刑事责任。

专利、商标保护期限的比较如表 5-2 所示。

表 5-2　专利、商标保护期限的比较

	保护期限	起算时间	续展
发明	20 年	申请日	不可以
实用新型	10 年	申请日	不可以
外观设计	10 年	申请日	不可以
商标	10 年	核准注册日	可以，提前 12 个月，续展 6 个月

复习思考题

一、判断题

1. 企业、事业单位、社会团体、国家机关的工作人员执行本单位的任务或者主要是利用

本单位的物质条件所完成的职务发明创造，申请专利的权利属于该单位。(　　)

2. 职务发明创造专利申请批准后，全民所有制单位申请的，专利权归该单位所有。(　　)
3. 专利权人对其发明创造所享有的独占权，仅在法律规定的期限内受到法律的保护。(　　)
4. 未注册商标如果不是法律规定必须注册的，不仅允许使用，而且受法律保护。(　　)
5. 驰名商标即使不注册，也受到商标法保护。(　　)

二、单项选择题

1. 专利权被授予后，单位要对发明人或设计人给予奖励。一项发明专利的奖金最低不少于（　　）。

   A. 200 元　　B. 500 元　　C. 1 000 元　　D. 1 500 元
2. 专利权在我国的期限，发明专利为（　　）。

   A. 10 年　　B. 15 年　　C. 20 年　　D. 25 年
3. 实用新型和外观设计专利在我国的期限为（　　）。

   A. 5 年　　B. 10 年　　C. 15 年　　D. 20 年
4. 专利诉讼的时效是（　　）。

   A. 2 年　　B. 3 年　　C. 4 年　　D. 5 年
5. 我国《商标法》规定，注册商标的有效期为（　　）。

   A. 5 年　　B. 10 年　　C. 15 年　　D. 20 年
6. 我国商标注册实行的原则是（　　）。

   A. 强制注册

   B. 自愿注册

   C. 自愿注册为主，但对某些特殊商品实行强制注册

   D. 强制注册为主，自愿注册为辅
7. 根据国家规定，生产或销售（　　）必须使用注册商标。

   A. 圆珠笔　　B. 饮料　　C. 新闻纸　　D. 喉炎丸

三、填空题

1. 我国《专利法》所称的发明创造，是指__________、__________和外观设计。
2. 授予专利权的发明和实用新型，应当具备__________、创造性、__________。
3. 两个以上的申请人，分别就同样的发明创造申请专利的，专利权授予__________的人。
4. 凡使用未注册商标不标明__________和__________的商品，不得在市场上流通。
5. 注册商标的有效期为__________年，续展注册的有效期为__________年，申请注册商标续展的宽展期为__________个月。
6. 工业产权主要是指__________和__________。
7. 工业产权具有的共同特征是__________、__________、__________、__________。
8. 我国商标注册申请采用__________、一个商标、__________的原则。

四、名词解释

1. 工业产权　2. 工业产权法　3. 专利　4. 专利权　5. 专利法　6. 专利权的客体　7. 实用新型　8. (《专利法》所称的) 发明　9. 外观设计　10. 新颖性　11. 创造性　12. 实用性　13. 强制许可　14. 专利侵权　15. 商标　16. 商标法　17. 商标权　18. 商标权主体　19. 注册商标的转让　20. 商标使用许可权

五、简答题

1. 简述专利权人对其发明创造享有专有权的表现。
2. 简述专利权的主体种类。
3. 我国《专利法》对专利权客体的范围有哪些限制性规定?
4. 简述专利权人的权利。
5. 简述先申请原则和申请日的确定。
6. 简述专利权的无效。
7. 简述专利侵权的特征和专利侵权行为的表现。
8. 专利的实施有哪几种?
9. 商标的特征有哪些?
10. 简述我国商标的种类。
11. 简述注册商标转让的形式。
12. 哪些行为属于商标侵权行为?
13. 简述对商标侵权的经济制裁和行政制裁。

六、论述题

简述工业产权的特征。

七、案例分析题

1. 某电子工厂工程师张某，利用其业余时间独立完成了一种新型电子产品的技术改进，并就该技术向国务院专利行政部门申请了发明专利。但其所在厂认为，张某进厂时只是一名学徒工，他现有的技术知识是在本厂的工作中学习得到的，所以该专利应属于职务发明，应当由单位持有。不过工厂可以就此项专利付给张某奖金 1 000 元，并且每年支付张某税后利润 0.5%～2% 的报酬。张某认为，发明是自己在业余时间独立完成的，所以专利权应归其本人所有，工厂若想使用该项专利，必须与其订立专利实施许可合同。

请问：(1) 此项发明是否属于职务发明?

(2) 依照我国《专利法》，应如何处理此案?

2. “泸州”大曲是国家名酒，该商标经有关部门批准已取得专用权。某县酒厂将自制的低档白酒灌在瓶内，把某乡印刷厂印制的假商标贴在瓶上，以每瓶 15 元的价格大量批发给某供销社，该供销社以每瓶 38 元的价格出售。

请问：(1) 某县酒厂 (甲)、某乡印刷厂 (乙)、某供销社 (丙) 分别构成什么行为?

(2) 应如何保护“泸州”大曲的注册商标?

第 6 章

市场竞争法律制度

6.1 反不正当竞争法

反不正当竞争法是调整反不正当竞争过程中产生的社会关系的法律规范的总称。1993 年 9 月 2 日，第八届全国人民代表大会常务委员会第三次会议通过了《反不正当竞争法》。2017 年 11 月 4 日第十二届全国人民代表大会常务委员会第三十次会议第一次修订，2019 年 4 月 23 日第十三届全国人民代表大会常务委员会第十次会议修正，2019 年 4 月 23 日起施行。

6.1.1 不正当竞争行为的概念和特征

不正当竞争行为，是指经营者在生产经营活动中违反《反不正当竞争法》的规定，损害其他经营者或者消费者的合法权益，扰乱市场竞争秩序的行为。

根据上述概念，我国法律上规定的不正当竞争行为具有以下特征。

（1）行为的主体是经营者，即从事商品经营或者营利性服务的法人、其他经济组织和个人。但是，经营者之外的组织和个人从事与市场竞争有关的活动，也要遵守有关法律规范。

（2）行为的性质具有违法性，即行为在本质上违反了竞争原则，违反了《反不正当竞争法》，同时有的还违反了相关的其他法律。

（3）行为的结果具有损害性，即损害了其他经营者的合法权益，扰乱了社会经济秩序。行为主体的极端利己或损人利己的违法行为必然损害他人的合法利益，冲击正常的经济秩序，造成市场交易的混乱。

6.1.2　不正当竞争行为的类型

我国《反不正当竞争法》规定的不正当竞争行为有以下几种。

1. 欺骗性交易行为

欺骗性交易行为是指行为人采用假冒、仿冒、伪造等混淆手段，欺骗消费者与之交易，从而损害竞争对手和消费者权益的行为。我国《反不正当竞争法》第六条规定的不正当竞争行为有如下几类。

（1）擅自使用与他人有一定影响的商品名称、包装、装潢等相同或者近似的标识。

（2）擅自使用他人有一定影响的企业名称（包括简称、字号等）、社会组织名称（包括简称等）、姓名（包括笔名、艺名、译名等）。

（3）擅自使用他人有一定影响的域名主体部分、网站名称、网页等。

（4）其他足以引人误认为是他人商品或者与他人存在特定联系的混淆行为。

案例分析 6-1[㊀]

原告：北京市海淀区健翔冷冻食品厂（以下简称“健翔食品厂”）。

被告：北京市西城区菜蔬冷库（以下简称“西城冷库”）。

“老边”饺子是辽宁省沈阳市饮食公司老边饺子馆的老字号，并注册了商标，在北方市场上有一定的声誉。1992 年 8 月，北京市海淀区菜蔬公司与沈阳市饮食公司老边饺子馆签订了联合生产销售速冻老边饺子的协议。为此，北京海淀区菜蔬公司成立了北京海淀区健翔冷冻食品厂，获得了使用“老边”注册商标的权利。8 月 6 日，海淀区技术监督局对该厂申请生产速冻老边饺子的企业标准做了备案，批准其产品的企业标准代号为 Q 海/ZJX001—93，并于 1993 年 9 月 7 日签发了京海技监食标认字第 930201 号食品标签认可证书。健翔食品厂于 9 月开始生产、销售老边饺子，其设计使用的包装袋上印有老边饺子馆楼房图案、产品介绍标准代号。由于老边饺子的传统信誉和饺子的质量较好，很快在北京市场上打开了销路，销售量稳步上升。

1993 年 11 月，北京市西城区菜蔬冷库也与沈阳市饮食公司老边饺子馆签订联合经营速冻老边饺子协议。经营期间，西城冷库按照对方提供的样品，委托其他单位加工制作食品包装袋 15 万个，用以包装老边饺子上市销售。该包装袋上的装潢设计图案与健翔食品厂的相似，且标有产品的标准代号 Q 海/ZJX001—93。

1993 年 12 月，健翔食品厂发现并调查证实北京市场上有一种与该厂生产的老边饺子的包装基本相似的“老边”饺子，不但包装袋的装潢设计图案与该厂的相同，还印有相同的“产品介绍”，以及健翔食品厂的企业标准代号 Q 海/ZJX001—93。经调查，该产品系西城冷库生产销售。

健翔食品厂向西城冷库指出这是侵权行为，并向北京市海淀区法院起诉，要求判令被告西城冷库立即停止侵权行为，不得使用其企业标准代号，公开赔礼道歉，并赔偿经济损失。

㊀ 资料来源于人民法院出版社 2017 年出版的《知识产权卷：人民法院案例选》。

被告西城冷库辩称：1993年11月，该冷库也同沈阳市饮食公司老边饺子馆签订了联合经营速冻老边饺子的协议，内容和健翔食品厂与沈阳方签的基本相似，也取得了老边商标的转让使用权。西城冷库在开始生产后，按照沈阳方提供的样品，委托其他单位加工印制了食品包装袋15万个，用以包装速冻饺子在市场上销售。因系照样品印制，只改了一下生产厂名，其他与原样品相同，故误将原告的企业标准也印上了，但一经发现这个包装袋是原告设计的，企业标准代号也系原告所有，并接到原告的交涉异议后，即马上采取了补救措施，对原袋停用，包装袋改印，并于1994年1月20日向技术监督部门获得了自己的企业标准备案。对原告的企业标准虽有误用，但情节和后果都不严重，不应承担法律责任。

请问：（1）本案中，（　　）老边饺子商标的使用权。

A. 健翔食品厂享有　　B. 西城冷库享有

C. 两者都享有　　D. 两者都不享有

（2）西城冷库是否存在不正当竞争行为，为什么？

【解析】

（1）C

（2）本案双方当事人都使用沈阳老边饺子馆的知名商品老边饺子的特有名称，都有老边饺子商标的转让使用权，是得到权利人许可的，因而都是合法的。但是，健翔食品厂在老边饺子这一知名商品上使用的包装装潢是自己独创的，其知识产权的权利人是健翔食品厂。在北京市场上，广大的消费者已经认可了这一装潢设计，该装潢设计也起到了一定的促销作用。西城冷库在相同产品上使用与这种独有的装潢设计相似的包装，使消费者误认为两者是同一个生产者。根据《反不正当竞争法》第六条第一款经营者不得“擅自使用与他人有一定影响的商品名称、包装、装潢等相同或者近似的标识”的规定，西城冷库的行为构成了不正当竞争行为。

本案中，西城冷库的另一不正当竞争行为是冒用认证标志、名优标志等质量标志，对商品质量做引人误解的虚假表示。北京市海淀区技术监督局是产品质量认证机构，有权进行质量认证。健翔食品厂的老边饺子企业标准代号是Q海/ZJX001—93，是海淀区技术监督局认可的产品质量标准，健翔食品厂拥有专用权。健翔食品厂使用这种产品质量标准的认证标志，提高了企业的知名度和产品的竞争力。西城冷库没有获得国家认证机构的质量认证，而擅自使用竞争对手的企业标准代号。西城冷库的冒用行为违反了这一规定，属于不正当竞争行为。

2. 商业贿赂行为

商业贿赂行为是指经营者在经营活动中为销售或购买商品，采取秘密手段，向客户或有关工作人员给付财物或其他报酬，以取得交易或经营上的便利的行为。经营者在“账外暗扣”给予对方单位或个人回扣的，以行贿论处；对方单位或个人在“账外暗扣”收受回扣的，以受贿论处。

我国《反不正当竞争法》第七条规定，经营者不得采用财物或者其他手段贿赂交易相对方的工作人员、受交易相对方委托办理相关事务的单位或者个人、利用职权或者影响力影响交易的单位或者个人，以谋取交易机会或者竞争优势。另外，《反不正当竞争法》还规定了经营者销售或者购买商品，可以以明示方式向交易对方支付对方折扣，或者向中间人支付佣金。经营者向交易相对方支付折扣、向中间人支付佣金的，应当如实入账，接受折扣、佣金的经营者也应当如实入账。

如果不存在忠实义务的违反或职务利益的交换，就不构成商业贿赂。比如，超市向供应商收取的“入门费”，医院向医药企业收取的各类赞助。

随堂演练 6-1

甲市某酒厂酿造的“蓝星”系列白酒深受当地人喜爱。甲市政府办公室发文指定该酒为“接待用酒”，要求各机关、企事业单位、社会团体在业务用餐时，饮酒应以“蓝星”系列为主。同时，酒厂公开承诺：用餐者凭市内各酒楼出具的证明，可以取得消费 100 元返还 10 元的奖励。下列关于此事的说法中，(　　) 是不正确的。

A. 甲市政府办公室的行为属于限制竞争行为

B. 酒厂的做法尚未构成商业贿赂行为

C. 酒厂的做法构成商业贿赂行为

D. 上级机关可以责令甲市政府改正错误

【答案】 C

【解析】 商业贿赂是指经营者为争取交易机会，暗中给予交易对方有关人员和能够影响交易的其他相关人员以财物或其他好处的行为。本题并非暗中给予好处。

3. 引人误解的虚假宣传行为

我国《反不正当竞争法》第八条明确规定：“经营者不得对其商品的性能、功能、质量、销售状况、用户评价、曾获荣誉等作虚假或者引人误解的商业宣传，欺骗、误导消费者。”概括来讲，虚假宣传是指以广告等其他方法，对商品或服务作与实际情况不相符合的宣传，使消费者误解从而误买的行为。

《中华人民共和国广告法》(简称《广告法》) 第五十六条规定：“违反本法规定，发布虚假广告，欺骗和误导消费者，使购买商品或者接受服务的消费者的合法权益受到损害的，由广告主依法承担民事责任。……广告经营者、广告发布者、广告代言人，明知或者应知广告虚假仍设计、制作、代理、发布或者作推荐、证明的，应当与广告主承担连带责任。”

案例分析 6-2

2019 年 12 月，《× × 市场报》刊登了“青少年助长的特效良药——张灵助长晶”的广告。广告称“经过多位医学专家多年的努力研制成功的助长新药，采用中外各种名贵药材，以特殊工艺精制而成，对人体骨骼增长有奇效。经美国医学家对万名矮个子青少年服用本药后的观察，用药者骨骼明显增长。实践证明，本药对青少年骨骼增长有显著功效。……本药品还荣获 2016 年优秀产品奖。本品两盒起邮，只售 24 元，款到寄货”。

请问：(1) 如何认定虚假宣传行为？

(2) 如何认定引人误解的宣传行为？

【解析】

(1) 虚假宣传，是指经营者对商品的质量、性能、用途、生产者、有效期限、产地等商品内容介绍或服务内容、服务项目、服务方式和服务质量等作完全不符合实际情况的虚假宣传，导致客户和消费者上当受骗。

《反不正当竞争法》第八条规定：经营者不得对其商品的性能、功能、质量、销售状况、用户评价、曾获荣誉等作虚假或者引人误解的商业宣传，欺骗、误导消费者。《广告法》规定，广告经营者不得在明知或者应知的情况下，代理、设计、制作、发布虚假广告。

（2）引人误解的虚假宣传，是指利用广告形式或者其他方法对商品和服务项目所作的宣传可能导致客户和广大消费者对商品和服务的情况产生错误的联想，从而影响其购买决定的行为。

认定引人误解的虚假宣传主要依据以下四方面：①主体是商品经营者和服务经营者，其中包括广告经营者；②形式主要是广告宣传和其他形式；③内容主要是虚假宣传和引人误解的虚假宣传；④对象是经营者、客户的消费者。

4. 侵犯商业秘密的行为

商业秘密，是指不为公众所知悉，能为权利人带来经济利益，具有实用性并经权利人采取保密措施的技术信息和经营信息。在实际中，技术信息包括工艺流程、技术秘诀、设计图纸、化学配方等；经营信息包括管理方法、产销策略、货源情报、客户名单等。

商业秘密具有以下特征。

（1）秘密性。不为公众所知悉，这是商业秘密最核心的特征，是商业秘密维系其经济价值和法律保护的前提条件。

（2）价值性。商业秘密能为权利人带来经济利益。

（3）保密性。权利人主动对技术信息和经营信息采取了合理的保护措施。这些措施包括订立保密协议、建立保密制度、采用保密技术、运用适当的保密设施装置以及采用其他合理的保护方法。

秘密性、价值性和保密性是商业秘密内在的、缺一不可的构成条件，秘密性是价值性的前提，价值性是保密性的目的。秘密性、价值性和保密性既是商业秘密的本质特征，也是司法实践中确认商业秘密保护客体的依据。

《反不正当竞争法》第九条规定，侵犯商业秘密的行为具体包括以下几种。

（1）以盗窃、贿赂、欺诈、胁迫、电子侵入或者其他不正当手段获取的权利人的商业秘密。

（2）披露、使用或者允许他人使用以前项手段获取的权利人的商业秘密。

（3）违反保密义务或者违反权利人有关保守商业秘密的要求，披露、使用或者允许他人使用其所掌握的商业秘密。

（4）教唆、引诱、帮助他人违反保密义务或者违反权利人有关保守商业秘密的要求、获取、披露、使用或者允许他人使用权利人的商业秘密。

第三人明知或者应知商业秘密权利人的员工、前员工或者其他单位、个人实施（1）所列违法行为，仍获取、披露、使用或者允许他人使用该商业秘密的，视为侵犯商业秘密。经营者以外的其他自然人、法人和非法人组织实施（1）（2）（3）（4）所列违法行为的，视为侵犯商业秘密。

案例分析 6-3

2016 年 5 月，A 公司在申请并取得专利后决定将其研制的 S60 涡轮机（简称“S60 机”）投入市场。同时，公司对 S60 机的设计图纸和工艺参数采取了严格的保密措施。12 月，A 公司与 B 机械厂签订合同，约定由 B 机械厂按照 A 公司提供的图纸和工艺参数生产 S60 机，并对 A 公司提供的所有技术信息负有保密义务。

2017 年 10 月，C 公司聘请技术人员，运用“反向工程”的方法对 S60 机进行解析、实测，按所得数据绘制了图纸。2015 年 7 月，C 公司使用 A 公司的产品说明书原文，印制“T8 型涡轮机”产品说明书并用于推销。12 月，C 公司与 B 机械厂签订了承揽合同。

2019 年 6 月，A 公司得知 B 厂为 C 公司制造与 S60 机相同产品的情况后，以 C 公司和 B 机械厂为被告，向人民法院起诉。

有证据证明：B 机械厂为 C 公司制造的产品与 A 公司的 S60 机完全相同。C 公司自行绘制的图纸存在严重技术缺陷。生产线上使用的有 C 公司签章的图纸中，一部分是 A 公司向 B 机械厂提供的图纸的复印件。部分图纸上加注了以“反向工程”方法所无法取得的工艺参数。

请问：（1）A 公司的哪些合法权益受到了侵犯？

（2）本案中的哪些行为侵犯了 A 公司的合法权益？

（3）两被告之间在行为和责任方面关系如何？

【解析】

（1）A 公司的下列合法权益受到了侵害。

1）A 公司对其 S60 机所享有的专利权受到侵犯。

2）A 公司的商业秘密（S60 机的设计图纸和工艺参数）受到了侵犯。

3）A 公司对其产品说明书享有的著作权受到了侵犯。

（2）本案中下列行为侵犯了 A 公司的合法权益。

1）B 机械厂违反合同约定的保密义务，泄露 A 公司向 B 机械厂提供的设计图纸和工艺参数，侵犯了 A 公司的商业秘密。

2）C 公司明知 B 机械厂泄露 A 公司商业秘密的行为，仍获取并使用该商业秘密，侵犯了 A 公司的商业秘密。

3）C 公司委托 B 机械厂生产与 S60 机相同的产品，侵犯了 A 公司的专利权。

4）C 公司使用 A 公司的产品说明书原文印制“T8 型涡轮机”的产品说明书，侵犯了 A 公司对该说明书的著作权。

（3）两被告之间在行为和责任方面的关系如下。

1）B 机械厂泄露商业秘密的行为既违反合同约定，又侵犯了 A 公司的商业秘密，属于违约行为与侵权行为的竞合。如果 A 公司选择要求 B 机械厂承担违约责任，则 B 机械厂应当承担违约责任；同时，A 公司可请求 C 公司承担侵犯其商业秘密的侵权责任。如果 A 公司选择要求 B 机械厂承担侵犯商业秘密的侵权责任，则 B 机械厂与 C 公司构成共同侵犯商业秘密的行为，应当承担连带责任。

2）B 机械厂与 C 公司共同侵犯 A 公司的专利权，应当承担连带责任。

3）C 公司应对自己侵犯 A 公司著作权的侵权行为承担责任。

5. 低价销售行为

低价销售行为是指经营者以排挤竞争对手为目的，以低于成本的价格销售商品的行为。成本是指企业在产品生产、产品销售或提供劳务中发生的费用的总和。经营者以低于成本的价格销售商品，往往在于挤垮竞争对手，达到控制市场的目的，这就破坏了正常的市场秩序，不利于整个市场经济的发展。但是，如果经营者是出于正当理由而低价销售商品，就不属于不正当竞争行为。以下四种不属于不正当竞争的低价销售行为：

（1）销售鲜活商品。

（2）处理有效期限即将到期的商品或者其他积压的商品。

（3）季节性降价。

（4）因清偿债务、转产、歇业降价销售商品。

6. 搭售商品和附加其他不合理条件的交易行为

搭售商品或附加其他不合理条件的交易行为，是指经营者利用其经济优势，违背购买者的意愿，在销售一种商品或提供一种服务时，要求购买者以购买另一种商品或接受另一种服务为条件，或者就商品或服务的价格、销售对象、销售地区等附加其他不合理条件。

7. 不正当有奖销售行为

有奖销售是指经营者以提供奖品或奖金的手段进行销售，主要包括附赠式有奖销售和抽奖式有奖销售。有奖销售作为一种促销手段，可以提高产品销售量，给经营者带来经济利益。但是，若超过一定限度滥用有奖销售，不仅会损害消费者权益，还会扰乱市场秩序，破坏公平竞争。因此，我国《反不正当竞争法》第十条规定经营者进行有奖销售不得存在下列情形。

（1）所设奖的种类、兑奖条件、奖金金额或者奖品等有奖销售信息不明确，影响兑奖。

（2）采用谎称有奖或故意让内定人员中奖的欺骗方式进行有奖销售。

（3）抽奖式的有奖销售，最高奖的金额超过 50 000 元。

随堂演练 6-2

以下几种有奖销售的方式不符合法律规定的有（　　）。

A. 甲商场为了促销采取抽奖式有奖销售，设立一等奖 1 名，奖金为 5 000 元；二等奖 2 名，奖金为 3 000 元；三等奖 3 名，奖金为 1 000 元，总奖金额为 14 000 元

B. 丁商场宣布了一项抽奖式的有奖销售计划，但只有一个奖，奖金为 50 000 元，另外加送一部价值 2 000 元的手机

C. 乙商场宣布了一项总奖金额为 1 亿元，但最高奖仅为 5 元的有奖销售计划

D. 丙商场有一批服装产品一直无人问津，于是丙商场以“购物满 1 000 元免费抽奖赢彩电”的方式进行有奖销售计划，事先安排内定人员中奖吸引消费者抢购，最终成功把这批服装售出

【答案】BD

【解析】抽奖式的有奖销售，最高奖的金额超过 50 000 元（以非现金的物品或者其他

经济利益作为奖励的，按照同期市场同类商品或者服务的正常价格折算其金额），B 错。以故意让内定人员中奖的欺骗方式进行有奖销售，D 错。

8. 商业诽谤行为

商业诽谤，是指经营者捏造、散布虚假事实，损害竞争对手的商业信誉、商品声誉的行为。《反不正当竞争法》第十一条规定："经营者不得编造、传播虚假信息或者误导性信息，损害竞争对手的商业信誉、商品声誉。"商业信誉、商品声誉是经营者的无形资产，是长期努力经营得来的，能为经营者带来经济利益和市场竞争中的优势地位。为此，法律禁止损害他人商业信誉、商品声誉的不正当竞争行为。

案例分析 6-4

甲商厦与乙商场是某市最大的两家商场，它们都位于市中心且相距不远。甲商厦经营有方，生意兴隆，乙商场营业较为冷清。2019 年 10 月，甲商厦发现该市晚报上多次出现批评甲商厦产品质量和服务质量的文章，其中有一篇署名为张三的读者来信指责甲商厦的许多名牌产品均为假冒产品，称甲商厦为"假冒伪劣的集散地"。一时间，甲商厦的商业信誉严重受损，销售额下降。后甲商厦经调查证实晚报上诸多自称为消费者的读者来信，均使用虚假联系地址。经进一步调查，甲商厦发现诸多所谓"读者"均系乙商场职工，他们写信批评甲商厦是由单位授意而为。甲商厦遂向法院提起诉讼，诉称乙商场损坏其商业信誉，要求法院判决乙商场立即停止侵害，公开登报赔礼道歉，消除影响，并赔偿因乙商场的侵权行为遭受的经济损失。

请问：（1）乙商场的行为是否属于不正当竞争行为？

（2）如果乙商场的行为是不正当竞争行为，其属于哪一种不正当竞争行为？

（3）如何认定乙商场的行为是不正当竞争行为？

【解析】

（1）本案中乙商场散布虚假信息，损害甲商厦的商业信誉和商品声誉，是不正当竞争行为。

（2）根据《反不正当竞争法》第十一条的规定：经营者不得编造、传播虚假信息或者误导性信息，损害竞争对手的商业信誉、商品声誉。本案中乙商场为了达到打击竞争对手的目的，指使职工冒充消费者写信，无中生有，损害了甲商厦的商业信誉和商品声誉，已构成了商业诽谤行为。

（3）商业诽谤，是指经营者自己或唆使利用他人，采取捏造、散布虚假事实等不正当竞争手段，对同业竞争对手的商业信誉、产品或服务声誉进行诋毁、贬低，以削弱其市场竞争能力，妄图为自己谋取不正当利益和竞争优势的行为。

认定商业诽谤行为，主要依据以下几个方面的内容：①行为主体必须是经营者，可以是经营者自己，也可以是经营者唆使收买的其他组织或个人；②行为人确实捏造、散布了虚假信息；③行为人是故意实施这种行为的；④行为人捏造、散布虚假信息，诋毁、贬低竞争对手的商业信誉或商品声誉，在客观方面已经造成了或者可能造成一定的损害结果。

9. 政府及其所属部门滥用行政权力限制竞争的行为

政府及其所属部门不得滥用行政权力，限定他人购买其指定的经营者的商品，限制其他经营者正当的经营活动。政府及其所属部门不得滥用行政权力，限制外地商品进入本地市场，或者本地商品流向外地市场。

这类行为主要有以下表现。

（1）限定他人购买其指定的经营者的商品。

（2）限制其他经营者正当的经营活动。

（3）限制外地商品进入本地市场。

（4）限制本地商品流向外地市场。

政府及其所属部门利用行政权力干涉正常的市场竞争秩序，不仅会损害广大消费者的合法权益，限制其他经营者的正当经营活动，影响社会经济健康发展，而且容易产生权钱交易等腐败现象。

案例分析 6-5

某县化肥厂为县里的利税大户。2019 年 10 月，正是农民为种麦购买化肥的时候，外地化肥也纷纷涌入该县，使该厂的化肥销售不出去。该厂向县政府反映了这一情况，县政府非常重视，经县长办公室研究决定：任何人不得经营外地化肥，违者按投机倒把论处，并对其处以罚款，甚至吊销营业执照，并追究有关部门人员的行政责任。

此文件下达后，由于县各部门的联合缉查，外地化肥未能再进入该县市场。2020 年 2 月，外地化肥厂向县所属的市工商行政管理部门反映了上述情况，市工商局来该县调查了解有关情况。

市工商局调查后认为：县政府采用的是地方保护主义的做法，长此下去非但无助于化肥厂提高经济效益，反而会使其增长懒惰的风气，而且也会损害农民的利益。

市工商局根据《反不正当竞争法》相关规定，责令县政府取消限制外地化肥进入本地市场的禁令，并建议给予有关人员行政处分。

请问：（1）为什么县政府限制本县单位经销外地化肥的行政行为受到查处？

（2）县政府的这种行政权力限制竞争的行为如何认定？

【解析】

（1）本案中县政府的行政行为受到查处，是因为该行为已经构成了滥用行政权力限制竞争行为，即政府及其所属部门不得滥用行政权力，限制外地商品进入本地市场，或本地商品流往外地市场。

（2）滥用行政权力限制竞争行为的认定如下。

1）行为人仅限于政府及其所属部门。政府所属部门包括中央有关部委和地方各级人民政府的职能部门。

2）被损害的对象是市场上的其他经营者和其他地区的经营者。

3）从行为主体的主观方面看，之所以滥用行政权力限定他人购买其指定的经营者的商品往往是因为被指定的经营者与其指定的经营者的商品有直接或间接的利害关系。

4）从行为主体实施限制竞争行为的客观方面看，政府及其所属部门滥用行政权力限制竞争行为的结果是，一般都会直接或间接地损害其他经营者和外地经营者的正当经营活动，使之失去公平竞争机会，经济利益受到损失。

10. 公用企业或其他依法具有独占地位的经营者强制交易的行为

公用企业或者其他依法具有独占地位的经营者，不得限定他人购买其指定的经营者的商品，以排挤其他经营者的公平竞争。

这种不正当竞争行为的主体有两类：一类是公用企业；一类是其他具有独占地位的经营者。公用企业是指涉及公用事业的经营者，包括供水、供电、供热、供气、邮政、电讯、交通运输等行业的经营者。“依法具有独占地位的经营者”，是指在特定的市场上，一个经营者处于无竞争的状态或取得了压倒性和排除竞争的能力，也指两个以上经营者不进行价格竞争，在它们的对外关系上具有了上述的地位和能力。

这种行为限制了用户、消费者的自由选择权，将生产同种商品的其他经营者完全排斥在这一特定的市场之外，妨碍了市场的公平竞争，因此被我国《反不正当竞争法》禁止。

11. 不正当招标投标行为

不正当招投标行为，是指投标者串通投标，抬高标价或者压底标价以排挤竞争对手的行为。投标者与招标者不得相互勾结，以排挤竞争对手的公平竞争。在投标、招标活动中，常见的不正当竞争行为有以下两类。

（1）投标者串通投标，抬高标价或者压低标价的行为。所有参加投标的经营者为了避免相互之间的竞争，或协议轮流在类似项目中中标，就投标报价及其他投标条件互相串通，损害招标者的利益。

（2）投标者和招标者相互勾结，以排挤竞争对手的公平竞争的行为。这类行为是投标者和招标者共同实施的，目的是排挤其他投标者，所造成的后果是使招标、投标流于形式，损害其他投标人的利益。这类行为的表现形式如下。

1）招标者在开标前私下开启投标者的投标文件，并泄密给内定投标者。

2）招标者在审查评选标书时，对不同投标者差别对待。

3）招标者和投标者相互勾结，投标者在公开投标时压低标价，中标后再给招标者额外补偿。

4）招标者向特定的投标者泄露其标底。

案例分析 6-6

甲公司办公大楼公开招标，有 A、B、C、D 四家有资质的公司投标。其中 A 公司与甲公司达成协议，由甲公司将标底从 1 200 万元压到 800 万元。其余三家投标书中底价均为 1 000万元以上，只有 A 公司为 900 万元，于是 A 以低价中标。在建设中，双方不断调整工程量，增加费用，最终 A 公司取得工程款 1 300 万元。请问：该招投标过程合法吗?

【解析】不合法。属于串通招投标行为，即甲公司与 A 公司串通，压低价格，排挤其他竞争对手。

6.1.3　不正当竞争行为的监督检查

1. 不正当竞争行为的监督机关

《反不正当竞争法》第三条明确规定：“各级人民政府应当采取措施，制止不正当竞争行为，为公平竞争创造良好的环境和条件。”第四条规定：“县级以上人民政府履行工商行政管理职责的部门对不正当竞争行为进行查处；法律、行政法规规定由其他部门查处的，依照其规定。”依此规定可以看出，我国对不正当竞争行为的监督机关有县级以上工商行政管理部门。法律、行政法规规定的其他监督部门，如《产品质量法》规定，产品质量监督机关有权查处经营者在产品上伪造产地，伪造或者冒用他人厂名、厂址，伪造或者冒用认证标志等质量标志的行为。

2. 监督检查权

监督检查部门在行使职责时具有下列职权。

（1）按照规定程序询问被检查的经营者、利害关系人、证明人，并要求其说明有关情况或者提供与不正当竞争行为有关的其他资料。

（2）查询、复制与涉嫌不正当竞争行为有关的协议、账簿、单据、文件、记录、业务函电和其他资料。

（3）检查与假冒行为有关的财物，必要时可以责令被检查的经营者说明该商品的来源与数量，暂停销售，听候检查，不得转移、隐匿、销毁该财物。监督检查部门工作人员监督检查不正当竞争行为时，应出示证件。监督检查部门在监督检查不正当竞争行为时，被检查的经营者、利害关系人和证明人要如实提供有关资料或情况。

3. 法律责任

《反不正当竞争法》主要规定了民事责任、行政责任，情节严重的要追究刑事责任。

（1）民事责任。不正当竞争行为从性质上讲是民事侵权行为，应承担民事责任。承担民事责任方式如下。

被侵害的经营者合法权益受到不正当竞争行为损害的可以向人民法院提起诉讼，法院可责令侵害人停止侵害、赔偿损失。关于赔偿的范围，被侵害的经营者损失不难计算的，应当计算实际损失，并按实际损失赔偿；被侵害的经营者损失难以计算的，赔偿额为侵权人在侵权期间因侵权所获得的利润，并应承担被侵害的经营者因调查该不正当竞争行为所支付的合理费用。

（2）行政责任。针对不同的不正当竞争行为，《反不正当竞争法》规定了不同的行政处罚：a. 罚款，如侵犯商业秘密，可根据情节，处以 10 万元以上 100 万元以下的罚款，情节严重的，处 50 万元以上 500 万元以下的罚款；b. 没收，是指对侵权行为人的违法所得、非法行为工具进行没收；c. 违反本法第七条规定贿赂他人的，情节严重的吊销营业执照；d. 责令改正。

监督检查部门依法对违法行为当事人进行行政处罚。当事人对处罚决定不服的，可以自收到处罚决定之日起十五日内向上一级主管机关申请复议；对复议决定不服的，可以自收到复议决定书之日起十五日内向人民法院提起诉讼，也可直接向人民法院提起诉讼。

（3）刑事责任。对于商业贿赂行为、制造与销售假冒伪劣商品行为等构成犯罪的，还要追究其刑事责任。

疑难问题 6-1

“回扣”“折扣”及“佣金”的关系是怎样的？

【解析】在现实经济生活中，“回扣”常与“折扣”“佣金”等混为一谈。根据规定，在账外暗中给予对方单位或者个人回扣的，以行贿论处；对方单位或者个人在账外暗中收受回扣的，以受贿论处。可见，法律法规将“账外暗中”的回扣视为不正当竞争行为。回扣的定义为：回扣是指在市场交易过程中，经营者一方从交易所得的价款中提取一定比例的现金或额外以定额的酬金支付给对方单位或个人的金钱或有价证券。

折扣即价格折扣，亦称让利。它是指在商品购销活动中经营者在成交的价款上给予对方一定比例的减让而返还给对方的一种交易上的优惠。在一般情况下，折扣是卖方向买方的一种让利。折扣只发生在交易双方当事人之间，不能支付给当事人一方的经办人或代理人。折扣和非法回扣的显著不同在于：折扣要以明示的方式给付对方，折扣的给付方和收受方都要如实入账，否则就要承担相应的法律责任。

佣金是指在市场交易活动中，具有独立地位的中间人因为他人提供服务、介绍、撮合交易或代买、代卖商品而得到的报酬。佣金可以由买方给付，也可以由卖方给付，还可以由买卖双方给付。但是佣金的给付须以明示方式进行，而且佣金的给付方和收受方都要如实入账。

6.2 反垄断法

6.2.1 反垄断法概述

垄断，是指经营者已经形成或正在进行的应受法律谴责的，在一定市场上限制竞争的某种状态或行为。从广义上讲，反垄断法是指通过规范垄断和限制竞争行为来调整企业和企业联合组织相互间竞争关系的法律规范的总和。狭义的反垄断法是指全国人民代表大会常务委员会通过的《中华人民共和国反垄断法》（简称《反垄断法》），即 2007 年 8 月 30 日第十届全国人民代表大会常务委员会第二十九次会议通过的《反垄断法》。该法于 2008 年 8 月 1 日起正式施行，共 8 章 57 条。

疑难问题 6-2

反不正当竞争法与反垄断法的关系是怎样的？

【解析】反不正当竞争法与反垄断法是竞争法体系中的两个基本分支，分别从不同的角度来保障和促进公平、自由的竞争秩序，以使市场竞争机制正常发挥作用。它们既相互区别又紧密联系。

1. 反不正当竞争法与反垄断法的区别

（1）两法在规制对象上不同。一般认为，反不正当竞争法规范不正当竞争，禁限过度的竞争行为；反垄断法规范垄断或限制竞争，禁限排斥、消灭竞争的行为。

（2）两法在立法目的、保护对象和法律地位上不同。反不正当竞争立法的要点在于制止和矫正不正当竞争对竞争秩序的个别性、局部性破坏，实现市场竞争的公平、正当，从实际来看，它较多地保护名牌企业或大型企业的利益。通常它与民事侵权法、知识产权法相联系（有些国家将其视为民事特别法），具有“兜底法”的特征。反垄断立法的要点在于制止和矫正垄断行为对竞争秩序的结构性、全局性破坏，实现市场竞争的自由、充分，从实际来看，它较多地保护中小企业或新入市企业的利益。它与促进社会公共利益和经济民主秩序相联系，具有强烈的公法性，常被誉为“经济宪法”。

(3) 两法对其规制对象的法律否定态度不同。反不正当竞争法较多地关注竞争行为的伦理界限，即是否符合商业道德性的要求，因而对不正当竞争的否定是绝对的，一般不允许有例外；反垄断法则较多地关注竞争行为的经济界限，即是否符合经济效益性的要求，对垄断行为的否定是相对的，允许有诸多例外。

2. 反不正当竞争法与反垄断法的联系

(1) 立法形式上可以合并，即以一部法律或是一套法律制度兼容反不正当竞争规范和反垄断法规范。这以匈牙利、保加利亚等的一元立法和美国的反托拉斯系列立法为证。

(2) 执法机构上可以统一。例如，美国、日本、英国等设立独立的专门委员会来统一负责反垄断和反不正当竞争。

(3) 规制内容上可以交叉。不正当竞争与垄断之间并没有绝对、固定的界限，因而对于实践中有些兼具不正当竞争性质和垄断性质的市场行为，就需要两法相互配合，共同实现规制。

《反垄断法》规定的垄断行为包括：一是经营者达成垄断协议；二是经营者滥用市场支配地位；三是具有或者可能具有排除、限制竞争效果的经营者集中。

随堂演练 6-3

下列垄断行为适用我国《反垄断法》的有（　　）。

A. 法国公司甲在中国境内进行经济活动中的垄断行为

B. 我国公司在美国境内进行经济活动中的垄断行为

C. 我国企业在德国进行经济活动中的垄断行为对境内市场竞争产生排除、限制影响的

D. 美国企业在其本土进行经济活动中的垄断行为，对我国境内市场竞争产生排除、限制影响的

【答案】 ACD

【解析】 根据《反垄断法》第二条的规定，我国境内经济活动中的垄断行为以及我国境外的垄断行为，对境内市场竞争产生排除、限制影响的，适用本法。因此答案为 ACD。

6.2.2 反垄断法的基本内容

《反垄断法》的基本内容主要有禁止垄断协议、禁止滥用市场支配地位、控制经营者集中和禁止行政垄断四部分。

1. 禁止垄断协议

反垄断法把竞争者之间的限制竞争协议称为横向协议，或者“卡特尔”。《反垄断法》第十三条主要禁止下列横向协议：

(1) 固定或者变更商品价格；

(2) 限制商品的生产数量或者销售数量；

（3）分割销售市场或者原材料采购市场；

（4）限制购买新技术、新设备或者限制开发新技术、新产品；

（5）联合抵制交易。

（6）国务院反垄断执法机构认定的其他垄断协议。

限制竞争协议除了竞争者之间的书面或者口头协议，还包括企业集团或者行业协会制定的具有排除、限制竞争影响的决定和竞争者之间的协同行为。行业协会违反《反垄断法》规定，组织本行业的经营者达成垄断协议的，反垄断执法机构可以处 50 万元以下的罚款；情节严重的，社会团体登记管理机关可以依法撤销登记。

除了横向协议，反垄断法还对纵向，即卖方和买方之间的限制竞争协议作出两项禁止性规定，一是固定转售价格，二是限定最低转售价格，因为这些限制不仅严重损害销售商的定价权，而且严重损害消费者的利益。其他类型的纵向协议如独家销售、独家购买、限制地域等，因为它们在很多情况下有合理性，应当适用合理原则。

随堂演练 6-4

下列关于垄断协议的表述正确的有（　　）。

A. 垄断协议是指排除、限制竞争的协议或者决定而不包括其他协同行为

B. 具有竞争关系的经营者达成的联合抵制交易协议属于垄断协议

C. 具有竞争关系的经营者达成限定向第三人转售商品的最低价格的协议属于垄断协议

D. 经营者与交易相对人达成固定的向第三人转售商品的价格协议属于垄断协议

【答案】BD

【解析】根据《反垄断法》第十三条、第十四条的规定，垄断协议是指排除、限制竞争的协议、决定或者其他协同行为，因此选项 A 错误。限定向第三人转售商品的最低价格的协议由经营者与交易相对人达成才属于垄断协议，因此选项 C 错误。BD 两个选项的表述均符合法律的规定。

随堂演练 6-5

下列哪些情形属于禁止垄断协议的豁免？（　　）

A. 经营者能够证明所达成的协议为改进技术、研究开发新产品的

B. 经营者能够证明所达成的协议是为保障对外贸易和对外经济合作中的正当利益的

C. 经营者能够证明所达成的协议是为提高中小经营者经营效率，增强中小经营者竞争力的并且证明所达成的协议不会严重限制相关市场的竞争，并且能够使消费者分享由此产生的利益的

D. 经营者能够证明所达成的协议是因经济不景气，为缓解销售量严重下降或者生产明显过剩的

【答案】BC

【解析】根据《反垄断法》第十五条的规定，选项 BC 符合垄断协议豁免的条件。选项 AD 的表述错在遗漏了“经营者还应当证明所达成的协议不会严重限制相关市场的竞争，并且能够使消费者分享由此产生的利益”。

2. 禁止滥用市场支配地位

反垄断法虽然不反对合法垄断，但因合法垄断者同样不受竞争的制约，从而可能滥用其市场优势地位，损害市场竞争和消费者的利益，因此我国《反垄断法》规定，禁止滥用市场支配地位。

根据《反垄断法》第十七条的规定，滥用市场支配地位的行为主要包括：

（1）以不公平高价销售商品或者以不公平低价购买商品；

（2）没有正当理由，以低于成本的价格销售商品；

（3）没有正当理由，拒绝与交易相对人进行交易；

（4）没有正当理由，限定交易相对人只能与其或者与其指定的经营者进行交易；

（5）没有正当理由，搭售商品或者在交易中附加其他不合理的条件；

（6）没有正当理由，对条件相同的交易相对人在价格等交易条件上实行差别待遇。

经营者滥用知识产权，排除、限制竞争的行为，不能得到《反垄断法》的豁免。

根据十七条第二款，市场支配地位是指经营者在相关市场上能够控制商品的价格、数量或者其他交易条件，或者能够阻碍、影响其他经营者进入相关市场能力的市场地位。这就是说，市场支配地位是一种经济现象，反映了企业与市场竞争的关系，即拥有这种地位的企业不受竞争制约，不必考虑其竞争者或交易对手就可以自由定价或者自由做出其他经营决策。

为了使这个关于市场支配地位的定义具有可操作性，《反垄断法》第十八条提出了认定市场支配地位的一系列因素，包括经营者的市场份额、相关市场竞争状况、经营者控制市场的能力、经营者的财力和技术条件、其他经营者对该经营者在交易上的依赖程度、其他经营者进入相关市场的难易程度等。

为了提高法律稳定性和当事人的可预见性，我国《反垄断法》还借鉴德国法，提出在以下情况下可以推断市场支配地位：一个经营者在相关市场的份额达到1/2的；两个经营者在相关市场的份额合计达到2/3的；三个经营者在相关市场的份额合计达到3/4的。但是，这些推断不具法定推断的效力，即当事人可以证明自己不具有市场支配地位。

随堂演练 6-6

下列属于《反垄断法》所规定的垄断行为的有（　　）。

A. 经营者滥用市场支配地位

B. 经营者达成垄断协议

C. 可能具有排除、限制竞争效果的经营者集中

D. 具有排除、限制竞争效果的经营者集中

【答案】 ABCD

【解析】 根据《反垄断法》第三条的规定，ABCD四个选项的表述均属于垄断行为。

随堂演练 6-7

下列情形可以认定或者推定经营者具有市场支配地位的有（　　）。

A. 淮中市企业甲在相关市场内具有能够控制商品价格、数量的能力

B. 甲企业在淮中市能够阻碍、影响其他经营者进入相关市场

C. 甲企业在相关市场的市场份额达到 1/2，但其有证据证明自己不具有市场支配地位

D. 经营者甲和乙在相关市场的市场份额合计达到 2/3

【答案】ABD

【解析】根据《反垄断法》第十七条和第十九条的规定，市场支配地位是指经营者在相关市场内具有能够控制商品价格、数量或者其他交易条件，或者能够阻碍、影响其他经营者进入相关市场能力的市场地位，因此选项 ABD 的表述正确。选项 C 属于第十九条第三款规定的推定经营者具有市场支配地位的例外情形。

3. 控制经营者集中

经营者集中有利于提高企业的规模经济，促进企业间的人力、物力、财力以及技术方面的合作，从而有利于提高企业效率和竞争力。然而，如果允许它们无限制地并购企业，就会不可避免地消灭市场上的竞争者，导致垄断性的市场结构。因此，我国《反垄断法》规定了控制经营者集中。

根据《反垄断法》第二十条，经营者集中的方式包括经营者合并，取得股权或者资产，以合同方式或者其他方式取得对另一企业的控制权。控制经营者集中的制度主要是集中申报和审批制度。根据《反垄断法》第二十一条，经营者集中达到国务院规定的申报标准的，应事先进行申报，未申报的不得实施集中。

根据《反垄断法》第二十八条，经营者集中具有或者可能具有排除、限制竞争效果的，国务院反垄断执法机构应作出禁止集中的决定。然而，因为经济是非常复杂和活跃的，有些合并即便具有排除、限制竞争的负面影响，同时也可能有利于提高市场竞争强度或者企业的经济效率。因此，第二十八条还规定，经营者能够证明集中对竞争产生的有利影响明显大于不利影响，或者符合社会公共利益的，国务院反垄断执法机构可以作出对集中不予禁止的决定。

根据《反垄断法》第二十七条，国务院反垄断执法机构在审查经营者集中时，主要考虑经营者在相关市场上的份额及其市场支配力；相关市场的市场集中度；经营者集中对市场进入和技术进步的影响；经营者集中对消费者和其他有关经营者的影响。此外，还有经营者集中对国民经济发展的影响，以及国务院反垄断执法机构认为应当考虑的影响市场竞争的其他因素。

根据《反垄断法》第二十九条，国务院反垄断执法机构的批准决定中可附加限制性条件，以减少集中对竞争的不利影响。

随堂演练 6-8

下列属于经营者集中的有（　　）。

A. 经营者通过取得股权的方式取得对其他经营者的控制权

B. 经营者通过取得资产的方式取得对其他经营者的控制权

C. 经营者合并

D. 经营者通过合同方式来达到能够对其他经营者施加决定性影响的目的

【答案】ABCD

【解析】 根据《反垄断法》第二十条的规定，ABCD 四个选项均属于法律规定的经营者集中的情形，故全选。

随堂演练 6-9

下列关于经营者集中的表述中错误的有（　　）。

A. 参与集中的每个经营者30%以上有表决权的股份或者资产被同一个未参与集中的经营者拥有的，经营者可以不向国务院反垄断执法机构申报

B. 国务院反垄断执法机构决定实施进一步审查的，应当自决定之日起六十日内审查完毕作出是否禁止经营者集中的决定并书面通知经营者

C. 对不予禁止的经营者集中，国务院反垄断执法机构可以决定附加集中对竞争产生不利影响的限制性条件，但不得减少

D. 经营者集中达到国务院规定的申报标准的，经营者应当事先向国务院反垄断执法机构申报，未申报的不得实施集中

【答案】 ABC

【解析】 根据《反垄断法》第二十一条的规定，选项 D 正确。根据第二十二条的规定，参与集中的每个经营者50%以上有表决权的股份或者资产被同一个未参与集中的经营者拥有的，经营者可以不向国务院反垄断执法机构申报，不是30%，故选项 A 错误。选项 B 的错误在于国务院反垄断执法机构的审查期限为九十日而非六十日。国务院反垄断执法机构对不予禁止的经营者集中可以决定附加或者减少集中对竞争产生不利影响的限制性条件，故选项 C 错误。

随堂演练 6-10

2019 年 2 月 21 日，××市七大商场以“长虹”售后服务质量不好为由，宣布拒售“长虹”彩电，采取联合行动，同时将各自商场内的“长虹”彩电撤下专柜。而“长虹”方面说，每天有四辆流动服务车在市内流动维修，济南消费者协会也证实没有关于“长虹”彩电的投诉。

请问：依现行《反垄断法》，××市七大商场实施的行为是否合法？说明依据。

【解析】 ××市七大商场行为不合法。根据现行《反垄断法》第十三条的规定，这是典型的联合抵制交易行为。

4. 禁止行政垄断

《反垄断法》第八条明确规定，行政机关和法律、法规授权的具有管理公共事务的职能的组织不得滥用行政权力，排除、限制竞争。

《反垄断法》列举了滥用行政权力排除、限制竞争的行为，包括强制交易；妨碍商品在地区间自由流通；排斥或限制外地企业参与本地招投标活动；排斥或限制外地资金流入本地市场；强制经营者从事垄断行为；制定排除、限制竞争的行政法规。上述这些规定说明，滥用行政权力限制竞争的行为在本质上是一种歧视行为，即对市场条件下本来应该有着平等地位的市场主体实施了不平等的待遇，其后果是扭曲竞争，妨碍建立统一、开放和竞争的大市场，使社会资源不能得到合理和有效的配置。因此，反行政垄断是我国《反垄

断法》的一项重要任务。

《反垄断法》第五十一条规定，“行政机关和法律、法规授权的具有管理公共事务职能的组织滥用行政权力，实施排除、限制竞争行为的，由上级机关责令改正；对直接负责的主管人员和其他直接责任人员依法给予处分”。这个规定显然说明，反垄断法没有把行政垄断的管辖权交给反垄断行政执法机关。尽管如此，《反垄断法》中关于行政垄断的规定仍然是意义重大的，因为这不仅表明我国立法者对行政垄断持坚决反对的态度，从而有利于提高各级政府机构的反垄断意识，而且也表明反对行政垄断是我国的主流观点，从而有利于倡导和培育竞争文化。

随堂演练 6-11

下列关于行政性垄断的表述中正确的有（　　）。

A. 具有管理公共事务职能的组织不是行政性垄断的主体

B. 行政机关滥用行政权力限定或者变相限定单位或者个人经营、购买、使用其指定的经营者提供的商品属于行政性垄断

C. 行政机关和法律、法规授权的具有管理公共事务职能的组织认为有必要时可以采取专门针对外地商品的行政许可限制外地商品进入本地市场以保护本地经济的发展

D. 行政机关在认为有必要时可以对外地商品采取重复检验、重复认证

【答案】 B

【解析】 具有管理公共事务职能的组织经法律、法规授权与行政机关一样可以成为行政性垄断行为的实施主体，故选项 A 错误。行政机关和法律、法规授权的具有管理公共事务职能的组织不得滥用行政权力，采取专门针对外地商品的行政许可，限制外地商品进入本地市场，故选项 C 错误。行政机关不得滥用行政权力，对外地商品采取重复检验、重复认证，故选项 D 错误。选项 B 的表述符合《反垄断法》第三十二条的规定。

案例分析 6-7

可口可乐并购汇源违反《反垄断法》，构成垄断

2015 年 9 月 3 日，汇源果汁发布公告称可口可乐公司全资附属公司以约 179.2 亿港元收购汇源果汁，引发市场关于民族企业如何发展的争论。由于涉及反垄断的问题，商务部随后介入并进入了长达 6 个月的审查阶段。商务部 2016 年 3 月 18 日表示，可口可乐并购汇源未通过反垄断审查。这是《反垄断法》出台后，商务部第一次对跨国公司并购国内品牌企业亮出红牌。

请问：可口可乐并购汇源是否构成垄断？

【解析】

（1）2015 年 9 月 18 日，可口可乐公司向商务部递交了申报材料。2015 年 11 月 20 日，商务部对此项申报进行立案审查，并通知了可口可乐公司。

（2）商务部的审查涉及六项内容，其中包括参与集中的经营者在相关市场的市场份额及其对市场的控制力；相关市场的市场集中度；经营者集中对市场进入、技术进步的影

响；经营者集中对消费者和其他有关经营者的影响；经营者集中对国民经济发展的影响及汇源品牌对果汁饮料市场竞争产生的影响。

（3）可口可乐并购汇源已经构成垄断。商务部根据《反垄断法》作出禁止收购的决定。

6.2.3 垄断行为的法律责任

1. 经营者的法律责任

（1）经营者违反《反垄断法》规定，达成并实施垄断协议的，由反垄断执法机构责令停止违法行为，没收违法所得，并处上一年度销售额1%以上10%以下的罚款；尚未实施所达成的垄断协议的，可以处50万元以下的罚款。经营者主动向反垄断执法机构报告达成垄断协议的有关情况并提供重要证据的，反垄断执法机构可以酌情减轻或者免除对该经营者的处罚。

（2）经营者违反《反垄断法》规定，滥用市场支配地位的，由反垄断执法机构责令停止违法行为，没收违法所得，并处上一年度销售额1%以上10%以下的罚款。

（3）经营者违反《反垄断法》规定实施集中的，由国务院反垄断执法机构责令停止实施集中、限期处分股份或者资产、限期转让营业以及采取其他必要措施恢复到集中前的状态，可以处50万元以下的罚款。

（4）对反垄断执法机构依法实施的审查和调查，拒绝提供有关材料、信息，或者提供虚假材料、信息，或者隐匿、销毁、转移证据，或者有其他拒绝、阻碍调查行为的，由反垄断执法机构责令改正，对个人可以处2万元以下的罚款，对单位可以处20万元以下的罚款；情节严重的，对个人处2万元以上10万元以下的罚款，对单位处20万元以上100万元以下的罚款；构成犯罪的，依法追究刑事责任。

2. 行业协会的法律责任

行业协会违反《反垄断法》规定，组织本行业的经营者达成垄断协议的，反垄断执法机构可以处五十万元以下的罚款；情节严重的，社会团体登记管理机关可以依法撤销登记。

3. 行政机关和具有管理公共事务职能的组织的法律责任

行政机关和法律、法规授权的具有管理公共事务职能的组织滥用行政权力，实施排除、限制竞争行为的，由上级机关责令改正；对直接负责的主管人员和其他直接责任人员依法给予处分。反垄断执法机构可以向有关上级机关提出依法处理的建议。

法律、行政法规对行政机关和法律、法规授权的具有管理公共事务职能的组织滥用行政权力实施排除、限制竞争行为的处理另有规定的，依照其规定。

随堂演练 6-12

反垄断执法机构依法对涉嫌垄断行为进行调查，下列说法中不正确的有（　　）。

A. 对涉嫌垄断行为，任何单位和个人有权向反垄断执法机构举报，举报既可以采用书面形式，也可以采用口头形式

B. 反垄断执法机构及其工作人员对执法过程中知悉的商业秘密负有保密义务

C. 对于中止的调查，经营者未履行承诺的，反垄断执法机构可以恢复调查

D. 中止调查的决定是基于经营者提供的不完整或者不真实的信息作出的，反垄断执法机构应当恢复调查

【答案】AC

【解析】对涉嫌垄断行为任何单位和个人有权向反垄断执法机构举报，举报应当采用书面形式并提供相关事实和证据，故选项 A 错。对于中止的调查，经营者未履行承诺的，反垄断执法机构应当恢复调查而非“可以”，故选项 C 错。选项 BD 的表述均符合法律规定。

随堂演练 6-13

反垄断执法机构调查涉嫌垄断行为，可以采取的措施有（　　）。

A. 进入被调查的经营者的营业场所或者其他有关场所进行检查

B. 讯问被调查的经营者、利害关系人或者其他有关单位或者个人，要求其说明有关情况

C. 查封、扣押相关证据

D. 查询经营者的银行账户

【答案】ACD

【解析】选项 B 的错误在于应当“询问”而非“讯问”。选项 ACD 的表述均符合法律规定，根据《反垄断法》第三十九条的规定，除选项 ACD 表述的调查措施外，还可以查阅、复制被调查的经营者、利害关系人或者其他有关单位或者个人的有关单证、协议、会计账簿、业务函电、电子数据等文件、资料。

6.3　消费者权益保护法

消费者权益保护法是指 1993 年 10 月 31 日第八届全国人民代表大会常务委员会第四次会议通过的《消费者权益保护法》。2009 年 8 月 27 日，第十一届全国人民代表大会常务委员会第十次会议对《关于修改部分法律的决定》进行第一次修正。2013 年 10 月 25 日，第十二届全国人民代表大会常务委员会第五次会议对《消费者权益保护法》进行第二次修正，自 2014 年 3 月 15 日起施行。

6.3.1　消费者权益保护法概述

1. 消费者的概念

消费者是指为了满足生活需要而购买、使用商品或者接受服务的个人和单位。国际标准化组织把消费者定义为以个人消费为目的而购买或使用商品和服务的个体社会成员。

2. 消费的特征

（1）消费的性质是指生活消费，不包括生产消费。消费的方式包括购买、使用商品和接受服务。

（2）消费者对商品和服务的消费既包括自己出钱获得的消费，又包括他人出钱获得的消费。

（3）消费的主体包括公民个人和单位。

（4）消费的客体是商品和服务。

3. 消费者权益保护法的概念

消费者权益保护法是调整在保护消费者权益过程中发生的经济关系的法律规范的总称。该法适用于生活消费，农民购买农用生产资料时参照适用本法。

4. 消费者权益保护法的原则

（1）经营者应当依法提供商品或者服务。

（2）经营者与消费者进行交易，应当遵循自愿、平等、公平、诚实、信用的原则。

（3）国家保护消费者合法权益不受侵犯。

（4）一切组织和个人对损害消费者合法权益的行为进行社会监督。

案例分析 6-8

2019 年 2 月 11 日，位于西峡县汽车站附近的“奥斯卡”影楼挂出了美国科幻片《天煞之地球反击战》的巨幅宣传广告，票价 8 元。从 2 月 11 日到 2 月 15 日，“奥斯卡”影楼场场爆满，100 个座位座无虚席，甚至走廊上都挤满了人。2 月 16 日早上 6 点左右，影楼老板让服务员在《天煞之地球反击战》巨幅广告下方写了“今日最后一天，切莫错过良机”的告示。当天早上 7 点左右，王某骑车经过“奥斯卡”影楼时发现了广告上的告示，就买了当天早上 8 点的电影票。早上 7 点 40 分左右，王某及另外两位观众凭票进入影楼，到了 8 点依旧只有他们三人。影楼老板回答说观众太少放电影要亏本，请他们再等一会儿。王某等三人只好静坐等待。大约又过了 20 分钟，影院老板突然通知他们，要么退票，要么晚上来看。王某要求立即放电影，遭到拒绝后，决定晚上再来看。当天晚上 6 点左右，王某来到“奥斯卡”影楼，发现放映的不是《天煞之地球反击战》，觉得自己被愚弄了，非常愤怒。2019 年 2 月 17 日，王某一纸诉状把“奥斯卡”影楼送上了被告席，要求该影院为其放映《天煞之地球反击战》，并赔偿其为看电影支出的各项费用 300 元。西峡县人民法院依法支持了王某的请求，判决“奥斯卡”影楼败诉。

请问：（1）西峡县人民法院的处理是否正确？为什么？

（2）影院老板辩称，实际履行显失公平，所以他才按照惯例退票，这是合理合法的。对此你怎么看？

【解析】

（1）西峡县人民法院的处理是正确的。理由在于：我国《消费者权益保护法》第四条规定：“经营者与消费者进行交易，应当遵循自愿、平等、公平、诚实信用的原则。”本案中，王某购买了电影票，实际上就与影楼形成了一种合同关系，该影楼应当按电影票上规定的时间放映《天煞之地球反击战》。我国《民法典》第五百零九条规定：“当事人应当按照约定全面履行自己的义务。”而影楼为了自身的经济利益，置消费者的合法权益于不顾，擅自决定退票，显然违背了诚实信用原则，构成了违约行为。《民法典》第五百七十七条规定：“当事人一方不履行合同义务或者履行合同义务不符合约定的，应当承担继续履行、采取补救措施或者赔偿损失等违约责任。”因此，本案中的影楼应当实际履行其放映《天煞之地球反击战》的义务并赔偿王某的损失。

（2）本案中的情况不构成显失公平。按照司法实践，判断某种情况是否属于显失公平，大体有三条标准：①双方权利义务是否大致相当；②一方获利或者另一方受损是否违背法律、政策或者交易习惯；③造成显失公平的原因是否正当。从以上三条标准可以看出，本案中影楼为王某等三人放电影纵然亏本也不属于显失公平的情况，因为他们是按照合同的规定享有这项权利，并且合同双方权利义务也相当。即使属于显失公平的情况，影楼擅自退票的行为也是不符合法律规定的。我国民法规定，显失公平的民事行为，一方有权请求人民法院或者仲裁机关予以变更或者撤销，而不是当事人一方可以随意加以变更或撤销。

随堂演练 6-14

农民万某从某种子站购买了 5 种农作物良种，正常耕种后有 3 种农作物减产 40%。经鉴定，这 3 种种子部分属于假良种。对此，下列选项中，（　　）不正确。

A. 万某可以向消费者协会投诉

B. 万某只能要求种子站退还购良种款

C. 万某可以要求种子站赔偿减产损失

D. 万某可以向当地工商局举报要求对种子站进行罚款

【答案】 B

6.3.2　消费者的权利和经营者的义务

1. 消费者的权利

在消费者权益保护制度中，消费者的权利作为消费者权益在法律上的体现，是各国消费者权益保护法的核心。我国《消费者权益保护法》第二章专门规定了消费者有以下权利。

（1）安全保障权。安全保障权是消费者最基本的权利，是指消费者在购买、使用商品和接受服务时所享有的保障其人身、财产安全不受损害的权利。消费者依法有权要求经营者提供的商品和服务必须符合保障人身、财产安全的要求。

（2）知悉真情权。知悉真情权是指消费者享有知悉其购买、使用的商品或者接受的服务的真实情况的权利。具体地说，消费者有权根据商品或服务的不同情况，要求经营者提供商品的价格、产地、生产者、用途、性能、规格、等级、主要成分、生产日期、有效期限、检验合格证明、使用方法说明书、售后服务，或者服务的内容、规格、费用等有关情况。

（3）自主选择权。自主选择权是指消费者享有自主选择商品或者服务的权利。该权利包括以下几个方面：

1）自主选择经营者；

2）自主选择商品品种或服务方式；

3）自主决定是否购买商品和接受服务；

4）在选择商品和服务时，有权进行比较、鉴别和挑选。

（4）公平交易权。公平交易权是指消费者购买商品或者接受服务时享有获得质量保障、价格合理和计量准确等公平交易条件的权利。

（5）依法求偿权。求偿权是指消费者因购买、使用商品或者接受服务而受到人身、财产损害时依法享有请求并获得赔偿的权利。求偿权是弥补消费者所受损害的必不可少的救济性权利。

（6）依法结社权。结社权是指消费者依法享有成立维护自身合法权益的社会组织的权利。

从法律上看，经营者和消费者是平等的，但在实践中，消费者始终处于弱势地位。消费者依法结社可以使消费者从分散、弱小走向集中、强大，通过集体的力量来改变自己的弱势地位，从而能够与实力雄厚的经营者相抗衡。1984 年 12 月 26 日，作为全国性消费者组织的中国消费者协会成立。到目前为止，全国已有消费者组织数千个。

（7）获取知识权。获取知识权是指消费者享有获得有关消费和消费者权益保护方面知识的权利。这一权利的目的是使消费者更好地掌握所需商品、服务的知识和使用技能，使消费者正确使用商品，提高自我保护意识。

（8）受尊重权。受尊重权是指消费者在购买、使用商品和接受服务时，享有人格尊严、民族风俗习惯得到尊重的权利。其内容为：人格尊严不允许别人侮辱、诽谤；民族风俗习惯应得到尊重。

（9）监督权。监督权是指消费者享有对商品和服务以及保护消费者权益工作进行监督的权利。监督权行使的方式有检举、控告、批评、建议和投诉五种。但是，由于消费者与经营者相比通常处于弱势地位，仅明确消费者的权利还不够，我国《消费者权益保护法》第二章还专门规定了经营者的义务。

案例分析 6-9

2020 年 1 月 3 日，李某（学生）去北京某家大型自选超市购物，上午 10 时，当李某欲从珠宝店出来时，服务员张某挡住了她的去路，张某说：“我怀疑你拿了本店的首饰，能否让我看看？”李某断然拒绝。张某说：“看你贼眉鼠眼的样子，就知道不是好人，做贼心虚吧！”张某遂叫保安人员将李某强拉到保卫室，由超市的女工作人员对李某的大衣口袋及裤兜进行检查。半个小时之后，张某没有发现超市的首饰，便放走了李某。李某很气愤，遂于 2020 年 2 月向法院提起了诉讼，声称自选超市侵犯其名誉权与人身自由，要求自选超市公开赔礼道歉，并赔偿自己的损失。

请问：（1）消费者享有维护尊严权的含义是什么？

（2）本案中的自选超市是否侵权？

【解析】

（1）消费者享有维护尊严权，是指消费者在购买、使用商品和接受服务时，享有人格尊严、民族风俗习惯得到尊重的权利，享有个人信息依法得到保护的权利。《消费者权益保护法》规定，经营者侵害消费者人格尊严或侵犯消费者人身自由的，应当停止侵害、恢复名誉、消除影响、赔礼道歉，并赔偿损失。《消费者权益保护法》第十四条规定：“消费者在购买、使用商品和接受服务时，享有人格尊严、民族风俗习惯得到尊重的权利，享有个人信息依法得到保护的权利。”《消费者权益保护法》第二十七条规定：“经营者不得对消费者进行侮辱、诽谤，不得搜查消费者的身体及其携带的物品，不得侵犯消费者的人身自由。”

（2）本案中的自选超市已经侵权。该超市对消费者的身体擅自搜查，肆意侮辱，并限制李某自由达半个小时之久，侵犯了李某的人格尊严，是严重的侵权行为。自选超市应公开向李某赔礼道歉。

此外，根据《消费者权益保护法》第五十六条的规定，经营者侵害消费者的人格尊严或侵犯消费者的人身自由的，按有关法律、法规规定处罚，法律、法规未作规定的，由工商行政管理部门或其他责令改正，可以据情节单处或并处警告、没收违法所得，处以违法所得 1 倍以上 10 倍以下的罚款，没有违法所得的，处以 50 万元以下的罚款；情节严重的，责令停业整顿、吊销营业执照。可见，本案中自选超市还可受工商部门的行政处罚。

2. 经营者的义务

（1）遵守法律，履行合同。经营者向消费者提供商品或服务，应当依照《产品质量法》和其他有关法律、法规的规定履行义务。经营者和消费者有约定的，应当按照约定履行义务，但双方的约定不得违背法律、法规的规定。经营者向消费者提供商品或者服务，应当恪守社会公德，诚信经营，保障消费者的合法权益；不得设定不公平、不合理的交易条件，不得强制交易。

（2）听取意见，接受监督。经营者应当听取消费者对其提供的商品或者服务的意见，接受消费者的监督。这是与消费者的监督权相对应的经营者的义务，法律对此加以规定，有利于改善消费者的地位。

（3）保障人身和财产安全。这是与消费者的安全保障权相对应的经营者的义务。经营者应当保证其提供的商品或服务符合保障人身、财产安全的要求。对可能危及人身、财产安全的商品和服务，经营者应当向消费者作出真实的说明和明确的警示，并说明和标明正确使用商品或者接受服务的方法以及防止危害发生的方法。

《消费者权益保护法》第十八条第二款规定：“宾馆、商场、餐馆、银行、机场、车站、港口、影剧院等经营场所的经营者，应当对消费者尽到安全保障义务。”第十九条规定：“经营者发现其提供的商品或者服务存在缺陷，有危及人身、财产安全危险的，应当立即向有关行政部门报告和告知消费者，并采取停止销售、警示、召回、无害化处理、销毁、停止生产或者服务等措施。采取召回措施的，经营者应当承担消费者因商品被召回支出的必要费用。”

（4）提供真实信息。经营者向消费者提供有关商品或者服务的质量、性能、用途、有效期限等信息，应当真实、全面，不得作虚假或者引人误解的宣传。经营者提供商品或者服务应当明码标价。

（5）出具购物凭证或服务单据。经营者提供商品或服务，应按照国家有关规定或商业惯例向消费者出具发票等购货凭证或服务单据；消费者索要发票等购货凭证或服务单据的，经营者必须出具。

（6）标明真实名称和标记。前面已经提及消费者有知悉真情权，这里的规定与消费者的知悉真情权相对应。其内容主要包括：经营者不得使用未经核准登记的企业名称；不得擅自改动经核准的企业名称；不得假冒他人企业名称和他人持有的营业标记；不得使用与他人企业名称或营业标记相近似、足以造成消费者误认的企业名称和营业标记等。近年来，租赁柜台或场地经营中因不标明真实名称而侵害消费者权益的行为屡见不鲜。《消费者权益保护法》规定，租赁他人柜台或场地的经营者，应当标明其真实名称和标记。

（7）保证商品或服务的质量。经营者应当保证在正常使用商品或者接受服务的情况下其提供的商品或者服务应当具有的质量、性能、用途和有效期限，但消费者在购买该商品或者接受该服务前已经知道其存在瑕疵，且存在该瑕疵不违反法律强制性规定的除外。经营者以广告、产品说明、实物样品或其他方式表明商品或者服务的质量状况的，应当保证其提供的商品或者服务的实际质量与表明的质量状况相符。

（8）按规定或约定承担“三包”责任或其他责任。经营者提供的商品或者服务不符合质量要求的，消费者可以依照国家规定、当事人约定退货，或者要求经营者履行更换、修理等义务。没有国家规定和当事人约定的，消费者可以自收到商品之日起 7 日内退货；7 日后符合法定解除合同条件的，消费者可以及时退货，不符合法定解除合同条件的，可以要求经营者履行更换、修理等义务。

（9）不得以格式合同等方式作出对消费者不公平、不合理的规定。在日常生活中，格式合同在方便交易等方面有积极作用，但使用不当会产生权利和义务的不对等性。为了保障消费者的公平交易权，《消费者权益保护法》第二十六条规定：“经营者在经营活动中使用格式条款的，应当以显著方式提请消费者注意商品或者服务的数量和质量、价款和费用、履行期限和方式、安全注意事项和风险警示、售后服务、民事责任等与消费者有重大利害关系的内容，并按照消费者的要求予以说明。经营者不得以格式条款、通知、声明、店堂告示等方式，作出排除或者限制消费者权利、减轻或者免除经营者责任、加重消费者责任等对消费者不公平、不合理的规定，不得利用格式条款并借助技术手段强制交易。”

（10）不得侵犯消费者的人身权。消费者的人身权是其基本人权，消费者的人身自由、人格尊严受到法律保护。经营者不得对消费者进行侮辱、诽谤，不得搜查消费者的身体及携带的物品，不得侵犯消费者的人身自由。

（11）不得违反法律、法规的规定和双方的约定收集、使用信息。《消费者权益保护法》第二十九条规定：“经营者收集、使用消费者个人信息，应当遵循合法、正当、必要的原则，明示收集、使用信息的目的、方式和范围，并经消费者同意。经营者收集、使用消费者个人信息，应当公开其收集、使用规则，不得违反法律、法规的规定和双方的约定收集、使用信息。”

随堂演练 6-15

经营者的下列行为中，（　　）未违反《消费者权益保护法》规定的义务。

A. 店堂告示“商品一旦售出概不退换”

B. 店堂告示“未成年人须由成人陪伴方可入内”

C. 顾客购买两条毛巾索要发票，经营者以“小额商品，不开发票”为由加以拒绝

D. 出售蛋类食品的价格经常变化

【答案】 D

【解析】《消费者权益保护法》第二十六条规定：经营者在经营活动中使用格式条款

的，应当以显著方式提请消费者注意商品或者服务的数量和质量、价款或者费用、履行期限和方式、安全注意事项和风险警示、售后服务、民事责任等与消费者有重大利害关系的内容，并按照消费者的要求予以说明。经营者不得以格式条款、通知、声明、店堂告示等方式，作出排除或者限制消费者权利、减轻或者免除经营者责任、加重消费者责任等对消费者不公平、不合理的规定，不得利用格式条款并借助技术手段强制交易。格式条款、通知、声明、店堂告示等含有上述所列内容的，其内容无效。因此选项 A、B 错误。《消费者权益保护法》第二十二条规定：经营者提供商品或者服务，应当按照国家有关规定或者商业惯例向消费者出具发票等购货凭证或者服务单据；消费者索要发票等购货凭证或者服务单据的，经营者必须出具。因此选项 C 也不对。《消费者权益保护法》第二十条规定：经营者向消费者提供有关商品或者服务的质量、性能、用途、有效期限等信息，应当真实、全面，不得作虚假或者引人误解的宣传。经营者对消费者就其提供的商品或者服务的质量和使用方法等问题提出的询问，应当作出真实、明确的答复。经营者提供商品或者服务应当明码标价。因此选项 D 正确。

6.3.3　消费者合法权益的保护

对消费者的合法权益进行保护主要是通过国家、社会团体和消费者个人二个方面进行保护。

（1）消费者权益的国家保护。国家保护主要包括：通过立法及行政手段和司法手段来保护消费者的合法权益。

（2）消费者权益的社会组织保护。社会组织保护主要包括：社会舆论监督及消费者协会的监督。

（3）消费者权益的自我保护。自我保护是指消费者依法维护自身合法权益的活动。一个人的衣食住行每时每刻都离不开消费，其合法权益随时都会被侵害。作为消费者，要切实保护自己的合法权益，必须做到两点：一是要深入地学习和了解消费者有哪些权利；二是在合法权益受到侵害后要正确、及时地保全证据，并向消费者协会或相关国家机关进行申诉。

6.3.4　消费者权益争议的解决

消费者权益争议是指在消费领域发生的，消费者在购买、使用商品或接受服务过程中，因经营者不依法履行或者不适当履行义务，使消费者合法权益受到损害而引起的争议。

1. 争议的解决途径

根据我国《消费者权益保护法》的规定，消费者和经营者发生消费者权益争议的，可以通过下列途径解决。

（1）与经营者协商和解。

（2）请求消费者协会或者依法成立的其他调解组织调解。

（3）向有关行政部门申诉。

（4）根据与经营者达成的仲裁协议提请仲裁机构仲裁。

（5）向人民法院提起诉讼。

2. 最终承担损害赔偿责任的主体的确定

（1）由生产者、销售者、服务者承担。

1）消费者在购买、使用商品时，其合法权益受到损害的，可以向销售者要求赔偿。销售者赔偿后，属于生产者的责任或者属于向销售者提供商品的其他销售者的责任的，销售者有权向生产者或者其他销售者追偿。

2）消费者或者其他受害人因商品缺陷造成人身、财产损害的，可以向销售者要求赔偿，也可以向生产者要求赔偿。属于生产者责任的，销售者赔偿后，有权向生产者追偿。属于销售者责任的，生产者赔偿后，有权向销售者追偿。

3）消费者在接受服务时，其合法权益受到损害的，可以向服务者要求赔偿。

4）消费者在展销会、租赁柜台购买商品或者接受服务时，其合法权益受到损害的，可以向销售者或者服务者要求赔偿。展销会结束或者柜台租赁期满后，也可以向展销会的举办者、柜台的出租者要求赔偿。展销会的举办者、柜台的出租者赔偿后，有权向销售者或者服务者追偿。

（2）由变更后的企业承担。消费者在购买、使用商品或者接受服务时，其合法权益受到损害，因原企业分立、合并的，可以向变更后承受其权利义务的企业要求赔偿。

（3）由营业执照的使用人或持有人承担。使用他人营业执照的违法经营者提供商品或者服务，损害消费者合法权益的，消费者可以向其要求赔偿，也可以向营业执照的持有人要求赔偿。

（4）由从事虚假广告行为的经营者和广告的经营者承担。消费者因经营者利用虚假广告或其他虚假宣传方式提供商品或者服务，其合法权益受到损害的，可以向经营者要求赔偿。广告的经营者、发布者发布虚假广告的，消费者可以请求行政主管部门予以惩处。广告的经营者、发布者不能提供经营者的真实名称、地址和有效联系方式的，应当承担赔偿责任。

6.4 产品质量法

现行的产品质量法是 1993 年 2 月 22 日第七届全国人民代表大会常务委员会第三十次会议通过《产品质量法》，于 1993 年 9 月 1 日起施行。2000 年 7 月 8 日第九届全国人民代表大会常务委员会第十六次会议、2009 年 8 月 27 日第十一届人民代表大会常务委员会第十次会议和 2018 年 12 月 29 日第十三届全国人民代表大会常务委员会第七次会议分别对《产品质量法》进行了修订，新法于 2018 年 12 月 29 日起施行。

6.4.1 产品质量法概述

1. 产品质量法的概念

产品质量法是指调整国家在产品质量管理过程中形成的产品质量监督管理关系，以及因产品缺陷而引起的生产者、销售者与消费者之间侵权损害赔偿关系，即产品责任关系的法律规范的总称。

2. 产品质量法的基本原则

我国《产品质量法》的基本原则如下。

（1）“质量第一”原则。严格保证产品质量，保证产品的安全性、可靠性和适用性。国家采取各种措施贯彻这一原则：其一，加强对产品质量的行政监督管理；其二，推行先进的企业质量体系认证制度和产品质量认证制度；其三，全面具体地规定生产者、销售者在保证产品质量方面所承担的义务；其四，对不履行产品质量义务的责任人员予以法律制裁。

（2）保护消费者合法权益原则。在我国，生产的目的是最大限度地满足人们日益增长的物质和文化生活的需要，即不断满足广大消费者的要求。要实现这一目的，必须使消费者的合法权益得以保障。对此，我国《产品质量法》也有明确的规定。

（3）过错责任与严格责任并举原则。过错责任与严格责任是指法律的归责原则，即依据什么标准要求主体来承担法律责任。我国《产品质量法》对生产者采用严格责任原则，即缺陷产品如果造成了他人人身、财产损害，生产者即使没有过错也要承担民事侵权赔偿责任。而对销售者，则采用过错责任原则。

（4）全额赔偿原则。因产品缺陷造成消费者损失，损失多少就应赔偿多少。根据我国《产品质量法》的规定，产品是指经过加工、制作，用于销售的产品。建筑工程不适用《产品质量法》。但是，建设工程使用的建筑材料、建筑构配件和设备，属于前面规定的产品范围的，适用《产品质量法》规定。我国《产品质量法》第七十三条规定：“军工产品质量监督管理办法，由国务院、中央军事委员会另行制定。”从法律的规定中可以看出，初级农产品、不动产、军工产品不适用《产品质量法》。

3. 产品质量的构成要素

产品质量由下列要素构成。

（1）产品外观，包括产品的包装。

（2）产品的原材料品质。

（3）产品的适用性能、适用范围。

（4）产品的安全性能。

（5）产品的经济性能，即不会给使用者造成不应有的浪费。

随堂演练 6-16

依照《产品质量法》的规定，下列产品中，（　　）属于该法所称的产品。

A. 芝麻油　　B. 大坝　　C. 冰毒　　D. 电力

【答案】 A

【解析】《产品质量法》规定的产品是指经过加工、制作，用于销售的产品。建设工程不属于该法规定的产品；但是，建设工程使用的建筑材料、建筑构配件和设备，属于产品。所以，大坝属于建设工程，不适用《产品质量法》的规定。冰毒属于违禁品，电力不属于经过加工制作的产品，只有 A 项属于法律中规定的经过加工、制作，用于销售的产品范畴。

6.4.2 生产者、销售者的产品质量责任和义务

1. 生产者的产品质量责任和义务

生产者的产品质量责任和义务主要包括以下内容。

（1）保证产品内在质量。《产品质量法》规定，生产者应当对其生产的产品质量负责。产品质量应当符合下列要求：

1）不存在危及人身、财产安全的不合理的危险，有保障人体健康和人身、财产安全的国家标准、行业标准的，应当符合该标准；

2）具备产品应当具备的使用性能，但是，对产品存在使用性能的瑕疵作出说明的除外；

3）符合在产品或者其包装上注明采用的产品标准，符合以产品说明、实物样品等方式表明的质量状况。

（2）产品包装标识应当符合法律的规定。产品标识是表明产品的名称、产地、质量状况等信息的表述和标示。产品标识可以标注在产品上，也可以标注在产品的包装上。《产品质量法》规定，产品或者其包装上的标识必须真实，并符合下列要求：

1）有产品质量检验合格证明；

2）有中文标明的产品名称、生产厂厂名和厂址；

3）根据产品的特点和使用要求，需要标明产品规格、等级、所含主要成分的名称和含量的，用中文相应予以标明；需要事先让消费者知晓的，应当在外包装上标明，或者预先向消费者提供有关资料；

4）限期使用的产品，应当在显著位置清晰地标明生产日期和安全使用期或者失效日期；

5）使用不当，容易造成产品本身损坏或者可能危及人身、财产安全的产品，应当有警示标志或者中文警示说明。裸装的食品和其他根据产品的特点难以附加标识的裸装产品，可以不附加产品标识。

《产品质量法》第二十八条规定："易碎、易燃、易爆、有毒、有腐蚀性、有放射性等危险物品以及储运中不能倒置和其他有特殊要求的产品，其包装质量必须符合相应要求，依照国家有关规定作出警示标志或者中文警示说明，标明储运注意事项。"

（3）生产者的禁止性义务。根据《产品质量法》的规定，产品生产者的禁止性义务如下。

1）生产者不得生产国家明令淘汰的产品。

2）生产者不得伪造产地，不得伪造或者冒用他人的厂名、厂址。

3）生产者不得伪造或者冒用认证标志等质量标志。

4）生产者生产产品，不得掺杂、掺假，不得以假充真、以次充好，不得以不合格产品冒充合格产品。

随堂演练 6-17

某酒厂用食用酒精勾兑制成白酒，使用本厂酿制的粮食白酒"幸福特曲"的包装及标

贴向社会销售。该种勾兑制成的白酒理化、卫生指标符合国家标准，每瓶售价仅为“幸福特曲”的 1/4，销售状况甚好。对该厂的上述做法，正确的说法是（　　）。

A. 属于以假充真行为

B. 有关指标符合国家标准，不属于以假充真行为

C. 与“幸福特曲”差价显著，不属于以假充真行为

D. 国家允许生产代粮白酒，不属于以假充真行为

【答案】 A

【解析】 以假充真是指生产者或者销售者为了谋取利润，用其他产品冒充此产品的行为。

2. 销售者的产品质量责任和义务

《产品质量法》对销售者的产品质量责任和义务做了专门规定，具体如下。

（1）销售者应当建立并执行进货检查验收制度，验明产品合格证明和其他标识。

（2）销售者应当采取措施，保持销售产品的质量。

（3）销售者不得销售国家明令淘汰并停止销售的产品和失效、变质的产品。

（4）销售者销售的产品的标识应当符合本法第二十七条的规定。

（5）销售者不得伪造产地，不得伪造或者冒用他人的厂名、厂址。

（6）销售者不得伪造或者冒用认证标志等质量标志。

（7）销售者销售产品，不得掺杂、掺假，不得以假充真、以次充好，不得以不合格产品冒充合格产品。

6.4.3　产品质量监督管理

1. 产品质量管理体制

国务院市场监督管理总局主管全国产品质量监督工作。县级以上地方人民政府市场监督管理工作的部门主管本行政区域内的产品质量监督管理工作。国务院和县级以上地方人民政府设置的有关行业主管部门，其主要职责是按照同级人民政府赋予的职权，负责本行政区、本行业关于产品质量的行政监督工作。例如，卫生部门对仪器质量进行监督管理、工商部门对产品商标进行管理、标准化部门对质量标准进行管理等。

法律对产品质量的监督部门另有规定的，依照有关法律的规定执行。

2. 产品质量的宏观管理

（1）企业质量体系认证制度。企业质量体系认证制度是指国务院产品质量监督管理部门或者由它授权的部门认可的认证机构，依据国际通用的“质量管理和质量保证”系列标准，对企业的质量体系和质量保证能力进行审核，颁发给合格企业质量体系认证证书，以兹证明的制度。

开展企业质量体系认证的目的是：在有合同的条件下，提高供方的质量信誉，向需方提供质量担保，以增强企业在市场上的竞争能力；在没有合同的条件下，加强企业内部的质量管理，实现质量方针和质量目标。目前，企业质量体系认证采取自愿原则。

（2）产品质量认证制度。产品质量认证制度是指依据具有国际水平的产品标准和技术

要求，经过认证机构确认，并通过颁发认证证书和产品质量认证标志的形式，证明产品符合相应标准和技术要求的制度。产品质量认证标准按照层级不同可以分为国际标准、区域性或国家集团标准、国家标准、行业标准、地方标准、企业标准；按照实施强制力的程度不同可以分为强制性标准和推荐性标准。

产品质量认证分为安全认证和合格认证。根据我国《产品质量法》规定，产品质量认证标志为：方圆标志分为合格认证标志和安全认证标志；长城标志为电工产品专用认证标志；PRC 标志为电子元器件专用认证标志。

产品质量认证制度采取强制和自愿相结合的原则。对于涉及人体健康和人身、财产安全的工业产品以及重要的工业产品实行强制认证，未经认证的产品不能销售。

（3）工业产品许可证制度。国家对于具备生产条件并且产品检验合格的工业企业，发给其许可生产该项产品的凭证。其适用范围是重要的工业产品，特别是可能危及人体健康、人身、财产安全和公共利益的工业产品。

（4）产品质量抽查制度。国家对产品质量实行以抽查为主要方式的监督检查制度，对可能危及人体健康和人身、财产安全的产品，影响国计民生的重要工业产品，以及用户、消费者和有关组织反映存在质量问题的产品进行抽查。监督抽查工作由产品质量监督管理部门规划和组织，抽查的结果应当公布，接受社会监督。

6.4.4 产品质量责任

1. 产品质量责任的概念

产品质量责任是指因产品质量不符合国家的有关法律法规、质量标准以及合同规定的对产品适用、安全和其他特征的要求，给用户和消费者造成人身伤亡或财产损失，产品生产者或经营者所应承担的法律责任。

2. 承担产品质量责任的条件

承担产品质量责任的条件主要包括以下三个方面。

（1）默示担保。国家有关法律、法规规定的产品质量要求，产品必须符合安全、卫生要求，具备应有的使用性能。法律、法规规定产品质量必须满足的条件，任何人必须严格遵守和执行，不得以任何形式予以排除和限制。

（2）明示担保。经营者以合同、广告、产品说明、实物样品等形式对商品、服务的质量所做的担保。

（3）产品存在缺陷。产品存在危及他人人身、财产安全的不合理危险，并且造成了使用者或者消费者的人身伤害或者财产损失。

只要产品质量违反上述三个方面规定之一的，产品的生产者、销售者就应当依法承担产品质量责任。需要指出的是，产品质量如违反默示担保或明示担保，无论是否造成损害后果，都应承担相应的法律责任。但是，对于产品存在缺陷来说，只有因产品缺陷造成了损害后果的，产品的生产者、销售者才承担责任。

生产者若能够证明有下列情形之一的，不承担赔偿责任：其一，未将产品投入流通的；其二，产品投入流通时，引起损害的缺陷尚不存在的；其三，将产品投入流通时的科学技术水平尚不能发现缺陷的存在的。

案例分析 6-10

刘某伙同王某从某电扇厂仓库盗窃未经检验的轮船用小型电扇两台，两人各分得一台。刘某将电扇以 60 元的价格卖给高某。高某在使用时，被飞出的扇叶削掉半只左耳。高某以扇叶和保护网设计及制造有瑕疵为由向电扇厂提出索赔。

请问：高某是否有权向电扇厂索赔？其法律依据是什么？

【解析】无权要求赔偿。虽然电扇厂的产品存在缺陷，但《产品质量法》规定：未将产品正式投入流通的，生产者对缺陷产品造成的人身、财产损害不承担赔偿责任。

3. 损害赔偿的范围

在产品侵权责任中，因产品存在缺陷导致受害人人身伤害的，侵害人应当赔偿其医疗费、因误工减少的收入、残疾人生活补助费等费用；造成受害人死亡的，应当支付丧葬费、抚恤费、死者生前抚养的人必要的生活费及精神损害赔偿等费用。因产品存在缺陷造成受害人财产损失的，侵害人应当恢复原状或者折价赔偿。受害人因此遭受其他重大损失的，侵害人应当赔偿损失。这里的财产损失是指缺陷产品以外的损失，而不包括缺陷产品本身。

案例分析 6-11

2019 年 6 月 3 日，姚某从个体户杨某的小杂货店购买了 4 瓶“海鸥”牌啤酒。回到家中，姚某弯腰把啤酒放在地上，刚将啤酒放下还未起身，其中的 1 瓶啤酒突然发生爆炸，弹起的瓶盖将姚某的眼睛打伤，姚某的脸、胳膊、腿多处被四处乱飞的碎玻璃片划伤，鲜血直流。其他 3 瓶啤酒也被爆炸的那瓶啤酒冲倒摔破。姚某住院治疗花去 3 000 多元，于是要求杨某赔偿其全部医疗费及误工费、营养费。杨某认为啤酒爆炸伤人不应由他负责，而应由啤酒生产者——市啤酒厂负责。后来有关部门经鉴定得出如下结论：啤酒爆炸是由于瓶内啤酒的压力严重超过规定标准所致，责任完全在于市啤酒厂。于是，姚某向人民法院起诉，要求个体户杨某和市啤酒厂赔偿他因啤酒爆炸所遭受的一切损失。而杨某则认为，啤酒爆炸完全是由于市啤酒厂的原因造成的，自己不应承担赔偿责任。

请问：（1）市啤酒厂是否要对啤酒爆炸造成的损害承担赔偿责任？为什么？

（2）个体户杨某是否也应承担赔偿责任？为什么？

【解析】

（1）市啤酒厂应当承担责任。本案中，造成啤酒爆炸的原因是由于瓶内啤酒压力严重超过规定的标准，市啤酒厂应当承担产品质量责任。《民法典》“产品责任”章中规定，因产品缺陷危及他人人身、财产安全的，产品生产者、销售者应当依法承担民事责任。我国的《产品质量法》第二十六条对生产者的产品质量责任作出了明确规定，“生产者应当对其生产的产品质量负责。产品质量应符合下列要求：不存在危及人身、财产安全的不合理的危险，有保障人体健康和人身、财产安全的国家标准、行业标准的，应当符合该标准”。显然，市啤酒厂生产的啤酒本身就存在危及人身、财产安全的风险，没有达到产品质量要求。《产品质量法》第四十一条规定：因产品存在缺陷造成人身、缺陷产品以外的其他财产损害的，生产者应当承担赔偿责任。

(2) 个体户杨某也应承担赔偿责任。《产品质量法》第四十条规定，售出的产品有下列情形之一的，销售者应当负责修理、更换、退货，给购买产品的消费者造成损失的，销售者应当赔偿损失：①不具备产品应当具备的使用性能而事先未作说明；②不符合在产品或者其包装上注明采用的产品标准的；③不符合以产品说明、实物样品等方式表明的质量状况的。本案中，个体户杨某销售的“海鸥”牌啤酒的质量存在严重缺陷，因此杨某应当承担赔偿姚某遭受的损失的责任。但杨某在赔偿姚某的损失后，有权向产品的生产者市啤酒厂追偿。

4. 产品责任诉讼

因产品责任而发生的纠纷，当事人可以通过协商、调解、仲裁与诉讼等形式解决。其中，诉讼是最有效的方式。

产品质量责任诉讼由侵权行为地或者被告居住地人民法院管辖。这里的侵权行为地包括侵权行为发生地和侵权行为结果地。侵权行为发生地一般是指缺陷产品已被投放市场的地点，侵权行为结果地是指缺陷产品给消费者造成实际损害的地点。原告可以在侵权行为发生地、侵权行为结果地或被告居住所在地中任选一个法院管辖。

在产品责任诉讼中，原告应是因缺陷产品的使用或消费而遭受人身伤害或财产损失的人；被告应是产品的生产者或销售者。到底起诉谁，由消费者自己决定，消费者可以选择对自己起诉方便的生产者作为被告。原告应对缺陷产品给自己造成的人身伤害或财产损失承担举证责任。

受害人因产品存在缺陷造成损害，要求赔偿的诉讼时效为 2 年，自当事人知道或者应当知道权利被侵害时起计算。同时，生产者和销售者对自己的产品承担责任的时间为 10 年，自把产品交付给最初用户时起计算。

复习思考题

一、判断题

1. 凡以低于成本的价格销售商品的行为均应被认定为不正当竞争行为。(　　)
2. 某经营者为清偿债务而降价销售商品的行为不属于不正当竞争行为。(　　)
3. 如果商品购买者自愿接受经营者的搭售，不能被认定为不正当竞争行为。(　　)
4. 有奖销售都是不正当竞争行为。(　　)
5. 保证产品质量是生产者的首要义务。(　　)
6. “质量第一”应是我国产品质量立法必须长期坚持的战略方针。(　　)
7. 生产裸装食品可以不附加产品质量标识。(　　)
8. 消费者在购买、使用商品时，其合法权益受到损害的，只能向生产者要求赔偿，不得向销售者要求赔偿。(　　)

二、单项选择题

1. 经营者从事的抽奖式有奖销售，最高奖的金额不得超过（　　）。
   A. 100 元　　B. 5 000 元　　C. 10 000 元　　D. 20 000 元

2. 监督检查部门的工作人员监督检查不正当竞争行为时，(　　)。
A. 应当出示身份证件　　B. 可以不出示身份证件
C. 应当出示检查证件　　D. 可以不出示检查证件
3. 以下属于不正当竞争行为的情况有（　　）。
A. 以低于成本的价格销售鲜活商品
B. 降价处理有效期限即将到期的商品
C. 以排挤竞争对手为目的，以低于成本的价格销售商品
D. 季节性降价
4.（　　）情况下可以推断市场支配地位。
A. 一个经营者在相关市场的份额达到 1/2 的
B. 两个经营者在相关市场的份额合计达到 2/3 的
C. 三个经营者在相关市场的份额合计达到 3/4 的
D. 这些推断不具法定推断的效力，即当事人可以证明自己不具有市场支配地位
5. 滥用市场支配地位的行为主要包括（　　）。
A. 以不公平高价销售商品或者以不公平低价购买商品
B. 没有正当理由，以低于成本的价格销售商品
C. 没有正当理由，拒绝与交易相对人进行交易
D. 没有正当理由，限定交易相对人只能与其或者与其指定的经营者进行交易
6. 根据反垄断法律制度的规定，对于经营者从事的（　　）滥用市场支配地位的行为，反垄断执法机构进行违法性认定时，无须考虑行为是否有正当理由。
A. 以不公平的高价销售商品
B. 拒绝与交易相对人进行交易
C. 限定交易相对人只能与其进行交易
D. 搭售商品

三、多项选择题

1. 商业贿赂的形式除了金钱回扣之外，还有提供免费（　　）。
A. 度假　　B. 旅游　　C. 高档宴席　　D. 房屋装修
2. 对不正当竞争行为进行的监督检查，包括（　　）。
A. 县级以上人民政府工商行政管理部门进行的监督检查
B. 法律、行政法规规定的其他部门进行的监督检查
C. 其他组织进行的社会监督
D. 公民个人进行的社会监督
3. 产品质量监督包括（　　）。
A. 舆论监督　　B. 社会团体监督
C. 消费者、用户监督　　D. 司法监督
4. 销售者销售产品不得（　　）。
A. 掺杂、掺假　　B. 以假充真

C. 以次充好　　D. 以不合格产品冒充合格产品

5. 产品质量的监督管理包括（　　）。

A. 产品质量管理标准　　B. 企业质量体系认证制度

C. 产品质量监督检查制度　　D. 产品质量认证制度

6. 产品质量监督检查制度包括（　　）。

A. 产品质量监督抽查制度

B. 行业质量监督抽查制度

C. 产品质量监督检验制度

D. 用户、消费者以及保护消费者权益的社会组织对产品质量的监督

7. 依据我国《消费者权益保护法》的规定，消费者协会不得（　　）。

A. 从事商品经营

B. 从事咨询服务

C. 从事盈利性服务

D. 以谋利为目的向社会推荐商品和服务

8. 消费者或者其他受害人因商品缺陷造成人身、财产损害的，可以（　　）。

A. 向生产者要求赔偿　　B. 向销售者要求赔偿

C. 向服务者要求赔偿　　D. 向消费者协会要求赔偿

9. 在对经营者集中进行反垄断审查并作出是否禁止该集中的决定过程中，反垄断执法机构应主要考虑一些经济因素。下列各项中，属于该类经济因素的有（　　）。

A. 参与集中的经营者在相关市场的市场份额及其对市场的控制力

B. 相关市场的集中度

C. 经营者集中对市场进入、技术进步的影响

D. 经营者集中对消费者的影响

四、填空题

1. 经营者销售或者购买商品，可以__________给对方折扣，可以给中间人佣金。经营者给对方折扣、给中间人佣金的，必须__________。

2. 经营者在“账外暗扣”给予对方单位或个人回扣的，以__________论处；对方单位或个人在“账外暗扣”收受回扣的，以__________论处。

3. 引人误解的虚假宣传，既包括__________宣传，也包括__________的宣传两种类型。

4. 经营者不得捏造、散布虚假事实，损害竞争对手的__________信誉、__________声誉。

5. 对不正当竞争行为的监督检查包括__________和__________。

6. 对产品质量的监督管理，采取事先__________和事后__________相结合的原则。

7. 产品质量认证，分为__________认证和__________认证。

8. 国家对产品质量实行以__________为主要方式的监督检查方式。

9. 违反《产品质量法》的行政处罚机构有__________或__________，按国务院规定

的职权范围决定。

10. 消费者依法有权要求经营者提供的__________和__________必须符合保障人身、财产安全的要求。

11. 为了保障消费者的公平交易权，经营者不得以格式条款、通知、声明、店堂告示等方式作出对消费者__________、__________的规定。

12. 消费者协会的职能之一，是受理消费者的投诉，并对投诉事项进行__________、__________。

13. 对国家规定或者经营者与消费者约定包修、包换、包退的商品，在保修期内__________修理仍不能正常使用的，经营者应当负责__________或退货。

五、名词解释

1. 不正当竞争　2. 经营者　3. 商业秘密　4. 商业贿赂　5. 回扣　6. 折扣　7. 佣金　8. 认证标志　9. 企业质量体系认证制度　10. 产品质量认证　11. 产品质量监督管理　12. 产品质量义务　13. 消费者　14. 消费者权益

六、简答题

1. 采用假冒或仿冒等混淆手段从事市场交易，损害竞争对手的行为有哪些表现？
2. 简述商业贿赂的特征。
3. 能够成为商业秘密的技术信息和经营信息必须具备哪些条件？
4. 简述侵犯商业秘密的不正当竞争行为的表现。
5. 经营者不得从事哪几种有奖销售？
6. 政府及其所属部门滥用行政权力限制竞争的行为有哪些表现？
7. 简述我国产品质量立法所遵循的原则。
8. 简述我国产品质量管理体制。
9. 《产品质量法》和有关法规对产品生产者在产品生产方面作出了哪些禁止性、限制性规定？
10. 《产品质量法》对产品内在质量的要求有哪些？
11. 构成产品质量法律责任的要件有哪三项？
12. 简述《消费者权益保护法》的适用范围。
13. 简述经营者应当依法定或约定履行的义务。
14. 简述经营者出具相应的凭证和单据的义务。
15. 消费者和经营者之间争议的解决途径有哪些？
16. 消费者享有哪些权利？
17. 消费者合法权益受到损害的，最终承担损害赔偿责任的主体有哪些？
18. 简述消费者协会的职能。

七、论述题

1. 简述不正当竞争的特征。
2. 试述反不正当竞争法与反垄断法的区别和联系。

八、案例分析题

1. 甲厂加工销售五香花生，该厂在市场调查中发现，同市的乙厂所生产的“春白”牌五香花生远比本厂的“青山”牌五香花生销路好，很受顾客欢迎。为了占领市场，甲厂印制了与乙厂“春白”牌花生完全相同的包装袋3万个，装入本厂加工的劣质、次品花生，把质量好的花生装入本厂“青山”牌的袋内，销往市场。甲厂的行为使乙厂的信誉急剧下降，消费者纷纷投诉，指责乙厂花生质量下降。乙厂虽经数次降价，但产品仍然滞销，经济损失严重。

请问：(1) 甲厂的行为属于什么性质？法律依据是什么？

(2) 对甲厂依法应如何处理？

2. 2019年7月13日，某供销社从某经销部购买某冷冻机械厂生产的冷藏柜一台。8月8日，经某经销部派人调试后，冷藏柜投入使用。8月31日，某供销社职工李某手握冷藏柜把手开柜取食物时，因柜体带电，触电死亡。当地省标准局经鉴定认为：该冷藏柜在运行时因磁力启动器中接触回路进线端有一相接触不良，造成此相短路，引起电机两相运行，电流增大。此时，热继电器本应在主回路电流增大的情况下运行，切断电源，但由于该机本应安装3.5安培的磁力启动器错装为8安培的，主回路中又未装螺旋式熔断器，控制回路中也未装螺旋式熔断器和中间继电器。这样，在机器发生故障时，电机得不到保护，继续运行，直至被烧毁，造成电机外壳及冷藏柜外壳带电，加之冷藏柜未接地线，致使李某开启冷藏柜时触电死亡。某供销社据此向人民法院起诉，要求某经销部接受退货，退还冷藏柜货款，并赔偿停业损失和承担死者李某的丧葬费、抚恤费等费用。

请问：(1) 某供销社的要求合法吗？为什么？

(2) 对该争议应如何处理？

3. 顾客刘某在一家服装商场选购衣服，当她从某开架服装陈列厅出来时，守在出口处的该服装陈列厅老板拦住她，说该陈列厅丢了一套西装，而她的包满满的，怀疑是她偷了衣服，于是伸手扯下她的包，打开搜查，当发现里面全是小孩玩具时，就又把东西装好还给了刘某。刘某非常生气，双方因此发生争议。

请问：(1) 服装陈列厅老板的行为合法吗？为什么？

(2) 对该争议应如何处理？

4. 李某自2016年6月以来一直在北京工作、生活，是户籍在外地的“北京新市民”。几年前，李某在中国网通北京分公司报装固定电话时，被告知：户籍所在地不在北京市的用户，应办理相应的担保手续，或者办理预付费的业务。因为他没有找人担保，于是就选择了“预付费业务”。之后，北京网通推出一系列优惠服务，但只针对后付费消费者，李某作为“预付费业务”用户，无法享受这些优惠。

请分析以上中国网通北京分公司的“区别对待”行为。

第 7 章

税收法律制度

7.1　税收与税收法律制度概述

7.1.1　税收概述

1. 税收的概念和特征

（1）税收的概念。税收是国家凭借其政治权力，依据税法的规定，无偿向纳税人征收货币或实物，以实现国家职能的一种特殊的分配形式。税收是国家取得财政收入的最重要的来源。

（2）税收的特征。税收不同于其他财政收入，其特征如下。

1）强制性。国家为了实现其职能，按法定程序立法来征收税收。法律具有强制性，决定了税收的强制性。我国宪法规定，纳税是公民的基本义务之一，不依法纳税者将受到法律的制裁。

2）无偿性。国家满足公共需要经常是以无偿方式付出，决定了国家获得收入也应当是无偿的。依法征收的税款归国家所有，国家对纳税人不直接支付任何对价。

3）固定性。国家依照法定程序征收税款，征税范围、纳税人、税率、纳税环节等都在税法中预先明确，因此税收具有相对的固定性。

2. 税收的作用

税收在国家的财政体制中具有相当重要的作用，主要表现在以下几个方面。

（1）组织财政收入的作用。经济建设、科教文卫建设、民主与法制建设、国防建设等都需要强有力的资金做保障。只有拥有充足的财力后盾，社会主义市场经济的发展才能持久。通过税收聚集国家发展的资金，是税收最重要、最原始的作用。

（2）调节经济的作用。国家可以通过税种的开征和停征、税率的提高或降低、税收的减免和加成等体现国家产业政策的需要，引导投资者、纳税人的行为，最终优化资源的合理配置。税收虽然具有固定性，但并不是一成不变的。国家适时调整税收政策，能够对行业调整、地区发展等起到很好的指引和调节作用。

（3）公平税负的作用。税收是对社会财富的再分配。这种再分配应尽量体现公平，即收入水平相当的纳税人承担的税负应当相同，收入水平不同的纳税人承担的税负应当有差别。不公平的税负，轻者引起纳税人不满、偷漏税猖獗，重者引发政治动荡甚至社会变革，所以应尽量避免，及时调整。当然，税收要做到绝对的公平是有难度的。

（4）维护国家主权、促进对外交流的作用。在国际交往中，我们应当充分利用税收来维护自身的利益。尽管我国已加入世界贸易组织，承诺必须降低关税，但是我们仍然有不少手段可以用来保护我国的利益，如对外来商品征收反倾销、反补贴关税，制定关税配额等。我国遵循平等互利的外交原则，在对外贸易上遵循对等原则。任何国家或地区对我国采取歧视性禁止、限制或者类似措施的，我国可以根据实际情况对该国或地区采取相应的措施。

（5）调整国际收支的作用。一般来说，保持国际收支平衡是一国对外贸易追求的目标。当一国面临贸易赤字、货币贬值的压力时，可以适当调高出口退税率，以增加出口，改善贸易收入。而当一国贸易顺差、面临货币升值的压力时，适当下调出口退税率，有利于平衡国际收支，减少升值压力。

3. 税收的分类

税收按照不同的标准可以有多种分类。

（1）按照征收对象分类。按照征收对象，税收可分为流转税、所得税、财产税、资源税和特定行为税。这是最常见、最基本的一种分类。

1）流转税。流转税是以商品或者非商品流转额（如销售额、营业额、转让额等）为征税对象的一种税，如增值税、消费税、关税等。

2）所得税。所得税是以所得额、收益额为征税对象的一种税，如企业所得税和个人所得税等。

3）财产税。财产税是以房屋等财产的价值为征税对象的一种税，如房产税、车船税等。

4）资源税。资源税是以纳税人开采自然资源、使用土地资源等的量为征收对象的一种税，如资源税、城镇土地使用税、耕地占用税、土地增值税等。

5）特定行为税。特定行为税是以国家需要调节的各种特殊行为为征税对象的一种税，如印花税、城市维护建设税、车辆购置税等。

（2）按照税收管辖和收入归属分类。按照税收管辖和收入归属，税收可分为中央税、地方税和中央地方共享税。从 1994 年 1 月 1 日起，我国实行分税制，即按照中央和地方政府的事权，划分各级财政的支出范围；根据财权和事权相统一原则，合理划分中央和地方收入。中央税包括：消费税、关税、海关代征的增值税和消费税、储蓄存款利息所得个人所得税、车辆购置税等。地方税包括：企业所得税、个人所得税、城镇土地使用税、城市维护建设税、房产税、契税、印花税等。中央地方共享税包括：增值税、证券交易印花税等。从 2002 年起，企业所得税、个人所得税调整为中央地方共享税。国家税务总局负责中央税和中央地方共享税的征收管理，地方税务局负责地方税的征收管理。

(3) 按照税负能否转嫁分类。按照税负能否转嫁，税收可分为直接税和间接税。直接税是指税负不能转嫁的税，如各类所得税；间接税则是指纳税人可以通过价格等方式转嫁税负的税，如流转税。

(4) 按照计税依据分类。按照计税依据，税收可分为从价税、从量税和复合税。以销售额、收入额等为计税依据的税是从价税，如增值税、所得税等。以征税对象的数量为计税依据的税是从量税，如资源税、城镇土地使用税、车船税等。以征税对象的金额和数量征税的是复合税，如对卷烟和白酒征收消费税。

(5) 按照税收的形态分类。按税收的形态，税收可分为实物税和货币税。实物税是指纳税人以各种实物充当税款缴纳的一类税。货币税是指纳税人以货币形式缴纳的一类税。在现代社会里，几乎所有的税都是货币税。

资料卡 7-1 税与费有什么区别

1. 征收主体不同。各级税务机关、海关等征收的一般是税；由其他机关、单位收取的一般是费。

2. 无偿性不同。无偿征收的是税；有偿征收的是费。

3. 专款专用要求不同。税款一般是由税务机关征收以后，统一上缴国库，纳入国家预算，由国家通过预算统一支出，不采取专款专用的原则；而收费则不同，一般具有专款专用的性质。

7.1.2 税法概述

1. 税法的概念

税法是调整国家征税机关与纳税人之间税收征纳关系的法律规范的总称。在法治国家，税收制度应当通过税收立法加以确立，并按照法定程序依法征纳得以实施。税法的作用主要表现在：税法是国家征税机关向纳税人无偿征收税款、积累资金的法律依据；税法是调整征纳双方权利义务关系的准则；税法是国家经济政策、产业政策等得以实现的保障；税法是维护国内外贸易秩序、打击走私及其他违法犯罪行为的重要手段。

2. 税法的构成要素

税法的构成要素对完善税制非常重要，主要包括以下几个方面。

(1) 纳税义务人。纳税义务人是指税法规定的直接负有纳税义务的单位或者个人。与纳税义务人相关的扣缴义务人是指负有代扣或者代收税款、代缴给税务机关义务的单位或者个人。纳税义务人不同于征税主体，后者是指代表国家征税的机关，如税务机关、海关、财政机关等。

随堂演练 7-1

个体工商户李洪是税收法律关系中的（　　）。

A. 主体　　B. 客体　　C. 代理人　　D. 纳税人

【答案】AD

【解析】税收法律关系主体是指税收法律关系中享有权利和承担义务的当事人，即税收法律关系的参加者，其分为征税主体和纳税主体。各级税务机关和海关是征税主体；负有纳税义务的一方当事人是纳税主体，包括法人、自然人和其他组织，以及在华的外国企业、组织、外籍人、无国籍人等。凡在我国境内有所得来源的，都是纳税主体。个体工商户李洪是纳税主体，即纳税人。

资料卡 7-2　负税人、扣缴义务人

1. 负税人是税款的最终承担者或负担者。负税人与纳税人有时一致，即纳税人所缴纳的税款是由自己负担时；有时不一致，即当税负可以转嫁时，纳税人就不是负税人。二者一致的为直接税，不一致的为间接税。每个公民基本上都是负税人，但不一定都是纳税人。

2. 扣缴义务人是法律、法规规定的负有代扣代缴、代收代缴税款义务的单位和个人，包括代扣代缴义务人和代收代缴义务人。前者是指税法规定的有义务从持有的纳税人收入中扣除其应纳税款并代为缴纳的单位或个人；后者是指税法规定的有义务借助经济往来关系向纳税人收取应纳税款并代为缴纳的单位或个人。

资料卡 7-3　税基、征税范围和税目

1. 税基又称计税依据，是税法规定的计算应纳税额的依据。它是征税对象量的表现。征税对象反映的是对什么征税，税基解决的是如何计量。

2. 征税范围是指税法规定应税内容的具体区间，是征税对象的具体范围，体现了征税的广度。

3. 税目是税法规定的征税的具体品目，是对征税对象的分类和细化，如消费税有 15 个税目。税目的确定进一步明确了征税范围，哪些项目需要纳税，哪些项目不需要纳税。不同项目的税率差别等问题只有通过确定税目才能解决。

（2）征税对象。征税对象是指对什么征税，是区别不同税种的主要标志。与之相关的概念是税目，它是征税对象的具体化，如消费税中列举的 15 类消费品。

（3）税率。税率是指应纳税额与征税对象之间的比例。税率是税法中的核心要素，税率的高低直接影响国家的财政收入和纳税人税负的多少。国家通过对税率的调整可以实现对经济的调控。税率有三种形式。

1）比例税率，是对不同征税对象数额只规定一个百分比的税率。增值税、城镇土地使用税、房产税、契税等采用这种税率形式。

2）累进税率，是按征税对象数额的大小规定不同等级的税率，数额越大，税率越高。累进税率可以分为全额累进税率和超额累进税率。全额累进税率按征税对象的全部数额达到哪一级，就按哪一级的税率征税；这种税率不科学、不合理，现行税法已不再采用。超额累进税率按规定等级的适用税率分别计征，征税对象数额超过低一级的那个部分，才按高一级税率征税。与超额累进税率相似的是超率累进税率和超倍累进税率。我国现行个人所得税中采用了超额累进税率，土地增值税采用了超率累进税率。

案例分析 7-1

甲月工资为 9 500 元，乙月工资为 9 501 元。工资所得以每月收入额减除法定扣除费用 5 000 元以及“五险一金”1 500 元后的余额为应纳税所得额。二人的应纳税所得额分别为 3 000 元和 3 001 元。个人所得税法规定全月应纳税所得额不超过 3 000 元的，税率为 3%；超过 3 000 元不超过12 000 元的，税率为 10%。试比较全额累进税率与超额累进税率的应用结果。

【解析】

（1）采用全额累进税率计算如下：

甲应纳税额 $=3\ 000\times3\%=90$（元）

乙应纳税额 $=3\ 001\times10\%=300.1$（元）

乙月工资只比甲高 1 元，却要多交 210. 1 元的税，可见全额累进税率不合理。

（2）采用超额累进税率计算如下：

甲应纳税额 $=3\ 000\times3\%=90$（元）

乙应纳税额 $=3\ 000\times3\%+(3\ 001-3\ 000)\times10\%=90.10$（元）

超额累进税率只就超过上一级的部分适用高一级的税率，可见其较为合理。

3）定额税率，是对征税对象的每一单位直接规定固定的税额，不采用百分比的形式。车船税、资源税、城镇土地使用税等均采用这种税率形式。

（4）纳税环节。纳税环节是指税法规定的纳税人应当缴纳税款的环节。不同的税纳税环节不同，有的税是单一环节征收，如消费税等；有的税是多环节征收，如增值税。

（5）纳税期限。纳税期限是指税法规定的纳税人应当缴纳税款的具体时限。不同的税纳税期限不尽相同，一般可以分为按期纳税和按次纳税两种。

（6）减免税。减免税是对纳税人的优惠规定，体现了国家鼓励发展的行业方向。减免税的形式如下。

1）起征点，是对征税对象开始征税的数额，未达到起征点的不征税，达到或者超过起征点的，对全额征税。

2）免征额，是在征税对象中免予征税的数额，未超过免征额的不征税，仅对超过免征额的部分征税。

3）减税，是从应纳税款中减少征收的数额。

（7）违法处理。违法处理是对违反税法规定的纳税人、征税机关或者相关单位和个人采取的惩罚措施，主要是行政制裁和刑事制裁。

7. 2　流转税法

7. 2. 1　流转税与流转税法概述

流转税是以商品或者非商品流转额为征税对象的一种税。流转税税源广，目前是我国第一大税类。流转税与商品、劳务的价格有密切的联系，价格变动、销量变化均会影响国家流转税收入。流转税是间接税，其纳税人和实际负税人往往是分离的。目前，流转税主要包括增值税、消费税和关税等。

1993 年 12 月，我国进行了一次较大规模的税制改革。现行流转税立法主要是 1993 年 12 月国务院经全国人大常委会授权制定的《中华人民共和国增值税暂行条例》（简称《增值税暂行条例》）、《中华人民共和国消费税暂行条例》（简称《消费税暂行条例》）等，以及财政部颁布的实施细则和国家税务总局制定的规章制度等，2017 年 10 月 30 日国务院第 191 次常务会议通过了修订后的《增值税暂行条例》。

7.2.2 增值税

增值税是对销售货物，进口货物，提供加工、修理修配劳务过程中实现的增值额征收的一种税。

1. 纳税义务人

在中华人民共和国境内销售货物或者提供加工、修理修配劳务以及进口货物的单位和个人，为增值税的纳税义务人。企业租赁或承包给他人经营的，以承租人或承包人为纳税人。

依据纳税人的经营规模及会计核算健全与否，增值税纳税人可以分为一般纳税人和小规模纳税人。对小规模纳税人的确认，由主管税务机关依税法规定的标准认定。

2. 征税对象

增值税的征税对象包括销售货物，进口货物，提供加工、修理修配劳务。其中，货物是指有形动产，包括电力、热力、气体在内。加工是指受托加工货物，即委托方提供原料及主要材料，受托方按照委托方的要求制造货物并收取加工费的业务。修理修配是指受托对损伤和丧失功能的货物进行修复，使其恢复原状和功能的业务。此外，银行销售金银，典当业销售死当物品，寄售业销售寄售物品、货物期货（包括商品期货和贵金属期货）等，均属增值税的征税范围。

3. 税率

（1）基本税率 13%。纳税人销售或者进口货物，提供加工、修理修配劳务，除税法另有规定外，税率为 13%。

（2）低税率 9%。纳税人销售或者进口下列货物，税率为 9%：粮食等农产品、食用植物油、食用盐；自来水、暖气、冷气、热水、煤气、石油液化气、天然气、二甲醚沼气、居民用煤炭制品；图书、报纸、杂志、音像制品、电子出版物；饲料、化肥、农药、农机、农膜；国务院规定的其他货物。

（3）出口货物，税率为 0，但是，国务院另有规定的除外。

（4）小规模纳税人销售货物或者应税劳务的征收率为 3%，一般纳税人发生按规定适用或者可以选择适用简易计税方法计税的特定应税行为，征收率为 3%，但适用 5% 征收率的除外。

（5）下列项目免征增值税：农业生产者销售的自产农业产品；避孕药品和用具；古旧图书；直接用于科学研究、科学试验和教学的进口仪器、设备；外国政府、国际组织无偿援助的进口物资和设备；来料加工、来件装配和补偿贸易所需进口的设备；由残疾人组织直接进口供残疾人专用的物品；销售自己使用过的物品。除前款规定外，增值税的免税、减税项目由国务院规定。任何地区、部门均不得规定免税、减税项目。

（6）纳税人兼营不同税率的货物或者应税劳务，应当分别核算不同税率货物或者应税劳务的销售额。未分别核算销售额的，从高适用税率。纳税人兼营免税、减税项目的，应单独核算免税、减税项目的销售额；未单独核算销售额的，不得免税、减税。

4. 增值税应纳税额的计算

（1）一般纳税人增值税应纳税额的计算。一般纳税人销售货物或者提供应税劳务，应纳税额为当期销项税额抵扣当期进项税额后的余额。应纳税额的计算公式为：

应纳税额 = 当期销项税额 − 当期进项税额

因当期销项税额小于当期进项税额不足抵扣时，其不足部分可以结转下期继续抵扣。

1）销项税额是指纳税人销售货物或者应税劳务，按照销售额和税法规定的税率计算并向购买方收取的增值税额。销项税额的计算公式为：

销项税额 = 销售额 × 税率

销售额为纳税人销售货物或者应税劳务向购买方收取的全部价款和价外费用，但是不包括收取的销项税额、受托加工应征消费税的消费品所代收代缴的消费税、符合税法规定的代垫运费。价外费用是指价外向购买方收取的手续费、补贴、基金、集资费返还利润、奖励费、违约金（延期付款利息）、包装费、包装物租金、储备费、优质费、运输装卸费、代收款项、代垫款项及其他各种性质的价外收费。凡价外费用，无论其会计制度如何核算，均应并入销售额计算应纳税额。

如果销售收入中包含增值税税款，则应将不含税的销售额和销项税额分离开来，计算公式为：

不含增值税的销售额 = 含增值税的销售额 ÷（1 + 增值税税率或征收率）

2）进项税额是指纳税人购进货物或者接受应税劳务，所支付或者负担的增值税额。

①准予从销项税额中抵扣的进项税额包括：从销售方取得的增值税专用发票上注明的增值税额；从海关取得的完税凭证上注明的增值税额；购进免税农业产品准予抵扣进项税额，按照买价和税法规定的扣除率计算；销售货物或购进货物（固定资产除外）所支付的运费，按运费和建设基金 9% 扣除率计算进项税额等。

②不得从销项税额中抵扣的进项税额包括：购进固定资产；用于非应税项目的购进货物或者应税劳务；用于免税项目的购进货物或者应税劳务；用于集体福利或者个人消费的购进货物或者应税劳务；非正常损失的购进货物；非正常损失的在产品、产成品所耗用的购进货物或者应税劳务。

（2）小规模纳税人增值税应纳税额的计算。小规模纳税人销售货物或者应税劳务，实行简易办法计算应纳税额，公式如下：

应纳税额 = 销售额 × 征收率

销售额的确定与一般纳税人相同，不同的是小规模纳税人不得抵扣任何进项税额。

随堂演练 7-2

某商业零售企业为增值税小规模纳税人。2019 年 3 月，该商业零售企业销售商品收入（含增值税）41 200 元。已知该商业零售企业增值税征收率为 3%。该企业 3 月应缴纳的增值税额为（　　）元。

A. 1 248　　B. 1 872　　C. 1 766. 04　　D. 1 200

【答案】 D

【解析】 对增值税小规模纳税人，实行简易办法计算应纳税额，并且对销售货物采取价税合计的方法，要分离出不含税销售额。因此，应纳税额 = 含税销售额 ÷ (1 + 征收率) × 征收率 = 41 200 ÷ (1 + 3%) × 3% = 1 200（元）。

（3）进口货物增值税应纳税额的计算。纳税人进口货物，按照组成计税价格和规定的税率计算应纳税额，不得抵扣任何税额。组成计税价格和应纳税额的计算公式为：

组成计税价格 = 关税完税价格 + 关税 + 消费税

应纳税额 = 组成计税价格 × 税率

5. 增值税专用发票

增值税专用发票不仅是商事凭证，而且是购货方进项税额的法定扣税凭证，具有十分重要的地位。专用发票只限于增值税的一般纳税人领购使用，小规模纳税人和非增值税纳税人不得领购使用。专用发票的开具和保管在税法中都有明确的规定，纳税人应当遵照执行。

7. 2. 3 营业税改增值税试点相关规定

“营改增”就是营业税改增值税。

我国自 1979 年开始试行增值税，分别于 1984 年、1993 年、2009 年和 2012 年进行了四次重要改革。其中 2009 年的改革属于增值税的转型阶段，即由生产型增值税转型为消费型增值税。自 2012 年起的第四次改革，属于增值税的“营改增”阶段，从 2012 年 1 月 1 日起，在部分地区和行业开展深化增值税制度改革试点。2016 年 3 月 23 日财政部和国家税务总局发布《关于全面推开营业税改征增值税试点的通知》（财税〔2016〕36 号）及《营业税改征增值税试点实施办法》，到 2016 年 5 月 1 日，征收营业税的行业全部改为征收增值税。

1. 纳税人的规定

在中华人民共和国境内（以下称境内）销售服务、无形资产或者不动产（以下称应税行为）的单位和个人，为增值税纳税人，应当按照《营业税改征增值税试点实施办法》缴纳增值税，不缴纳营业税。

单位，是指企业、行政单位、事业单位、军事单位、社会团体及其他单位。

个人，是指个体工商户和其他个人。

单位以承包、承租、挂靠方式经营的，承包人、承租人、挂靠人（以下统称承包人）以发包人、出租人、被挂靠人（以下统称发包人）名义对外经营并由发包人承担相关法律责任的，以该发包人为纳税人。否则，以承包人为纳税人。

2. 纳税人的分类及其标准

纳税人分为一般纳税人和小规模纳税人（见表 7-1）。

应税行为的年应征增值税销售额（以下称应税销售额）超过财政部和国家税务总局规定标准的纳税人为一般纳税人，未超过规定标准的纳税人为小规模纳税人。

年应税销售额超过规定标准的其他个人不属于一般纳税人。年应税销售额超过规定标准但不经常发生应税行为的单位和个体工商户可选择按照小规模纳税人纳税。

表 7-1　纳税人的分类及其标准

分类	标准
小规模纳税人	（1）应税服务年销售额未超过 500 万元的纳税人为小规模纳税人 （2）非企业性质单位、不经常提供应税服务的企业和个体工商户应税服务年销售额超过一般纳税人标准，可选择按照小规模纳税人纳税
一般纳税人	（1）应税服务年销售额超过 500 万元的纳税人为一般纳税人 （2）试点地区应税服务年销售额未超过 500 万元的原公路、内河货物运输自开票纳税人，应当申请认定为一般纳税人

小贴士 7-1　如何进行纳税人类别资格确认

（1）试点纳税人接到主管国税机关下达的《营业税改征增值税纳税人缴纳营业税期间营业收入确认通知》后，应于 2016 年 4 月 20 日前向主管国税机关提交《营业收入确认回执》，并按规定向主管国税机关办理一般纳税人资格登记或选择按小规模纳税人纳税登记手续。

试点实施前已登记为一般纳税人并兼营应税行为的试点纳税人，无须重新做一般纳税人登记。

（2）试点实施前年应税销售额未超过 500 万元，或未接到《营业税改征增值税纳税人缴纳营业税期间营业收入确认通知》的，需要申请登记为一般纳税人的试点纳税人，可以自 2016 年 4 月 1 日后向主管国税机关办理一般纳税人资格登记。

3. 扣缴义务人

中华人民共和国境外（以下称境外）单位或者个人在境内发生应税行为，在境内未设有经营机构的，以购买方为增值税扣缴义务人。财政部和国家税务总局另有规定的除外。

4. 征税范围及税率

（1）“营改增”征税范围。“营改增”试点的应税范围，如表 7-2 所示。

表 7-2　“营改增”试点的应税范围

应税范围	具体内容
交通运输业	陆路（含铁路）运输、水路运输、航空运输和管道运输服务
邮政	邮政普通服务、邮政特殊服务、其他邮政服务
电信服务	基础电信、增值电信服务
建筑	工程服务、安装服务、修缮服务、装饰服务、其他建筑服务
金融服务	贷款服务、直接收费金融服务、保险服务、金融商品转让
销售不动产	包括建筑物、构建物等
转让土地使用权	—
不动产租赁服务	—
生活服务	文化体育服务、教育医疗服务、旅游娱乐服务、餐饮住宿服务、居民日常服务、其他生活服务
现代服务	研发和技术服务、信息技术服务、文化创意服务、物流辅助服务、租赁服务、鉴证咨询服务、广播影视服务、商业辅助服务、其他现代服务
提供有形动产租赁服务	—

不征增值税项目，如表7-3所示。

表7-3 不征增值税项目

不征增值税项目	根据国家指令无偿提供的铁路运输服务、航空运输服务、属于《试点实施办法》规定的用于公益事业的服务
	存款利息
	被保险人获得的保险赔付
	房地产主管部门或者其他指定机构、公积金管理中心、开发企业以及物业管理单位代收的住宅专项维修资金
	在资产重组过程中，通过合并、分立、出售、置换的方式，将全部或者部分实物资产以及与其相关联的债权、负债和劳动力一并转让给其他单位和个人，其中涉及的不动产、土地使用权转让行为

随堂演练7-3

下列属于不征增值税项目的是（ ）。

A. 婚姻介绍所

B. 残疾人员本人为社会提供的服务

C. 纪念馆、博物馆、展览馆、文化保护单位管理机构、美术馆、书画院、图书馆在自己的场所提供文化体育服务的第一道门票收入

D. 被保险人获得的保险赔付

【答案】D

【解析】选项ABC属于免征增值税项目。

随堂演练7-4

判断题：按照国家有关规定，应取得相关资质的国际运输服务项目，纳税人取得相关资质的，适用增值税零税率政策；未取得的，也适用增值税零税率政策。（ ）

【答案】×

【解析】根据《跨境应税行为适用增值税零税率和免税政策的规定》，应取得相关资质的国际运输服务项目，纳税人取得相关资质的，适用增值税零税率政策；未取得的，适用增值税免税政策。

随堂演练7-5

判断题：存款利息免征增值税。（ ）

【答案】×

【解析】存款利息不征增值税。

（2）增值税税率。增值税税率的规定如下。

①纳税人发生应税行为，除第②③④项规定外，税率为6%。

②提供交通运输、邮政、基础电信、建筑、不动产租赁服务，销售不动产，转让土地使用权，税率为9%。

③提供有形动产租赁服务，税率为13%。

④境内单位和个人发生的跨境应税行为，税率为零。具体范围由财政部和国家税务总局另行规定。

5. 销售额的计算

销售额 = 含税销售额 ÷（1 + 税率）

销项税额 = 销售额 × 税率

当期销售额小于当期进项税额不足抵扣时，其不足部分可以结转下期继续抵扣。

（1）销售额的确定。销售额的确定如表 7-4 所示。

表 7-4 销售额的确定

销售方式	计算方法
贷款服务	以提供贷款服务取得的全部利息及利息性质的收入为销售额
直接收费金融服务	以提供直接收费金融服务收取的手续费、佣金、酬金、管理费、服务费、经手费、开户费、过户费、结算费、转托管费等各类费用为销售额
金融商品转让	以卖出价扣除买入价的余额为销售额
经纪代理服务	以取得的全部价款和价外费用，扣除向委托方收取并代为支付的政府性基金或者行政事业性收费后的余额为销售额
融资租赁	以取得的全部价款和价外费用，扣除支付的借款利息（包括外汇借款和人民币借款利息）、发行债券利息和车辆购置税后的余额为销售额
融资性售后回租业务	以取得的全部价款和价外费用（不含本金），扣除对外支付的借款利息（包括外汇借款和人民币借款利息）、发行债券利息后的余额作为销售额
航空运输企业的销售额	不包括代收的机场建设费和代售其他航空运输企业客票而代收转付的价款
试点纳税人中的一般纳税人（以下称一般纳税人）提供客运场站服务	以取得的全部价款和价外费用，扣除支付给承运方运费后的余额为销售额
试点纳税人提供旅游服务	以取得的全部价款和价外费用，扣除向旅游服务购买方收取并支付给其他单位或者个人的住宿费、餐饮费、交通费、签证费、门票费和支付给其他接团旅游企业的旅游费用后的余额为销售额
试点纳税人提供建筑服务适用简易计税方法的	以取得的全部价款和价外费用，扣除支付的分包款后的余额为销售额
房地产项目（选择简易计税方法的房地产老项目除外）	以取得的全部价款和价外费用，扣除受让土地时向政府部门支付的土地价款后的余额为销售额

随堂演练 7-6

下列关于销售额确定的说法中正确的有（　　）。

A. 金融商品转让以卖出价作为销售额

B. 航空运输企业的销售额不包括代收的机场建设费和代售其他航空运输企业客票而代收转付的价款

C. 融资租赁，以取得的全部价款和价外费用，扣除支付的借款利息（包括外汇借款和人民币借款利息）、发行债券利息和车辆购置税后的余额为销售额

D. 贷款服务，以提供贷款服务取得的全部利息及利息性质的收入为销售额

【答案】 BCD

【解析】 选项A，金融商品转让以卖出价扣除买入价的余额为销售额。

（2）进项税额的确定。准予抵扣的进项税额如下：

1）从销售方或者提供方取得的增值税专用发票上注明的增值税额（含货物运输业增值税专用发票、税控机动车销售统一发票）；

2）从海关取得的《海关进口增值税专用缴款书》上注明的增值税额；

3）购进农产品，除取得增值税专用发票或者《海关进口增值税专用缴款书》外，按照农产品收购发票或者销售发票上注明的农产品买价和13%的扣除率计算的进项税额：

进项税额 = 买价 × 扣除率

4）接受境外单位或个人提供的应税服务，从税务机关或者境内代理人取得的解缴税款的《中华人民共和国税收通用缴款书》上注明的增值税额。

（3）不得抵扣的进项税额。不得抵扣的进项税额包括：

1）适用简易计税方法计税项目、非增值税应税项目、免征增值税项目、集体福利或者个人消费的购进货物、接受加工修理修配劳务或者应税服务；

2）非正常损失的购进货物及相关的加工修理修配劳务和交通运输业服务；

3）非正常损失的在产品、产成品所耗用的购进货物（不包括固定资产）、加工修理修配劳务或者交通运输业服务；

4）接受的旅客运输服务。

（4）非增值税项目的确定。非增值税项目是指非增值税应税劳务、转让无形资产（专利技术、非专利技术、商誉商标、著作权等）、销售不动产以及不动产在建工程。

一般纳税人兼营简易计税方法计税项目、非增值税应税劳务、免征增值税项目而无法划分不得抵扣的进项税额，按照以下公式计算不得抵扣的进项税额：

不得抵扣的进项税额 = 当期无法划分的全部进项税款 ×（当期简易计税方法计税项目销售额 + 非增值税应税劳务营业额 + 免征增值税项目销售额）÷（当期全部销售额 + 当期全部营业额）

纳税人发生的服务中止，因购进货物退出、折让而收回的增值税额，应当从当期进项税额中扣减。

纳税人取得的增值税扣税凭证不符合法律、行政法规或者国家税务总局有关规定的，其进项税额不得从销项税额中抵扣。

一般纳税人提供财政部和国家税务总局规定的特定应税服务可以选择适用简易计税方法，但一经选择，36个月内不得变更。

（5）进项税额转出。纳税人发生的服务中止，因购进货物退出、折让而收回的增值税额，应当从当期进项税额中扣减。

6. 小规模纳税人应纳税额的计算

计算公式：

应纳税额 = 销售额 × 征收率

销售额不包括其应纳税额；纳税人采用销售额和应纳税额合并定价方法的，按照下列公式计算销售额：

销售额 = 含税销售额 ÷（1 + 征收率）

随堂演练 7-7

某公司专门从事商业咨询服务，于2016年5月1日起实行“营改增”，被认定为增值税小规模纳税人。9月15日，向某一般纳税人企业提供资讯信息服务，取得含增值税销售额3.09万元；9月20日，向某小规模纳税人提供注册信息服务，取得含增值税销售额1.03万元；9月25日，购进办公用品，支付价款2.06万元，并取得增值税普通发票。已知增值税征收率为3%。计算该公司当月应纳增值税税额。

【解析】根据《营业税改征增值税试点实施办法》的相关规定，小规模纳税人提供应税服务，采用简易办法征税，销售额中含有增值税款的，应换算为不含税销售额，计算应纳税额，购进货物支付的增值税款不允许抵扣。

$$销售额=(3.09+1.03)\div(1+3\%)=4(万元)$$

$$应纳增值税税额=4\times3\%=0.12(万元)$$

7. 减免税规定

（1）免征增值税项目：

1）个人转让著作权；

2）残疾人个人提供应税服务；

3）航空公司提供飞机播洒农药服务；

4）试点纳税人提供技术转让、技术开发和与之相关的技术咨询、技术服务；

5）符合条件的节能服务公司实施合同能源管理项目中提供的应税服务；

6）财政部和国家税务总局规定的其他免税项目。

《营业税改征增值税试点实施办法》规定纳税人提供应税服务适用免税、减税规定的，可以放弃免税、减税，依照《营业税改征增值税试点实施办法》的规定缴纳增值税。放弃免税、减税后，36个月内不得再申请免税、减税。

（2）起征点。个人提供应税服务的销售额未达到增值税起征点的，免征增值税；达到起征点的，全额计算缴纳增值税。

8. 征收管理

（1）纳税义务发生时间。纳税人提供应税服务并收讫销售款项或者取得索取销售款项凭据的当天；先开具发票的，为开具发票的当天。

收讫销售款项，是指纳税人提供应税服务过程中或者完成后收到款项。

取得索取销售款项凭据的当天，是指书面合同确定的付款日期；未签订书面合同或者书面合同未确定付款日期的，为应税服务完成的当天。

纳税人提供有形动产租赁服务采用预收款方式的，其纳税义务发生时间为收到预收款的当天。

纳税人发生视同提供应税服务的，其纳税义务发生时间为应税服务完成的当天。

增值税扣缴义务发生时间为纳税人增值税纳税义务发生的当天。

（2）纳税地点。纳税地点的具体内容如表7-5所示。

表 7-5 纳税地点

情形	纳税地点
固定业户	应当向其机构所在地或者居住地主管税务机关申报纳税。总机构和分支机构不在同一县（市）的，应当分别向各自所在地的主管税务机关申报纳税；经财政部和国家税务总局或者其授权的财政和税务机关批准，可以由总机构汇总向总机构所在地的主管税务机关申报纳税
非固定业户	应当向应税行为发生地主管税务机关申报纳税；未申报纳税的，由其机构所在地或者居住地主管税务机关补征税款
其他个人	其他个人提供建筑服务，销售或者租赁不动产，转让自然资源使用权，应向建筑服务发生地、不动产所在地、自然资源所在地主管税务机关申报纳税
扣缴义务人	应当向其机构所在地或者居住地主管税务机关申报缴纳扣缴的税款

（3）纳税期限。增值税的纳税期限分别为 1 日、3 日、5 日、10 日、15 日、1 个月或者 1 个季度。纳税人的具体纳税期限，由主管税务机关根据纳税人应纳税额的大小分别核定。以 1 个季度为纳税期限的规定适用于小规模纳税人以及财政部和国家税务总局规定的其他纳税人。不能按照固定期限纳税的，可以按次纳税。

纳税人以 1 个月或者 1 个季度为 1 个纳税期的，自期满之日起 15 日内申报纳税；以 1 日、3 日、5 日、10 日或者 15 日为 1 个纳税期的，自期满之日起 5 日内预缴税款，于次月 1 日起 15 日内申报纳税并结清上月应纳税款。

扣缴义务人解缴税款的期限，按照前两款规定执行。

案例分析 7-2

北京市东方红公司专门从事认证服务，按当时的营业税规定，其认证服务不适用差额纳税的规定。东方红公司于 2016 年 5 月 1 日起实行“营改增”，被认定为增值税一般纳税人。2019 年 10 月东方红公司发生如下业务：

（1）10 月 16 日，取得某项认证服务收入 106 万元，开具防伪税控增值税专用发票，价税合计为 106 万元；

（2）10 月 18 日，购进一台经营用设备，取得防伪税控增值税专用发票，注明金额 20 万元，税额 2.6 万元；

（3）10 月 20 日，接受本市其他单位设计服务，取得防伪税控增值税专用发票，注明金额 5 万元，税额 0.3 万元；

（4）10 月 25 日，接受上海市某运输企业提供的交通运输服务，取得纳税人自开的货物运输业增值税专用发票，注明金额 0.5 万元，税率 9%，税额 0.045 万元；

（5）10 月 28 日，销售 2016 年 1 月 1 日以前购进的一台固定资产，售价为 0.206 万元。

已知：增值税税率为 6%，适用的征收率为 3%。计算该公司当月应纳增值税税额。

【解析】根据《营业税改征增值税试点实施办法》和增值税的规定，一般纳税人销售自己使用过的物品属于不得抵扣且未抵扣进项税额的固定资产，按简易办法以 3% 征收率减半征收增值税。因此，该企业当月应纳税额由两部分组成：一部分是一般计税方法计算的应纳税额；另一部分是简易方法计算的应纳税额。

（1）当期销项税额 $=106\div(1+6\%)\times6\%=6$（万元）

（2）当期进项税额 $=2.6+0.3+0.045=2.945$（万元）

（3）一般计税方法的应纳税额 $=6-2.945=3.055$（万元）

（4）简易方法的应纳税额 $=0.206\div(1+3\%)\times3\%\div2=0.003$（万元）

（5）应纳增值税税额 $=3.055+0.003=3.058$（万元）

7.2.4　消费税

消费税是对部分最终消费品和消费行为的流转额征收的一种税。消费税的征收体现国家的消费政策，其征收范围具有选择性，税率具有差别性，能充分发挥特殊调节作用，是增值税普遍调节的补充。

1. 纳税义务人

在中华人民共和国境内生产、委托加工和进口应税消费品（不包括金银首饰）的单位和个人，为消费税的纳税义务人。金银首饰消费税的纳税人是在我国境内从事商业零售金银首饰的单位和个人。委托加工应税消费品的，委托加工的单位和个人为纳税人，由受托方代收代缴消费税。

2. 征税对象

消费税的征税对象是有选择的，消费税税目、税率（税额）的调整，由国务院根据经济发展情况和消费结构的变化来决定。经国务院批准，财政部、国家税务总局对消费税税目、税率及相关政策进行调整。目前，15 类消费品被列举征收，具体范围如下：烟（包括甲类卷烟、乙类卷烟、雪茄烟和烟丝）；酒（包括白酒、黄酒、啤酒）；高档化妆品；贵重首饰及珠宝玉石；鞭炮、焰火；成品油（包括含铅汽油、无铅汽油、柴油、石脑油、溶剂油、润滑油、燃料油、航空煤油）；摩托车；小汽车；高尔夫球及球具；高档手表；游艇；木制一次性筷子；实木地板；铅蓄电池；涂料。

3. 税率

消费税的税率采用比例税率和定额税率相结合的形式。黄酒、啤酒、成品油采用定额税率，从量征收；其他消费品采用比例税率，从价征收。比例税率的差别幅度较大，最低 3%，最高 45%。2001 年，我国对白酒、卷烟的税率进行了调整，实行从量定额征收和从价定率征收的复合税率形式。

纳税人兼营不同税率的应税消费品，应当分别核算不同税率应税消费品的销售额、销售数量；未分别核算销售额、销售数量的，从高适用税率。纳税人将不同税率的应税消费品组成成套消费品销售的，从高适用税率。

4. 消费税应纳税额的计算

（1）从价定率消费税应纳税额的计算。实行从价定率征收消费税的，应纳税额的计算公式为：

$$应纳税额=销售额\times税率$$

销售额为纳税人销售应税消费品向购买方收取的全部价款和价外费用，不包括应向购货方收取的增值税税款。价外费用是指价外收取的基金、集资费、返还利润、补贴、违约金（延期付款利息）和手续费、包装费、储备费、优质费、运输装卸费、代收款项、代垫款项以及其他各种性质的价外收费。

如果纳税人应税消费品的销售额中未扣除增值税税款或者因不得开具增值税专用发票而发生价款和增值税税款合并收取的，在计算消费税时，应当换算为不含增值税税款的销售额。其换算公式为：

应税消费品的销售额 = 含增值税的销售额 ÷（1 + 增值税税率或征收率）

（2）从量定额消费税应纳税额的计算。实行从量定额征收消费税的，应纳税额的计算公式为：

应纳税额 = 销售数量 × 单位税额

公式中销售数量按下列标准确定：纳税人销售应税消费品的，为应税消费品的销售数量；自产自用应税消费品的，为应税消费品的移送使用数量；委托加工应税消费品的，为纳税人收回的应税消费品数量；进口的应税消费品，为海关核定的应税消费品进口征税数量。

（3）纳税人自产自用消费税应纳税额的计算。纳税人自产自用的应税消费品，用于连续生产应税消费品的，不纳税；用于其他方面的，如纳税人用于生产非应税消费品和在建工程、管理部门、非生产机构、提供劳务，以及用于馈赠、赞助、集资、广告、样品、职工福利、奖励等方面，于移送使用时纳税。消费税按照纳税人生产的同类消费品的销售价格计算纳税；没有同类消费品销售价格的，按照组成计税价格计算纳税。组成计税价格的计算公式为：

组成计税价格 =（成本 + 利润）÷（1 − 消费税税率）

（4）委托加工消费税应纳税额的计算。委托加工的应税消费品，按照受托方的同类消费品的销售价格计算纳税；没有同类消费品销售价格的，按照组成计税价格计算纳税。组成计税价格的计算公式为：

组成计税价格 =（材料成本 + 加工费）÷（1 − 消费税税率）

委托加工的应税消费品是指由委托方提供原料和主要材料，受托方只收取加工费和代垫部分辅助材料加工的应税消费品。委托加工的应税消费品直接出售的，不再征收消费税。

（5）进口货物消费税应纳税额的计算。进口的应税消费品，实行从价定率办法计算应税税额的，按照组成计税价格计算纳税。组成计税价格的计算公式为：

组成计税价格 =（关税完税价格 + 关税）÷（1 − 消费税税率）

纳税人应税消费品的计税价格明显偏低又无正当理由的，由主管税务机关核定其计税价格。

随堂演练 7-8

下列各项中，应征消费税的有（　　）。

A. 烟　　B. 铅蓄电池　　C. 金龙客车　　D. 瓷砖地板

【答案】 AB

随堂演练 7-9

下列关于增值税与消费税的关系表述正确的是（　　）。

A. 缴纳消费税的企业，不再缴纳增值税

B. 缴纳消费税的企业，必然要缴纳增值税

C. 缴纳增值税的企业，不再缴纳消费税

D. 缴纳增值税的企业，必然要缴纳消费税

【答案】B

【解析】消费税是在征收增值税的基础上，对一些特定的应税消费品再征收的一种税。缴纳消费税的纳税人也是增值税的纳税人。

7.3　所得税法

7.3.1　所得税与所得税法概述

所得税是以纳税人的所得额、收益额为征税对象的一种税。所得税以纳税人的实际负担能力为征税原则，多得多征、少得少征、不得不征，是直接税，体现了一定的税法公平原则。目前所得税是我国第二大税类，主要包括企业所得税和个人所得税。

1993 年年底的税制改革统一了不同所有制形式的内资企业的所得税税率，并制定了《企业所得税暂行条例》，该条例自 1994 年 1 月 1 日起施行。2007 年 3 月 16 日，第十届全国人民代表大会第五次会议通过了《企业所得税法》，统一了内外资企业所得税，该法自 2008 年 1 月 1 日起施行。2017 年 2 月 24 日，第十二届全国人民代表大会常务委员会第二十六次会议又对《企业所得税法》进行了第一次修正。2018 年 12 月 29 日第十三届全国人民代表大会常务委员会第七次会议进行了第二次修正。

现行《个人所得税法》是 1980 年 9 月 10 日第五届全国人民代表大会第三次会议通过的，1993 年、1999 年、2005 年、2007 年、2011 年和 2018 年分别重新进行了修订。新法自 2019 年 1 月 1 日起施行。2018 年 12 月 18 日国务院第四次修订《个人所得税实施条例》，与新法同时施行。

7.3.2　企业所得税

企业所得税是对境内企业生产、经营所得和其他所得依法征收的一种税。

1. 纳税义务人

在中华人民共和国境内，企业和其他取得收入的组织（以下统称企业）为企业所得税的纳税人，依《企业所得税法》缴纳企业所得税。但是个人独资企业、合伙企业不适用该法。

企业分为居民企业和非居民企业。

（1）居民企业是指依法在中国境内成立，或者依照外国（地区）法律成立但实际管理机构在中国境内的企业。

（2）非居民企业是指依照外国（地区）法律成立且实际管理机构不在中国境内，但在中国境内设立机构、场所的，或者在中国境内未设立机构、场所，但有来源于中国境内所得的企业。

2. 征税对象

居民企业应当就其来源于中国境内、境外的所得缴纳企业所得税，即承担无限纳税义务。

非居民企业在中国境内设立机构、场所的，应当就其所设机构、场所取得的来源于中国境内的所得，以及发生在中国境外但与其所设机构、场所有实际联系的所得，缴纳企业所得税。非居民企业在中国境内未设立机构、场所的，或者虽设立机构、场所但取得的所得与其所设机构、场所没有实际联系的，应当就其来源于中国境内的所得缴纳企业所得税。非居民企业承担有限纳税义务。

3. 税率

企业所得税的税率为25%。非居民企业在中国境内未设立机构、场所的，或者虽设立机构、场所但取得的所得与其所设机构、场所没有实际联系的，应当就其来源于中国境内的所得缴纳企业所得税，适用税率为20%。税法还规定了特殊情况下可享受的优惠税率。

4. 企业的应纳税所得额

企业每一纳税年度的收入总额，减除不征税收入、免税收入、各项扣除以及允许弥补的以前年度亏损后的余额，为应纳税所得额。

（1）收入总额。企业以货币形式和非货币形式从各种来源取得的收入，为收入总额，包括：销售货物收入；提供劳务收入；转让财产收入；股息、红利等权益性投资收益；利息收入；租金收入；特许权使用费收入；接受捐赠收入；其他收入。

收入总额中的下列收入为不征税收入：财政拨款；依法收取并纳入财政管理的行政事业性收费、政府性基金；国务院规定的其他不征税收入。

（2）税法规定可以扣除的项目。企业实际发生的与取得收入有关的、合理的支出，包括成本、费用、税金、损失和其他支出，准予在计算应纳税所得额时扣除。

1）成本，即生产、经营成本，是指纳税人为生产、经营商品和提供劳务等所发生的各项直接费用和各项间接费用。

2）费用，即纳税人为生产、经营商品和提供劳务等所发生的销售（经营）费用、管理费用和财务费用。

3）税金，即纳税人按规定缴纳的消费税、城乡维护建设税、资源税、土地增值税。教育费附加，可视同税金。

4）损失，即纳税人生产、经营过程中的各项营业外支出，已发生的经营亏损和投资损失以及其他损失。

在计算应纳税所得额时，企业财务、会计处理办法与税收法律、行政法规的规定不一致的，应当依照税收法律、行政法规的规定计算。

对于纳税人准予扣除的项目，税法有明确具体的规定。

1）企业发生的公益性捐赠支出，在年度利润总额12%以内的部分，准予在计算应纳税所得额时扣除。

2）在计算应纳税所得额时，企业按照规定计算的固定资产折旧，准予扣除。下列固定资产不得计算折旧扣除：房屋、建筑物以外未投入使用的固定资产；以经营租赁方式租入的固定资产；以融资租赁方式租出的固定资产；已足额提取折旧仍继续使用的固定资产；与经营活动无关的固定资产；单独估价作为固定资产入账的土地；其他不得计算折旧扣除的固定资产。

3）在计算应纳税所得额时，企业按照规定计算的无形资产摊销费用，准予扣除。下列无形资产不得计算摊销费用扣除：自行开发的支出已在计算应纳税所得额时扣除的无形资产；自创商誉；与经营活动无关的无形资产；其他不得计算摊销费用扣除的无形资产。

4）在计算应纳税所得额时，企业发生的下列支出作为长期待摊费用，按照规定摊销的，准予扣除：已足额提取折旧的固定资产的改建支出；租入固定资产的改建支出；固定资产的大修理支出；其他应当作为长期待摊费用的支出。

5）企业使用或者销售存货，按照规定计算的存货成本，准予在计算应纳税所得额时扣除。

6）企业转让资产，该项资产的净值，准予在计算应纳税所得额时扣除。

（3）税法规定不得扣除的项目。在计算应纳税所得额时，下列支出不得扣除。

1）向投资者支付的股息、红利等权益性投资收益款项。

2）企业所得税税款。

3）税收滞纳金。

4）罚金、罚款和被没收财物的损失。

5）税法准予扣除的公益性捐赠以外的其他捐赠支出。

6）赞助支出。

7）未经核定的准备金支出。

8）与取得收入无关的其他支出。

此外，企业对外投资期间，投资资产的成本在计算应纳税所得额时不得扣除。企业在汇总计算缴纳企业所得税时，其境外营业机构的亏损不得抵减境内营业机构的盈利。

企业纳税年度发生的亏损，准予向以后年度结转，用以后年度的所得弥补，但结转年限最长不得超过 5 年。

（4）非居民企业特殊的应纳税所得额的确定。非居民企业在中国境内未设立机构、场所的，或者虽设立机构、场所但取得的所得与其所设机构、场所没有实际联系的，按照下列方法计算其应纳税所得额。

1）股息、红利等权益性投资收益和利息、租金、特许权使用费所得，以收入全额为应纳税所得额。

2）转让财产所得，以收入全额减除财产净值后的余额为应纳税所得额。

3）其他所得，参照前两项规定的方法计算应纳税所得额。

5. 企业所得税的应纳税额

企业的应纳税所得额乘以适用税率，减除依照《企业所得税法》关于税收优惠的规定减免和抵免的税额后的余额，为应纳税额。

企业取得的下列所得已在境外缴纳的所得税税额，可以从其当期应纳税额中抵免，抵免限额为该项所得依照《企业所得税法》规定计算的应纳税额；超过抵免限额的部分，可以在以后 5 个年度内，用每年度抵免限额抵免当年应抵税额后的余额进行抵补。

（1）居民企业来源于中国境外的应税所得。

（2）非居民企业在中国境内设立机构、场所，取得发生在中国境外但与该机构、场所有实际联系的应税所得。

居民企业从其直接或者间接控制的外国企业分得的来源于中国境外的股息、红利等权益性投资收益，外国企业在境外实际缴纳的所得税税额中属于该项所得负担的部分，可以作为该居民企业的可抵免境外所得税税额，在上述规定的抵免限额内抵免。

随堂演练 7-10

根据企业所得税法律制度的规定，在计算企业应纳税所得额时，除国务院财政、税务主管部门另有规定外，有关费用支出不超过规定比例的准予扣除，超过部分，准予在以后纳税年度结转扣除。下列各项中，属于该有关费用的是（　　）。

A. 工会会费　　B. 社会保险费　　C. 职工福利费　　D. 职工教育经费

【答案】 D

【解析】 税法规定除国务院财政、税务主管部门另有规定外，企业发生的职工教育经费支出，不超过工资薪金总额的2.5%的部分，准予扣除；超过部分，准予在以后纳税年度结转扣除。

6. 税收优惠

（1）税基式减免。

1）企业的下列收入为免税收入：国债利息收入；符合条件的居民企业之间的股息、红利等权益性投资收益；在中国境内设立机构、场所的非居民企业从居民企业取得与该机构、场所有实际联系的股息、红利等权益性投资收益；符合条件的非营利组织的收入。

2）企业的下列所得，可以免征、减征企业所得税：从事农、林、牧、渔业项目的所得；从事国家重点扶持的公共基础设施项目投资经营的所得；从事符合条件的环境保护、节能节水项目的所得；符合条件的技术转让所得；非居民企业在中国境内未设立机构、场所的，或者虽设立机构、场所但取得的所得与其所设机构、场所没有实际联系的，应当就其来源于中国境内的所得。

3）企业的下列支出，可以在计算应纳税所得额时加计扣除：开发新技术、新产品、新工艺发生的研究开发费用；安置残疾人员及国家鼓励安置的其他就业人员所支付的工资。

4）创业投资企业从事国家需要重点扶持和鼓励的创业投资，可以按投资额的一定比例抵扣应纳税所得额。

5）企业的固定资产由于技术进步等原因，确需加速折旧的，可以缩短折旧年限或者采取加速折旧的方法。

6）企业综合利用资源，生产符合国家产业政策规定的产品所取得的收入，可以在计算应纳税所得额时减计收入。

（2）税率式减免。符合条件的小型微利企业，减按20%的税率征收企业所得税。国家需要重点扶持的高新技术企业，减按15%的税率征收企业所得税。

（3）税额式减免。企业购置用于环境保护、节能节水、安全生产等专用设备的投资额，可以按一定比例实行税额抵免。

（4）其他优惠。国家对重点扶持和鼓励发展的产业和项目，给予企业所得税优惠。

根据国民经济和社会发展的需要，或者由于突发事件等原因对企业经营活动产生重大影响的，国务院可以制定企业所得税专项优惠政策，报全国人民代表大会常务委员会备案。

民族自治地方的自治机关对本民族自治地方的企业应缴纳的企业所得税中属于地方分享的部分，可以决定减征或者免征。自治州、自治县决定减征或者免征的，须报省、自治区、直辖市人民政府批准。

随堂演练 7-11

某软件企业是国家需要重点扶持的高新技术企业。2015 年度该企业的应纳税所得额为 200 万元，该企业 2015 年度应缴纳的企业所得税额为（　　）万元。

A. 50　　B. 40　　C. 30　　D. 20

【答案】 C

【解析】 国家需要重点扶持的高新技术企业，减按 15% 的税率征收企业所得税。该企业 2015 年度应缴纳的企业所得税额 = 200 × 15% = 30（万元）。

7. 特别纳税调整

（1）企业与其关联方之间的业务往来，不符合独立交易原则而减少企业或者其关联方应纳税收入或者所得额的，税务机关有权按照合理方法调整。企业与其关联方共同开发、受让无形资产，或者共同提供、接受劳务发生的成本，在计算应纳税所得额时应当按照独立交易原则进行分摊。

企业从其关联方接受的债权性投资与权益性投资的比例超过规定标准而发生的利息支出，不得在计算应纳税所得额时扣除。

（2）企业可以向税务机关提出与其关联方之间的业务往来的定价原则和计算方法，税务机关与企业协商、确认后，达成预约定价安排。

（3）企业向税务机关报送年度企业所得税纳税申报表时，应当就其与关联方之间的业务往来，附送年度关联业务往来报告表。税务机关在进行关联业务调查时，企业及其关联方，以及与关联业务调查有关的其他企业，应当按照规定提供相关资料。

企业不提供与其关联方之间的业务往来资料，或者提供虚假、不完整资料，未能真实反映其关联业务往来情况的，税务机关有权依法核定其应纳税所得额。

企业实施其他不具有合理商业目的的安排而减少其应纳税收入或者所得额的，税务机关有权按照合理方法调整。

由居民企业，或者由居民企业和中国居民控制的设立在实际税负明显低于 25% 税率水平的国家（地区）的企业，并非由于合理的经营需要而对利润不做分配或者减少分配的，上述利润中应归属于该居民企业的部分，应当计入该居民企业的当期收入。

税务机关依法做出纳税调整，需要补征税款的，应当补征税款，并按照国务院规定加收利息。

8. 征收管理

（1）纳税地点。除税收法律、行政法规另有规定外，居民企业以企业登记注册地为纳税地点；但登记注册地在境外的，以实际管理机构所在地为纳税地点。

居民企业在中国境内设立不具有法人资格的营业机构的，应当汇总计算并缴纳企业所得税。

非居民企业在中国境内设立机构、场所的，就其所设机构、场所取得的来源于中国境内的所得，以及发生在中国境外但与其所设机构、场所有实际联系的所得，以机构、场所所在地为纳税地点。非居民企业在中国境内设立两个或者两个以上机构、场所的，经税务机关审核批准，可以选择由其主要机构、场所汇总缴纳企业所得税。

非居民企业在中国境内未设立机构、场所的，或者虽设立机构、场所但取得的所得与其所设机构、场所没有实际联系的，就其来源于中国境内的所得，以扣缴义务人所在地为纳税地点。

除国务院另有规定外，企业之间不得合并缴纳企业所得税。

（2）纳税期限。企业所得税按纳税年度计算。纳税年度自公历 1 月 1 日起至 12 月 31 日止。

企业在一个纳税年度中间开业，或者终止经营活动，使该纳税年度的实际经营期不足 12 个月的，应当以其实际经营期为一个纳税年度。企业依法清算时，应当以清算期间作为一个纳税年度。

企业所得税分月或者分季预缴。企业应当自月份或者季度终了之日起 15 日内向税务机关报送预缴企业所得税纳税申报表，预缴税款。企业应当自年度终了之日起 5 个月内，向税务机关报送年度企业所得税纳税申报表，并汇算清缴，结清应缴应退税款。

企业在年度中间终止经营活动的，应当自实际经营终止之日起 60 日内，向税务机关办理当期企业所得税汇算清缴。企业应当在办理注销登记前，就其清算所得向税务机关申报并依法缴纳企业所得税。

随堂演练 7-12

甲公司 100 万元税款拖欠了 24 天，税务机关依法加收该公司滞纳税款的滞纳金为（　　）元。

A. 11 000　　B. 12 000　　C. 13 000　　D. 14 000

【答案】 B

【解析】 滞纳金 $=1\ 000\ 000\times 0.5‰\times 24=12\ 000$（元）

7.3.3 个人所得税

个人所得税是对个人取得的各项应税所得所征收的一种税。

1. 纳税义务人

我国对个人所得税纳税人的身份确定，采用住所和居住时间两个标准。在中国境内有住所，或者无住所而在境内居住满 183 天的个人，从中国境内和境外取得的所得，应依法缴纳个人所得税，这类纳税人承担无限纳税义务，被称为居民纳税人。在中国境内无住所又不居住，或者无住所而在境内居住不满 183 天的个人，从中国境内取得的所得，应依法缴纳个人所得税，这类纳税人承担有限纳税义务，被称为非居民纳税人。

2. 征税对象

纳税人有下列各项个人所得的，应缴纳个人所得税：工资、薪金所得；劳务报酬所得；稿酬所得；特许权使用费所得；经营所得；利息、股息、红利所得；财产租赁所得；财产转让所得；偶然所得。

下列各项个人所得，免纳个人所得税：

①省级人民政府、国务院部委和中国人民解放军军以上单位，以及外国组织、国际组织颁发的科学、教育、技术、文化、卫生、体育、环境保护等方面的奖金；

②国债和国家发行的金融债券利息；

③按照国家统一规定发给的补贴、津贴；

④福利费、抚恤金、救济金；

⑤保险赔款；

⑥军人的转业费、复员费、退役金；

⑦按照国家统一规定发给干部、职工的安家费、退职费、基本养老金或者退休费、离休费、离休生活补助费；

⑧依照有关法律规定应予免税的各国驻华使馆、领事馆的外交代表、领事官员和其他人员的所得；

⑨中国政府参加的国际公约、签订的协议中规定免税的所得；

⑩经国务院规定的其他免税所得。

3. 个人所得税应纳税额的计算

2018 年个人所得税法修正案有哪些主要变化呢？

（1）增加了综合所得概念。所谓综合所得，包括工资、薪金所得，劳务报酬所得，稿酬所得，特许权使用费所得四大类收入，这四类收入将合并计算个人所得税。

（2）对综合所得改为按年计算所得税。以前的历次修正，个人所得税均为按月缴纳个人所得税。而这次修正最大的变化，就是将综合所得个人所得税的计算改为按年为单位，即月度预缴、年度汇算清缴的方式。根据最新个人所得税法规定，综合所得按年计算，在取得所得的次年三月一日到六月三十日内办理汇算清缴。

（3）扩大了减除费用扣除范围。综合所得的费用扣除额由原来的月 3 500 元，扩大为年 6 万元；除了原来税法规定的社保、公积金扣除项以外，扩大为六大扣除项，包括：基本养老保险、基本医疗保险、失业保险等社保保险费和住房公积金等、子女教育、继续教育、大病医疗、住房贷款利息或住房租金、赡养老人等支出。

此外，稿酬所得的收入额减按 70% 计算。

（4）增加了公益捐赠的扣除。对教育、扶贫、济困等公益慈善事业进行捐赠，捐赠额未超过申报应纳税所得额 30% 的部分，准予扣除。

新个税法于 2019 年 1 月 1 日起施行，2018 年 10 月 1 日起施行最新起征点和税率。新个税法规定，自 2018 年 10 月 1 日至 2018 年 12 月 31 日，纳税人的工资、薪金所得，先行以每月收入额减除费用 5 000 元以及专项扣除和依法确定的其他扣除后的余额为应纳税所得额，依照个人所得税税率表（综合所得适用）按月换算后计算缴纳税款，并不再扣除附加减除费用。

计算方法：

应纳税所得额 = 月度收入 - 5 000 元（起征点） - 专项扣除（五险一金等） - 专项附加扣除 - 依法确定的其他扣除

随堂演练 7-13

已婚人士小李在北京上班，月收入 1 万元，“五险一金”专项扣除为 2 000 元，每月租金 4 000 元，有一个女儿上幼儿园，父母已经 60 多岁。

在起征点为 3 500 元的情况下，没有专项附加扣除，每月需缴纳 345 元个税；

在起征点为 5 000 元的情况下，没有专项附加扣除，每月需缴纳 90 元个税(= 10 000 - 5 000 - 2 000) × 3%。

根据新政策，小李就可以享受住房租金 1 500 元扣除、子女教育 1 000 元扣除、赡养老人 1 000 元扣除（跟姐姐分摊扣除额），所以，个税为 0 元(= 10 000 - 5 000 - 2 000 - 1 500 - 1 000 - 1 000) × 3%。

表 7-6 为综合所得适用的个人所得税税率表。

表 7-6　个人所得税税率表一（综合所得适用）

级数	全年应纳税所得额	税率（%）	速算扣除数
1	不超过 36 000 元的	3	0
2	超过 36 000 元至 144 000 元的部分	10	2 520
3	超过 144 000 元至 300 000 元的部分	20	16 920
4	超过 300 000 元至 420 000 元的部分	25	31 920
5	超过 420 000 元至 660 000 元的部分	30	52 920
6	超过 660 000 元至 960 000 元的部分	35	85 920
7	超过 960 000 元的部分	45	181 920

注：1. 本表所称全年应纳税所得额是指依照《个人所得税法》第六条的规定，居民个人取得综合所得以每一纳税年度收入额减除费用六万元以及专项扣除、专项附加扣除和依法确定的其他扣除后的余额。
2. 非居民个人取得工资、薪金所得，劳务报酬所得，稿酬所得和特许权使用费所得，依照本表按月换算后计算应纳税额。

目前我们所缴纳个税的应缴纳所得额 = 每月收入 - 专项扣除 - 专项附加扣除 - 5 000 元，专项扣除指的就是我们个人所缴纳的五险一金，专项附加扣除即为 2019 年新推出的子女教育、赡养老人、医疗、继续教育、租房、房贷等费用。

案例分析 7-3

（1）2019 年 1 月周语迟工资明细如下：

工资：15 000 元

扣社保金：1 000 元

扣公积金：1 000 元

附加扣除：2 000 元

周语迟 2019 年 1 月应缴纳的个税是：

应纳税所得额 = 15 000 - 5 000 - 1 000 - 1 000 - 2 000 = 6 000（元）

适用税率为3%：

$$应纳税额 = 6\ 000 \times 3\% = 180\ (元)$$

个人所得税申报应在2019 年2 月完成。

（2）2019 年2 月周语迟工资明细如下：

工资：16 000 元

扣社保金：1 100 元

扣公积金：1 000 元

附加扣除：3 000 元

周语迟2019 年2 月应缴纳的个税计算步骤如下。

第一步，累计应纳税所得额

$$= 15\ 000 + 16\ 000 - 5\ 000 - 5\ 000 - 1\ 000 - 1\ 000 - 1\ 100 - 1\ 000 - 2\ 000 - 3\ 000 = 11\ 900\ (元)$$

对应税率为3%：

$$累计应纳税额 = 11\ 900 \times 3\% = 357\ (元)$$

第二步，当月应纳税额 = 357 − 180 = 177（元）

个人所得税申报应在2019 年3 月完成。

（3）以此类推，如果中间计算的余额为负值时，暂不退税，最终到纳税人通过办理综合所得年度汇算清缴，多退少补。

（4）为什么2019 年1 月应纳税所税额是6 000 元，不用10% 的税率？因为是累计预扣制，所以要用综合所得年度税率表规定的税率，否则年度汇算清缴时税局退税退到手软。

随堂演练7-14

下列各项中，免征个人所得税的有（　　）。

A. 个人取得的保险赔款　　　　B. 军人的转业安置费

C. 国家金融债券利息收入　　　　D. 离退休人员从原任单位取得的补贴

【答案】 ABC

【解析】 离退休人员从原任单位取得的补贴不属于免征范围，应按照“工资、薪金所得”税目纳税。

随堂演练7-15

某民警在一次执行公务中牺牲，被公安部授予“一级英模”称号，并奖励奖金1 万元，奖金由该民警家属代领，同时其家属还收到全国各地捐款达10 万元。对该民警家属的11 万元所得应否纳税存在下列几种意见，（　　）是正确的。

A. 对11 万元全额征收个人所得税

B. 对11 万元全部免纳个人所得税

C. 对1 万元的奖金免纳个人所得税，对10 万元的受赠金可减纳个人所得税

D. 对11 万元减纳个人所得税

【答案】 C

【解析】 公安部颁发的奖金应当免于缴纳个人所得税。10万元的捐款属于烈属所得，经过批准后可以减征个人所得税。

7.4 税收征收管理法

税收征收管理法是调整税务机关对纳税人依法征税和进行税务监督管理关系的法律规范的总称。1992年9月4日第七届全国人民代表大会常务委员会第二十七次会议通过了《税收征收管理法》，1993年1月1日起施行。2001年4月28日第九届全国人民代表大会常务委员会第二十一次会议、2013年6月29日第十二届全国人民代表大会常务委员会第三次会议、2015年4月24日第十二届全国人民代表大会常务委员会第十四次会议又分别通过修订的《税收征收管理法》，从而使我国税收征收管理工作走上了法制轨道。

7.4.1 税收管理体制

税收管理体制是指划分中央与地方政府关于税法的制定、发布和解释，税种的开征与停征，税目、税率的调整及减免等权限的制度。

1993年我国对税收管理体制进行了重大改革，其核心内容是在划分中央政府与地方政府事权范围的基础上，划分中央与地方的财权范围，实行了中央与地方分税制。分税制将税收划分为中央税、地方税和中央地方共享税。相应地，中央税和中央地方共享税由中央税务机构负责征收；地方税由地方税务机构负责征收。

税务机关是征收机关，也是国家税收管理的职能机关，具有税务管理、税款征收和税务稽查的权力。三权合为一体，强化了税务机关的行政执法权，有力地保证了国家税收的稳定和统一。

7.4.2 税收的征收管理

1. 税务登记

税务登记是加强税收征收管理、保障国家税收收入的基础工作。它是指纳税人向其所在地的税务主管机关办理书面登记的法定程序。依照法律，从事生产、经营的纳税人自领取营业执照之日起三十日内，持有关证件，向税务机关申报办理税务登记。税务机关应当于收到申报的当日办理登记并发给税务登记证件。另外，从事生产、经营的纳税人，税务登记内容发生变化的，自工商行政管理机关变更登记之日起三十日内或者在工商行政管理机关申请办理注销登记之前，持有关证件向税务机关申报办理变更或者注销税务登记。纳税人按照国务院税务主管部门的规定使用税务登记证件。税务证件不得转借、涂改、损毁、买卖或者伪造。

2. 账簿、凭证的管理

账簿、凭证是纳税人财务活动的重要依据，对账簿、凭证的管理是税务管理的重要内容之一。依照法律，从事生产、经营的纳税人、扣缴义务人应按照国务院财政、税务主管部门的规定设置账簿，根据合法、有效凭证进行核算，并依法定保管期限保管账簿、记账凭证、完税凭证及其他有关资料。账簿、记账凭证、完税凭证及其他有关资料不得伪造、变造或者擅自损毁。

3. 纳税申报

纳税申报是税收管理的重要环节之一，它要求纳税人和扣缴义务人必须在法律、行政法规规定或者税务机关依据法律、行政法规规定确定的申报期限内办理纳税申报，报送纳税申报表、财务会计报表或者代扣代缴、代收代缴税款报告表以及税务机关根据实际需要要求纳税人报送的其他资料。为了保护纳税人权益，税法规定，纳税人、扣缴义务人不能按期办理纳税申报或者报送代扣代缴、代收代缴税款报告表的，经税务机关核准，可以延期申报。

7.4.3　税款征收

税款征收是纳税人履行纳税义务，税务机关行使征税权力的活动。

1. 纳税人、扣缴义务人的权利义务

（1）纳税人、扣缴义务人应按期缴纳或者补缴税款。纳税人因有特殊困难，不能按期缴纳税款的，经县以上税务局（分局）批准，可以延期缴纳税款，但最长不得超过 3 个月。纳税人、扣缴义务人未按照规定期限缴纳或解缴税款的，税务机关除责令限期缴纳外，从滞纳税款之日起，按日加收滞纳税款的滞纳金。

（2）纳税人可依照法律、行政法规的规定向税务机关书面申请减税、免税。

2. 税务机关的征收职权

（1）依法征收税款。税务机关征收税款和扣缴义务人代扣、代缴税款时，必须给纳税人开具完税凭证。

（2）依法退还税款。纳税人超过应纳税额缴纳的税款，税务机关发现后应当立即退还；纳税人自结算缴纳税款之日起 3 年内发现的，可以向税务机关要求退还，税务机关查实后应立即退还。

（3）依法追征税款。因税务机关的责任，致使纳税人、扣缴义务人未缴或者少缴税款的，税务机关在 3 年内可以要求纳税人、扣缴义务人计缴税款，但是不得加收滞纳金。因纳税人、扣缴义务人计算错误等失误，未缴或少缴税款的，税务机关在 3 年内可以追征；有特殊情况的，追征期可以延长到 10 年。

（4）税收保全措施。税务机关有根据认为从事生产、经营的纳税人有逃避纳税义务行为的，可以在规定的纳税期之前，责令限期缴纳应纳税款；在限期内发现纳税人有明显转移、隐匿其应纳税的商品、货物以及其他财产或者应纳税的收入的迹象的，税务机关可以责成纳税人提供纳税担保。

如果纳税人不能提供纳税担保，经县以上税务局（分局）局长批准，税务机关可以采取保全措施。具体的保全措施主要如下：书面通知纳税人开户银行或者其他金融机构冻结纳税人的金额相当于应纳税款的存款；扣押、查封纳税人的价值相当于应纳税款的商品、货物或者其他财产。

随堂演练 7-16

根据《税收征收管理法》的规定，税务行政机关可以采取税收保全措施。税收保全措施适用于（　　）。

A. 从事生产、经营的纳税人

B. 非从事生产、经营的纳税人

C. 扣缴义务人和纳税担保人

D. 所有应履行纳税义务的纳税人

【答案】 A

【解析】 实施保全措施的对象是“从事生产、经营的纳税人”。

（5）税收强制执行措施。从事生产、经营的纳税人、扣缴义务人未按照规定的期限缴纳或者解缴税款，纳税担保人未按照规定的期限缴纳所担保的税款，由税务机关责令限期缴纳，逾期仍未缴纳的，经县以上税务局（分局）局长批准，税务机关可以采取强制执行措施。具体的强制执行措施如下：

1）书面通知其开户银行或者其他金融机构从其存款中扣缴税款；

2）扣押、查封、拍卖或者变卖其价值相当于应纳税款的商品、货物或者其他财产，以拍卖或者变卖所得抵缴税款。税务机关采取强制执行措施时，对前款所列纳税人、扣缴义务人、纳税担保人未缴纳的滞纳金同时强制执行。

随堂演练 7-17

税务机关在实行税收保全措施和强制执行措施时，下列财产或者物品中，（　　）不在此类措施范围之内。

A. 纳税人个人所有的金银首饰

B. 纳税人个人仅有的一套住房

C. 纳税人自用的私人汽车

D. 纳税人所有的单价在 5 000 元以下的生活用品

【答案】 BD

【解析】 依《税收征收管理法》第三十八条、第四十条，个人及其所扶养家属维持生活必需的住房和用品，不在税收保全措施和强制执行措施的范围之内。机动车辆、金银饰品、古玩字画、豪华住宅或者一处以外的住房不属于个人及其所扶养家属维持生活必需的住房和用品。税务机关对单价 5 000 元以下的其他生活用品，不采取税收保全措施和强制执行措施。

资料卡 7-4　税收保全措施和税收强制执行措施

1. 主要相同点

（1）批准级次相同，都是县以上税务局（分局）局长批准。

（2）个人及其所扶养家属维持生活必需的住房和用品，不在税收保全措施和强制执行措施范围之内。

2. 主要不同点

(1) 被执行人范围不同。税收保全措施的使用范围只涉及从事生产经营的纳税人；强制执行措施的使用范围除涉及从事生产、经营的纳税人之外，还涉及扣缴义务人、纳税担保人。所以从被执行人角度看，强制执行措施比税收保全措施的涉及面要广。

(2) 执行限度有差异。税收保全措施执行限度应当以应纳税额为限；而采取税收强制执行措施时，对纳税人、扣缴义务人、纳税担保人未缴纳的滞纳金必须同时强制执行，但不包括罚款。

7.4.4 法律责任

法律责任是指违反税法的行为所应当承担的经济、行政和刑事上的法律后果。违反税法的行为是指征税主体或纳税主体故意或过失地违反税收征收管理法的行为。不同的违法行为承担的法律责任不同。

1. 违反税收征收管理程序行为的法律责任

纳税人有下列行为之一的，由税务机关责令限期改正，处以 2 000 元以下的罚款；情节严重的，处 2 000 元以上 10 000 元以下的罚款：

(1) 未按照规定的期限申报办理税务登记、变更或者注销登记的；

(2) 未按照规定设置、保管账簿或者保管会计凭证和有关资料的；

(3) 未按照规定将会计核算软件、使用说明书及有关资料报送税务机关备查的；

(4) 未按照规定将其全部银行账号向税务机关报告的；

(5) 未按照规定安装、使用税控装置，或损毁或者擅自改动税控装置的；

(6) 未按照规定向税务机关报送涉税信息的。

纳税人不办理税务登记的，由税务机关责令限期改正；逾期不改正的，经税务机关提请，由工商行政管理机关吊销其营业执照。纳税人未按照规定使用税务登记证件，或者转借、涂改、损毁、买卖、伪造税务登记证件的，处 2 000 元以上 10 000 元以下的罚款；情节严重的，处 10 000 元以上 50 000 元以下的罚款。

2. 漏税、欠税、偷税、抗税行为的法律责任

(1) 漏税的法律责任。漏税是指纳税人因过失而漏缴税款的行为。对漏税者，由税务机关责令限期依法补缴，逾期不缴的，从漏税之日起按日加收所漏税款 0.5% 的滞纳金。

(2) 欠税的法律责任。欠税是指纳税人超过纳税期限未缴或者少缴税款的行为。对欠税者，一般由税务机关责令限期补缴，并从滞纳之日起按日加收所欠税款 0.5% 的滞纳金。如果欠缴应纳税款的纳税人采取转移或者隐匿财产的手段，致使税务机关无法追缴欠缴的税款，数额不满 1 万元的，除由税务机关追缴欠缴税款外，处以欠缴税款 5 倍以下的罚款。

(3) 偷税的法律责任。偷税是指纳税人采取伪造、变造、隐匿、擅自销毁账簿、记账凭证，在账簿上多列支出或者不列、少列收入，或者进行虚假的纳税申报的手段不缴或者少缴应纳税款的行为。依照法律，下列行为视为偷税：扣缴义务人采取上述手段，不缴或者少缴已扣、已收税款；纳税人欠税并且采取转移或者隐匿手段，致使税务机关无法追缴欠款，数额在 1 万元以下的；企事业单位犯有偷税行为的；纳税人向税务人员行贿，不缴或者少缴应纳税款的；企事业单位采取对所生产或经营的商品假报出口等欺骗手段，骗取国家出口退税款，数额在1万元以上的。偷税数额占应纳税额的10%以上并且偷税数额在1万元以上的，或者因偷税被税务机关给予二次行政处罚又偷税的，除由税务机关追缴其偷税税款外，还构成偷税罪，应承担刑事责任；偷税数额不满1万元或偷税数额占应纳税额不到10%的，由税务机关追缴其偷税税款，处以偷税额5倍以下的罚款。

（4）抗税的法律责任。抗税是指纳税人以暴力、威胁方法抗拒缴纳税款的行为。对抗税者，除由税务机关追缴其拒缴的税款外，还应承担刑事责任；情节轻微、未构成犯罪的，由税务机关追缴其拒缴的税款，处以拒缴税款额5倍以下的罚款。

案例分析7-4

2016年2月12日，甲承包了该市粮油贸易公司下属的飞天大酒店，甲每年向该市粮油贸易公司交纳管理费100 000元，承包期从2016年3月1日起至2017年3月1日止。甲从营业之日起至同年9月2日，既不办理税务登记，又不申请缴纳手续，欠缴增值税9 000元。税务工作人员多次催缴，甲都不予理睬，而且无视税务工作人员向其下达的《限期纳税通知书》。为了逃避纳税，甲私自将其存放在飞天大酒店的财产转移，并且到外地躲避。

请问：（1）甲的做法属于什么行为？

（2）税务机关应该对甲如何处理？

【解析】

（1）甲的做法属于逃避追缴欠税行为。《税收征收管理法》第六十五条规定：“纳税人欠缴应纳税款，采取转移或者隐匿财产的手段，妨碍税务机关追缴欠缴的税款的，由税务机关追缴欠缴的税款、滞纳金，并处欠缴税款50%以上5倍以下的罚款……”本案中，甲作为纳税义务人，拒不缴纳税款，而且采用转移财产和逃到外地的方式，妨碍税务机关追缴欠缴的税款，其做法属于逃避追缴欠税行为。

（2）税务机关应该追缴甲欠缴的税款和滞纳金，并对其处以所欠税款50%以上5倍以下的罚款。本案中，甲的行为违反了《税收征收管理法》第六十五条的规定，构成了逃避追缴欠税行为，所以依照法律规定，税务机关应该追缴甲欠缴的税款和滞纳金，并对其处以欠缴税款50%以上5倍以下的罚款。

7.4.5 税务争议的处理

税务争议是纳税人与征税主体就征纳税行为发生的争议。税务争议可以分为对具体征税行为的争议和对税务机关处罚决定、强制执行措施、税收保全措施不服而发生的争议。

对具体征税行为发生争议的，纳税人或扣缴义务人必须先依法缴纳或解缴税款及滞纳金。在收到缴纳凭证之日起六十日内向上一级税务机关申请复议。上一级税务机关应当自收到复议申请之日起六十日内作出复议决定。对复议决定不服的，可以在接到复议决定书之日起十五日内向人民法院起诉。可见，具体征税行为争议必须先复议，对复议决定不服的，才可以诉讼。

对税务机关处罚决定、强制执行措施或税收保全措施不服的，当事人可以在接到处罚通知之日或采取强制执行措施、保全措施之日起十五日内向作出处罚决定或者采取强制执行措施、保全措施的机关的上一级机关申请复议；对复议不服的，可以在接到复议决定书之日起十五日内向人民法院起诉。当事人也可以在接到处罚通知之日或采取强制措施、保全措施之日起十五日内直接向人民法院起诉。可见，该类争议处理程序是复议后诉讼，还是直接诉讼，由当事人选择。

案例分析 7-5

百汇公司成立于2006年，主营网站服务。在2011年度所得税纳税申报时，该公司与税务机关发生争议。税务机关认为，百汇公司计提的长期投资减值准备金10万元不得从应纳税所得额中扣除；百汇公司不同意税务机关的意见，并以此为由拒缴税款。税务机关在责令限期缴纳无效后，作出了暂停百汇公司使用发票的处罚决定。百汇公司对此处罚决定不服，于是向人民法院起诉。

请问：(1) 税务机关的意见是否符合税法规定？

(2) 百汇公司拒缴税款的做法是否合法？

(3) 税务机关的处罚决定是否合法？

【解析】

(1) 符合。纳税人计提的长期投资减值准备金，不得从应纳税所得额中扣除。

(2) 违法。纳税人同税务机关在纳税上发生争议时，必须首先依照税务机关的纳税决定缴纳税款，然后才可以依法申请行政复议；对行政复议决定不服的，可以依法向人民法院起诉。

(3) 合法。纳税人有违反《税收征收管理法》规定的违法行为，拒不接受税务机关处理的，税务机关可以收缴其发票或者停止向其发售发票。

复习思考题

一、判断题

1. 我国现行的税收管理体制是“统一领导，分级管理”。(　　)
2. 全面推行增值税是我国1994年流转税制改革的重点。(　　)
3. 土地增值税的特点是：增值多的多征，增值少的少征，无增值的不征。(　　)
4. 在中国境内无住所又不居住或者无住所而在境内居住不满1年的个人，从中国境内取得的所得，不缴纳个人所得税。(　　)

二、单项选择题

1. 企业所得税采用比例税率，税率为（　　）。

A. 15%　　B. 25%　　C. 33%　　D. 40%

2. 对于在中国境内没有设立机构、场所而又有来源于我国的股息、利息、租金、特许权使用费等项所得的外国公司、企业和其他经济组织，其所得税实行比例税率，税率为（　　）。

A. 15%　　B. 20%　　C. 25%　　D. 33%

3. 税收具有的保证国家财政收入的职能，使它表现的特征不包括（　　）。
   A. 强制性　　B. 无偿性　　C. 义务性　　D. 固定性
4. 下列符合企业所得税中所得来源确定的是（　　）。
   A. 提供劳务，按照支付所得的企业所在地确定
   B. 销售货物，按照交易活动发生地确定
   C. 动产转让所得，按照购买动产的企业或者机构、场所所在地确定
   D. 权益性投资资产转让所得，按照投资企业所在地确定
5. 下列项目中，属于工资、薪金范畴的是（　　）。
   A. 独生子女补贴　　B. 托儿补助费　　C. 津贴或补贴　　D. 差旅费津贴

三、多项选择题

1. 我国现行的所得税包括（　　）。
   A. 企业所得税　　B. 个人所得税
   C. 农业税　　D. 外商投资企业和外国企业所得税
2. 下列各项中，属于企业所得税规定的免税收入的有（　　）。
   A. 符合条件的非营利组织的收入
   B. 符合条件的居民企业之间的股息、红利等权益性投资收益
   C. 财政拨款
   D. 国债转让收益
3. 企业所得税的纳税主体包括（　　）。
   A. 国有企业和集体企业　　B. 私有企业
   C. 联营企业　　D. 外商投资企业
4. 分税制财政管理体制的具体内容包括（　　）。
   A. 中央与地方事权和财权的划分
   B. 中央与地方收入的划分
   C. 中央对地方税收返还数额的确定
   D. 原体制中央补助、地方上解及有关结算事项处理
5. 税收具有（　　）特征。
   A. 强制性　　B. 无偿性　　C. 固定性　　D. 随机性

四、填空题

1. 按照征收对象，税收可分为________、________、________、________、________。
2. 税法的构成要素主要包括________、________、________、________、________、________、________。
3. 累进税率分为全额累进税率、________累进税率、________累进税率三种。
4. 我国现行税法分别采用________税率、________税率和定额税率（固定税额）三种。

五、名词解释

1. 税收　2. 税法　3. 税种　4. 税目　5. 税率　6. 比例税率　7. 累进税率　8. 定额

税率　9. 纳税环节　10. 税收法律关系　11. 流转税　12. 增值税　13. 消费税　14. 土地增值税　15. 营业税　16. 所得税　17. 财产税　18. 税收管理体制　19. 偷税　20. 抗税

六、简答题

1. 简述税收的形式特征。
2. 简述增值税的纳税主体、征税对象和税率。
3. 简述所得税的特点。
4. 简述消费税的纳税主体、征税范围和税率。
5. 简述企业所得税的纳税主体、征税对象、税率和税收抵免。
6. 简述我国分税制的主要内容。

七、论述题

1. 试述我国税制改革应遵循的原则。
2. 我国税收征收管理制度有哪些特点?

八、计算题

1. 西京大学教授李星默 2019 年取得工资收入 12 万元，同时取得劳务报酬收入 2 万元，稿酬收入 1 万元，则李星默应缴纳多少个人所得税?

2. 某商场为增值税一般纳税人，7 月初从某羊绒衫厂购进 1 000 件羊绒衫，单价为 380 元，当月批发给几个个体商店 700 件，价税合并的单价是 550 元，商场零售 200 件，价税合并后的单价是 600 元。

请问：该商场当月应纳增值税税额是多少?

第 8 章

会计法律制度

8.1 会计法律制度概述

8.1.1 会计法律制度的概念

会计法律制度，是指国家权力机关和行政机关制定的关于会计工作的法律、法规、规章和规范性文件的总称，简称会计法规。会计法律制度是调整会计关系的法律规范。会计关系是指会计机构和会计人员在办理会计事务过程中，以及国家在管理会计工作过程中发生的经济关系。在一个单位，会计关系的主体为会计机构和会计人员，客体为与会计工作相关的具体事务。

为规范会计行为，保证会计工作有序进行，国家陆续颁布了一系列会计法律、法规和规章，如 1985 年 1 月 21 日第六届全国人民代表大会常务委员会第九次会议通过、1993 年 12 月 29 日第八届全国人民代表大会常务委员会第五次会议修正、1999 年 10 月 31 日第九届全国人民代表大会常务委员会第十二次会议修订、2017 年 11 月 4 日第十二届全国人民代表大会常务委员会第三十次会议修正的《中华人民共和国会计法》（简称《会计法》）。

8.1.2 会计法律制度的适用范围

国家机关、社会团体、公司、企业、事业单位和其他组织（以下统称单位）办理会计事务必须依照《会计法》规定。

《会计法》规定，国家实行统一的会计制度。国家统一的会计制度由国务院财政部门根据《会计法》制定并公布。国家统一的会计制度，是指国务院财政部门根据《会计法》制定的关于会计核算、会计监督、会计机构和会计人员以及会计工作管理的制度。

8.1.3 会计工作管理体制

1. 会计工作的行政管理

会计工作的主管部门是指代表国家对会计工作行使管理职能的政府部门。《会计法》规定："国务院财政部门主管全国的会计工作。县级以上地方各级人民政府财政部门管理本行政区域内的会计工作。"

2. 单位内部的会计工作管理

单位负责人对本单位的会计工作和会计资料的真实性、完整性负责。

单位负责人是指单位法定代表人或者法律、行政法规规定代表单位行使职权的主要负责人。单位负责人应当保证会计机构、会计人员依法履行职责，不得授意、指使、强令会计机构、会计人员违法办理会计事项。

疑难问题 8-1 会计法规定的单位负责人是指谁

会计法规定的单位负责人是指单位法定代表人或者法律、行政法规规定代表单位行使职权的主要负责人，如学校的校长、公司的董事长、国有企业的厂长或经理、医院的院长等。

8.2 会计核算与会计监督

8.2.1 会计核算

会计核算是以货币为主要计量单位，运用专门的会计方法，对生产经营活动或预算执行过程及其结果进行连续、系统、全面的记录、计算、分析，定期编制并提供财务会计报告和其他一系列内部管理所需的会计资料，为经营决策和宏观经济管理提供依据的一项会计活动。会计核算是会计工作的基本职能之一，是会计工作的重要环节。

1. 会计核算的基本要求

（1）依法建账。各单位都应当按照《会计法》的规定设置会计账簿，进行会计核算；设置会计账簿的种类和具体要求，应当符合《会计法》、会计法规和国家统一的会计制度的规定；各单位发生的各项经济业务事项应当统一进行会计核算，不得违反规定私设会计账簿进行登记、核算。

（2）根据实际发生的经济业务进行会计核算。《会计法》规定，各单位必须根据实际发生的经济业务事项进行会计核算，填制会计凭证，登记会计账簿，编制财务会计报告。会计核算以实际发生的经济业务为依据，体现了会计核算的真实性和客观性要求。其具体要求是，根据实际发生的经济业务，取得可靠的凭证，并据此登记账簿，编制财务会计报告，形成符合质量标准的会计资料（会计信息）。

（3）保证会计资料的真实性和完整性。会计资料，主要是指会计凭证、会计账簿、财务会计报告等会计核算专业资料，它是会计核算的重要成果，是投资者作出投资决策、经营者进行经营管理、国家进行宏观调控的重要依据。会计资料的真实性，主要是指会计资料所反映的内容和结果，应当同单位实际发生的经济业务的内容及其结果相一致。会计资料的完整性，主要是指构成会计资料的各项要素都必须齐全，以使会计资料如实、全面地记录和反映经济业务发生情况，便于会计资料使用者全面、准确地了解经济活动情况。会计资料的真实性和完整性，是会计资料最基本的质量要求，是会计工作的生命，各单位必须保证所提供的会计资料真实和完整。

造成会计资料不真实、不完整的原因可能是多方面的，但伪造、变造会计资料是重要手段之一。伪造会计资料，包括伪造会计凭证和会计账簿，是以虚假的经济业务为前提来编制会计凭证和会计账簿，旨在以假充真；变造会计资料，包括变造会计凭证和会计账簿，是用涂改、挖补等手段来改变会计凭证和会计账簿的真实内容，以歪曲事实真相。伪造、变造会计资料，其结果是造成会计资料失实、失真，误导会计资料的使用者，损害投资者、债权人、国家和社会公众利益。因此，《会计法》规定，任何单位或者个人不得以任何方式授意、指使、强令会计机构、会计人员伪造、变造会计凭证、会计账簿和其他会计资料，提供虚假财务会计报告。任何单位和个人不得伪造、变造会计凭证、会计账簿及其他会计资料，不得提供虚假的财务会计报告。

（4）正确采用会计处理方法。会计处理方法是指在会计核算中所采用的具体方法。采用不同的会计处理方法，或者在不同会计期间采用不同的会计处理方法，都会影响会计资料的一致性和可比性，进而影响会计资料的使用。因此，《会计法》和国家统一的会计制度规定，各单位采用的会计处理方法，前后各期应当一致，不得随意变更；确有必要变更的，应当按照国家统一的会计制度的规定变更，并将变更的原因、情况及影响在财务会计报告中说明。

（5）正确使用会计记录文字。会计记录文字是在进行会计核算时，为记载经济业务发生情况和辅助说明会计数字所体现的经济内涵而使用的文字。根据《会计法》的规定，会计记录的文字应当使用中文。在民族自治地方，会计记录可以同时使用当地通用的一种民族文字。在中国境内的外商投资企业、外国企业和其他外国组织的会计记录可以同时使用一种外国文字。

（6）使用电子计算机进行会计核算必须符合法律规定。使用电子计算机进行会计核算，即会计电算化，是将以电子计算机为主的当代电子和信息技术应用于会计工作的简称，是采用电子计算机替代手工记账、算账、报账，以及对会计资料进行电子化分析和利用的现代记账手段。

为保证计算机生成的会计资料真实、完整和安全，《会计法》对会计电算化作出如下规定：一是用电子计算机进行会计核算的单位，其使用的会计软件必须符合国家统一的会计制度的规定；二是使用电子计算机生成的会计凭证、会计账簿、财务会计报告和其他会计资料，必须符合国家统一的会计制度的规定；三是使用电子计算机进行会计核算的，其会计账簿的登记、更正，应当符合国家统一的会计制度的规定。

2. 会计核算的内容

会计核算的内容，是指应当进行会计核算的经济业务事项。根据《会计法》的规定，对下列经济业务事项，应当办理会计手续，进行会计核算。

（1）款项和有价证券的收付。款项的收付，主要包括货币资金的收入、转存、付出、结存等。有价证券的收付，主要包括有价证券的购入、无偿取得、债务重组取得；有价证券的有偿转让、抵债、对外投资、捐赠；有价证券的利息和股利、溢价与折价的摊销；有价证券的期末结存、减值等。

（2）财物的收发、增减和使用。财物的收发、增减和使用，包括存货、固定资产、投资、无形资产等的购入、自行建造、无偿取得、债务重组取得、融资租入、接受捐赠、出售、转让、抵债、无偿调出、捐赠、减值等。

（3）债权债务的发生和结算。债权的发生和结算，主要包括债权的收回及孳息、债务重组、债权减值等。债务的发生和结算，主要包括债权人变更、债务的偿还及孳息、债务重组及免偿等。

（4）资本、基金的增减。资本、基金的增减，主要包括实收资本（股本）、资本公积、盈余公积、基金等的增减变动。如实收资本（股本）的取得和企业增资、减资；资本公积的形成、转增资本；基金的提取、转入、使用和给付等。

（5）收入、支出、费用、成本的计算。收入的计算，如商品销售收入、提供劳务收入、让渡资产使用权收入等主营业务收入；材料销售收入，代购、代销、代加工、代管、代修收入和出租收入等其他业务收入；投资收益，补贴收入，固定资产盘盈、处置固定资产净收益、出售无形资产收益、罚款收益等营业外收入；以前年度损益调整等的确认与结转。

支出、费用、成本的计算，如生产成本的归集、分配与结转；销售费用、管理费用和财务费用等的归集与结转；税金及附加、出售无形资产损失、债务重组损失、计提的固定资产减值准备、捐赠支出等的确认与结转。

（6）财务成果的计算和处理。财务成果的计算和处理，如将收入和相配比的成本、费用、支出转入本年利润，计算利润总额；将所得税转入本年利润，计算净利润；年终结转本年利润；所得税的计提、缴纳、返还和余额结转，递延税款的余额调整等。

（7）需要办理会计手续、进行会计核算的其他事项。

随堂演练 8-1

下列各项中，属于会计核算内容的有（　　）。

A. 财物的收发、增减和使用　　B. 债权债务的发生和结算

C. 资本、基金的增减　　D. 财务成果的计算和处理

【答案】ABCD

【解析】根据《会计法》的规定，对于款项和有价证券的收付，财物的收发、增减和使用，债权债务的发生和结算，资本、基金的增减，收入、支出、费用、成本的计算，财务成果的计算和处理，以及需要办理会计手续、进行会计核算的其他事项，均应当办理会计手续、进行会计核算。

3. 会计年度

会计年度，是指以年度为单位进行会计核算的时间区间，是反映单位财务状况、核算

经营成果的时间界限。根据《会计法》的规定，我国是以公历年度为会计年度，即以每年公历的 1 月 1 日起至 12 月 31 日止为一个会计年度。每一个会计年度还可以按照公历日期具体划分为半年度、季度、月度。

4. 记账本位币

记账本位币，是指日常登记账簿和编制财务会计报告用以计量的货币，也就是单位进行会计核算业务时所使用的货币。根据《会计法》的规定，会计核算以人民币为记账本位币。人民币是我国的法定货币，在我国境内具有广泛的流通性。以人民币作为记账本位币，具有广泛的适应性，便于会计信息口径的一致。

随着我国改革开放的深入，外商投资企业在我国得到迅速发展，同时我国向外国的投资和对外贸易也日渐增多，这就涉及两种或两种以上货币的业务往来，而且在一些单位的日常经营活动中，人民币以外的其他货币收支逐步占主导地位。为了便于这些单位对外开展业务，简化会计核算手续，方便我国境内财务会计报告使用者的阅读和使用，《会计法》规定，业务收支以人民币以外的货币为主的单位，可以选定其中一种货币作为记账本位币，但是编报的财务会计报告应当折算为人民币。

5. 会计凭证

（1）会计凭证的概念。会计凭证，是指具有一定格式、用以记录经济业务事项发生和完成情况，明确经济责任，并作为记账凭证的书面证明，是会计核算的重要会计资料。各单位在按照《会计法》和《会计基础工作规范》的有关规定办理会计手续、进行会计核算时，必须以会计凭证为依据。

（2）会计凭证的分类。会计凭证按其来源和用途，分为原始凭证和记账凭证两种。

1）原始凭证填制的基本要求。原始凭证，又称单据，是指在经济业务发生时，由业务经办人员直接取得或者填制，用以表明某项经济业务已经发生或完成情况并明确有关经济责任的一种原始凭据，如发票。原始凭证是会计核算的原始依据，来源于实际发生的经济业务事项。原始凭证种类很多，既有来自单位外部的，也有单位自制的；既有国家统一印制的具有固定格式的发票，也有由发生经济业务事项双方认可并自行填制的凭据等。

会计机构、会计人员必须按照国家统一的会计制度的规定对原始凭证进行审核，对不真实、不合法的原始凭证有权不予接受，并向单位负责人报告；对记载不准确、不完整的原始凭证予以退回，并要求按照国家统一的会计制度的规定更正、补充。原始凭证记载的各项内容均不得涂改；原始凭证有错误的，应当由出具单位重开或者更正，更正处应当加盖出具单位印章。原始凭证金额有错误的，应当由出具单位重开，不得在原始凭证上更正。

2）记账凭证填制的基本要求。记账凭证，亦称传票，是指对经济业务事项按其性质加以归类，确定会计分录，并据以登记会计账簿的凭证。它具有分类归纳原始凭证和满足登记会计账簿需要的作用。

记账凭证应当根据经过审核的原始凭证及有关资料编制。除部分转账业务以及结账、更正错误外，记账凭证必须附有原始凭证并注明所附原始凭证的张数；一张原始凭证所列的支出需要由两个以上的单位共同负担时，应当由保存该原始凭证的单位开具原始凭证分割单给其他应负担的单位。

随堂演练 8-2

某公司从外地购买了一批原材料，收到发票后，与实际支付款项进行核对时发现发票金额错误，经办人员因急于休假，在交接工作时，一时找不到销售方有关人员了解情况，因此自行在原始凭证上进行了更改，写明情况并加盖了自己的印章，拟作为原始凭证据以入账。分析上述做法有无不妥之处。

【解析】公司经办人员自行更改原始凭证金额的做法不符合规定。根据《会计基础工作规范》的规定，原始凭证金额有错误的，应当由出具单位重开，不得在原始凭证上更正。本例中经办人员应当找到外地销售方重新开具发票。

6. 会计账簿

（1）会计账簿的概念和种类。会计账簿，是指全面记录和反映一个单位经济业务事项，把大量分散的数据或者资料进行归类整理，逐步加工成有用的会计信息的簿籍，它是编制财务会计报告的重要依据。会计账簿的种类主要有以下几种。

1）总账，也称总分类账，是根据会计科目开设的账簿，用于分类登记单位的全部经济业务事项，提供资产、负债、所有者权益、费用、成本、收入等总括核算的资料。总账一般有订本账和活页账两种。

2）明细账，也称明细分类账，是根据总账科目所属的明细科目设置的，用于分类登记某一类经济业务事项，提供有关明细核算资料。明细账通常使用活页账。

3）日记账，是一种特殊的序时明细账，它是按照经济业务事项发生的时间先后顺序，逐日逐笔地进行登记的账簿。日记账包括现金日记账和银行存款日记账。日记账通常使用订本账。

4）其他辅助性账簿，也称备查账簿，是为备忘备查而设置的。在会计实务中，备查账簿主要包括各种租借设备、物资的辅助登记或有关应收、应付款项的备查簿，担保、抵押备查簿等。

（2）登记会计账簿的基本要求。对于会计账簿的登记，各单位应当按照《会计法》和国家统一的会计制度的规定，遵循以下要求。

1）必须依据经过审核的会计凭证登记会计账簿。

2）登记会计账簿必须按照记账规则进行，包括：会计账簿应当按照连续编号的页码顺序登记；会计账簿记录发生错误或者隔页，缺号、跳行的，应当按照国家统一的会计制度规定的方法更正，并由会计人员和会计机构负责人（会计主管人员）在更正处盖章等。

3）任何单位都不得在法定会计账簿之外私设会计账簿。

7. 财务会计报告

财务会计报告，也称财务报告，是指单位对外提供的、反映单位某一特定日期财务状况和某一会计期间经营成果、现金流量等会计信息的文件。编制财务会计报告，是对单位会计核算工作的全面总结，也是及时提供真实、完整会计资料的重要环节。因此，单位必须严格遵循财务会计报告的编制程序和质量要求。

（1）企业财务会计报告的构成。企业财务会计报告包括会计报表、会计报表附注和财务情况说明书。会计报表应当包括资产负债表、利润表、现金流量表及相关附表。企业财务会计报告按编制时间分为年度、半年度、季度和月度财务会计报告。季度、月度财务会计报告通常仅指会计报表，会计报表至少应当包括资产负债表和利润表。国家统一的会计制度规定季度、月度财务会计报告需要编制会计报表附注的，从其规定。

（2）企业财务会计报告的对外提供。企业对外提供的财务会计报告反映的会计信息应当真实、完整。企业应当依照法律、行政法规和国家统一的会计制度有关财务会计报告提供期限的规定，及时对外提供财务会计报告。企业对外提供的财务会计报告应当由企业负责人和主管会计工作的负责人、会计机构负责人（会计主管人员）签名并盖章。设置总会计师的企业，还应由总会计师签名并盖章。

国有企业、国有控股的或者占主导地位的企业，应当至少每年一次向本企业的职工代表大会公布财务会计报告，并重点说明下列事项：

1）反映与职工利益密切相关的信息，包括管理费用的构成情况，企业管理人员工资和福利，以及职工工资、福利费的发放、使用和结余情况，公益金的提取及使用情况，利润分配的情况以及其他与职工利益相关的信息；

2）内部审计发现的问题及纠正情况；

3）注册会计师审计的情况；

4）国家审计机关发现的问题及纠正情况；

5）重大的投资、融资和资产处置决策及其原因的说明等；

6）需要说明的其他重要事项。

企业应依照《企业财务会计报告条例》的规定向有关各方提供财务会计报告，其编制基础、编制依据、编制原则和方法应当一致，不得提供编制基础、编制依据、编制原则和方法不同的财务会计报告。财务会计报告须经注册会计师审计的，企业应当将注册会计师及其会计师事务所出具的审计报告随同财务会计报告一并对外提供。

接受企业财务会计报告的组织或者个人，在企业财务会计报告未正式对外披露前，应当对其内容保密。

8. 账务核对及财产清查

（1）账务核对。账务核对，又称账账核对、账表核对、账证核对或对账，是保证会计账簿记录质量的重要程序。《会计法》规定，各单位应当定期将会计账簿记录与实物、款项及有关资料相互核对，保证会计账簿记录与实物及款项的实有数额相符、会计账簿记录与会计凭证的有关内容相符、会计账簿之间相对应的记录相符、会计账簿记录与会计报表的有关内容相符。

（2）财产清查。财产清查，是会计核算工作的一项重要程序，特别是在编制年度财务会计报告之前，必须进行财产清查，并对账实不符等问题根据国家统一的会计制度的规定进行会计处理，以保证财务会计报告反映的会计信息真实、完整。

财产清查制度是指各单位通过定期或不定期、全面或部分地对各项财产物资进行实地盘点，以及对库存现金、银行存款、债权债务进行清查核实的一种制度。通过清查，各单位可以发现财产管理工作中存在的问题，以便查清原因，改善经营管理，保护财产的完整和安全；可以确定各项财产的实存数，以便查明实存数与账面数是否相符，并查明不符的原因和责任，制定相应措施，做到账实相符，保证会计资料的真实性。

随堂演练 8-3

甲公司是一家国有大型企业。2019 年 12 月，公司召开董事会。董事长兼总经理胡某提出，财务会计报告专业性很强，其精力有限，以前在财务会计报告上签字盖章也只是履行程序而已，从今以后公司对外报送的财务会计报告一律改由公司总会计师范某一人签字盖章后报出。分析甲公司董事长兼总经理胡某的观点有无不妥之处。

【解析】胡某的观点不符合《会计法》的规定。《会计法》规定，公司对外报出的财务会计报告应当由企业负责人和主管会计工作的负责人、会计机构负责人（会计主管人员）签名并盖章；设置总会计师的，还须由总会计师签名并盖章。董事长胡某作为单位法定代表人，应当依法对本单位的会计工作和会计资料的真实性、完整性负责，也应当依法在本单位对外出具的财务会计报告上签名并盖章。

案例分析 8-1

2019 年 12 月，某有限责任公司出纳员王锦在审查原始凭证时，发现业务员李强提供的住宿费发票和张兰提供的购货发票存在问题：李强的住宿费发票大小写金额不一致；张兰提供的购买办公用品的发票经审查是伪造的发票。王锦应如何处理？

【解析】根据《会计法》的规定，会计机构、会计人员对不真实、不合法的原始凭证有权不予受理，并向单位负责人报告，请求查明原因，追究有关当事人的责任；对于记载不准确、不完整的原始凭证予以退回，并要求经办人员按照国家统一的会计制度的规定进行更正、补充。

本案中，王锦发现李强提供的发票大小写金额不一致，应仔细研究分析发票金额大小写不一致的原因，若是认为涂改所致，则属于不合法的原始凭证，不予受理，同时向单位负责人报告；若是发票填写错误，则应退回，要求开票单位重开发票。

对于张兰所提供的伪造的购买办公用品的发票，王锦有权不予受理，并向单位负责人报告，请求查明原因，追究有关当事人的责任。

8.2.2　会计监督

会计监督是会计的基本职能之一，是对经济活动的本身进行检查监督，借以控制经济活动，使经济活动能够根据一定的方向、目标、计划，遵循一定的原则正常进行。会计监督可分为单位内部会计监督、会计工作的政府监督和会计工作的社会监督。

1. 单位内部会计监督

单位内部会计监督制度，是指为了保护其资产的安全、完整，保证其经营活动符合国家法律、法规和内部有关管理制度，提高经营管理水平和效率，而在单位内部采取的一系列相互制约、相互监督的制度与方法。

（1）单位内部会计监督的概念：单位内部会计监督是指各单位的会计机构、会计人员依据法律、法规、制度的规定，通过会计手段对本单位经济活动的合法性、合理性和有效性进行监督。单位内部会计监督的主体是各单位的会计机构、会计人员，内部会计监督的对象是单位的经济活动。

（2）单位内部会计监督的要求如下：

1）单位内部会计监督的内容十分广泛，涉及人、财、物等诸多方面，各单位应当根据实际情况建立、健全本单位内部会计监督制度。

2）会计机构、会计人员对违反《会计法》和国家统一的会计制度规定的会计事项有权拒绝办理或者按照职权予以纠正。发现会计账簿记录与实物、款项及有关资料不相符的，按照国家统一的会计制度的规定有权自行处理的，应当及时处理；无权处理的，应当立即向单位负责人报告，请求查明原因，作出处理。单位负责人应当保证会计机构、会计人员依法履行职责，不得授意、指使、强令会计机构、会计人员违法办理会计事项。

（3）单位内部控制制度。

1）内部控制的概念：内部控制是指单位为实现控制目标，通过制定制度、实施措施和执行程序，对经济活动的风险进行防范和管控。

2）单位建立与实施内部控制，应当遵循下列原则：

①全面性原则，指内部控制应当贯穿单位经济活动的决策、执行和监督全过程；

②重要性原则，指在全面控制的基础上，应当关注单位重要经济活动和经济活动的重大风险；

③制衡性原则，指内部控制应当在治理结构、机构设置及权责分配、业务流程等方面形成相互制约、相互监督；

④适应性原则，指内部控制应当符合国家有关规定和单位的实际情况，并随着情况的变化及时加以调整；

⑤成本效益原则，是指企业内部控制应当权衡实施成本与预期效益，以适当的成本实现有效控制。

3）小企业建立与实施内部控制，应当遵循下列原则：

①风险导向原则，指内部控制应当以防范风险为出发点，重点关注对实现内部控制目标造成重大影响的风险领域；

②适应性原则，指内部控制应当与企业发展阶段、经营规模、管理水平等相适应，并随着情况的变化及时加以调整；

③实质重于形式原则，指内部控制应当注重实际效果，而不局限于特定的表现形式和实现手段；

④成本效益原则，指内部控制应当权衡实施成本与预期效益，以合理的成本实现有效控制。

4）企业内部控制措施有以下几种。

①不相容职务分离控制。要求企业全面系统地分析、梳理业务流程中涉及的不相容职务，实施相应的分离措施，形成各司其职、各负其责、相互制约的工作机制。不相容职务是指那些如果由一个人担任，既可能发生错误和舞弊行为，又可能掩盖其错误和舞弊行为的职务。不相容职务主要包括授权批准与业务经办、业务经办与会计记录、会计记录与财产保管、业务经办与稽核检查、授权批准与监督检查等。

②授权审批控制。要求企业根据常规授权和特别授权的规定，明确各岗位办理业务和事项的权限范围、审批程序和相应责任。

③会计系统控制。要求企业严格执行国家统一的会计准则制度，加强会计基础工作，明确会计凭证、会计账簿和财务会计报告的处理程序，保证会计资料真实、完整。

④财产保护控制。要求企业建立财产日常管理和定期清查制度，采取财产记录、实物保管、定期盘点、账实核对等措施，确保财产安全。

⑤预算控制。要求企业实施全面预算管理制度，明确各责任单位在预算管理中的职责权限，规范预算的编制、审定、下达和执行程序，强化预算约束。

⑥运营分析控制。要求企业建立运营情况分析制度，经理层应当综合运用生产、购销、投资、筹资、财务等方面的信息，通过因素分析、对比分析、趋势分析等方法，定期开展运营情况分析，发现存在的问题，及时查明原因并加以改进。

⑦绩效考评控制。要求企业建立和实施绩效考评制度，科学设置考核指标体系，对企业内部各责任单位和全体员工的业绩进行定期考核与客观评价，将考核结果作为确定员工薪酬以及职务晋升、评优、降级、调岗、辞退等的依据。

5）行政事业单位内部控制方法如下。

①不相容岗位相互分离。合理设置内部控制关键岗位，明确划分职责权限，实施相应的分离措施，形成相互制约、相互监督的工作机制。

②内部授权审批控制。明确各岗位办理业务和事项的权限范围、审批程序和相关责任，建立重大事项集体决策和会签制度。相关工作人员应当在授权范围内行使职权、办理业务。

③归口管理。根据本单位实际情况，按照权责对等的原则，采取成立联合工作小组并确定牵头部门或牵头人员等方式，对有关经济活动实行统一管理。

④预算控制。强化对经济活动的预算约束，使预算管理贯穿单位经济活动的全过程。

⑤财产保护控制。建立资产日常管理制度和定期清查机制，采取资产记录、实物保管、定期盘点、账实核对等措施，确保资产安全完整。

⑥会计控制。建立健全本单位财会管理制度，加强会计机构建设，提高会计人员业务水平，强化会计人员岗位责任制，规范会计基础工作，加强会计档案管理，明确会计凭证、会计账簿和财务会计报告处理程序。

⑦单据控制。要求单位根据国家有关规定和单位的经济活动业务流程，在内部管理制度中明确界定各项经济活动所涉及的表单和票据，要求相关工作人员按照规定填制、审核、归档、保管单据。

⑧信息内部公开。建立健全经济活动相关信息内部公开制度，根据国家有关规定和单位的实际情境，确定信息内部公开的内容、范围、方式和程序。

案例分析 8-2

2020 年 3 月 5 日，某商业公司会计人员马兰在审核一笔托收付款凭证时，无意中发现其商品单价每台高出合同价 40 元，总差价 24 000 元。当时业务部门已经在付款凭证上核对，签字同意付款，并且由于该批商品进货及时、对路，已经全部售出，为公司赚了一笔可观的收益。进货业务员也因此受到公司领导的好评。但马兰想到自己是会计，必须实事求是、真实反映，在发现托收凭证与合同不对后，马兰找到业务员，要求核实情况。业务员一听要核实进货价格，态度蛮横地拒绝了马兰的要求。马兰又要求业务员提供合法的凭据，否则拒付差额款。业务员说是对方电话通知涨价，合同价已经更改。马兰给供货方打电话查询此事，对方回答：货款未涨，但我方业务员已“借”走现金24 000元，要求一并托收。事实真相查清后，马兰向单位负责人做了专题汇报。会计人员马兰的行为是否正确？说明理由。

【解析】根据《会计法》的规定：会计机构、会计人员对违反本法和国家统一会计制度规定的会计事项，有权拒绝办理或者按照职权予以纠正。

本案中，马兰作为会计人员，根据《会计法》赋予会计人员的职权，发现账实不符时，依法履行了在会计监督中的职责，杜绝了违法会计行为的发生，起到了单位内部会计监督的作用。

2. 会计工作的政府监督

（1）会计工作的政府监督的概念：会计工作的政府监督，主要是指财政部门代表国家对各单位和单位中相关人员的会计行为实施的监督检查，以及对发现的违法会计行为实施行政处罚。这里所说的财政部门，是指国务院财政部门、省级以上人民政府财政部门派出机构和县级以上人民政府财政部门。财政部门按照行政区域对会计事项实施监督。

此外，《会计法》规定，除财政部门外，审计、税务、人民银行、证券监管、保险监管等部门依照有关法律、行政法规规定的职责和权限，可以对有关单位的会计资料实施监督检查。

（2）财政部门会计监督的主要内容：财政部门对各单位是否依法设置会计账簿，会计凭证、会计账簿、财务会计报告和其他会计资料是否真实、完整，会计核算是否符合《会计法》和国家统一的会计制度的规定，从事会计工作的人员是否具备专业能力、是否遵守职业道德等情况实施会计监督。

根据《会计法》的规定，财政部门在对各单位会计凭证、会计账簿、财务会计报告和其他会计资料真实性、完整性实施监督检查中，发现重大违法嫌疑时，国务院财政部门及其派出机构可以向与被监督单位有经济业务往来的单位和被监督单位开立账户的金融机构查询有关情况，有关单位和金融机构应予以支持。

依法对有关单位的会计资料实施监督检查的部门及其工作人员对在监督检查中知悉的国家秘密和商业秘密负有保密的义务。

3. 会计工作的社会监督

（1）会计工作的社会监督的概念：会计工作的社会监督，主要是指由注册会计师及其所在的会计师事务所等中介机构接受委托，依法对单位的经济活动进行审计，出具审计报告，发表审计意见的一种监督制度。

根据《会计法》的规定，法律、行政法规规定须经注册会计师进行审计的单位，应当向受委托的会计师事务所如实提供会计凭证、会计账簿、财务会计报告和其他会计资料以及有关情况。任何单位或者个人不得以任何方式要求或者示意注册会计师及其所在的会计师事务所出具不实或者不当的审计报告。

《会计法》规定，任何单位和个人对违反《会计法》和国家统一的会计制度规定的行为有权检举。这是为了充分发挥社会各方面的力量，鼓励任何单位和个人检举违法会计行为，也属于会计工作的社会监督的范畴。

（2）注册会计师出具审计报告。

1）审计报告的概念：审计报告，是指注册会计师根据审计准则的规定，在执行审计工作的基础上，对被审计单位财务报表发表审计意见的书面文件。注册会计师应当就财务报表是否在所有重大方面按照适用的财务报告编制基础编制并实现公允反映形成审计意见。

2）审计报告应当包括下列要素：标题；收件人；引言段；管理层对财务报表的责任段；注册会计师的责任段；审计意见段；注册会计师的签名和盖章；会计师事务所的名称、地址和盖章；报告日期。

3）审计报告的种类：审计报告分为标准审计报告和非标准审计报告。

标准审计报告，是指不含有说明段、强调事项段、其他事项段或其他任何修饰性用语的无保留意见的审计报告。包含其他报告责任段，但不含有强调事项段或其他事项段的无保留意见的审计报告也被视为标准审计报告。

非标准审计报告，是指带强调事项段或其他事项段的无保留意见的审计报告和非无保留意见的审计报告。非无保留意见分为保留意见、否定意见和无法表示意见三种类型。

无保留意见，是指当注册会计师认为财务报表在所有重大方面按照适用的财务报告编制基础编制并实现公允反映时发表的审计意见。

当存在下列情形之一时，注册会计师应当在审计报告中发表非无保留意见：

①根据获取的审计证据，得出财务报表整体存在重大错报的结论；

②无法获取充分、适当的审计证据，不能得出财务报表整体不存在重大错报的结论。

当存在下列情形之一时，注册会计师应当发表保留意见：

①在获取充分、适当的审计证据后，注册会计师认为错报单独或汇总起来对财务报表影响重大，但不具有广泛性；

②注册会计师无法获取充分、适当的审计证据以作为形成审计意见的基础，但认为未发现的错报（如存在）对财务报表可能产生的影响重大，但不具有广泛性。

在获取充分、适当的审计证据以作为形成审计意见的基础，但认为未发现的错报（如存在）对财务报表可能产生的影响重大且具有广泛性时，注册会计师应当发表否定意见。

如果无法获取充分、适当的审计证据以作为形成审计意见的基础，但认为未发现的错报（如存在）对财务报表可能产生的影响重大且具有广泛性，注册会计师应当发表无法表示意见。在极其特殊的情况下，可能存在多个不确定事项。尽管注册会计师对每个单独的不确定事项获取了充分、适当的审计证据，但由于不确定事项之间可能存在相互影响，以及可能对财务报表产生累积影响，注册会计师不可能对财务报表形成审计意见。在这种情况下，注册会计师应当发表无法表示意见。

随堂演练 8-4

下列各项中，属于行政事业单位内部控制方法的有（　　）。

A. 不相容职务相互分离　　B. 会计控制

C. 内部授权审批控制　　D. 预算控制

【答案】ABCD

【解析】根据《行政事业单位内部控制规范（试行）》的规定，单位内部控制的控制方法一般包括：不相容岗位相互分离、内部授权审批控制、归口管理、预算控制、财产保护控制、会计控制、单据控制、信息内部公开。

8.3 会计档案管理

会计档案是记录和反映经济业务事项的重要史料和证据。《会计法》和《会计基础工作规范》对会计档案管理作出了原则性规定；财政部、国家档案局于1984年6月1日发布，1998年8月21日修订，2015年12月11日第二次修订，自2016年1月1日起施行的《会计档案管理办法》，对会计档案管理的有关内容作出了具体规定。单位应当加强会计档案管理工作，建立和完善会计档案的收集、整理、保管、利用和鉴定销毁等管理制度，采取可靠的安全防护技术和措施，保证会计档案的真实、完整、可用、安全。

8.3.1 会计档案的概念

会计档案是指单位在进行会计核算等过程中接收或形成的，记录和反映单位经济业务事项的，具有保存价值的文字、图表等各种形式的会计资料，包括通过计算机等电子设备形成、传输和存储的电子会计档案。各单位的预算、计划、制度等文件材料属于文书档案，不属于会计档案。

8.3.2 会计档案的归档

1. 会计档案的归档范围

下列会计资料应当进行归档：

（1）会计凭证，包括原始凭证、记账凭证；

（2）会计账簿，包括总账、明细账、日记账、固定资产卡片及其他辅助性账簿；

（3）财务会计报告，包括月度、季度、半年度财务会计报告和年度财务会计报告；

（4）其他会计资料，包括银行存款余额调节表、银行对账单、纳税申报表、会计档案移交清册、会计档案保管清册、会计档案销毁清册、会计档案鉴定意见书及其他具有保存价值的会计资料。

2. 会计档案的归档要求

（1）同时满足下列条件的，单位内部形成的属于归档范围的电子会计资料可仅以电子形式保存，形成电子会计档案：

1）形成的电子会计资料来源真实有效，由计算机等电子设备形成和传输；

2）使用的会计核算系统能够准确、完整、有效地接收和读取电子会计资料，能够输出符合国家标准归档格式的会计凭证、会计账簿、财务会计报告等会计资料，设定了经办、审核、审批等必要的审签程序；

3）使用的电子档案管理系统能够有效地接收、管理、利用电子会计档案，符合电子档案的长期保管要求，并建立了电子会计档案与相关联的其他纸质会计档案的检索关系；

4）采取有效措施，防止电子会计档案被篡改；

5）建立电子会计档案备份制度，能够有效防范自然灾害、意外事故和人为破坏的影响；

6）形成的电子会计资料不属于具有永久保存价值或者其他重要保存价值的会计档案。

满足上述条件，单位从外部接收的电子会计资料附有符合《中华人民共和国电子签名法》规定的电子签名的，可仅以电子形式归档保存，形成电子会计档案。

（2）单位的会计机构或会计人员所属机构（以下统称单位会计管理机构）按照归档范围和归档要求，负责定期将应当归档的会计资料整理立卷，编制会计档案保管清册。

（3）当年形成的会计档案，在会计年度终了后，可由单位会计管理机构临时保管 1 年，再移交单位档案管理机构保管。因工作需要确需推迟移交的，应当经单位档案管理机构同意。单位会计管理机构临时保管会计档案最长不超过 3 年。临时保管期间，会计档案的保管应当符合国家档案管理的有关规定，且出纳人员不得兼管会计档案。

8.3.3 会计档案的移交和利用

1. 会计档案的移交

单位会计管理机构在办理会计档案移交时，应当编制会计档案移交清册，并按照国家档案管理的有关规定办理移交手续。

纸质会计档案移交时应当保持原卷的封装。电子会计档案移交时应当将电子会计档案及其元数据一并移交，且文件格式应当符合国家档案管理的有关规定。特殊格式的电子会计档案应当与其读取平台一并移交。

单位档案管理机构接收电子会计档案时，应当对电子会计档案的准确性、完整性、可用性、安全性进行检测，符合要求的才能接收。

2. 会计档案的利用

单位应当严格按照相关制度利用会计档案，在进行会计档案查阅、复制、借出时履行登记手续，严禁篡改和损坏。

单位保存的会计档案一般不得对外借出。确因工作需要且根据国家有关规定必须借出的，应当严格按照规定办理相关手续。会计档案借用单位应当妥善保管和利用借入的会计档案，确保借入的会计档案的安全完整，并在规定时间内归还。

8.3.4 会计档案的保管期限

会计档案保管期限分为永久、定期两类。会计档案的保管期限是从会计年度终了后的第一天算起。永久，是指会计档案须永久保存；定期，是指会计档案保存应达到法定的时间，定期保管期限一般分为 10 年和 30 年。《会计档案管理办法》规定的会计档案保管期限为最低保管期限。《会计档案管理办法》规定的保管期限见表 8-1。

表8-1 企业和其他组织会计档案保管期限

序号	档案名称	保管期限（年）	备　注
一	会计凭证类		
1	原始凭证	30	
2	记账凭证	30	
二	会计账簿		
3	总账	30	
4	明细账	30	
5	日记账	30	
6	固定资产卡片		固定资产报废清理后保管5年
7	其他辅助性账簿	30	
三	财务报告类		
8	月度、季度、半年度财务报告	10	
9	年度财务报告（决算）	永久	
四	其他会计资料		
10	银行存款余额调节表	10	
11	银行对账单	10	
12	纳税申报表	10	
13	会计档案移交清册	30	
14	会计档案保管清册	永久	
15	会计档案销毁清册	永久	
16	会计档案鉴定意见书	永久	

8.3.5 会计档案的鉴定和销毁

1. 会计档案的鉴定

单位应当定期对已到保管期限的会计档案进行鉴定，并形成会计档案鉴定意见书。经鉴定，仍需继续保存的会计档案，应当重新划定保管期限；对保管期满，确无保存价值的会计档案，可以销毁。会计档案鉴定工作应当由单位档案管理机构牵头，组织单位会计、审计、纪检监察等机构或人员共同进行。

2. 会计档案的销毁

经鉴定可以销毁的会计档案，销毁的基本程序和要求如下。

（1）单位档案管理机构编制会计档案销毁清册，列明拟销毁会计档案的名称、卷号、册数、起止年度、档案编号、应保管期限、已保管期限和销毁时间等内容。

（2）单位负责人、档案管理机构负责人、会计管理机构负责人、档案管理机构经办人、会计管理机构经办人在会计档案销毁清册上签署意见。

（3）单位档案管理机构负责组织会计档案销毁工作，并与会计管理机构共同派员监销。监销人在会计档案销毁前应当按照会计档案销毁清册所列内容进行清点核对；在会计档案销毁后，应当在会计档案销毁清册上签名或盖章。

电子会计档案的销毁还应当符合国家有关电子档案的规定，并由单位档案管理机构、会计管理机构和信息系统管理机构共同派员监销。

3. 不得销毁的会计档案

保管期满但未结清的债权债务原始凭证和涉及其他未了事项的会计凭证不得销毁，纸质会计档案应当单独抽出立卷，电子会计档案单独转存，保管到未了事项完结时为止。单独抽出立卷或转存的会计档案，应当在会计档案鉴定意见书、会计档案销毁清册和会计档案保管清册中列明。

8.3.6　特殊情况下的会计档案处置

1. 单位分立情况下的会计档案处置

单位分立后原单位存续的，其会计档案应当由分立后的存续方统一保管，其他方可以查阅、复制与其业务相关的会计档案。单位分立后原单位解散的，其会计档案应当经各方协商后由其中一方代管或按照国家档案管理的有关规定处置，各方可以查阅、复制与其业务相关的会计档案。

单位分立中未结清的会计事项所涉及的会计凭证，应当单独抽出由业务相关方保存，并按照规定办理交接手续。

单位因业务移交其他单位办理所涉及的会计档案，应当由原单位保管，承接业务单位可以查阅、复制与其业务相关的会计档案。对其中未结清的会计事项所涉及的会计凭证，应当单独抽出由承接业务单位保存，并按照规定办理交接手续。

2. 单位合并情况下的会计档案处置

单位合并后原各单位解散或者一方存续其他方解散的，原各单位的会计档案应当由合并后的单位统一保管。单位合并后原各单位仍存续的，其会计档案仍应当由原各单位保管。

3. 建设单位项目建设会计档案的交接

建设单位在项目建设期间形成的会计档案，需要移交给建设项目接受单位的，应当在办理竣工财务决算后及时移交，并按照规定办理交接手续。

4. 单位之间交接会计档案的手续

单位之间交接会计档案时，交接双方应当办理会计档案交接手续。移交会计档案的单位，应当编制会计档案移交清册，列明应当移交的会计档案名称、卷号、册数、起止年度、档案编号、应保管期限和已保管期限等内容。交接会计档案时，交接双方应当按照会计档案移交清册所列内容逐项交接，并由交接双方的单位有关负责人负责监督。交接完毕后，交接双方经办人和监督人应当在会计档案移交清册上签名或盖章。电子会计档案应当与其元数据一并移交，特殊格式的电子会计档案应当与其读取平台一并移交。档案接受单位应当对保存电子会计档案的载体及其技术环境进行检验，确保所接收电子会计档案的准确、完整、可用和安全。

随堂演练 8-5

下列会计档案中，最低保管期限为 30 年的有（　　）。

A. 银行存款余额调节表　　B. 总账

C. 会计档案保管清册　　D. 原始凭证

【答案】BD

【解析】根据会计档案管理有关规定，银行存款余额调节表最低保管期限为10年，会计档案保管清册保管期限为永久。

案例分析8-3

天力公司内部机构调整，由会计李某负责会计档案保管工作。李某负责会计档案管理工作后，公司档案管理部门会同财务科将已到期会计资料编造会计档案销毁清册，报请公司负责人批准后，由李某自行销毁。公司销毁档案是否符合规定？

【解析】公司销毁档案不符合会计法律制度的规定。根据《会计档案管理办法》的规定，保管期满的会计档案，应由单位档案管理机构提出销毁意见，会同会计机构共同鉴定，报单位负责人批准后，由单位档案管理机构和会计机构共同派人员监销。

8.4 会计机构和代理记账

8.4.1 会计机构

会计机构，是指各单位办理会计事务的职能部门。根据《会计法》的规定，各单位应当根据会计业务的需要，设置会计机构，或者在有关机构中设置会计人员并指定会计主管人员；不具备设置条件的，应当委托经批准从事会计代理记账业务的中介机构代理记账。

8.4.2 代理记账

代理记账，是指代理记账机构接受委托办理会计业务。代理记账机构是指依法取得代理记账资格，从事代理记账业务的机构。

1. 代理记账机构的审批

除会计师事务所以外的机构从事代理记账业务，应当经县级以上人民政府财政部门（简称审批机关）批准，领取由财政部统一规定样式的代理记账许可证书。具体审批机关由省、自治区、直辖市、计划单列市人民政府财政部门确定。

会计师事务所及其分所可以依法从事代理记账业务。

2. 代理记账的业务范围

代理记账机构可以接受委托办理下列业务：

（1）根据委托人提供的原始凭证和其他资料，按照国家统一的会计制度的规定进行会计核算，包括审核原始凭证、填制记账凭证、登记会计账簿、编制财务会计报告等；

（2）对外提供财务会计报告；

（3）向税务机关提供税务资料；

（4）委托人委托的其他会计业务。

3. 委托人、代理记账机构及其从业人员各自的义务

（1）委托人委托代理记账机构代理记账，应当在相互协商的基础上，订立书面委托合同。委托合同除应具备法律规定的基本条款外，应当明确下列内容：

1）双方对会计资料真实性、完整性各自应当承担的责任；

2）会计资料传递程序和签收手续；

3）编制和提供财务会计报告的要求；

4）会计档案的保管要求及相应的责任；

5）终止委托合同应当办理的会计交接事宜。

（2）委托人应当履行下列义务：

1）对本单位发生的经济业务事项，应当填制或者取得符合国家统一的会计制度规定的原始凭证；

2）应当配备专人负责日常货币收支和保管；

3）及时向代理记账机构提供真实、完整的原始凭证和其他相关资料；

4）对于代理记账机构退回的，要求按照国家统一的会计制度规定进行更正、补充的原始凭证，应当及时予以更正、补充。

（3）代理记账机构及其从业人员应当履行下列义务：

1）遵守有关法律、法规和国家统一的会计制度的规定，按照委托合同办理代理记账业务；

2）对在执行业务中知悉的商业秘密予以保密；

3）对委托人要求其作出不当的会计处理，提供不实的会计资料，以及其他不符合法律、法规和国家统一的会计制度规定的行为，予以拒绝；

4）对委托人提出的有关会计处理相关问题予以解释。

代理记账机构为委托人编制的财务会计报告，经代理记账机构负责人和委托人负责人签名并盖章后，按照有关法律、法规和国家统一的会计制度的规定对外提供。

8.5　会计岗位

8.5.1　会计工作岗位设置要求

会计工作岗位，是指一个单位会计机构内部根据业务分工而设置的职能岗位。根据《会计基础工作规范》的要求，各单位应当根据会计业务需要设置会计工作岗位。会计工作岗位一般可分为：会计机构负责人或者会计主管人员、出纳、财产物资核算、工资核算、成本费用核算、财务成果核算、资金核算、往来结算、总账报表、稽核、档案管理等。开展会计电算化和管理会计的单位，可以根据需要设置相应工作岗位，也可以与其他工作岗位相结合。

会计工作岗位，可以一人一岗、一人多岗或者一岗多人。出纳人员不得兼任稽核、会计档案保管，以及收入、支出、费用、债权债务账目的登记工作。会计人员的工作岗位应当有计划地进行轮换。档案管理部门的人员管理会计档案，不属于会计岗位。会计人员应当具备从事会计工作所需要的专业能力，遵守职业道德，提高业务素质。

会计机构负责人或会计主管人员，是在一个单位内具体负责会计工作的中层领导人员。担任单位会计机构负责人（会计主管人员）的，应当具备会计师以上专业技术职务资格或者从事会计工作3年以上。

因有提供虚假财务会计报告，做假账，隐匿或者故意销毁会计凭证、会计账簿、财务会计报告，贪污，挪用公款，职务侵占等与会计职务有关的违法行为被依法追究刑事责任的人员，不得再从事会计工作。

8.5.2 会计人员回避制度

国家机关、国有企业、事业单位任用会计人员应当实行回避制度。单位领导人的直系亲属不得担任本单位的会计机构负责人、会计主管人员。会计机构负责人、会计主管人员的直系亲属不得在本单位会计机构中担任出纳。需要回避的直系亲属为：夫妻关系、直系血亲关系、三代以内旁系血亲以及配偶亲关系。

8.5.3 会计工作交接

会计工作交接，是指会计人员工作调动或因故离职时与接管人员办理交接手续的一种工作程序。办理好会计工作交接，有利于分清移交人员和接管人员的责任，可以使会计工作前后衔接，保证会计工作顺利进行。

会计人员调动工作、离职或者因病暂时不能工作，应与接管人员办清交接手续。一般会计人员办理交接手续，由会计机构负责人（会计主管人员）监交；会计机构负责人（会计主管人员）办理交接手续，由单位负责人监交，必要时主管单位可以派人会同监交。

移交人员在办理移交时，要按移交清册逐项移交；接替人员要逐项核对点收。交接完毕后，交接双方和监交人要在移交清册上签名或者盖章，并应在移交清册上注明：单位名称，交接日期，交接双方和监交人的职务、姓名，移交清册页数以及需要说明的问题和意见等。移交清册一般应当填制一式三份，交接双方各执一份，存档一份。

接替人员应当继续使用移交的会计账簿，不得自行另立新账，以保持会计记录的连续性。

移交人员对所移交的会计凭证、会计账簿、会计报表和其他有关资料的合法性与真实性承担法律责任。

8.5.4 会计专业职务与会计专业技术资格

1. 会计专业职务

根据1986年4月中央职称改革工作领导小组转发财政部制定的《会计专业职务试行条例》的规定，会计专业职务分为高级会计师、会计师、助理会计师和会计员。其中，高级会计师为高级职务，会计师为中级职务，助理会计师和会计员为初级职务。

2017年1月中共中央办公厅、国务院办公厅《关于深化职称制度改革的意见》中规定，要健全职称层级设置。各职称系列均设置初级、中级、高级职称，其中高级职称分为正高级和副高级，初级职称分为助理级和员级，可根据需要仅设置助理级。目前未设置正高级职称的职称系列均设置到正高级，以拓展专业技术人才职业发展空间。

2. 会计专业技术资格

会计专业技术资格，是指担任会计专业职务的任职资格。会计专业技术资格分为初级资格、中级资格和高级资格三个级别。目前，初级、中级会计资格实行全国统一考试制度，高级会计师资格实行考试与评审相结合制度。

通过全国统一考试取得初级或中级会计专业技术资格的会计人员，表明其已具备担任相应级别会计专业技术职务的任职资格。用人单位可根据工作需要和德才兼备的原则，从获得会计专业技术资格的会计人员中择优录取。对于已取得中级会计资格并符合国家有关规定的，可聘任会计师职务；对于已取得初级会计资格的人员，如具备大专毕业且担任会计员职务满 2 年，或中专毕业担任会计员职务满 4 年，或者不具备规定学历的，担任会计员职务满 5 年，并符合国家有关规定的，可聘任助理会计师职务。不符合以上条件的人员，可聘任会计员职务。

8.5.5　会计专业技术人员继续教育

根据《会计专业技术人员继续教育规定》，国家机关、企业、事业单位以及社会团体等组织（以下称单位）具有会计专业技术资格的人员，或不具有会计专业技术资格但从事会计工作的人员（以下简称会计专业技术人员）享有参加继续教育的权利和接受继续教育的义务。用人单位应当保障本单位会计专业技术人员参加继续教育的权利。

继续教育内容包括公需科目和专业科目。公需科目包括专业技术人员应当普遍掌握的法律法规、政策理论、职业道德、技术信息等基本知识。专业科目包括会计专业技术人员从事会计工作应当掌握的财务会计、管理会计、财务管理、内部控制与风险管理、会计信息化、会计职业道德、财税金融、会计法律法规等相关专业知识。

具有会计专业技术资格的人员应当自取得会计专业技术资格的次年开始参加继续教育，并在规定时间内取得规定学分。不具有会计专业技术资格但从事会计工作的人员应当自从事会计工作的次年开始参加继续教育，并在规定时间内取得规定学分。

会计专业技术人员参加继续教育实行学分制管理，每年参加继续教育取得的学分不少于 90 学分。其中，专业科目一般不少于总学分的 2/3。会计专业技术人员参加继续教育取得的学分，在全国范围内当年度有效，不得结转以后年度。

用人单位应当建立本单位会计专业技术人员继续教育与使用、晋升相衔接的激励机制，将参加继续教育情况作为会计专业技术人员考核评价、岗位聘用的重要依据。会计专业技术人员参加继续教育情况，应当作为聘任会计专业技术职务或者申报评定上一级资格的重要条件。

对会计专业技术人员参加继续教育情况实行登记管理。

8.5.6　总会计师

总会计师是主管本单位会计工作的行政领导，是单位行政领导成员，协助单位主要行政领导人工作，直接对单位主要行政领导人负责。总会计师组织领导本单位的财务管理、成本管理、预算管理、会计核算和会计监督等方面的工作、参与本单位重要经济问题的分析和决策。国有的和国有资产占控股地位或者主导地位的大中型企业必须设置总会计师，其他单位可以根据业务需要，自行决定是否设置总会计师。

随堂演练 8-6

2019 年 8 月，甲服装厂发生如下事项：

（1）7 日，该厂会计人员王青脱产学习一个星期，会计科长指定出纳李红临时兼管债权债务账目的登记工作，未办理会计工作交接手续。

（2）10 日，该厂档案科会同会计科销毁一批保管期已满的会计档案，未编制会计档案销毁清册。

要求：分析以上事项中的不妥之处。

【解析】会计法律制度的规定：

（1）出纳不能兼管债权债务账目登记工作，因此李红不能接替王青的工作。虽然王青只脱产学习一周，但也需要办理会计工作交接手续。

（2）会计档案保管期满需要销毁的，需要编造会计档案销毁清册，并履行规定手续后方可销毁。

8.6 会计职业道德

1. 会计职业道德的概念

会计职业道德，是指在会计职业活动中应当遵循的、体现会计职业特征、调整会计职业关系的职业行为准则和规范。

2. 会计法律与会计职业道德的联系与区别

（1）会计法律制度与会计职业道德的联系：会计职业道德与会计法律制度在内容上相互渗透、相互吸收；在作用上相互补充、相互协调。会计职业道德是对会计法律制度的重要补充，会计法律制度是对会计职业道德的最低要求。

（2）会计法律制度与会计职业道德的区别如下。

1）性质不同。会计法律制度通过国家强制力保障实施，具有很强的他律性；会计职业道德依靠会计从业人员的自觉性，具有很强的自律性。

2）作用范围不同。会计法律制度侧重于调整会计人员的外在行为和结果的合法化，具有较强的客观性；会计职业道德不仅调整会计人员的外在行为，还调整会计人员内在的精神世界。

3）表现形式不同。会计法律制度是通过一定的程序由国家立法部门或行政管理部门制定、颁布的，其表现形式是具体的、明确的、正式形成文字的成文规定。而会计职业道德出自会计人员的职业生活和职业实践，其表现形式既有成文的规范，又有不成文的规范。

4）实施保障机制不同。会计法律制度依靠国家强制力保证其贯彻执行。会计职业道德主要依靠道德教育、社会舆论、传统习俗和道德评价来实现。

5）评价标准不同。会计法律制度以法律规定为评价标准，会计职业道德以道德评价为标准。

3. 会计职业道德的主要内容

会计职业道德主要包括爱岗敬业、诚实守信、廉洁自律、客观公正、坚持准则、提高技能、参与管理、强化服务等内容。

（1）爱岗敬业。要求会计人员正确认识会计职业，树立职业荣誉感；热爱会计工作，敬重会计职业；安心工作，任劳任怨；严肃认真，一丝不苟；忠于职守，尽职尽责。

（2）诚实守信。要求会计人员做老实人，说老实话，办老实事，不搞虚假；保密守信，不为利益所惑；执业谨慎，信誉至上。

（3）廉洁自律。要求会计人员树立正确的人生观和价值观；公私分明、不贪不占；遵纪守法，一身正气。廉洁就是指不贪污钱财，不收受贿赂，保持清白。自律是指按照一定的标准，自己约束自己，自己控制自己的言行和思想的过程。自律的核心是用道德观念自觉抵制自己的不良欲望。对于整天与钱财打交道的会计人员来说，经常会受到财、权的诱惑，如果职业道德观念不强、自律意志薄弱，很容易成为财、权的奴隶，走向犯罪的深渊。

（4）客观公正。要求会计人员端正态度，依法办事；实事求是，不偏不倚；如实反映，保持应有的独立性。

（5）坚持准则。要求会计人员熟悉国家法律、法规和国家统一的会计制度，始终坚持按法律、法规和国家统一的会计制度的要求进行会计核算，实施会计监督。会计人员在实际工作中，应当以准则作为自己的行动指南，在发生道德冲突时，应坚持准则，维护国家利益、社会公众利益和正常的经济秩序。

（6）提高技能。要求会计人员具有不断提高会计专业技能的意识和愿望；具有勤学苦练的精神和科学的学习方法，刻苦钻研，不断进取，提高业务水平。

（7）参与管理。要求会计人员在做好本职工作的同时，努力钻研业务，全面熟悉本单位经营活动和业务流程，主动提出合理化建议，积极参与管理，使管理活动更有针对性和实效性。

（8）强化服务。要求会计人员树立服务意识，提高服务质量，努力维护和提升会计职业的良好社会形象。

2018 年 4 月 19 日，财政部发布了《关于加强会计人员诚信建设的指导意见》，明确了加强会计人员诚信建设的总体要求、增强会计人员诚信意识、加强会计人员信用档案建设、健全会计人员守信联合激励和失信联合惩戒机制以及强化组织实施等方面的内容。

随堂演练 8-7

下列各项中，属于会计职业道德内容规范的有（　　）。

A. 爱岗敬业　　B. 参与管理　　C. 提高技能　　D. 廉洁自律

【答案】ABCD

【解析】会计职业道德主要包括爱岗敬业、诚实守信、廉洁自律、客观公正、坚持准则、提高技能、参与管理、强化服务八个方面内容。

案例分析 8-4

［现象一］会计人员看人办事："官大办得快，官小办得慢，无官拖着办。"

［现象二］会计人员“站得住的顶不住，顶得住的站不住”“领导怎么说就怎么做，只要领导高兴”“原则可以变成圆则”。

［现象三］会计人员整天与钱物打交道，“常在河边走，哪有不湿鞋”，只要坚持“不犯罪”这个底线就行了。

请问：上述三种现象违背了哪三种会计职业道德规范？为什么？

【解析】

［现象一］违背了“强化服务”的会计职业道德规范，因为“强化服务”是要求会计人员具有文明的服务态度、强烈的服务意识，提供优良的服务。强化会计职业服务的基本要求就是会计人员要有强烈的服务意识，服务要文明，质量要上乘。“官大办得快，官小办得慢，无官拖着办”违背了“强化服务”的基本要求。

［现象二］违背了“坚持准则”的会计职业道德规范，因为“坚持准则”要求会计人员在处理业务过程中严格按照会计法律制度办事，不为主观或他人意志左右。坚持准则的基本要求：一是熟悉准则；二是遵循准则；三是坚持原则。而会计人员在办理会计业务时，将“原则”变成“圆则”就违背了“坚持准则”的基本要求。

［现象三］违背了“廉洁自律”的会计职业道德规范。因为廉洁是指不贪污钱财，不收受贿赂，保持清白；自律是指自律主体按照一定的标准，自己约束自己，自己控制自己的言行和思想的过程。

8.7 违反会计法律制度的法律责任

违反会计法律制度应当承担的法律责任，在《会计法》及相关法律、法规、规章中都作出了相应的规定。本节主要介绍《会计法》对会计违法行为法律责任的规定。

1. 违反国家统一的会计制度行为的法律责任

根据《会计法》第四十二条，有下列行为之一的，由县级以上人民政府财政部门责令限期改正，可以对单位并处3 000元以上5万元以下的罚款；对其直接负责的主管人员和其他直接责任人员，可以处2 000元以上2万元以下的罚款；属于国家工作人员的，还应当由其所在单位或者有关单位依法给予行政处分：

（1）不依法设置会计账簿的；

（2）私设会计账簿的；

（3）未按照规定填制、取得原始凭证或者填制、取得的原始凭证不符合规定的；

（4）以未经审核的会计凭证为依据登记会计账簿或者登记会计账簿不符合规定的；

（5）随意变更会计处理方法的；

（6）向不同的会计资料使用者提供的财务会计报告编制依据不一致的；

（7）未按照规定使用会计记录文字或者记账本位币的；

（8）未按照规定保管会计资料，致使会计资料毁损、灭失的；

（9）未按照规定建立并实施单位内部会计监督制度或者拒绝依法实施的监督或者不如实提供有关会计资料及有关情况的；

（10）任用会计人员不符合《会计法》规定的。

有上述所列行为之一，构成犯罪的，依法追究刑事责任。

会计人员有上述所列行为之一，情节严重的，5 年内不得从事会计工作。

有关法律对上述所列行为的处罚另有规定的，依照有关法律的规定办理。

2. 伪造、变造会计凭证、会计账簿，编制虚假财务会计报告行为的法律责任

伪造、变造会计凭证、会计账簿，编制虚假财务会计报告，构成犯罪的，依法追究刑事责任。尚不构成犯罪的，由县级以上人民政府财政部门予以通报，可以对单位并处 5 000 元以上 10 万元以下的罚款；对其直接负责的主管人员和其他直接责任人员，可以处 3 000 元以上 5 万元以下的罚款；属于国家工作人员的，还应当由其所在单位或者有关单位依法给予撤职直至开除的行政处分；其中的会计人员，5 年内不得从事会计工作。

3. 隐匿或者故意销毁依法应当保存的会计凭证、会计账簿、财务会计报告行为的法律责任

隐匿或者故意销毁依法应当保存的会计凭证、会计账簿、财务会计报告，构成犯罪的，依法追究刑事责任。尚不构成犯罪的，由县级以上人民政府财政部门予以通报，可以对单位并处 5 000 元以上 10 万元以下的罚金；对其直接负责的主管人员和其他直接责任人员，可以处 3 000 元以上 5 万元以下的罚金；属于国家工作人员的，还应当由其所在单位或者有关单位依法给予撤职直至开除的行政处分；其中的会计人员，5 年内不得从事会计工作。

根据《刑法》第一百六十二条第二款的规定，隐匿或者故意销毁依法应当保存的会计凭证、会计账簿、财务会计报告，情节严重的，处 5 年以下有期徒刑或者拘役，并处或者单处 2 万元以上 20 万元以下罚金。单位犯前款罪的，对单位判处罚金，并对其直接负责的主管人员和其他直接责任人员，依照前款的规定处罚。

4. 授意、指使、强令会计机构、会计人员及其他人员伪造、变造会计凭证、会计账簿，编制虚假财务会计报告或者隐匿、故意销毁依法应当保存的会计凭证、会计账簿、财务会计报告行为的法律责任

授意、指使、强令会计机构、会计人员及其他人员伪造、变造会计凭证、会计账簿，编制虚假财务会计报告或者隐匿、故意销毁依法应当保存的会计凭证、会计账簿、财务会计报告，构成犯罪的，依法追究刑事责任。尚不构成犯罪的，可以处 5 000 元以上 5 万元以下的罚款；属于国家工作人员的，还应当由其所在单位或者有关单位依法给予降级、撤职、开除的行政处分。

5. 单位负责人对依法履行职责、抵制违反会计法规定行为的会计人员实行打击报复的法律责任

单位负责人对依法履行职责、抵制违反《会计法》规定行为的会计人员以降级、撤职、调离工作岗位、解聘或者开除等方式实行打击报复，构成犯罪的，依法追究刑事责任；尚不构成犯罪的，由其所在单位或者有关单位依法给予行政处分。对受打击报复的会计人员，应当恢复其名誉和原有职务、级别。

根据《刑法》第二百五十五条的规定，公司、企业、事业单位、机关、团体的领导人，对依法履行职责、抵制违反会计法行为的会计人员实行打击报复，情节恶劣的，处 3 年以下有期徒刑或者拘役。

6. 财政部门及有关行政部门工作人员职务违法行为的法律责任

财政部门及有关行政部门的工作人员在实施监督管理中滥用职权、玩忽职守、徇私舞弊或者泄露国家秘密、商业秘密，构成犯罪的，依法追究刑事责任；尚不构成犯罪的，依法给予行政处分。

收到对违反《会计法》和国家统一的会计制度行为检举的部门及负责处理检举的部门，将检举人姓名和检举材料转给被检举单位和被检举人个人的，由所在单位或者有关单位依法给予行政处分。

综上所述，违反会计法的法律责任如表 8-2 所示。

表 8-2 违反会计法的法律责任

违法情形	行政责任	刑事责任
①不依法设置会计账簿的；②私设会计账簿的；③未按照规定填制、取得原始凭证或者填制、取得的原始凭证不符合规定的；④以未经审核的会计凭证为依据登记会计账簿或者登记会计账簿不符合规定的；⑤随意变更会计处理方法的；⑥向不同的会计资料使用者提供的财务会计报告编制依据不一致的；⑦未按照规定使用会计记录文字或者记账本位币的；⑧未按照规定保管会计资料，致使会计资料毁损、灭失的；⑨未按照规定建立并实施单位内部会计监督制度或者拒绝依法实施的监督或者不如实提供有关会计资料及有关情况的；⑩任用会计人员不符合《会计法》规定的	①由县级以上人民政府财政部门责令限期改正；②可以对单位并处三千元以上五万元以下的罚款；③对其直接负责的主管人员和其他直接责任人员，可以处二千元以上二万元以下的罚款；④属于国家工作人员的，还应当由其所在单位或者有关单位依法给予行政处分；⑤会计人员有上述所列行为之一，情节严重的，五年内不得从事会计工作	构成犯罪的，依法追究刑事责任（略）
伪造、变造会计凭证、会计账簿，编制虚假财务会计报告；隐匿或者故意销毁依法应当保存的会计凭证、会计账簿、财务会计报告	①由县级以上人民政府财政部门予以通报；②可以对单位并处 5 000 元～10 万元的罚款；③对其直接负责的主管人员和其他直接责任人员，可以处 3 000 元以上 5 万元以下的罚款；④属于国家工作人员的，还应当由其所在单位或者有关单位依法给予撤职直至开除的行政处分；其中的会计人员，五年内不得从事会计工作	
授意、指使、强令会计机构、会计人员及其他人员伪造、变造会计凭证、会计账簿，编制虚假财务会计报告或者隐匿、故意销毁依法应当保的会计凭证、会计账簿、财务会计报告	①可以处 5 000 元以上 5 万元以下的罚款；②属于国家工作人员的，还应当由其所在单位或者有关单位依法给予降级、撤职、开除的行政处分	
将检举人姓名和检举材料转给被检举单位和被检举人个人的，单位负责人对会计人员实行打击报复	①由所在单位或者有关单位依法给予行政处分。②对受打击报复的会计人员，应当恢复其名誉和原有职务、级别	

随堂演练 8-8

下列各项中，属于隐匿或者故意销毁依法应当保存的会计凭证、会计账簿、财务会计报告，情节严重的犯罪人可能承担的法律责任有（　　）。

A. 5 年以下有期徒刑　　B. 2 万元以上 20 万元以下罚金

C. 拘役　　D. 2 000 元以上 2 万元以下的罚款

【答案】 ABC

【解析】 根据《刑法》第一百六十二条第二款的规定，隐匿或者故意销毁依法应当保存的会计凭证、会计账簿、财务会计报告，情节严重的，处 5 年以下有期徒刑或者拘役，并处或者单处 2 万元以上 20 万元以下罚金。单位犯前款罪的，对单位判处罚金，并对其直接负责的主管人员和其他直接责任人员，依照前款的规定处罚。

复习思考题

一、判断题

1.《会计法》调整的是国家在管理会计工作过程中以及会计工作人员在办理会计事务过程中形成的经济关系。(　　)

2. 会计核算内容是会计机构、会计人员在进行会计核算时应当核算的各项经济业务事项。(　　)

3. 单位负责人负责单位内部会计监督制度的组织实施，会计监督还包括政府监督、社会监督。(　　)

4. 会计职业道德是会计职业行为准则和规范。(　　)

5. 违反会计法律制度的行为，应承担法律责任。(　　)

二、单项选择题

1. 根据个人所得税法律制度的规定，个人转让房屋所得应适用的税目是（　　）。

A. 财产转让所得　　B. 特许权使用费所得
C. 偶然所得　　D. 劳务报酬所得

2. 根据《会计法》的规定，一般会计人员因调动工作或者离职办理交接手续时，负责监交的人员应当是（　　）

A. 其他会计人员　　B. 会计机构负责人
C. 单位负责人　　D. 财政部门派出人员

3. 下列各项中，不属于会计档案的是（　　）。

A. 会计凭证　　B. 会计账簿　　C. 财务会计报告　　D. 年度财务计划

4.《会计法》规定，以（　　）进行会计核算，是对会计核算最基本的要求，也是保证会计资料质量的关键。

A. 企业利润为首要目标　　B. 准确性和完整性
C. 实际经济业务为依据　　D. 真实性和完整性

5. 张某受托进行软件设计所取得的收入，在计缴个人所得税时适用的税目是（　　）。

A. 生产经营所得　　B. 特许权使用费所得
C. 劳务报酬所得　　D. 偶然所得

三、多项选择题

1. 会计机构、会计人员在审核原始凭证时，对不真实、不合法的原始凭证应当（　　）。

A. 有权不予受理

B. 向单位负责人报告

C. 请求查明原因，追究有关当事人的责任

D. 予以退回，要求更正、补充

2. 下列有关记账本位币的基本规定中，说法正确的有（　　）。

A. 业务收支以人民币以外的货币为主的单位，可以选人民币以外的货币作为记账本位币

B. 以人民币以外的货币为主的单位，在编制财务会计报告时，可以以人民币以外的货币反映

C. 业务收支以人民币以外的货币为主的单位，必须选人民币作为记账本位币

D. 以人民币以外的货币为主的单位，在编制财务会计报告时，应当折算为人民币反映

3. 为了规范会计核算，中国会计法规制度对（　　）作出了统一规定。

A. 会计信息质量要求　　B. 记账本位币

C. 编制财务会计报告　　D. 会计年度

4. 关于单位负责人在内部会计监督中的职责，下列表述正确的是（　　）。

A. 单位负责人必须事事参与，严格把关

B. 单位负责人发现会计账簿记录与实物、款项有不相符的，应当严肃处理

C. 不能授意、指使、强令会计人员办理违法事项

D. 必须保证内部监督制度的建立和健全，并发挥其有效的作用

5. 下列属于内部会计监督制度的基本要求的有（　　）。

A. 重大经济事项的决策和执行程序应当明确

B. 建立会计档案管理制度

C. 对会计资料定期进行内部审计的办法和程序应当明确

D. 会计事项相关人员的职责权限应明确

四、 填空题

1. ______是做人的基本准则，是古往今来人们在交往中产生出的最根本的道德规范，也是会计职业道德的精髓。

2. 会计职业道德与会计法律制度的联系表现为______。

3. ______应当对本单位的会计工作和会计资料的真实性、完整性负责。

4. 根据《会计法》的规定，主管全国会计工作的政府部门是______。

五、 名词解释

1. 会计核算　2. 会计年度　3. 会计监督　4. 法律监督

六、 简答题

1. 根据《会计法》的规定，《会计法》的适用范围是什么？

2. 我国《会计法》规定会计核算的基本要求有哪些？

3. 单位负责人对会计人员进行打击报复应承担哪些法律责任？

七、论述题

试述会计法律制度与会计职业道德的联系与区别。

八、案例分析题

1. 2019 年 3 月，怀南市财政部门对该市一所市属学校 2018 年的财务收支情况进行例行检查。检查人员在审阅该学校会计报表和会计账簿等会计资料时发现“其他应收款”科目 2018 年度年末余额较年初余额有大幅上升。检查人员接着调阅了 2018 年度与“其他应收款”账户相关的会计凭证，发现 2018 年度借方发生额中有 3 笔金额共计 20 万元的应收款在记账凭证后未附原始凭证。

检查人员经询问校方得知“为解决资金问题曾向学校提供过资金赞助的某乡镇企业甲公司临时资金周转困难，向甲公司临时借出 20 万元资金，学校并未向该企业收取利息”。检查人员又对甲公司进行了调查，经过查阅有关资料，得知甲公司与该学校订有有息贷款协议，甲公司至 2018 年底已以现金方式向该学校支付了利息 1.5 万元。

检查人员以上述对甲公司检查的结果为基础，对该学校有关人员进行了质询。在上述事实面前，有关人员不得不承认该学校将其向甲公司收取的借款利息存入学校的小金库的事实。

请问：财政部门对该市属学校的财务收支情况的例行检查属于何种类型的会计监督？

2. 某汽车制造股份有限公司是国有资产占控股地位的大型企业，该公司在设立的初期经营状况较好。2019 年 9 月以后，该公司在内部管理上出现混乱，公司的总会计师有严重的失职行为。为了改善内部管理，该公司将不具备专业能力的两名会计调离会计工作岗位，其工作由该公司的出纳人员刘某兼任，具体负责稽核、会计档案的保管工作。

请问：

(1) 该公司将两名不具备专业能力的会计人员调离会计工作岗位的决定是否正确？为什么？

(2) 该公司的出纳人员兼任会计工作，具体负责稽核、会计档案的保管工作是否合法？为什么？

3. 某食品公司 2019 年发生以下事项。

(1) 3 月，公司财会科科长张兰脱产学习 12 个月。公司经理办公会认为张兰脱产学习时间较长，决定由会计王青主持财会科工作。随后在出纳赵咪的配合下，张兰与王青办理了会计交接手续。

(2) 12 月，公司财会科搬入新办公室，王青要求财会科人员清理会计档案，将保管期满的会计档案全部销毁。在销毁的会计档案中，有保管期满但未结清债权债务的原始凭证。

请问：

(1) 张兰与王青办理会计交接手续是否符合规定？简要说明理由。

(2) 财会科销毁会计档案是否符合规定？《会计档案管理办法》对销毁会计档案是如何规定的？

第 9 章

劳动和社会保险法律制度

9.1 劳动法律制度

9.1.1 劳动法概述

1. 劳动法的概念

劳动法是调整劳动关系以及与劳动关系密切联系的社会关系的法律规范的总称。广义的劳动关系是指与劳动有关的社会关系；狭义的劳动关系是指社会主义制度下劳动者与用人单位之间在运用劳动能力、实现集体劳动过程中所发生的关系，是整个生产关系中与劳动有着直接联系的部分。

劳动法是公法与私法相融合而产生的法律部门，这决定了劳动关系的调整将纳入一种多层次的调整模式。第一层次是宏观的层次，涉及全部劳动关系，制定适用于全部用人单位和全体劳动者的劳动基准法。第二层次是中观的层次，涉及集体劳动关系。第三层次是微观的层次，即个别劳动关系。

《劳动法》于 1994 年 7 月 5 日第八届全国人民代表大会常务委员会第八次会议通过，2018 年 12 月 29 日第十三届全国人民代表大会常务委员会第七次会议修正，自公布之日起正式实施。《中华人民共和国劳动合同法》（简称《劳动合同法》）于 2007 年 6 月 29 日第十届全国人民代表大会常务委员会第二十八次会议通过，2012 年 12 月 28 日第十一届全国人民代表大会常务委员会第三十次会议修订，自 2013 年 7 月 1 日起施行。《劳动法》和《劳动合同法》既全面总结了我国改革开放以来的劳动体制改革的经验，又充分参考和借鉴了国际劳动立法的经验，是既具有中国特色又能和国际惯例接轨的劳动法。

2.《劳动法》的主要内容

《劳动法》共 13 章 107 条，内容丰富，规定具体，针对性强。除了总则、监督检查、法律责任、附则外，还包括促进就业、劳动合同和集体合同、工作时间和休息休假、工资、劳动安全卫生、女职工和未成年工特殊保护、职业培训、社会保险和福利、劳动争议 9 章专题，对劳动者的权利和义务、劳动关系的确立和调整、劳动标准的确定和执行以及劳动部门的工作规范和职责，都做了明确规定。

9.1.2　劳动合同

《劳动法》规定，劳动者享有平等就业和选择职业的权利、取得劳动报酬的权利、休息休假的权利、获得劳动安全卫生保护的权利、接受职业技能培训的权利、享受社会保险和福利的权利、提请劳动争议处理的权利以及法律规定的其他劳动权利。用人单位应当依法建立和完善规章制度，保障劳动者享有劳动权利和履行劳动义务。这些规定为建立合理公平的劳动关系提供了制度保障，有利于双方订立劳动合同。

1. 劳动合同的概念和特征

劳动合同是劳动者与用人单位确立劳动关系、明确双方权利和义务的协议。通过劳动合同的签订、履行、变更、终止调节劳动力的供求关系，既能使劳动者有一定的择业和流动自由，又能制约劳动者在合同期内适当履行劳动义务和完成应尽职责，从而使劳动力有相对的稳定性和合理的流动性。

劳动合同的特征：劳动合同的当事人双方是特定的；法律保障求职者与招工单位通过相互选择确定合同当事人；求职者与招工单位签订劳动合同后，双方形成管理关系；劳动合同的目的在于劳动过程的完成；劳动合同在一定条件下，往往涉及第三人的物质利益。

资料卡 9-1　《劳动合同法》与《劳动法》的关系如何

《劳动合同法》与《劳动法》关系密切，正确把握二者的关系，需要弄清以下几点。

(1) 从法律效力上来看，《劳动合同法》和《劳动法》都是全国人民代表大会常务委员会制定的法律，效力相同。

(2) 从法律规范的内容上来看，《劳动法》是一部综合性的法律，它规范的内容除了劳动合同制度外，还包括促进就业、集体合同、工作时间和休息休假、工资、劳动安全卫生、女职工和未成年工特殊保护、职业培训、社会保险和福利、劳动争议、监督检查等内容。而《劳动合同法》仅就劳动合同内容予以规定，是一部有关劳动合同的单行法。

(3) 从适用次序来看，根据《中华人民共和国立法法》(简称《立法法》) 第九十二条规定："同一机关制定的法律、行政法规、地方性法规、自治条例和单行条例、规章，特别规定与一般规定不一致的，适用特别规定；新的规定与旧的规定不一致的，适用新的规定。"《劳动合同法》相对于《劳动法》是特别法、是新法，对于《劳动法》和《劳动合同法》都有规定的，适用《劳动合同法》的规定；《劳动合同法》没有规定而《劳动法》有规定的，则适用《劳动法》的相关规定。

案例分析 9-1

2018 年 5 月，保姆甲通过普陀区保姆中介所介绍，为上海市闵行区一户人家提供家政服务。2019 年 12 月 1 日，甲在雇主家擦玻璃时，不慎失足从 5 楼摔了下去，医院诊断为：脾脏破裂，腰椎粉碎性骨折。医院立即实施手术，甲的脾脏被切除，雇主为此支付了 2 万多元的医药费，但需再支付 4 万多元的费用做手术，甲方可摆脱终身瘫痪的危险。甲本人无力支付，已经为其支付 2 万元医药费的雇主也表示难以为继。甲通过法律援助要求闵行区保姆中介所承担赔偿责任。由于甲只是经过保姆中介所介绍就业，不是保姆中介所委派去工作的，劳动争议仲裁委员会认为其与保姆中介所没有隶属关系，不属于劳动争议范畴。因此，甲无法进入劳动争议法律处理程序。后甲在社会帮助下解决了医药费问题。

试问家政服务雇用关系是否属于劳动法调整的劳动关系？

【解析】 不属于。根据我国目前《劳动法》的有关规定，用人单位是“单位”，不是自然人，自然人之间的雇用关系不由《劳动法》调整，本案也就不属于劳动争议法律处理范畴。

但并不是所有的家政服务关系均不由《劳动法》调整，目前社会上的家政服务关系主要有三种。

一是居民家庭直接雇用家政服务员，居民与家政服务员形成雇用关系。

二是家政服务公司雇用家政服务员，与家政服务员签订劳动合同或虽未签订劳动合同，但家政服务员接受家政服务公司的培训、管理，向公司上缴管理费，公司和个人依法缴纳社会保险费用，家政服务员以家政服务公司员工的名义为居民提供家政服务。

三是居民与家政服务员通过家政中介服务公司建立雇用关系，居民与家政服务员按约定向中介服务公司支付一定中介费用。

其中第二种符合劳动关系的特点，即家政服务公司是《劳动法》意义上的用人单位，与家政服务员有控制管理关系。而其他两种属于雇用关系，不由我国《劳动法》调整，而由民法调整。目前，我国《劳动法》的调整范围过窄，相信随着《劳动法》的不断健全和完善，其调整的劳动关系范畴会不断扩大。

2. 劳动合同的形式、内容和期限

（1）劳动合同的形式。《劳动合同法》规定，订立劳动合同应当采用书面形式。

（2）劳动合同的内容。劳动合同的内容包括合同的必备条款和当事人协商约定的其他内容。《劳动合同法》第十七条规定，劳动合同应当具备以下条款：用人单位的名称、住所和法定代表人或者主要负责人；劳动者的姓名、住址和居民身份证或者其他有效身份证件号码；劳动合同期限；工作内容和工作地点；工作时间和休息休假；劳动报酬；社会保险；劳动保护、劳动条件和职业危害防护；法律、法规规定应当纳入劳动合同的其他事项。

劳动合同除上述规定的必备条款外，用人单位与劳动者可以约定试用期、培训、保守秘密、补充保险和福利待遇等其他事项。

（3）劳动合同的期限如下。

1）有固定期限的合同。

2）无固定期限的合同。劳动者在同一用人单位连续工作满 10 年以上，当事人双方同意延续劳动合同的，如果劳动者提出订立无固定期限的劳动合同，应当订立无固定期限的劳动合同。

3）以完成一定的工作为期限的合同。

3. 劳动合同的解除

劳动合同的解除分为约定解除和法定解除。

（1）约定解除。《劳动法》规定，经合同当事人协商一致，劳动合同可以解除。

（2）法定解除。

1）用人单位可以解除合同的情形。按照《劳动合同法》第三十九条的规定，有下列情形之一的，用人单位可以解除合同。

①在试用期间被证明不符合录用条件的。

②严重违反用人单位的规章制度的。

③严重失职，营私舞弊，给用人单位造成重大损害的。

④劳动者同时与其他用人单位建立劳动关系，对完成本单位的工作任务造成严重影响，或者经用人单位提出，拒不改正的。

⑤因本法第二十六条第一款第一项规定的情形致使劳动合同无效的。

⑥被依法追究刑事责任的。

随堂演练 9-1

下列情形下，公司可以解除与张某的劳动合同的有（　　）。

A. 试用期内被证明不符合录用条件

B. 张某因违反交通规则而被给予行政处罚

C. 张某在产期内，但其不能胜任工作，调整工作岗位仍然不能胜任

D. 张某严重违反单位的劳动纪律

【答案】AD

2）劳动者可以解除合同的情形。《劳动合同法》第三十八条规定，用人单位有下列情形之一的，劳动者可以解除劳动合同。

①未按照劳动合同约定提供劳动保护或者劳动条件的。

②未及时足额支付劳动报酬的。

③未依法为劳动者缴纳社会保险费的。

④用人单位的规章制度违反法律、法规的规定，损害劳动者权益的。

⑤因本法第二十六条第一款规定的情形致使劳动合同无效的。

⑥法律、行政法规规定劳动者可以解除劳动合同的其他情形。

用人单位以暴力、威胁或者非法限制人身自由的手段强迫劳动者劳动的，或者用人单位违章指挥、强令冒险作业危及劳动者人身安全的，劳动者可以立即解除劳动合同，不需事先告知用人单位。

案例分析 9-2

2016 年 2 月陈某到某学校打扫卫生，双方签订了卫生保洁合同，协议期限约定为 1 年，协议中要求陈某每日早晚各打扫卫生 1 次，每月由学校支付陈某报酬 800 元。以后卫生保洁协议一年一签。陈某与学校均按保洁合同履行了相应义务。在协议履行期间，陈某

从未参加过学校组织的任何活动。2019 年 2 月，学校通知陈某不再雇用他了。后陈某即向当地劳动争议仲裁委员会申请仲裁，要求学校支付解除劳动合同的经济补偿金。劳动争议仲裁委员会以不属于受理范围而驳回了陈某的申请。陈某不服，又于 2019 年 12 月初以学校为被告诉至法院，要求被告支付经济补偿金 1 万元。法院是否会支持陈某的请求？

【解析】不会。陈某与学校签订的卫生保洁协议书仅规定陈某为学校提供一定的劳务活动，其性质为劳务合同；学校从未将被告录用为职工，双方并未建立严密、稳定的组织管理关系，因此双方之间是劳务关系，而不是劳动关系，应按民法有关规定处理。原告要求解除劳动合同的经济补偿金于法无据。法院最终判决驳回原告陈某的诉讼请求。

案例分析 9-3

个体户王某夫妇开办了一家小餐馆。2019 年 3 月，王某雇用农村姑娘侯某做服务员，双方签订了一份劳动合同。劳动合同中约定：侯某在王某家吃住，每月工资 2 400 元，合同期限为 1 年，任何一方不得提前解除劳动合同，否则必须支付给对方 6 000 元的违约金。侯某上班后发现，自己不仅要端茶送饭、洗盘刷碗，还要买菜洗菜等做很多事情，一天 10 小时下来，十分劳累。但她考虑到家里的确太穷，还指望她挣钱，便咬咬牙坚持下来。3 月底，侯某要求王某发给她当月的工资，王某以手头资金周转不灵为由，要求侯某等些日子。4 月底，当侯某再次要求王某发工资的时候，王某回答说，合同中仅规定每月 2 400 元钱，没规定什么时间发，应当认为是合同到期后一起支付。侯某不同意，表示如果不给她就走人。王某则说，走人可以，但必须给他 6 000 元钱的违约金，将侯某 2 个月的工资扣除后，还欠 1 200 元。侯某只好忍气吞声，接着做服务员，王某夫妇见状，还经常打骂她。5 月，侯某经人指点，向市劳动争议委员会求援，要求解除与王某夫妇的劳动合同，并要求他们支付工资。王某则要求侯某支付违约金。

请问：（1）侯某是否有权要求解除劳动合同？为什么？

（2）如何看待侯某要求王某夫妇支付工资的请求和王某夫妇要求侯某支付违约金的请求？

【解析】

（1）侯某有权要求解除劳动合同。我国《劳动合同法》第三十八条规定："用人单位有下列情形之一的，劳动者可以解除劳动合同：①未按照劳动合同约定提供劳动保护或者劳动条件的；②未及时足额支付劳动报酬的；③未依法为劳动者缴纳社会保险费的；④用人单位的规章制度违反法律、法规的规定，损害劳动者权益的；⑤因本法第二十六条第一款规定的情形致使劳动合同无效的；⑥法律、行政法规规定劳动者可以解除劳动合同的其他情形。"这里的"用人单位"是指我国境内的一切企业和个体经济组织，因此，王某夫妇在本案中即是用人单位。王某夫妇不按照合同付给侯某工资，侯某有权解除劳动合同。

（2）本案中，侯某的请求应予以支持而王某的请求则不予支持，其原因如下。

1）我国《劳动法》第五十条规定："工资应当以货币形式按月支付给劳动者本人。不得克扣或者无故拖欠劳动者的工资。"虽然本案中的双方并未在合同中约定发工资的时间，但根据常理，显然不能认为是在合同期满后一次发给，所以，王某夫妇应当支付侯某的工资并给予一定的补偿。

2）王某提出因侯某提前解除劳动合同而应支付违约金的要求是无理的。很显然，侯某之所以提出解除劳动合同，是因为王某夫妇违反合同约定拒不支付劳动报酬。可见，解除劳动合同的过错在王某夫妇而不在侯某，所以王某无权索要违约金。

资料卡 9-2　劳务合同与劳动合同的区别

劳务合同与劳动合同的主要区别如下。

1. 合同双方当事人关系不同

劳务合同中双方当事人可以是自然人，也可以是法人，没有身份、经济、组织上的从属性；劳动合同主体特定，一方是劳动者，另一方是用人单位，劳动者从属于用人单位。

2. 劳动支配权和劳动风险责任承担不同

劳务合同中劳务支配权在提供劳务者，劳动风险责任亦由提供劳务者自行承担；劳动合同中劳动支配权在用人单位，劳动风险由社会、用人单位、劳动者三方承担。

3. 报酬性质和支付方式不同

劳务报酬根据劳务市场价格确定，由双方当事人约定，国家无强制性规定，支付方式一般为一次性或分批支付；劳动报酬根据劳动的数量和质量确定，由双方当事人约定，但须遵守国家最低工资等强制性规定。

4. 是否允许多重建立不同

劳务合同关系可以多重建立，一个人可以与多个主体建立劳务合同关系；而劳动合同关系具有唯一性，我国劳动法尚不承认双重劳动关系。

5. 法律调整不同

劳务合同关系由民法调整；劳动合同关系由劳动法调整。实践中，由于我国实行市场经济后，如小时工、非全日制工、劳务派遣工、承包承揽工等用工形式多样化，劳动法适用范围的局限性，使劳务合同与劳动合同难以区别。

4. 无效劳动合同

根据《劳动合同法》第二十六条的规定，下列劳动合同无效或者部分无效。

（1）以欺诈、胁迫的手段或者乘人之危，使对方在违背真实意思的情况下订立或者变更劳动合同的。

（2）用人单位免除自己的法定责任、排除劳动者权利的。

（3）违反法律、行政法规强制性规定的。

9.1.3　工作时间、休息休假及工资制度

1. 工作时间和休息休假制度

《劳动法》以基本法律的形式第一次明确工时休假制度，劳动者每日工作不超过 8 小时，平均每周工作不超过 40 小时。用人单位应当保证劳动者在一周（7 日）内工作 5 天。用人单位由于生产经营需要，经与工会和劳动者协商后可以延长工作时间，一般每日不得超过 1 小时；由于特殊原因需要延长工作时间的，在保障劳动者身体健康的条件下延长工作时间每日不得超过 3 小时，但是每月不得超过 36 小时。

劳动者享受国家法定节假日和带薪年假。在某些情形下，劳动者可以享受高于劳动者正常工作时间工资的工资报酬，主要包括如下三个方面。

（1）安排劳动者延长工作时间的，支付不低于工资的150%的工资报酬。

（2）休息日安排劳动者工作又不能安排补休的，支付不低于工资的200%的工资报酬。

（3）法定休假日安排劳动者工作的，支付不低于工资的300%的工资报酬。

案例分析 9-4

2018年12月，黄中林等10人与某煤矿签订了一份劳动合同。劳动合同规定，黄中林等人为煤矿到井下采煤，只要按时上下班，完成工作任务，每月工资3 600元，合同有效期2年，从2019年1月至2020年12月；如果在合同期间发生意外事故，不论什么原因，煤矿概不负责，即使发生伤亡，也全由雇工个人负责。在签订合同时，曾有人就煤矿对意外事故概不负责提出异议，煤矿有关人员回答说："想舒服就别到煤矿来，想赚大钱就得冒险。你们不干就请回，许多人还在排队等着干呢！"黄中林等人只好在合同上签字。2019年1月，黄中林等10人开始下井采煤。由于煤矿安全措施不得力，井下时常发生危险。为此，黄中林等人多次找煤矿有关负责人要求解决这一问题。然而，煤矿方面一拖再拖。10月21日，井下发生大面积塌方，因躲避不及，黄中林被砸成重伤，左小腿粉碎性骨折，身上其他地方也多处被砸伤。煤矿有关人员将黄中林送进医院，并通知黄中林的家属带10 000元钱到医院为黄中林交押金。11月1日，煤矿因为黄中林不能为其工作宣布解除与黄中林的劳动合同，考虑到黄中林的确是因工负伤，煤矿除立即支付他的工资外另给3 000元医疗费。黄中林住院治疗共花费20 000多元。因为家庭生活极为困难，在黄中林住院期间，他的家人多次找煤矿有关领导，要求煤矿支付黄中林的全部医疗费并给予一定的生活补助费，均遭拒绝。黄中林及其家属便向县劳动局反映，要求劳动局为他们主持公道。

请问：（1）如何认定该劳动合同的效力问题？

（2）对本案所引起的纠纷应该如何处理？

【解析】

（1）根据我国《劳动法》的有关规定，本案中黄中林等人与煤矿签订的劳动合同存在着违反法律规定的无效条款，而不受无效条款影响的部分有效。

《劳动合同法》第二十六条规定："下列劳动合同无效或者部分无效：①以欺诈、胁迫的手段或者乘人之危，使对方在违背真实意思的情况下订立或者变更劳动合同的；②用人单位免除自己的法定责任、排除劳动者权利的；③违反法律、行政法规强制性规定的。"第二十七条规定："劳动合同部分无效，不影响其他部分效力的，其他部分仍然有效。"我国宪法、民法都对保护公民的生命健康权作出了规定，而该劳动合同却写入了煤矿关于意外事故的免责条款，无视雇工的生命健康处于危险境地。因此，这个免责条款违反了法律的规定，是无效的。该劳动合同其他部分符合法律的规定，并不受该免责条款的影响，应当有效。

（2）我国《劳动法》第九十七条规定："由于用人单位原因订立的无效合同，对劳动者造成损害的，应当承担赔偿责任。”因此，煤矿应当支付黄中林的全部医疗费并给予适当的生活补助费。同时《劳动法》第九十二条规定：“用人单位的劳动安全措施和劳动卫生条件不符合国家规定或者未向劳动者提供必要的劳动防护用品和劳动保护措施的，由劳动行政部门或者有关部门责令改正，可以处以罚款；情节严重的，提请县级以上人民政府决定责令停产整顿；对事故隐患不采取措施，致使发生重大事故，造成劳动者生命和财产损失的，对责任人员依照刑法有关规定追究刑事责任。”因此，本案中黄中林由于受伤不能再从事繁重的井下采煤，煤矿应通过与之协商解除劳动合同，并按照《违反和解除劳动合同的经济补偿办法》给予适当的补偿，而且在煤矿未采取安全措施的情况下，县劳动局有权处以罚款。

2. 工资制度

我国实行最低工资保障制度。最低工资的具体标准由省、自治区、直辖市人民政府规定，报国务院备案。用人单位支付劳动者的工资不得低于当地最低工资标准。

劳动法中的“工资”是指用人单位依据国家有关规定或劳动合同的约定，以货币形式直接支付给本单位劳动者的劳动报酬，一般包括计时工资、计件工资、奖金、津贴和补贴、延长工作时间的工资报酬以及特殊情况下支付的工资等。

9.1.4　劳动监察与争议的处理

1. 劳动法的监督检查

根据《劳动保障监察条例》的规定，国务院劳动保障行政部门主管全国的劳动保障监察工作。县级以上地方各级人民政府劳动保障行政部门主管本行政区域内的劳动保障监察工作。

2. 劳动争议的处理

劳动争议的概念，有广义与狭义之分。广义的劳动争议是指用人单位与劳动者之间因劳动关系所发生的一切纠纷；狭义的劳动争议是指用人单位与劳动者因劳动权利、劳动义务发生分歧而引起的争议，其范围包括工作时间和休息休假、劳动报酬、劳动纪律、录用和辞退、劳动保护、劳动条件、劳动保险等方面的争议。

劳动争议的处理一般包括协商、调解、仲裁和诉讼四种方式。

（1）劳动争议的协商。这是指劳动争议当事人本着互谅互让的精神，通过协商解决争议的活动。协商不成，可以通过其他方式解决争议。

（2）劳动争议的调解。这是指用人单位劳动争议调解委员会依法接受自愿调解的争议双方当事人申请主持调解，在查明事实、分清责任的基础上，通过协商，促进当事人达成调解协议解决争议的活动。我国《劳动法》规定，用人单位可以设立劳动争议调解委员会，由职工代表、用人单位代表和工会代表组成，工会代表任委员会主任。劳动争议经调解达成调解协议书，经签字即具有法律效力，当事人应当履行。

（3）劳动争议的仲裁。这是指劳动争议仲裁机构根据劳动争议当事人的申请，依法对争议的事项及各自应承担的法律责任进行裁决的活动。我国《劳动法》规定，劳动争议仲裁委员会由劳动行政部门代表、同级工会代表、用人单位方面的代表组成。委员会主任由劳动行政部门的代表担任。提出仲裁要求的一方应当自劳动争议发生之日起六十日内，向劳动争议仲裁委员会提出书面申请。仲裁裁决一般应当在收到仲裁申请的六十日内作出。对仲裁裁决无异议的，当事人必须履行。一方当事人在法定期限内不起诉又不履行仲裁裁决的，另一方当事人可以申请人民法院强制执行。

（4）劳动争议的诉讼。这是指人民法院对不服劳动争议仲裁裁决而提起诉讼的案件进行审理并作出裁决的活动。劳动争议仲裁是法院受理劳动争议案件的前提，争议双方对仲裁裁决不服的，可以在收到仲裁裁决书之日起十五日内向人民法院起诉。

对于集体争议的处理程序主要适用行政协调的方法。因履行集体合同发生的争议，当事人协商解决不成的，可采用仲裁、诉讼的程序处理。

随堂演练 9-2

下列关于劳动争议的解决方式的表述中，（　　）是正确的。

A. 调解原则适用于劳动仲裁和诉讼程序

B. 在劳动仲裁前必须先行调解

C. 劳动争议仲裁的裁决是终局的

D. 在当事人提起诉讼之前，必须先进行劳动仲裁

【答案】 AD

案例分析 9-5

某市轮胎厂发生下列纠纷：

（1）工人 A 因身体有病被辞退，与厂方发生争议。

（2）技术员 B 因未被允许参加全省轧钢行业技术员培训与厂方发生争议。

（3）助理工程师 C 因未晋升工程师职务与厂方发生争议。

（4）副总工程师 D 因工资调整与厂方发生争议。

A、B、C、D 四人与厂方的争议经几次协商交涉均未能解决。

请问：（1）A、B、C、D 中哪几个人与厂方发生的争议属于《中华人民共和国劳动争议调解仲裁法》（简称《劳动争议调解仲裁法》）所规定的劳动争议？

（2）劳动争议可以通过哪几种方式解决？在运用这几种方式解决争议时，不同方式相互之间是什么关系？

（3）解决劳动争议的各种方式的法律效力如何？

【解析】

（1）A、B、D 与厂方发生的争议属于《劳动争议调解仲裁法》所规定的劳动争议。

（2）四种方式。劳动争议发生后，当事人应当协商解决，但协商不是处理劳动争议的必经程序；不愿协商或者协商不成的，可以向本企业劳动争议调解委员会申请调解，调解也不是处理劳动争议的必经程序；调解不成的，可以向劳动争议仲裁委员会申请仲裁，当事人也可以直接向劳动争议仲裁委员会申请仲裁。仲裁是处理劳动争议的必经程序；对仲裁裁决不服的，可以向人民法院起诉，在起诉前必须先经过仲裁程序。

（3）协商与调解达成协议的，双方当事人应当自觉履行，协议没有强制执行力；对仲

裁裁决无异议的，当事人必须履行：一方当事人在法定期限内不起诉又不履行仲裁裁决的，另一方当事人可以申请人民法院强制执行；劳动争议诉讼所作出的裁决，具有当然的强制执行力。

案例分析 9-6

2017 年 1 月，某市日化二厂雇用 50 名工人，对其生产的香皂进行手工包装。双方签订了一份书面劳动合同。合同中规定，合同有效期为 2 年，从 2017 年 1 月至 2018 年 12 月，月工资 3 200 元。6 月，厂里采纳了技术科的建议，决定购买香皂包装机械，实行自动化，这样不仅能够提高工作效率，从长远来看还节约资金。2017 年 11 月 25 日，香皂包装机械运到日化二厂并开始安装调试。厂里书面通知 50 名雇工，不久香皂包装机械就要投入使用，希望他们能够及时重新联系工作，双方签订的合同只能履行 1 年，2018 年 1 月全部雇工应离开日化二厂，厂里对此表示歉意，并愿意再给每人 1 个月的工资作为补偿。接到厂里的通知后，这 50 名工人中当即就有人表示反对，认为既然签订了劳动合同，双方就应严格履行，不能随意解除合同。厂里多次派人与这批工人协商也没有达成一致意见。2019 年 1 月，日化二厂宣布劳动合同解除，每位工人多发 1 个月工资 3 200 元，同时每人再发 300 元过节费。牛大发等十几名工人由于未联系到工作，要求继续留在日化二厂工作，遭到拒绝。他们就向法院起诉，要求保护他们的合法权益。法院认为劳动争议应先行仲裁，便告诉他们先到劳动争议仲裁委员会申请仲裁，对仲裁裁决不服的，才可以向法院起诉。

请问：(1) 法院对牛大发等人起诉的处理正确吗？为什么？

(2) 日化二厂是否可以解除这份劳动合同？其处理是否合法？

【解析】

(1) 法院对牛大发等人起诉的处理是正确的。我国《劳动法》第七十九条规定："劳动争议发生后，当事人可以向本单位劳动争议调解委员会申请调解；调解不成，当事人一方要求仲裁的，可以向劳动争议仲裁委员会申请仲裁。当事人一方也可以直接向劳动争议仲裁委员会申请仲裁。对仲裁裁决不服的，可以向人民法院提起诉讼。"可见，仲裁是劳动争议处理的必经程序，只有不服仲裁裁决的，才可以向法院起诉。因此，本案中法院的处理是正确的，牛大发等人只有在对仲裁裁决不服并在收到仲裁裁决书之日起 15 日内向法院起诉，法院才会受理。

(2) 日化二厂可以解除这份劳动合同，其处理也是合法的。①根据《劳动法》第二十六条的规定，劳动合同订立时所依据的客观情况发生重大变化，致使原劳动合同无法履行，经当事人协商不能就变更劳动合同达成协议的情况下，用人单位可以解除劳动合同，但是应当提前 30 日以书面形式通知劳动者本人。本案中，合同订立时，日化二厂并没有购买香皂包装机械，而到 2017 年年底，日化二厂需人工包装香皂的情况不存在了，可以说是客观情况发生了重大变化。为此厂里及时做了书面通知并和工人多次协商，在未能达成一致意见的情况下，日化二厂是可以解除劳动合同的。②由于劳动合同的解除是日化二厂的原因，因此应当给予工人适当的补偿。用人单位应按劳动者在本单位的工作年限，工作时间满 1 年的发给相当于 1 个月工资的经济补偿金。本案中，日化二厂所雇的工人在厂里工作1年，因此日化二厂发给每人1个月工资的经济补偿是合法的。

案例分析9-7

刘梦园曾应聘在甲公司工作，试用期满后从事技术工作，2年后跳槽至乙企业成为该企业的业务骨干。甲公司为实施新的公司战略，拟聘请刘梦园担任公司高管。经协商，双方签订了劳动合同，约定：

（1）劳动合同期限为2年，试用期为3个月；

（2）合同期满或由于其他原因离职后，刘梦园在3年内不得从事与甲公司同类的业务工作，公司在刘梦园离职时一次性支付补偿金10万元。

在劳动合同期满前1个月时，刘梦园因病住院。3个月后，刘梦园痊愈，到公司上班时，公司通知刘梦园劳动合同已按期终止，病休期间不支付工资，也不再向其支付10万元补偿金。刘梦园同意公司不支付10万元补偿金，但要求公司延续劳动合同期至病愈，并支付病休期间的病假工资和离职的经济补偿。甲公司拒绝了刘梦园的要求，刘梦园随即进入同一行业的丙公司从事与甲公司业务相竞争的工作。甲公司认为刘梦园违反了双方在劳动合同中的竞业限制约定，应承担违约责任。

已知：刘梦园实际工作年限为12年。

要求：根据上述资料，分析回答下列问题。

1. 对甲公司与刘梦园约定的劳动合同条款所做的下列判断中，正确的有（　　）。

A. 甲公司与刘梦园不应约定试用期

B. 甲公司与刘梦园约定的试用期超过法定最长期限

C. 甲公司与刘梦园可以约定离职后不得从事同类行业

D. 甲公司与刘梦园约定离职后不得从事同类行业的时间超过法定最长期限

【答案】 ACD

【解析】 根据规定，同一用人单位与同一劳动者只能约定一次试用期，故选项A正确；对负有保密义务的劳动者，用人单位可以在劳动合同或者保密协议中与劳动者约定竞业限制条款，并约定在解除或者终止劳动合同后，在竞业限制期限内按月给予劳动者经济补偿，故选项C正确；竞业限制期限，不得超过2年，故选项D正确。

2. 刘梦园可以享受的法定医疗期是（　　）。

A. 1个月　　B. 3个月　　C. 6个月　　D. 12个月

【答案】 C

【解析】 根据规定，实际工作年限10年以上的，在本单位工作年限5年以下的，医疗期为6个月。

3. 对劳动合同终止及刘梦园病休期间工资待遇的下列判断中，正确的有（　　）。

A. 刘梦园与公司约定的劳动合同期满时，劳动合同自然终止

B. 刘梦园与公司的劳动合同期限应延续至其病愈出院

C. 公司只需支付刘梦园劳动合同期满前1个月的病假工资

D. 公司应支付刘梦园3个月病休期间的病假工资

【答案】 BD

【解析】根据规定，企业职工在医疗期内，病假工资或疾病救济费可以低于当地最低工资标准支付，但最低不能低于最低工资标准的80%。医疗期内不得解除劳动合同。如医疗期内劳动合同期满，则合同必须续延至医疗期满，职工在此期间仍然享受医疗期内待遇。所以答案是 BD。

4. 对甲公司与刘梦园各自责任的下列判断中，符合法律规定的有（　　）。

A. 刘梦园应遵守竞业限制约定，承担违约责任

B. 竞业限制约定已失效，刘梦园不需要承担违约责任

C. 甲公司应支付刘梦园离职的经济补偿

D. 甲公司不须支付刘梦园离职的经济补偿

【答案】BC

【解析】根据规定，用人单位如果要求劳动者签订竞业限制条款，就必须给予劳动者相应的经济补偿，否则该条款无效，因此刘梦园不用承担违约责任，选项 A 错误，选项 B 正确；题目中是劳动合同期满，单位不同意续签合同，则单位要依法向劳动者支付经济补偿，因此选项 C 正确，选项 D 错误。

9.2　社会保险基本法律制度

为了规范社会保险关系，维护公民参加社会保险和享受社会保险待遇的合法权益，使公民共享发展成果，促进社会和谐稳定，根据宪法，制定了社会保险法。社会保险法有广义和狭义之分。广义的社会保险法是指调整基本养老保险、基本医疗保险、工伤保险、失业保险、生育保险等社会保险制度，保障公民在年老、疾病、工伤、失业、生育等情况下依法从国家和社会获得物质帮助的权利的社会法律法规的总称。狭义的社会保险法是指 2010 年 10 月 28 日第十一届全国人民代表大会常务委员会第十七次会议通过的《中华人民共和国社会保险法》（简称《社会保险法》），2018 年 12 月 29 日第十三届全国人大常委会第七次会议修正，自公布之日起施行。

9.2.1　城乡居民基本养老保险法律制度

1. 养老保险概述

（1）养老保险的概念。基本养老保险是指居民按照法律规定，在达到一定年龄后，有权利退出劳动岗位，并获得帮助和补偿，以保障晚年生活的一种社会保险制度。养老保险有时也称为养老保障，是社会保险中的重要项目。

（2）养老保险的产生和发展。各国在历史上都曾有过各种各样不同的尊老、养老做法。国际上一般认为，现代意义的养老保险立法始于德国。我国正式的养老保险制度立法始于 1951 年的《中华人民共和国劳动保险条例》（简称《劳动保险条例》）。这个条例对企业和事业单位的养老保险作出了明确的规定。1995 年国务院颁布《国务院关于深化企业职工养老保险制度改革的通知》，揭开了我国养老保险制度改革和发展的序幕。2011 年国务院颁布《国务院关于开展城镇居民社会养老保险试点的指导意见》。2011 年人力资源和社会保障部、财政部印发《城乡养老保险制度衔接暂行办法》。2014 年国务院颁布《国

务院关于建立统一的城乡居民基本养老保险制度的意见》（以下简称《意见》）。2016 年 12 月 2 日，人力资源和社会保障部印发了《人力资源社会保障部关于城镇企业职工基本养老保险关系转移持续若干问题的通知》。

2. 城乡居民基本养老保险法律的指导思想和适用范围

2014 年国务院颁布的《意见》指出，按照党的十八大精神和十八届三中全会关于整合城乡居民基本养老保险制度的要求，依据《社会保险法》有关规定，在总结新型农村社会养老保险（以下简称新农保）和城镇居民社会养老保险（以下简称城居保）试点经验的基础上，国务院决定，将新农保和城居保两项制度合并实施，在全国范围内建立统一的城乡居民基本养老保险（以下简称城乡居民养老保险）制度。

（1）指导思想。高举中国特色社会主义伟大旗帜，以邓小平理论、“三个代表”重要思想、科学发展观为指导，贯彻落实党中央和国务院的各项决策部署，按照全覆盖、保基本、有弹性、可持续的方针，以增强公平性、适应流动性、保证可持续性为重点，全面推进和不断完善覆盖全体城乡居民的基本养老保险制度，充分发挥社会保险对保障人民基本生活、调节社会收入分配、促进城乡经济社会协调发展的重要作用。

坚持和完善社会统筹与个人账户相结合的制度模式，巩固和拓宽个人缴费、集体补助、政府补贴相结合的资金筹集渠道，完善基础养老金和个人账户养老金相结合的待遇支付政策，强化长缴多得、多缴多得等制度的激励机制，建立基础养老金正常调整机制，健全服务网络，提高管理水平，为参保居民提供方便快捷的服务。“十二五”末期，在全国基本实现新农保和城居保制度合并实施，并与职工基本养老保险制度相衔接。2020 年之前，全面建成公平、统一、规范的城乡居民养老保险制度，与社会救助、社会福利等其他社会保障政策相配套，充分发挥家庭养老等传统保障方式的积极作用，更好地保障参保城乡居民的老年基本生活。

（2）适用范围。年满 16 周岁（不含在校学生），非国家机关和事业单位工作人员及不属于职工基本养老保险制度覆盖范围的城乡居民，可以在户籍地参加城乡居民养老保险。

3. 城乡居民养老保险基金筹集

城乡居民养老保险基金由个人缴费、集体补助、政府补贴构成。

（1）个人缴费。参加城乡居民养老保险的人员应当按规定缴纳养老保险费。从 2019 年 1 月 1 日起，城乡居民养老保险费的缴费标准设为每年 200 元、300 元、500 元、800 元、1 000 元、2 000 元、3 000 元共七个档次，省（区、市）人民政府可以根据实际情况增设缴费档次，最高缴费档次标准原则上不超过当地灵活就业人员参加职工基本养老保险的年缴费额，并报人力资源和社会保障部备案。人力资源和社会保障部会同财政部依据城乡居民收入增长等情况适时调整缴费档次标准。参保人自主选择档次缴费，多缴多得。

（2）集体补助。有条件的村集体经济组织应当对参保人缴费给予补助，补助标准由村民委员会召开村民会议民主确定，鼓励有条件的社区将集体补助纳入社区公益事业资金筹集范围，鼓励其他社会经济组织、公益慈善组织、个人为参保人缴费提供资助。补助、资助金额不超过当地设定的最高缴费档次标准。

（3）政府补贴。政府对符合领取城乡居民养老保险待遇条件的参保人全额支付基础养老金，其中中央财政对中西部地区按中央确定的基础养老金标准给予全额补助，对东部地区给予 50% 的补助。

地方人民政府应当对参保人缴费给予补贴，对选择最低档次标准缴费的，补贴标准不低于每人每年 30 元；对选择较高档次标准缴费的，适当增加补贴金额；对选择 500 元及以上档次标准缴费的，补贴标准不低于每人每年 60 元，具体标准和办法由省（区、市）人民政府确定。对重度残疾人等缴费困难群体，地方人民政府为其代缴部分或全部最低标准的养老保险费。

4. 城乡居民基本养老保险的给付待遇

国家为每个参保人员建立终身记录的养老保险个人账户，个人缴费、地方人民政府对参保人的缴费补贴、集体补助及其他社会经济组织、公益慈善组织、个人对参保人的缴费资助，全部记入个人账户。个人账户储存额按国家规定计息。

城乡居民养老保险待遇由基础养老金和个人账户养老金构成，支付终身。

（1）基础养老金。中央确定基础养老金最低标准，建立基础养老金最低标准正常调整机制，根据经济发展和物价变动等情况，适时调整全国基础养老金最低标准。地方人民政府可以根据实际情况适当提高基础养老金标准；对长期缴费的，可适当加发基础养老金，提高和加发部分的资金由地方人民政府支出，具体办法由省（区、市）人民政府规定，并报人力资源和社会保障部备案。

（2）个人账户养老金。个人账户养老金的月计发标准，目前为个人账户全部储存额除以 139（与现行职工基本养老保险个人账户养老金计发系数相同）。参保人死亡，个人账户资金余额可以依法继承。

养老保险待遇领取条件。参加城乡居民养老保险的个人，年满 60 周岁、累计缴费满 15 年，且未领取国家规定的基本养老保障待遇的，可以按月领取城乡居民养老保险待遇。

新农保或城居保制度实施时已年满 60 周岁，在本《意见》印发之日前未领取国家规定的基本养老保障待遇的，不用缴费，自本《意见》实施之月起，可以按月领取城乡居民养老保险基础养老金；距规定领取年龄不足 15 年的，应逐年缴费，也允许补缴，累计缴费不超过 15 年；距规定领取年龄超过 15 年的，应按年缴费，累计缴费不少于 15 年。

城乡居民养老保险待遇领取人员死亡的，从次月起停止支付其养老金。有条件的地方人民政府可以结合本地实际探索建立丧葬补助金制度。社会保险经办机构应每年对城乡居民养老保险待遇领取人员进行核对；村（居）民委员会要协助社会保险经办机构开展工作，在行政村（社区）范围内对参保人待遇领取资格进行公示，并与职工基本养老保险待遇等领取记录进行比对，确保不重、不漏、不错。

5. 城乡居民基本养老保险的转移接续与制度衔接

参加城乡居民养老保险的人员，在缴费期间户籍迁移、需要跨地区转移城乡居民养老保险关系的，可在迁入地申请转移养老保险关系，一次性转移个人账户全部储存额，并按迁入地规定继续参保缴费，缴费年限累计计算；已经按规定领取城乡居民养老保险待遇的，无论户籍是否迁移，其养老保险关系不转移。

城乡居民养老保险制度与职工基本养老保险、优抚安置、城乡居民最低生活保障、农村五保供养等社会保障制度以及农村部分计划生育家庭奖励扶助制度的衔接，按有关规定执行。

6. 基金管理、运营和监督

将新农保基金和城居保基金合并为城乡居民养老保险基金，完善城乡居民养老保险基金财务会计制度和各项业务管理规章制度。城乡居民养老保险基金纳入社会保障基金财政专户，实行收支两条线管理，单独记账、独立核算，任何地区、部门、单位和个人均不得挤占挪用、虚报冒领。各地要在整合城乡居民养老保险制度的基础上，逐步推进城乡居民养老保险基金省级管理。

城乡居民养老保险基金按照国家统一规定投资运营，实现保值增值。

各级人力资源和社会保障部门要会同有关部门认真履行监管职责，建立健全内控制度和基金稽核监督制度，对基金的筹集、上解、划拨、发放、存储、管理等进行监控和检查，并按规定披露信息，接受社会监督。财政部门、审计部门按各自职责，对基金的收支、管理和投资运营情况实施监督。对虚报冒领、挤占挪用、贪污浪费等违纪违法行为，有关部门按国家有关法律法规严肃处理。要积极探索有村（居）民代表参加的社会监督的有效方式，做到基金公开透明，制度在阳光下运行。

7. 明确养老保险视同缴费年限计算地等问题

2016 年 2 月，各地机关事业单位工作人员养老保险制度实施办法已经全部出齐，办法除确定改革范围和缴费基数外，还提出依据“视同缴费年限”长短向“中人”发放过渡性养老金，部分地区明确在过渡期内实行新老待遇计发办法对比，“保低限高”。

2016 年 12 月 2 日，人力资源和社会保障部印发了《人力资源社会保障部关于城镇企业职工基本养老保险关系转移接续若干问题的通知》（以下简称《通知》），明确了养老保险视同缴费年限计算地等问题。关于视同缴费年限计算地，基本养老保险关系在户籍所在地的，由户籍所在地负责办理待遇领取手续；基本养老保险关系不在户籍所在地，而在其基本养老保险关系所在地累计缴费年限满 10 年的，在该地办理待遇领取手续。

《通知》对养老保险规定了四种不同情况养老保险领取地：

（1）养老保险关系在户籍地的，当地领取；

（2）不在户籍地的，在累计缴费满 10 年的地区领取；

（3）不在户籍地，且缴费不满 10 年的，转回上一缴满年限地领取；

（4）不在户籍地，且在多地累计缴费年限不满 10 年的，归集户籍地按规定领取。

随堂演练 9-3

根据《社会保险法》的有关规定，下列选项中属于职工基本养老保险的征缴范围的有（　　）。

A. 国有企业职工　　B. 外商投资企业职工

C. 高校中的外聘教师　　D. 国家机关公务员

【答案】 ABC

【解析】 公务员和参照公务员管理的工作人员养老保险的办法由国务院规定。

案例分析 9-8

基本养老保险的参保者黎先生在与家人出游期间受了重伤，导致完全丧失劳动能力无法继续工作。在这种情况下，他是否可以享受到社会保险待遇？

【解析】《社会保险法》第十七条规定："参加基本养老保险的个人，因病或者非因工死亡的，其遗属可以领取丧葬补助金和抚恤金；在未达到法定退休年龄时因病或者非因工致残完全丧失劳动能力的，可以领取病残津贴。所需资金从基本养老保险基金中支付。"参保人员未达到法定退休年龄时，如果因病或非因工致残完全丧失劳动能力，生活就失去了经济来源，只能依靠其他家庭成员，如果参保人员同时是家庭的主要经济来源，整个家庭就会陷入困境。这时候养老保险基金应当给予帮助。

案例分析 9-9

养老保险缴费中断，退休时还能领取养老保险金吗

张丽丽2011 年大学毕业后应聘到一家外企工作，企业为她缴纳了基本养老保险费。一年后，她跳槽到一家民营企业工作，收入显著提高了，但企业却没有为她接续基本养老保险关系。2014 年，她又跳到一家合资企业，企业为她接续了基本养老保险关系。2017 年，她结婚后有了孩子，为了照顾孩子，她辞职在家做全职太太。2020 年，孩子入托后，张丽丽又找了一份新的工作。张丽丽在职场上打拼了 10 年，眼看已经人到中年，开始意识到自己也要退休养老，但回想工作以来，由于工作岗位频繁更换，造成养老保险缴费多次中断，很担心自己将来能否按月领到养老金。

请问：张丽丽将来退休后能按月领取养老金吗？

【解析】按照我国现行政策，在基本养老保险覆盖范围内的劳动者，只要按规定参加基本养老保险且累计缴费年限满 15 年，达到国家法定退休年龄并按规定办理退休手续后，即可以按月领取基本养老金。这里缴费年限的计算是采用累计办法，而不是要求连续缴费满 15 年。因此，张丽丽只要今后继续缴费，到将来办理退休手续时累计缴费年限满 15 年，就肯定能按月领取基本养老金，所以其担心完全是多余的。

由于张丽丽一直断断续续缴纳养老保险费，将来其累计起来的缴费年限虽然超过 15 年，但肯定比那些一直持续缴费的劳动者的缴费年限短。按照我国现行政策，劳动者退休后的基本养老金包括基础养老金和个人账户养老金两部分。基础养老金月标准以当地年度在岗职工月平均工资和本人指数化月平均缴费工资的平均值为基数，缴费每满 1 年发给 1%，上不封顶。在同等基数条件下，断续缴纳基本养老保险费者要比持续缴纳者少领一定比例的基础养老金。同时，在同样的缴费期限内，个人账户的储存额在断续情况下要比连续缴纳少，也会影响退休时个人账户养老金的领取额。因此，张丽丽将来的基本养老金肯定会比同等条件下持续缴费者少。

疑难问题 9-1

1. 农民工如何才能像城镇退休职工那样按月领取养老金？

【解析】根据我国现行养老保险政策，农民工男年满 60 周岁、女年满 50 周岁，只要劳动关系所在单位和本人累计缴费年限满 15 年，退休后就可以像城镇职工一样领取基本养老金，基本养老金由基础养老金和个人账户养老金组成，其计算标准与城镇职工完全一致。即便农民工在晚年回到农村居住，只要符合上述条件，就可以按月领取基本养老金。

2. 个人账户养老金领完后，养老金还会发吗？

【解析】现行个人账户养老金的计发办法是：如果职工缴纳养老保险费的年限超过15年，退休时领取的个人账户养老金为个人账户储存额（本息和）除以按退休年龄确定的计发月数。这种方法会导致两种情况：一是退休人员未领取完规定计发月数的养老金就去世了，相应的个人账户储存额就会有剩余；二是退休人员领取完规定计发月数的养老金仍然健在，此时个人账户储存额已经用完。针对这两种情况，有关政策作出相应规定：个人账户尚未领完，退休人员已经去世时，其个人账户余额中的个人缴费部分本息和可以继承，其他部分则并入社会统筹基金；退休人员个人账户领完后健在的，由社会统筹基金按照规定标准继续发放，直至退休人员死亡为止。

3. 在职业介绍服务中心存档人员的基本养老保险关系如何建立？

【解析】在职业介绍服务中心存档的人员，企业集体委托存档的，可以在委托存档的职业介绍服务中心按本市企业缴纳基本养老保险费的标准办理缴纳基本养老保险费手续，建立基本养老保险关系。个人委托存档的，以本市上一年职工月平均工资为基数，按本市企业和个人缴费标准比例之和，由个人缴纳基本养老保险费，建立基本养老保险关系；个人委托存档人员在企业工作的，其企业缴费部分由企业承担。

4. 在什么情况下可以用个人名义接续基本养老保险？如何用个人名义接续基本养老保险？

【解析】下列人员可以个人名义接续基本养老保险：①与原单位脱离劳动关系而未找到新的接收单位的人员；②与原单位脱离劳动关系后从事个体、私营、自由职业、出国（非定居）的人员；③大中专毕业生、复员、退伍、转业军人暂未找到工作单位的人员。

用个人名义接续基本养老保险，可享受以下几个方面的优惠政策：①缴费比例20%，其中8%记入个人账户；②缴费基数可以在全市社会平均工资60%～300%自由选择；③未达到退休年龄死亡的，其自费缴纳的养老保险费全部依法继承；④个人续保缴纳的养老保险费与原为企业职工时缴纳的养老保险费合并计算缴费年限，对于1995年1月1日以后与企业脱离劳动关系的原固定工，1994年12月底以前的工龄仍符合连续工龄计算规定的，免缴养老保险费，直接视同缴费年限；⑤缴费基数及缴费年限与国有及县以上集体企业职工相同的，退休后领取的退休待遇也相同。

用个人名义办理接续基本养老保险的一般程序是：①个人与用人单位解除或终止劳动关系时，社会保险经办机构要清算各项社会保险费，有欠费的要补缴，并向用人单位发放《接续养老保险关系通知单》；②用人单位持《接续养老保险关系通知单》和有关资料到个人窗口为个人办理养老保险关系接续登记手续；③个人持《社会养老保险手册》到个人窗口办理申报缴费手续，个人在申报时可根据缴费能力选择缴费档次；④个人窗口或地税机关为个人在银行或邮局开设缴费储蓄账户；⑤个人应当在规定的时间内将应缴费额存入缴费储蓄账户，银行或邮局按照时间划扣；⑥个人在新的用人单位重新就业的，可由个人将其养老保险关系转移到新的用人单位参加的社会保险经办机构；⑦个人符合退休条件的，可由个人窗口代为到相关部门办理退休审批和待遇核发手续；⑧个人退休后，其养老金由社会保险经办机构就近委托银行或邮局发放。

5. 被企业“买断工龄”的人员如何参加基本养老保险?

【解析】买断工龄是我国经济体制改革中城市国有企业安置富余人员的一种办法，即企业参照员工的工作年限、工资水平、工作岗位等条件，结合企业当时的实际情况，经企业与员工双方协商报上级有关主管部门批准，由企业一次性支付给员工一定数额的货币，从而解除企业与富余员工之间的劳动关系，使员工走向社会的一种安置员工的形式。买断工龄意味着员工与企业解除了劳动关系，成为社会失业人员，养老保险费是否缴纳，就要由劳动者自己决定了。对于那些愿意继续缴纳养老保险费的买断工龄人员，社会保险经办机构应予以办理续保手续而不能以任何理由拒绝。具体而言，买断工龄的职工如果继续投保，以前的工龄作为缴费年限；如果不再投保，即便缴费已满 15 年，也应在符合法定退休年龄办理退休手续后才能正式享受退休待遇，领取基本养老金。

被买断工龄人员的劳动人事档案被退回到当地劳动保障部门，其可以先找到档案的属地补缴存档费，便可以向存档机构申请办理以个人名义缴纳养老保险，按照自由劳动者的标准缴纳养老保险费，以前企业已经缴纳的保险费将连续计算。需要注意的是，买断工龄毕竟是改革过程中出现的临时性的不规范举措，不应该是一种普遍适用的方法。

9.2.2　医疗保险法律制度

2019 年 3 月 26 日国务院办公厅印发《关于全面推进生育保险和职工基本医疗保险合并实施的意见》(以下简称《意见》)。

《意见》提出了推进生育保险和职工基本医疗保险合并实施的主要政策。一是统一参保登记。参加职工基本医疗保险的在职职工同步参加生育保险。完善参保范围，促进实现应保尽保。二是统一基金征缴和管理。生育保险基金并入职工基本医疗保险基金，统一征缴，统筹层次一致。按照用人单位参加生育保险和职工基本医疗保险的缴费比例之和确定新的单位费率。三是统一医疗服务管理。两项保险合并实施后实行统一定点医疗服务管理，执行基本医疗保险、工伤保险、生育保险药品目录，以及基本医疗保险诊疗项目和医疗服务设施范围。生育医疗费用原则上实行医疗保险经办机构与定点医疗机构直接结算。促进生育医疗服务行为规范，强化监控和审核。四是统一经办和信息服务。经办管理统一由基本医疗保险经办机构负责，实行信息系统一体化运行。五是确保职工生育期间生育保险待遇不变。参保人员生育医疗费用、生育津贴等各项生育保险待遇按现行法律法规执行，所需资金从职工基本医疗保险基金中支付。六是确保制度可持续。各地要增强基金统筹共济能力，增强风险防范意识和制度保障能力，合理引导预期，完善生育保险监测指标，根据生育保险支出需求建立费率动态调整机制。

《意见》要求，各地要高度重视生育保险和职工基本医疗保险合并实施工作，根据当地生育保险和职工基本医疗保险参保人群差异、基金支付能力、待遇保障水平等因素进行综合分析和研究，周密组织实施，确保参保人员相关待遇不降低、基金收支平衡，保证平稳过渡。各省（自治区、直辖市）要加强工作部署，督促指导各统筹地区加快落实，2019 年年底前实现两项保险合并实施。

1. 医疗保险制度概述

医疗保险这一名称并非为各国所通用，有些国家又称疾病保险、疾病津贴或者健康保险等，我国也曾称为疾病保险，近年来则习惯统一称为医疗保险。它是社会保障制度中非常重要的一个项目，是当人们生病或者受到伤害后，由国家和社会给予物质帮助，即提供医疗服务和经济补偿的一种社会保障制度。

医疗保险具有社会保险的强制性、互济性、福利性、社会性等特征。因此，医疗保险制度通常由国家立法强制实施，建立基金制度，费用由雇主和雇员共同缴纳，医疗费由医疗保险机构支付，以解决劳动者因患病或者受伤带来的医疗风险。

从世界范围看，社会保障项目中立法最早的是医疗保险。1883 年，德国制定了《劳工疾病保险法》，这是世界上第一个医疗保险法，也是社会保障立法的首创。医疗保险法律制度的普及面仅次于养老保险、工伤保险，是鼎足而立的三大保险立法项目之一。

我国的医疗制度最早建立在 20 世纪 50 年代初期。1998 年 12 月 14 日，国务院正式颁布《国务院关于建立城镇职工基本医疗保险制度的决定》（以下简称《1998 年决定》），确立了医疗制度改革的方向和目标。1999 ～ 2019 年颁布的大量相关法规和一些医疗制度共同组成了我国医疗保险的法律制度体系，并且逐步完善和健全。

2. 我国城镇医疗保险制度

（1）三种医疗制度。我国城镇医疗保险是公费医疗、劳保医疗、合作医疗三种制度并存。公费医疗制度和劳保医疗制度是适用于城镇职工的医疗保险制度，均产生于 20 世纪 50 年代初期。在随后的几十年中，这两种制度在保障职工身体健康方面发挥了积极的作用。但在社会主义市场经济建立的过程中，这种制度的弊端日益明显，医疗保险制度不得不进行改革。

（2）适用范围、统筹、缴费办法。《1998 年决定》规定："城镇所有用人单位，包括企业（国有企业、集体企业、外商投资企业、私营企业等）、机关、事业单位、社会团体、民办非企业单位及其职工，都要参加基本医疗保险。乡镇企业及其职工、城镇个体经济组织业主及其从业人员是否参加基本医疗保险，由各省、自治区、直辖市人民政府决定。"

关于医疗保险缴费率，在试点和扩大试点中各地进行多种试验，规定不一。《1998 年决定》规定：基本医疗保险费由用人单位和职工共同缴纳；用人单位缴费率控制在职工工资总额的 6% 左右，职工缴费率一般为本人工资收入的 2%；随着经济的发展，用人单位和职工缴费率可作相应调整。职工个人缴费的全部及用人单位缴费的 30% 左右，划入个人账户；用人单位缴费的其余部分用于建立统筹基金。

要确定统筹基金的起付标准和最高支付限额。起付标准原则上控制在当地职工年平均工资的 10% 左右，最高支付限额原则上控制在当地职工年平均工资的 4 倍左右。起付标准以下的医疗费用，从个人账户中支付或由个人自付。起付标准以上、最高支付限额以下的医疗费用，主要从统筹基金中支付，个人也要负担一定比例。超过最高支付限额的医疗费用，可以通过商业医疗保险等途径解决。

（3）医疗保险待遇。《1998 年决定》规定了医疗保险待遇的几种情形。

1）退休人员参加基本医疗保险，个人不缴纳基本医疗保险费。对退休人员个人账户的计入金额和个人负担医疗费的比例给予适当照顾。

2）国家公务员在参加基本医疗保险的基础上，享受医疗补助政策。具体办法另行制定。

3）国有企业下岗职工的基本医疗保险费，包括单位缴费和个人缴费，均由再就业服务中心以当地上年度职工平均工资的 60% 为基数缴纳。

3. 补充医疗保险

我国最早的补充医疗保险实践出现在 1996 年。这种形式的医疗保险在 1998 年《国务院关于建立城镇职工基本医疗保险制度的决定》（以下简称《1998 年医疗保险决定》）发布后，引起越来越多人的关注。它的功能在于分散基本医疗保险参保人员承担的基本医疗保险最高支付限额以上和基本医疗保险范围以外个人自付高额医疗费用的风险，发挥风险再分散的作用，是基本医疗保险的一种补充形式。

目前我国现行补充医疗保险政策还仅限于《1998 年医疗保险决定》。根据它的规定，为了不降低一些行业（如邮电、银行、保险公司等）职工现有的医疗消费水平，在参加基本医疗保险的基础上，作为过渡措施，允许建立企业补充医疗保险。

4.《意见》对医疗保险的新规定

2010 年 1 月，人力资源和社会保障部公布了《流动就业人员基本医疗保障关系转接接续暂行办法》（以下简称《办法》）。《办法》规定，从 2010 年 7 月 1 日开始，流动人员跨省就业时可以转移自己的医保关系，个人账户也跟随转移划转。除医保关系可跨省转移之外，随参保人身份的变化，职工医保、居民医保、新型农村合作医疗三种不同类型的医疗保险关系，也可互相转换。进城的农民工可在就业地参加当地的职工基本医疗保险，回农村后可带回，转为新型农村合作医疗保险，而且不会中断。

2015 年 12 月 2 日，人力资源和社会保障部公布了《关于完善基本医疗保险定点医药机构协议管理的指导意见》（以下简称《意见》），明确要求全国所有统筹地区于 2015 年年底前，全面取消社会保险行政部门实施的“基本医疗保险定点医疗机构资格审查”和“基本医疗保险定点零售药店资格审查”的“两定”资格审查，同步完善社会保险经办机构与医药机构的协议管理，提高管理服务水平和基金使用效率。

《意见》对取消社保行政部门实施的“两定”资格审查后如何完善协议管理提出了明确的要求。依法设立的各类医药机构，无论其级别、类别和所有制性质，均可对照条件自愿向社保经办机构申请成为医保定点，社保行政部门不再进行前置审批。与此同时，经办机构要建立公开透明的评估机制，探索通过第三方评价等方式开展评估，选择服务质量好、价格合理、管理规范的医药机构谈判并签订服务协议。

《意见》对医疗保险的新规定是：跨省就医结算启动；在哪儿住院，在哪儿报销。具体规定如下。

（1）逐步解决跨省异地安置退休人员住院医疗费用直接结算的问题，到 2017 年年底，扩大到符合转诊规定人员的异地就医住院医疗费用直接结算。

（2）逐步将异地长期居住人员和常驻异地工作人员纳入异地就医住院医疗费用直接结算覆盖范围。

案例分析 9-10

异地就医及结算，可否实现

从四川来南宁的岳女士，在南宁住院一个月后，开始着急回家了，原因是她在南宁没有办法报销医疗费用。

【解析】 参保人员医疗费用中应当由基本医疗保险基金支付的部分，由社会保险经办机构与医疗机构、药品经营单位直接结算。根据《意见》的新规定，2017 年年底社会保险行政部门和卫生行政部门应当建立异地就医的医疗费用结算制度，方便参保人员享受基本医疗保险待遇。

案例分析 9-11

试用期期间生病能否享受医疗保险

张咪咪大学毕业后被一家公司录用，双方签订为期 4 年的劳动合同，约定试用期 3 个月，试用期工资 6 000 元。公司方面承诺，等到试用期满转正后，立即为张咪咪办理医疗保险等社会保险手续，并补缴在试用期的相关保险费用。不幸的是，张咪咪在试用期期间患病住院，花去医疗费 10 000 多元。张咪咪出院后向公司提出报销医疗费用。公司表示，公司不为尚在试用期期间的员工办理医疗保险，故张咪咪的医疗费用无法报销。张咪咪遂向单位所在地的劳动争议仲裁委员会提出申诉，请求该公司为自己办理医疗保险，并报销医疗费用。

请问：张咪咪的申诉是否会得到支持？

【解析】 按照《劳动合同法》的规定，劳动关系从订立劳动合同起确立，只要劳动合同成立，劳动者在试用期内已经属于用人单位的职工。因此，劳动争议仲裁委员会受理申诉后，经调查核实，认为张咪咪反映的情况属实，公司的做法违背相关法规政策。在调解无效的情况下，劳动争议仲裁委员会依照法律的有关规定，裁决公司补办其在试用期的医疗保险，并支付相应的滞纳金。同时，因为公司没有为张咪咪办理医疗保险的相关手续，故应当按照社会医疗保险的相关规定，除了张咪咪个人应当承担一定比例的医疗费用外，其余费用由公司承担。

9.2.3 生育保险法律制度

1. 生育保险的概念

生育保险是女职工因生育子女而暂时中止劳动，并从国家和社会中获得物质帮助的一项社会保险制度。其作用是在女职工妊娠、分娩以及恢复机体整个过程中提供身体保健、医疗服务、带薪假期，从而体现国家和社会对妇女在这一特殊时期给予的保障。

生育保险法是因女职工生育行为引起的相关权利义务的法律制度，是社会保险法体系中重要的组成部分。据国际劳工组织提供的资料，生育保险是一种对女职工表示关注的国际上通行的措施。目前，世界上大多数国家都根据自己的社会制度和经济实力，制定了相应的生育措施，以保障本国妇女的合法权益。

2. 生育保险的特点

（1）生育保险实施的对象只是女职工，范围有限。随着社会经济的发展，有些国家和地区，允许女职工再生育后，给予男职工一定的带薪假期照顾生育后的妻子。我国生育保险适用于达到法定婚龄的已婚职工，并且符合国家的计划生育政策，否则，一律不得享受生育保险待遇。

（2）生育保险实行产前和产后都应享受的原则。生育保险待遇包括产前和产后两个部分，产前主要表现为产前检查、产中医疗服务，产后则表现为带薪产假、产后恢复以及产后疾病医疗等待遇。

（3）生育保险制度的出现一般比医疗、养老、工伤、失业制度要晚一些，往往是社会发展到一定时期，经济相对繁荣，国家财力允许的情况下，伴随着社会福利制度的发展而产生和发展起来的。

3. 我国的生育保险待遇

根据我国现行有效的法律、法规的规定，我国的生育保险待遇包括三项，即产假、生育津贴和医疗服务，其具体待遇标准如下。

（1）职工个人不缴纳生育保险费。生育保险费由企业按照其工资总额的一定比例向社会保险经办机构缴纳生育保险费，建立生育保险基金。生育保险费的提取比例由当地人民政府根据计划内生育人数和生育津贴、生育医疗费等项费用确定，并可根据费用支出情况适时调整，但最高不得超过工资总额的 1%。

（2）女职工生育按照法律、法规的规定享受带薪产假。产假期间的生育津贴按照本企业上年度职工月平均工资计发，由生育保险基金支付。法定产假期限为 90 天，各地方可根据实际情况规定高于法定期限，但不得低于法定期间。多胞胎生育的，每多生育一个婴儿增加产假 15 天。

（3）享受孕产期医疗服务费用。根据规定，女职工生育的检查费、接生费、手术费、住院费和药费由生育保险基金支付。超出规定的医疗服务费和药费（含自费药品和营养药品的药费）由职工个人负担。

（4）与生育有关的疾病医疗待遇。女职工生育出院后，因生育引起疾病的医疗费，由生育保险基金支付；其他疾病的医疗费，按照医疗保险待遇的规定办理。女职工产假期满后，因病需要休息治疗的，按照有关病假待遇和医疗保险待遇规定办理。

4. 生育保险和职工基本医疗保险合并实施

1994 年 12 月劳动部颁发的《企业职工生育保险试行办法》中规定：本办法适用城镇企业及其职工。生育保险按属地原则组织，生育保险费用实行社会统筹。

2017 年 1 月 19 日国务院办公厅印发《生育保险和职工基本医疗保险合并实施试点方案的通知》（以下简称《通知》）。《通知》提出，根据实际情况和有关工作基础，在河北省邯郸市、山西省晋中市、辽宁省沈阳市、江苏省泰州市、安徽省合肥市、山东省威海市、河南省郑州市、湖南省岳阳市、广东省珠海市、重庆市、四川省内江市、云南省昆明市开展生育保险和职工基本医疗保险合并实施试点。未纳入试点的地区不得自行开展试点工作。2017 年 6 月底前启动试点，试点期限为一年左右。2019 年 3 月 25 日国务院办公厅《关于全面推进生育保险和职工基本医疗保险合并实施的意见》规定了包括统一参保登记、统一基金征缴和管理、统一医疗服务管理、统一经办和信息服务、职工生育期间的生育保险待遇不变、确保制度可持续等六项主要政策。

合并实施不是简单地将生育保险并入医疗保险，而是在保留各自制度功能的前提下，按照新的发展理念，通过制度政策衔接、整合资源，实现一体化运行管理服务，探索建立更协调、灵活、高效的运行机制，包括参保扩面机制、待遇保障机制、基金管理机制、医疗服务激励约束机制、统一经办管理机制。

（1）统一参保登记。参加职工基本医疗保险的在职职工同步参加生育保险。实施过程中要完善参保范围，结合全民参保登记计划摸清底数，促进实现应保尽保。

（2）统一基金征缴和管理。生育保险基金并入职工基本医疗保险基金，统一征缴。试点期间，可按照用人单位参加生育保险和职工基本医疗保险的缴费比例之和确定新的用人单位职工基本医疗保险费率，个人不缴纳生育保险费。同时，根据职工基本医疗保险基金支出情况和生育待遇的需求，按照收支平衡的原则，建立职工基本医疗保险费率确定和调整机制。

职工基本医疗保险基金严格执行社会保险基金财务制度，两项保险合并实施的统筹地区，不再单列生育保险基金收入，在职工基本医疗保险统筹基金待遇支出中设置生育待遇支出项目。探索建立健全基金风险预警机制，坚持基金收支运行情况公开，加强内部控制，强化基金行政监督和社会监督，确保基金安全运行。

（3）统一医疗服务管理。两项保险合并实施后实行统一定点医疗服务管理。医疗保险经办机构与定点医疗机构签订相关医疗服务协议时，要将生育医疗服务有关要求和指标增加到协议内容中，并充分利用协议管理，强化对生育医疗服务的监控。执行职工基本医疗保险、工伤保险、生育保险药品目录以及基本医疗保险诊疗项目和医疗服务设施范围。生育医疗费用原则上实行医疗保险经办机构与定点医疗机构直接结算。

（4）统一经办和信息服务。两项保险合并实施后，要统一经办管理，规范经办流程。生育保险经办管理统一由职工基本医疗保险经办机构负责，工作经费列入同级财政预算。充分利用医疗保险信息系统平台，实行信息系统一体化运行。原有生育保险医疗费结算平台可暂时保留，待条件成熟后并入医疗保险结算平台。完善统计信息系统，确保及时准确反映生育待遇享受人员、基金运行、待遇支付等方面的情况。

（5）职工生育期间的生育保险待遇不变。生育保险待遇包括《社会保险法》规定的生育医疗费用和生育津贴，所需资金从职工基本医疗保险基金中支付。生育津贴支付期限按照《女职工劳动保护特别规定》等法律、法规规定的产假期限执行。

（6）确保制度可持续。各地要按照“尽力而为、量力而行”的原则，坚持从实际出发，从保障基本权益做起，合理引导预期；跟踪分析合并实施后基金运行情况和支出结构，完善生育保险监测指标；根据生育保险支出需求，建立费率动态调整机制，防范风险转嫁，实现制度可持续发展。

2016 年 3 月公布的“十三五”规划纲要明确提出，将生育保险和基本医疗保险合并实施。2016 年 4 月，人力资源和社会保障部、财政部联合下发《关于阶段性降低社会保险费率的通知》称，生育保险和基本医疗保险合并实施工作，待国务院制定出台相关规定后统一组织实施。

随堂演练 9-4

生育保险基金的构成主要包括（　　）。

A. 基金利息　　B. 生育保险费

C. 滞纳金　　D. 依法纳入生育保险基金的其他资金

【答案】ABCD

【解析】生育保险基金主要由企业缴纳的生育保险费、滞纳金、依法纳入生育保险基金的其他资金及基金利息构成。

案例分析 9-12

生育保险：妻子没工作，生育费能报吗

小陈和小梁毕业后来到南宁工作，小陈没工作，一直在家当全职太太。他们担心生育费用不能报销。

【解析】职工应当参加生育保险，由用人单位按国家规定缴纳生育保险费，职工不缴纳生育保险费。用人单位已缴纳生育保险费的，其职工享受生育保险待遇；职工未就业配偶按国家规定享受生育医疗费用待遇。生育保险，男女都参加，用人单位已经缴纳生育保险费的，其职工享受生育保险待遇；职工未就业配偶按照国家规定享受生育医疗费用待遇，所需资金从生育保险基金中支付，因而小陈夫妇俩不用担心生育费"报销无门"了。

9.2.4 失业保险法律制度

1. 失业保险概述

(1) 失业的概念。失业，顾名思义就是失去职业，是与在业相对应的一个概念。在理论上，一般根据造成失业的原因是主观的还是客观的，把失业分为非自愿性失业和自愿性失业。所谓非自愿性失业，是指在劳动年龄阶段内，有就业能力和就业愿望的劳动者，由于非本人所能控制的原因而没有工作的社会经济现象。自愿性失业是指由于本人原因而没有工作的现象。失业保险，就是通过社会保险的方式来保障非自愿性失业者劳动收入中断后的基本生活。

(2) 失业保险立法概述。我国失业保险制度始于 1950 年，实行经济体制改革以后，称失业为待业，把失业保险称为待业保险。1986 年 7 月 12 日，国务院颁布了《国营企业职工待业保险暂行规定》，对新时期我国的失业保险制度提出了基本政策框架。1993 年 4 月 12 日，国务院颁布了《国有企业职工待业保险规定》。这个规定与前一个规定相比，政策上做了一些调整。1999 年 1 月 22 日，国务院颁布了《失业保险条例》（以下简称《条例》），不但将待业保险正名为失业保险，而且将这一保险制度的覆盖范围扩大到所有企业、事业单位。至此，我国的失业保险制度真正建立起来了。

2. 失业保险的适用范围

根据《条例》第二条的规定："城镇企业事业单位、城镇企业事业单位职工依照本条例的规定，缴纳失业保险费。城镇企业事业单位失业人员依照本条例的规定，享受失业保险待遇。"

3. 失业保险基金的筹集和发放

(1) 失业保险资金的来源。从许多国家的失业保险情况看，建立失业保险制度，其资金有三种来源渠道：第一，政府税收（包括一般税收和专项税收）；第二，由企业和雇员或仅由企业单方根据工资额缴纳的失业保险费；第三，积累资金的运营收益。一般来说，前两者是主要的资金来源。

《条例》规定："统筹地区的失业保险基金不敷使用时，由失业保险调剂金调剂、地方财政补贴。"同时规定，经国务院批准，省、自治区、直辖市人民政府可以根据本行政区域失业人员数量和失业保险基金数额，调整本行政区域的失业保险费的费率。

城镇企业事业单位按照本单位工资总额的2%缴纳失业保险费，职工个人按照本人工资的1%缴纳失业保险费。个人缴纳失业保险费，有利于增加失业保险基金的来源渠道，减轻用人单位的失业保险负担，增强职工的失业保险意识并更加珍惜就业机会。

（2）我国失业保险基金的统筹和使用。设立基金、实行社会统筹是各项社会保险的普遍做法，也是实行社会保险的一个特点。我国失业保险制度从1986年恢复建立之时，就设立了待业保险基金，并且提出了"职工待业保险基金由省、自治区、直辖市统筹使用"。《条例》规定："失业保险基金在直辖市和设区的市实行全市统筹；其他地区的统筹层次由省、自治区人民政府确定。"提高统筹层次，可在较大范围内调剂使用基金，有利于按照大数法则分散失业风险，有利于增强失业保险基金抵御风险的能力。

4. 享受失业保险待遇的条件

大多数国家的法律规定只有具备一定条件的失业人员才能取得享受失业保险待遇的资格。

（1）失业者必须处于劳动年龄阶段。只有处于法定的最低劳动就业年龄和退休年龄之间的劳动者才有所谓失业与就业的区别。《条例》规定，失业保险制度适用于城镇企业事业单位实际上就隐含了领取失业保险待遇者只能是处于劳动年龄阶段的劳动者。

（2）必须是非自愿失业者。这是大多数国家奉行的立法原则。因为自愿失业是失业者本人主动放弃所从事的工作而成为失业者，因此，失业的责任完全在失业者本人，不应由社会来为其承担责任。而非自愿失业者，失业是由于本人所无法抗拒的原因造成的，失业的责任不在失业者本人，因而社会有责任为其提供保险待遇，帮助他们克服因失业带来的困难。许多国家在失业保险立法中对基于某些情况下的自愿失业者领取失业保险待遇做了禁止或限制性规定。

《条例》明确规定，享受失业保险待遇的失业人员应当是非本人意愿中断就业的。

（3）失业前必须工作一定时间或缴纳了一定时期的失业保险费。一般实行失业保险制度的国家都规定，失业保险待遇享有者必须在失业开始前一定时间内已经工作了一段时间。如德国规定失业前3年内必须工作过12个月。有的国家除规定失业前有工作经历之外，还规定失业前须缴纳了一定时间的失业保险费。我国1986年和1993年的待业保险规定，都没有对此作出规定。但在《条例》中则规定，享受失业保险待遇的条件之一必须是：按照规定参加失业保险，所在单位和本人已按照规定履行缴费义务满1年的。

5. 失业保险待遇的给付期限

《条例》规定，失业人员应当及时到指定的社会保险经办机构办理失业保险登记。失业保险金自登记之日起开始计算。如果失业人员在失业的当天就到社会保险经办机构办理失业保险登记，就可以从失业的当天开始享受失业保险待遇。

失业保险的享受期限，即失业者领取失业保险待遇的持续时间。

我国采用的是将领取失业保险待遇的期限与缴费时间相关联的办法。《条例》规定累计缴费时间满1年不足5年的，领取失业保险金的期限最长为12个月；累计缴费时间满5

年不足 10 年的，领取失业保险金的期限最长为 18 个月；累计缴费时间 10 年以上的，领取失业保险金的期限最长为 24 个月。

6. 失业保险待遇项目及标准

失业保险待遇项目及标准的设计，是失业保险制度的一个关键因素，直接体现失业保险制度的目标和目的。《条例》规定："失业保险金的标准，按照低于当地最低工资、高于城市居民最低生活保障标准的水平，由省、自治区、直辖市人民政府确定。"这一规定与 1993 年的规定相比有了一点改变，一方面适当提高了失业保险金水平；另一方面也适当放宽了最低标准与最高标准之间的幅度。

7. 失业保险新规定

2015 年 2 月 25 日，国务院确定将失业保险费率由现行条例规定的 3% 统一降至 2%。从 2016 年 5 月 1 日起，失业保险总费率在该基础上可以阶段性降至 1%～1.5%，其中个人费率不超过 0.5%。

失业保险新规定：目前，已有北京、上海、天津、河北、山东、山西、青海七个省、市宣布上调失业保险金标准。其中，北京每月每档上调 90 元。

随堂演练 9-5

张某因严重违反单位规章制度，被公司解除劳动合同，现正领取失业保险金。如果出现下列（　　）情形，张某应停止领取失业保险金，并同时停止享受其他失业保险待遇。

A. 移居境外的

B. 应征服兵役的

C. 享受基本养老保险待遇的

D. 无正当理由，拒不接受当地人民政府指定部门或者机构介绍的适当工作或者提供的培训的

【答案】 ABCD

【解析】 失业人员在领取失业保险金期间有下列情形之一的，停止领取失业保险金，并同时停止享受其他失业保险待遇：①重新就业的；②应征服兵役的；③移居境外的；④享受基本养老保险待遇的；⑤无正当理由，拒不接受当地人民政府指定部门或者机构介绍的适当工作或者提供的培训的。

案例分析 9-13

失业了，失业保险金怎么算

老张在一家单位工作满 5 年以后失业了，在这 5 年就业期间，用人单位和他本人都按照规定履行了缴费义务，根据当地社会保险行政部门规定，他最多可以领取 12 个月的失业保险金。在他领取了 6 个月失业保险金以后，再次就业，又工作了 5 年后失业，这 5 年中用人单位和他本人都按照规定履行了缴费义务，这时候如何计算他领取失业保险金的期限？

【解析】 失业人员重新就业后，再次失业的，缴费时间重新计算，领取失业保险金的

期限与前次失业应当领取而尚未领取的失业保险金的期限合并计算，最长不超过24个月。根据《社会保险法》的规定，老张的失业保险金需要计算两个年限。一是根据重新就业后的缴费时间计算出来的领取失业保险金的期限，也就是再次就业后工作的这5年，可以领取12个月的失业保险金。二是前次失业应多领取而尚未领取的失业保险金的期限，在上次失业时，老张本可以领取12个月的失业保险金，但实际上他只领取了6个月，还有6个月的期限尚未使用，这6个月就是"前次失业应领取而尚未领取的失业保险金的期限"。那么，老张第二次失业时，能领取失业保险金的最长期限为18个月。

9.2.5 工伤保险法律制度

1. 工伤保险概述

（1）工伤。工伤是指劳动者在执行公务过程中所受到的人身意外伤害或因工作所患的病。狭义的工伤，仅指劳动者在工作中遭受的事故伤害（包括因遭受外力伤、致残、死亡），不含职业病；而广义上的工伤则指职业伤害，还包括职业病在内。

区分工伤与非工伤，主要看该伤害或疾病是否在执行业务中发生或者是否与从事工作的环境有关，故一般须考察该伤害是否发生在劳动场所以及是否在劳动时间内。但工作场所和时间并不是判定工伤的唯一标准，关键在于确认伤害是否与劳动者的工作关联。有些伤害虽然在工作的时间和地点以外发生（如上下班时间或因公外出期间），但在一定条件下仍可按工伤处理。此外，从社会利益的角度出发，对于职工因从事抢险、救灾、救人等维护国家、社会公众利益的活动而受到意外伤害的，通常也按工伤处理。相反，有些伤害即使在工作场所和工作时间内发生，如职工患心脑血管疾病恰巧在工作时间内发作，也不能按工伤对待和处理，一般只能享受医疗保险待遇。非工伤的医疗保险，其标准通常要低于工伤保险待遇。

（2）工伤保险。工伤保险是指劳动者在因工负伤、致残和死亡时依法所享有的社会保险。职业病保险是指劳动者在身患职业病时依法所享有的社会保险。在很多国家，对工伤保险和职业病保险分别立法，统称职业伤害保险法。我国职业病保险是工伤保险立法的组成部分，纳入工伤保险体系。

工伤保险是多数国家普遍实行的一项社会保险制度，与养老保险、医疗保险、失业保险一样是社会保障法律体系中一个重要的组成部分。其作用是保障职工在工作中遭受事故伤害或者患职业病时能获得及时救治和补偿，分散用人单位的风险，促进工伤事故的预防，从而在全社会范围内提高企业的安全卫生保护层次和管理水平。

1996年8月12日劳动部发布《企业职工工伤保险试行办法》，并从1996年10月1日开始正式实施，是我国工伤保险方面最早的专门法律规范。2003年4月16日国务院通过了《工伤保险条例》，并决定从2004年1月1日起正式实施，直接以行政法规的形式来确立和保证这项制度的贯彻实施，这标志着我国对职工工伤保险权益的保护已经积累了比较成熟的经验，同时也说明了国家对职工工伤保险权益的高度重视。国务院2010年12月8日修改后的《工伤保险条例》于2011年1月1日起施行。

2. 工伤和职业病的认定

（1）工伤范围的认定。根据《工伤保险条例》的规定，职工在发生以下情形时，属于工伤：

1）在工作时间和工作场所内，由于工作原因受到事故伤害的；

2）工作时间前后在工作场所内，从事与工作有关的预备性或者收尾性工作受到事故伤害的；

3）在工作时间和工作场所内，因履行工作职责受到暴力等意外伤害的；

4）患职业病的；

5）因公外出期间，由于工作原因受到伤害或者发生事故下落不明的；

6）在上下班途中，受到非本人主要责任的交通事故或者城市轨道交通、客运轮渡、火车事故伤害的；

7）法律、行政法规规定应当认定为工伤的其他情形。

根据具体情况，还规定了视同工伤的行为：在工作时间和工作岗位，突发疾病死亡或者在 48 小时之内经抢救无效死亡的；在抢险救灾等维护国家利益、公共利益活动中受到伤害的；职工原在军队服役，因战、因公负伤致残，已取得革命伤残军人证，到用人单位后旧伤复发的。这些行为虽不是严格意义上的工伤，但由于具有“公益”性质，所以法律仍然肯定这种行为，并可以依照工伤待遇标准，给予工伤待遇。

另外，《工伤保险条例》规定了三种情形不属于工伤：故意犯罪的；醉酒或者吸毒的；自残或者自杀的。

（2）工伤认定程序。根据《工伤保险条例》的规定，工伤认定主要有以下几个程序。

1）在规定时间提出申请。所在单位应当自事故伤害发生之日或者被诊断、鉴定为职业病之日起三十日内，向统筹地区劳动保障行政部门提出工伤认定申请。

2）按规定提交材料。

3）审核并决定。劳动保障行政部门应当自受理工伤认定申请之日起六十日内作出工伤认定的决定，并书面通知申请工伤认定的职工或者其直系亲属和该职工所在单位。

（3）劳动能力鉴定。劳动能力鉴定是指劳动功能障碍程度和生活自理障碍程度的等级鉴定。根据《工伤保险条例》的规定，职工因工伤或者职业病经治疗后留有残疾可能影响继续工作的，应当申请劳动能力鉴定，进行相应的评残认定，以便今后的生活能够获得足够的保障。

劳动功能障碍分为十个伤残等级，最重的为一级，最轻的为十级。生活自理障碍分为三个等级：生活完全不能自理、生活大部分不能自理和生活部分不能自理。劳动能力鉴定标准由国务院劳动保障行政部门会同国务院卫生行政部门等部门制定。

按照《工伤保险条例》的规定，劳动能力鉴定由用人单位、工伤职工或者其直系亲属向设区的市级劳动能力鉴定委员会提出申请，并提供工伤认定决定和职工工伤医疗的有关资料。

省、自治区、直辖市劳动能力鉴定委员会和设区的市级劳动能力鉴定委员会分别由省、自治区、直辖市和设区的市级劳动保障行政部门、人事行政部门、卫生行政部门、工会组织、经办机构代表以及用人单位代表组成。

3. 工伤保险待遇

（1）基本原则。一是实行雇主“无过错责任”的归责原则。也就是说，在工伤认定申请中，劳动者个人是否有过错不能作为是否发给工伤保险待遇的判定标准。二是预防、补偿和康复相结合的原则。

（2）缴费义务人和费率。根据《工伤保险条例》的规定，职工个人不缴纳工伤保险费，完全由用人单位承担缴费责任。用人单位缴纳工伤保险费的数额为本单位职工工资总额乘以单位缴费费率。

根据2003年颁布的《关于工伤保险费率问题的通知》，我国的工伤保险费率实行行业差别费率与浮动费率相结合的制度。

1）行业差别费率。根据不同行业的工伤风险程度，将行业划分为三个类别：一类为风险较小行业；二类为中等风险行业；三类为风险较大行业。三类行业分别实行三种不同的工伤保险缴费率。各统筹地区三类行业的基准费率要分别控制在用人单位职工工资总额的0.5%左右、1.0%左右、2.0%左右。

2）浮动费率。用人单位属一类行业的，按行业基准费率缴费，不实行费率浮动。用人单位属二、三类行业的，费率实行浮动。用人单位的初次缴费费率，按行业基准费率确定，以后由统筹地区社会保险经办机构根据用人单位工伤保险费使用、工伤发生率、职业病危害程度等因素，1～3年浮动一次。

（3）具体待遇。工伤保险待遇分别分为工伤医疗待遇、工伤致残待遇、工伤死亡待遇、下落不明情形下的待遇以及其他情形的工伤待遇等多种情况，一般包括医疗费、护理费、营养费等费用。

《工伤保险条例》规定了停止享受工伤保险待遇的情形：丧失享受待遇条件的；拒不接受劳动能力鉴定的；拒绝治疗的。

4. 工伤保险新规

2016年5月1日起各地要继续贯彻落实国务院2015年关于降低工伤保险平均费率0.25个百分点和生育保险费率0.5个百分点的决定及有关政策规定，确保政策实施到位。生育保险和基本医疗保险合并实施工作，待国务院制定出台相关规定后统一组织实施。

工伤保险新规：到2020年，劳动者参加工伤保险覆盖率超80%，具体如下。

（1）到2020年，建立健全用人单位负责、行政机关监管、行业自律、职工参与和社会监督的职业病防治工作格局。

（2）劳动者依法应参加工伤保险覆盖率达到80%以上，逐步实现工伤保险与基本医疗保险、大病保险、医疗救助、社会慈善、商业保险等有效衔接，切实减轻职业病病人负担。

随堂演练9-6

因工伤发生的下列费用中，按照国家规定由用人单位支付的有（　　）。

A. 治疗工伤期间的工资福利

B. 住院伙食补助费

C. 五级、六级伤残职工按月领取的伤残津贴

D. 终止或者解除劳动合同时，应当享受的一次性伤残就业补助金

【答案】ACD

【解析】 因工伤发生的下列费用，按照国家规定由用人单位支付：

（1）治疗工伤期间的工资福利；

（2）五级、六级伤残职工按月领取的伤残津贴；

（3）终止或者解除劳动合同时，应当享受的一次性伤残就业补助金。

案例分析 9-14

用人单位未依法缴纳工伤保险费，发生工伤事故怎么办

某建筑工地上的打工者王刚在工作中受了伤，面对巨额的医疗费，承包商和建筑商却互相推诿扯皮，王刚只能自己先垫钱看病。

【解析】《社会保险法》第四十一条规定：职工所在用人单位未依法缴纳工伤保险费，发生工伤事故的，由用人单位支付工伤保险待遇。用人单位不支付的，从工伤保险基金中先行支付。从工伤保险基金中先行支付的工伤保险待遇应当由用人单位偿还。用人单位不偿还的，社会保险经办机构可以依照本法第六十三条的规定追偿。

与医保基金一样，工伤保险基金也将实施垫付追偿制度。这对在外打工的农民工，特别是建筑行业的农民工来说，无疑是重大利好。《社会保险法》实施后，农民工出了工伤事故，所在用人单位不支付工伤保险待遇时，工伤待遇由工伤保险基金先支付，就能保障农民工及时就医，但所在用人单位要承担相应的法律责任。

疑难问题 9-2

什么是一次性赔偿待遇？在哪些情况下，可以享受一次性赔偿待遇？赔偿标准是如何规定的？

【解析】《工伤保险条例》第六十三条规定，一次性赔偿待遇是在非法用工情况下，职工遭遇工伤事故或患职业病的，由非法用工单位向伤残职工或死亡职工的直系亲属支付的赔偿待遇。一般包括两种情况：一是用工主体不合法，即无营业执照或者未经依法登记、备案的单位及被依法吊销营业执照或者撤销登记、备案的单位，这类单位的职工受到事故伤害或患职业病的，由该单位向伤残职工或者死亡职工的直系亲属给予一次性赔偿。二是被雇用人员没有达到就业年龄，即用人单位非法使用童工造成童工伤残、死亡的，由该单位向童工或童工的直系亲属给予一次性赔偿。

根据劳动和社会保障部 2003 年颁布并于 2004 年 1 月 1 日施行的《非法用工单位死亡人员一次性赔偿办法》的规定：一次性赔偿包括受到事故伤害或患职业病的职工或童工在治疗期间的费用和一次性赔偿金；受到事故伤害或患职业病的职工或童工在劳动能力鉴定前进行治疗期间的生活费、医疗费、护理费、住院期间的伙食补助费及所需的交通费等费用，按《工伤保险条例》规定的标准和范围，全部由非法用工单位支付。一次性赔偿金数额应当在受到事故伤害或患职业病的职工或童工死亡或经劳动能力鉴定后确定，劳动能力鉴定费用由伤亡职工或者童工所在单位支付。一次性赔偿金以非法用工单位所在地工伤保险统筹地区上年度职工年平均工资为赔偿基数，造成受事故伤害或患职业病的职工或童工死亡的，按赔偿基数的 10 倍支付一次性赔偿金。造成受事故伤害或患职业病的职工或童工伤残的，按照鉴定后确定的伤残等级进行赔偿，其标准依次为：一级伤残为赔偿基数的

16倍，二级为14倍，三级为12倍，四级为10倍，五级为8倍，六级为6倍，七级为4倍，八级为3倍，九级为2倍，十级为1倍。

复习思考题

一、判断题

1. 劳动者对劳动争议的终局裁决不服的，申请人可以就该劳动争议事项向人民法院提起诉讼。(　　)
2. 亲自履行原则是劳动合同履行的原则之一。(　　)
3. 劳动法律关系客体是劳动行为，具有单一性的特点。(　　)
4. 社会保险以追求社会公益为目标，不以营利为目的。(　　)
5. 社会保险费的纳税主体，主要是指依法应当缴纳社会保险费的单位和个人。(　　)
6. 我国医疗制度改革实行医疗账户与大病社会保险基金相结合的新制度。(　　)

二、单项选择题

1. 某甲在一企业工作，试用期未满便想解除劳动合同，下列各项表述中，(　　)是正确的。
   A. 甲应当提前三十日以口头或书面形式通知企业解除合同
   B. 甲应当提前三日以书面形式通知企业解除合同
   C. 甲提前三日通知用人单位，可以解除劳动合同
   D. 甲在试用期内不得解除合同
2. 劳动争议仲裁委员会主任由(　　)。
   A. 劳动行政部门代表担任　　B. 用人单位方面代表担任
   C. 同级工会代表担任　　D. 三方共同推举的代表担任
3. 如果用人单位生产经营发生严重困难，甚至处于停产状态，可以(　　)社会保障费用。
   A. 申请缓缴　　B. 减免　　C. 不能缓缴　　D. 不能减免
4. 社会保障的基本特点是(　　)。
   A. 互济性和社会性
   B. 互济性
   C. 不利于发挥社会保障对国民收入的再分配功能
   D. 社会性

三、多项选择题

1. 某公司要解除与职工李某之间的劳动合同，其所提出的如下解约理由或做法中，(　　)是有法律依据的。
   A. 李某经过培训仍不能胜任现工作
   B. 李某不满25周岁而结婚，违反了公司关于男职工满25周岁才能结婚的规定
   C. 公司因严重亏损而决定裁员，因此解除与李某的劳动合同

D. 李某非因公出车祸受伤住院，公司向李某支付 3 个月的工资并通知李某解除劳动合同

2. 下列关于劳动争议的解决方式的表述中，(　　) 是正确的。

A. 调解原则适用于劳动仲裁和诉讼程序

B. 在劳动仲裁前必须先行调解

C. 劳动争议仲裁的裁决是终局的

D. 在当事人提起诉讼之前，必须先进行劳动仲裁

3. 社会保险制度的基本原则是（　　）。

A. 多层次合理负担的原则　　B. 最低费用原则

C. 收支平衡的原则　　D. 追求社会公益、不以营利为目的的原则

4. 社会保险费的特征是（　　）。

A. 强制性　　B. 法定性　　C. 约定性　　D. 固定性

5. 社会保险体系包括（　　）等。

A. 养老保险　　B. 医疗保险　　C. 工伤保险　　D. 失业保险

四、填空题

1. 劳动关系双方，一方为__________，另一方为__________。

2. 劳动合同内容可以分为__________和__________两部分。

3. 劳动合同的无效，由__________或__________确认。

4. __________、__________、__________都应成为社会保险费的缴费主体。

5. 实行多层次的养老保险体系，是由__________决定的，同时也是__________的内在要求。

6. 医疗保险待遇，主要包括规定范围内的__________、__________、__________以及规定标准的__________等。

7. 农村医疗保险制度，一般以__________为单位，实行__________，形成统一使用的__________。

五、名词解释

1. 劳动关系　2. 劳动法律关系　3. 劳动法律关系的主体　4. 劳动法律关系的内容　5. 劳动法律关系的客体　6. 劳动合同　7. 集体合同　8. 劳动争议　9. 社会保险　10. 社会保险法　11. 社会保险费　12. 社会保险基金

六、简答题

1. 劳动关系具有哪些特征？

2. 劳动者的基本权利和义务有哪些？

3. 劳动合同的内容应包括哪些条款？

4. 无效劳动合同分哪几类？由谁来确认？

5. 允许变更劳动合同的条件是什么？

6. 发生劳动争议后解决的方式有哪些？

7. 简述我国劳动争议的受案范围。
8. 我国社会保险制度包括哪些保险项目?
9. 社会保险法中认定工伤的范围有哪些?
10. 实行社会保险应遵循什么原则?
11. 确定社会保险费水平应考虑哪些因素?
12. 简述社会保险基金的特征和作用。
13. 如何加强社会保险基金的管理?
14. 社会保险体系应包括哪些主要内容?

七、论述题

1. 试述劳动法律关系的产生、变更和消灭的劳动法律事实。
2. 试述劳务合同与劳动合同的主要区别。

八、案例分析题

1. 李博是从湖北来上海打工的民工，2018 年 3 月被一家个体餐馆招为厨房勤杂工，双方口头约定李博每月的工资为 5 000 元，另餐馆每天免费提供两顿饭，如发生其余费用餐馆概不负责。

2019 年 1 月，由于连日加班，李博在切肉时不小心把左手食指切断，为接指花去医药费 5 000元，别人告诉李博根据《劳动法》的规定，他可以要求餐馆老板支付医药费。李博据此找到餐馆老板，但老板不同意支付，并说:“当初我们就说好发生的其余费用餐馆概不负责，况且我们之间又没有签订书面协议，你只是个农民，根本不能适用《劳动法》，没有哪个单位会受理你的投诉。”最后，老板将李博辞退了。

请问：本案是否适用《劳动法》的规定?

2. 冯鹏于 2015 年 11 月 3 日与某公司签订了为期 10 年的劳动合同，任销售部经理。2019 年 3 月，该公司与冯鹏协商解除劳动合同，冯鹏同意。经协商，该公司向冯鹏支付经济补偿 2.5 万元，双方解除了劳动合同。冯鹏解除劳动合同前 12 个月的平均工资为 1 万元。2019 年 5 月，冯鹏以该公司拖欠经济补偿为由，向当地劳动争议仲裁委员会提出仲裁，要求该公司补发经济补偿 2 万元并加付 50% 的额外经济补偿金 1 万元。

请问：仲裁委员会审理后，是否会支持冯鹏的请求?请说明理由支持你的观点。

3. 陈杰与某玩具厂签订了为期 3 年的劳动合同，该合同中规定了试用期为 1 年，在试用期内陈杰不得单方提出解除劳动合同。试用期满后，陈杰要求解除合同时，需提前 60 天通知厂方。同时该份合同中还规定了一般情况下每日工作 8 小时，但在订货任务繁忙月份，每日加班 2 小时。

请问：该份合同是否有违反《劳动法》的内容?

4. 赵斌在企业上班缴纳了养老保险，但是年限不够 15 年。

请问：他不在这个企业上班之后，差额的部分怎么办理?

附录 A1　模拟试卷（一）及参考答案

一、单项选择题（本大题共 10 小题，每小题 1 分，共 10 分）

1. 产权是指（　　）。

   A. 财产占有权　　B. 财产使用权

   C. 财产收益权　　D. 财产所有权和与财产所有权有关的财产权

2. 经济法律关系的内容是指（　　）。

   A. 经济行为　　B. 享有经济权利的当事人

   C. 经济义务所指向的目标　　D. 经济权利和经济义务

3. 有限责任公司利润的分配依据是（　　）。

   A. 持有的股份　　B. 出资的比例

   C. 法定的比例　　D. 工作的时间

4. 会计年度是自（　　）。

   A. 公历的 1 月 1 日起至 12 月 31 日止

   B. 公历的 6 月 1 日起至次年的 5 月 31 日止

   C. 公历的 10 月 1 日起至次年的 9 月 30 日止

   D. 公历的 4 月 1 日起至次年的 3 月 31 日

5. 在我国，对不正当竞争行为进行监督检查的国家机关是（　　）。

   A. 人民法院　　B. 工商行政管理部门

   C. 技术监督局　　D. 经营者的业务主管部门

6. 无效合同的法律效力（　　）。

   A. 自登记时无效　　B. 自履行时无效

   C. 自订立时无效　　D. 自被确认无效时无效

7. 执行政府定价或者政府指导价的合同，逾期交付标的物的，遇价格下调时（　　）。

   A. 按原价格执行　　B. 按双方当事人协商的价格执行

   C. 按新价格执行　　D. 按交付价款一方决定的价格执行

8. 我国发明专利权期限的起算时间是（　　）。

   A. 提出专利申请之日　　B. 专利权被批准之日

   C. 专利权被公告之日　　D. 专利权被登记之日

9. 对于注册商标，如果需要扩大使用到同类其他商品上，当事人应当（　　）。

   A. 申请批准

   B. 变更商标注册登记

   C. 报商标主管机关备案，不必另行经有关机关同意

   D. 另行提出注册申请

10. 经营者利用广告或者其他方法，对商品做引人误解的虚假宣传的，监督检查部门应当责令停止违法行为，消除影响，并（　　）。

A. 责令停业整顿

B. 吊销营业执照

C. 可以根据情节处以 1 万元以上 20 万元以下的罚款

D. 依法追究刑事责任

二、多项选择题（本大题共 10 小题，每小题 2 分，共 20 分）

1. 经济法的基本原则是（　　）。

A. 遵循和综合运用客观经济规律

B. 巩固、发展社会主义公有制和保证各种经济形式合法发展

C. 公平、公开和公正

D. 国家调节市场，市场引导企业

E. 责权利效相统一

2. 根据我国税法的规定，税务机关对违反税法的纳税人可以采取的处罚措施主要有（　　）。

A. 追缴税款　　B. 加收滞纳金　　C. 处以罚款

D. 处以罚金　　E. 没收财产

3. 下列关于分公司法律地位的表述中，正确的有（　　）。

A. 分公司具有独立的法人资格

B. 分公司独立承担民事责任

C. 分公司可以依法独立从事生产经营活动

D. 分公司从事经营活动的民事责任由其总公司承担

4. 经营者对消费者进行侮辱、诽谤、搜查消费者身体及携带的物品，侵犯消费者人身自由的，依法应当（　　）。

A. 停止侵害　　B. 恢复名誉　　C. 消除影响

D. 赔礼道歉　　E. 赔偿损失

5. 下列属于专利侵权行为的有（　　）。

A. 假冒他人专利权的

B. 将非专利产品冒充专利产品的

C. 专利权人制造的专利产品售出后使用该产品的

D. 销售不知道是未经专利权人许可而制造并售出专利产品的

E. 专为科学研究和实验使用该专利的

6. 劳动合同履行应遵行（　　）。

A. 亲自履行原则　　B. 权利义务统一原则

C. 全面履行原则　　D. 协作履行原则

7. 根据我国现行有效的法律、法规的规定，我国的生育保险具体待遇为（　　）。

A. 职工个人不缴纳生育保险费

B. 女职工生育按照法律、法规的规定享受带薪产假

C. 享受孕产期医疗服务费用

D. 与生育有关的疾病医疗待遇

8. 根据个人所得税法，可以免征个人所得税的奖金有（ ）。

A. 购物抽奖所获奖金

B. 省级政府颁发的科技奖奖金

C. 省级电台有奖竞猜所获奖金

D. 举报偷税行为所获奖金

9. 根据《中华人民共和国会计法》的规定，企业的下列人员中，应当在财务会计报告上签名并盖章的有（ ）

A. 单位负责人　　B. 主管会计工作的负责人

C. 会计机构负责人　　D. 总会计师

10. 根据《合伙企业法》的规定，下列关于普通合伙企业合伙事务执行的表述中，正确的有（ ）。

A. 合伙人为法人的，由其委派的代表执行合伙企业的事务

B. 合伙人可以同他人合作经营与本合伙企业相竞争的事务

C. 合伙人不得自营与本合伙企业相竞争的业务

D. 经全体合伙人一致同意，合伙人可同本合伙企业进行交易

三、简答题（本大题共 5 小题，每小题 5 分，共 25 分）

1. 简述经济法律关系的主要特征。
2. 合伙企业存续期间，入伙应当具备哪些条件？
3. 股份有限公司的法律特征是什么？
4. 简述合同保全的概念和分类。
5. 在何种情况下，销售者应对其售出的商品负责修理、更换、退货？

四、论述题（共 15 分）

试述不正当竞争行为的主要表现。

五、案例题（本大题共 2 小题，每小题 15 分，共 30 分）

1. 甲、乙两公司订立了一份合同。合同中规定，合同的货款总额为 100 万元，作为担保的定金为货款总额的 15%，违约金的比例为 20%。合同履行一段时间后，支付定金的甲方发生违约行为，违约部分货款额为 50 万元，违约还给乙方造成 10 万元损失。

请问：（1）甲、乙两公司的合同内容是否有不符合法律规定的情况？

（2）违约行为发生后，违约方依法应如何承担违约责任？

2. 某工厂拟招收 100 名工人，不限男女。在招收录用条件中，规定了女工人需要达到一定的身高标准，女工人在劳动合同期内不能结婚，并提出男女工人凡被录用者要交纳 5 000 元“入厂抵押金”，如果不交，厂方不与工人签订劳动合同。对此，一部分工人提出意见，厂方未予接纳，工人为此向劳动争议仲裁委员会申请仲裁。

请问：该用人单位的招工行为是否合法？

参考答案

一、单项选择题

1. D　2. D　3. B　4. A　5. B　6. C　7. C　8. A　9. D　10. C

二、多项选择题

1. ABDE　2. ABC　3. CD　4. ABCDE　5. AB　6. ABCD　7. ABCD　8. BD　9. ABCD　10. ACD

三、简答题

1. (1) 经济法律关系的主体主要是组织，即国家机关、社会组织和内部组织。当然，这并不排斥在一定条件下公民个人也可以成为经济法律关系的主体。

   (2) 经济法律关系是组织管理要素与财产要素相统一的法律关系。

   (3) 经济法律关系是国家意志与企业等社会组织意志直接协调结合的法律关系。

   (4) 经济法律关系是采取较严格的法定程序和法定形式的法律关系，一般应采用书面形式，有的还要鉴证或公证。

2. 所谓入伙，即合伙企业存续期间，合伙人以外的人加入合伙企业，从而取得合伙人资格的行为。

   入伙应当具备以下条件：①新合伙人入伙，除合伙协议另有约定外，应当以经全体合伙人一致同意为条件；②新合伙人入伙，应当订立书面入伙协议；③新合伙人订立入伙协议时，原合伙人应当向新合伙人告知原合伙企业的经营状况和财务状况。

3. 股份有限公司，是指依照《公司法》的有关规定设立的，其全部资本分为等额股份，以其所持股份为限对公司承担责任，公司以其全部资本对公司的债务承担责任的企业法人。

   股份有限公司的法律特征如下：

   (1) 股份有限公司的全部资本为等额股份，股份采取股票的形式；

   (2) 股份有限公司的股东均负有限责任；

   (3) 股份有限公司的股东有最低人数的限制，而没有最高人数的限制；

   (4) 股份有限公司的设立程序较为复杂。

4. 合同保全，是指当合同债务人的财产非法减少而给债权人带来债权受偿危险时，法律允许债权人以债务人名义代替债务人接受债权，或者请求法院撤销债务人的非法减少财产行为的制度。

5. 销售者售出的商品有下列情形之一的，应当负责修理、更换、退货：①不具备商品应当具备的使用性能而出售时未作说明的；②不符合在商品或者其包装上注明采用的产品标准的；③不符合商品说明、实物样品等方式表明的质量状况的。

   遇到上述情况，销售者负责修理、更换、退货；给用户、消费者造成损失的，还应当赔偿损失。

四、论述题

根据我国《反不正当竞争法》的规定，不正当竞争行为主要表现如下。

(1) 经营者采用假冒商标，伪造、冒用标志，擅自使用他人的商品名称，损害竞争对手的行为。

(2) 经营者采用财物或者其他手段进行贿赂以销售或购买商品的行为。

(3) 经营者利用广告或其他手段进行贿赂以销售或购买商品的行为。

(4) 经营者利用广告或其他方法，对商品质量、制作成分、性能、用途、生产者、产地、有效期限等做引人误解的虚假宣传。广告经营者在明知或应知情况下，代理、设计、制作和发布虚假广告的行为。

(5) 经营者采用盗窃、利诱、胁迫等手段获取权利人的商业秘密。披露、使用或允许他人使用以上述手段获取的权利人的商业秘密。违反约定或违反权利人有关保守商业秘密的要求，披露、使用或允许他人使用其所掌握的商业秘密。

(6) 经营者以排挤竞争对手为目的，以低于成本价格销售商品的行为。

(7) 经营者销售商品，违背购买者的意愿搭售商品或者附加其他不合理条件的行为。

(8) 经营者采取欺骗性方式有奖销售，利用有奖销售推销质次价高商品的行为。

(9) 经营者捏造、散布虚假事实，损害竞争对手的商业信誉、商品声誉的行为。

(10) 公用企业或者依法具有独占地位的经营者，限定他人购买其指定的经营者的商品，以排挤其他经营者公平竞争的行为。

(11) 政府及其所属部门滥用行政权力，限定他人购买其指定的经营者的商品，限制外地商品进入本地区市场或本地商品流向外地市场的行为。

(12) 投标者串通投标，抬高或压低标价；投标者和招标者相互勾结，以排挤竞争对手公平竞争的行为。

五、案例题

1. (1) 合同的内容是合法的，定金和违约金可以由乙公司选择。

   (2) 违约的甲公司应承担违约责任。可接受定金制裁，先期支付的15%的定金中，按违约比例，其中一半不能要求乙公司返还（计7.5万元）；或者接受违约金制裁，甲公司支付的违约金为违约部分的20%（计10万元），由于违约金的数额与实际损失额相等，所以支付违约金后争议处理完毕。

2. 本案中用人单位在招收录用工人时违反了《劳动法》有关规定。

   (1)《劳动法》规定，妇女享有与男子平等的就业权利。在录用职工时，除国家规定的不适合妇女的工种或岗位外，不得以性别为由拒绝录用妇女或者提高对妇女的录用标准。

   (2)《劳动法》规定，订立和变更劳动合同，应当遵循平等自愿、协商一致的原则。在《关于贯彻执行〈中华人民共和国劳动法〉若干问题意见》中，规定了建立劳动关系，不能向劳动者收取“入厂抵押金”“入厂风险金”，等等。

   本案中用人单位招收工人时对女工人提出过高录用标准，向工人收取“入厂抵押金”，违反了上述法律规定。

附录 A2　模拟试卷（二）及参考答案

一、单项选择题（本大题共 10 小题，每小题 1 分，共 10 分）

1. 在经济管理法律关系中，国家机关与社会组织（　　）。

   A. 都只能是经济义务主体

   B. 都是经济权利主体和经济义务主体

   C. 国家机关是权利主体，社会组织是义务主体

   D. 社会组织是权利主体，国家是义务主体

2. 经济法律关系的最主要参加者是（　　）。

   A. 公民　　B. 社会团体　　C. 企业　　D. 国家机关

3. 享有经济职权的主体是（　　）。

   A. 企业　　B. 事业单位

   C. 社会团体　　D. 国家经济管理机关

4. 下列选项中，可以作为合伙企业中普通合伙人的是（　　）。

   A. 上市公司　　B. 个人独资企业

   C. 国有独资公司　　D. 国有企业

5. 因产品存在缺陷造成损害要求赔偿的，诉讼时效为（　　）年，自当事人知道或者应当知道其权益受到损害时计算。

   A. 2 年　　B. 1 年　　C. 3 年　　D. 4 年

6. 注册商标争议提请商标评审委员会申请裁定的时间是（　　）。

   A. 该商标经核准注册之日起 6 个月内

   B. 该商标经核准注册之日起 1 年内

   C. 该商标申请注册之日起 6 个月内

   D. 该商标申请注册之日起 1 年内

7. 国有独资公司（　　）。

   A. 只设董事会　　B. 只设股东会

   C. 设监事会，不设董事会　　D. 设监事会和股东会

8. 在增值税法中，销售货物的起征点为（　　）人民币。

   A. 月销售额 600 ～ 2 000 元　　B. 月销售额 200 ～ 800 元

   C. 月销售额 800 ～ 2 000 元　　D. 月销售额 50 ～ 80 元

9. 委托开发方完成的发明创造，除合同另有约定的外，申请专利的权利属于（　　）。

   A. 委托方　　B. 研究开发人

   C. 委托方与研究开发方共有　　D. 先提出专利申请的一方

10. 劳动法律关系主体是指（　　）。

A. 依法享有的权利和承担的义务
B. 享有权利并承担义务的人
C. 主体双方权利义务共同指向的对象
D. 享有权利的人

二、多项选择题（本大题共 10 小题，每小题 2 分，共 20 分）

1. 经济法所调整的特定经济关系的内容包括（　　）。
A. 国民经济管理关系
B. 经营协调关系
C. 组织内部经济关系
D. 涉外经济关系
E. 其他应由经济法调整的经济关系

2. 经营者不得从事的有奖销售行为有（　　）。
A. 谎称有奖
B. 故意让内定人员中奖
C. 利用有奖销售的手段推销质次价高的商品
D. 最高奖金额超过人民币 5 000 元的抽奖式有奖销售
E. 季节性降价

3. 下列有关个人独资企业设立条件的表述中，符合个人独资企业法律制度规定的有（　　）。
A. 投资人可以是中国公民，也可以是外国公民
B. 投资人可以以家庭共有财产作为个人出资
C. 企业名称中不得使用“公司”字样
D. 企业必须有符合规定的最低注册资本
E. 是非法人企业

4. 根据《合伙企业法》的规定，下列关于普通合伙企业合伙人的表述中，符合法律规定的有（　　）。
A. 合伙人对执行合伙事务享有同等的权利
B. 合伙人可以查阅企业会计账簿
C. 合伙人可以自营与本企业相竞争的业务
D. 执行企业事务的合伙人可以自行决定是否向其他合伙人报告企业经营状况
E. 至少有一个以上的合伙人对企业债务承担无限责任

5. 承担违约责任的形式有（　　）。
A. 罚款
B. 继续履行
C. 赔偿损失
D. 采取补救措施
E. 支付违约金

6. 根据会计法律制度的规定，下列有关取得或者填制原始凭证的表述中，符合规定的有（　　）。
A. 从外单位取得的原始凭证，必须盖有填制单位的公章
B. 从个人取得的原始凭证，必须有填制人员的签名或者盖章
C. 购买实物的原始凭证，必须有验收证明
D. 支付款项的原始凭证，必须有收款单位和收款人的收款证明

7. 劳动合同的特征是（　　）。
A. 劳动合同的当事人双方是特定的

B. 求职者与招工单位通过相互选择确定合同当事人
C. 签订劳动合同后，双方形成管理关系
D. 劳动合同的目的在于劳动过程的完成
E. 劳动合同在一定条件下，往往涉及第三人的物质利益

8. 根据会计法律制度的规定，下列有关办理会计移交手续的表述中，正确的有（　　）。
A. 会计主管人员办理交接手续，由本单位负责人监交
B. 经单位领导人批准，委托他人代办移交的，委托人仍应承担相应责任
C. 因病不能工作的会计人员恢复工作的，也应当与接替人员办理交接手续
D. 单位会计机构负责人晋升为本单位总会计师的，因仍主管会计工作，可不办理交接手续

9. 社会保障制度的基本原则是（　　）。
A. 多层次合理负担的原则　　B. 最低费用原则
C. 收支平衡的原则
D. 追求社会公益、不以营利为目的的原则
E. 保障水平与生产力相适应原则

10. 社会保险体系包括（　　）等。
A. 基本养老保险　B. 基本医疗保险　C. 工伤保险
D. 失业保险　E. 生育保险

三、简答题（本大题共5小题，每小题5分，共25分）

1. 简述债权与所有权的区别。
2. 《消费者权益保护法》规定经营者的义务主要有哪些？
3. 简述不视为侵犯专利权的法定情况。
4. 有限合伙企业与普通合伙企业的主要区别是什么？
5. 简述《商标法》规定的商标注册原则。

四、论述题（共15分）

试述集体合同与劳动合同的区别。

五、案例题（本大题共2小题，每小题15分，共30分）

1. 某商场派业务员李某到乙市矿泉壶厂订货，双方签订了一份矿泉壶购销合同，由矿泉壶厂供给商场矿泉壶1 000件，总货款为15万元。合同对标的质量、规格、验收、包装及结算等都做了明确规定，由于李某忘了带合同专用章，所以合同上只有双方代理人和矿泉壶厂的印章。矿泉壶厂去函催办，商场只电告："速发货。"矿泉壶厂即按合同规定先发运500件，但刚办托运手续又接到对方电传："请勿发货"。矿泉壶运到乙市车站后，商场拒收，并向矿泉壶厂发出了第二封电传："退货，速来人处理。"商场担心逾期不提货会被铁路部门罚款，便把矿泉壶暂时存放在车站附近。由于商场拒收货物并拒付货款，矿泉壶厂遂诉至法院要求对方按照合同约定支付货款并赔偿经济损失，对方则以未盖公章为由否认合同成立。

请问：（1）该合同是否成立？
（2）商场的第二封电传是否有效？

2. 某县农民江某、李某、王某等在 2015 年春季向县种子站购买了玉米种子准备春播。种下种子后，江某等发现秧苗出土寥寥无几，而且异常弱小，根本不能生长，江某等立即铲土起除，后又向邻县农户高价买来剩余种子种下，遭受的损失颇大。经查明，江某等向县种子站购买的该批种子是为时多年不能用的种子。

请问：（1）江某等农户可否依《消费者权益保护法》状告县种子站？

（2）假如县种子站辩称：该批种子是县种子站从某市种子生产公司购进的，江某等农户应以种子生产公司为被告追究责任。县种子站的辩解是否符合法律规定？

参考答案

一、单项选择题

1. B　2. C　3. D　4. B　5. A　6. B　7. A　8. A　9. B　10. A

二、多项选择题

1. ABCDE　2. ABCD　3. BCE　4. ABE　5. BCDE　6. ABCD　7. ABCDE　8. ABC　9. ABCDE　10. ABCDE

二、简答题

1. 债权与所有权的区别是：①所有权反映的是财产所有关系，债权反映的是财产流转关系；②所有权关系中所有权人是特定的，义务人是不特定的，债权反映的是特定当事人之间的法律关系；③所有权的客体只能是物，债权的客体可以是物也可以是行为；④所有权人可以完全自主地行使权利，债权人的权利主要是通过债务人的行为来实现的；⑤所有权关系只能依合法行为产生，债权可以依合法行为，也可由不合法行为产生。
2. 经营者的义务主要有以下几个：①履行法定或约定的义务；②接受社会监督的义务；③保证消费者安全的义务；④确保宣传内容真实的义务；⑤签发凭证和单据的义务；⑥保证产品质量的义务；⑦承担“三包”义务；⑧严格遵守公平交易的义务；⑨尊重消费者的义务。
3. 对于下列行为，我国《专利法》规定，不视为侵犯专利权：①专利权人制造或经专利权人许可制造的专利产品售出后使用或销售该产品的；②使用或者销售不知道是未经专利权人许可而制造并售出的专利产品的；③在专利申请前已经制造相同产品、使用相同方法或者已经做好制造、使用的必要准备，并且仅在原有范围内继续制造、使用的；④临时通过中国领土、领水、领空的外国运输工具，依照其所属国同中国签订的协议，或者共同参加的国际条约，或者依照互惠原则，为运输工具自身需要而在其装置和设备中使用有关专利的；⑤专为科学研究和实验而使用有关专利的。
4. 有限合伙企业是由普通合伙人和有限合伙人组成，普通合伙人对合伙企业债务承担无限连带责任，有限合伙人以其认缴的出资额为限对合伙企业债务承担责任。

   有限合伙是由普通合伙发展而来的一种合伙形式。有限合伙企业与普通合伙企业的主要区别是：普通合伙企业的全体合伙人共同负责合伙的经营管理，并对合伙债务承担无限连带责任。而在有限合伙企业中，普通合伙人负责合伙的经营管理，并对合伙债务承担无限连带责任；有限合伙人，通常不负责合伙的经营管理，仅以其出资额为限对合伙债务承担有限责任。

5.《商标法》规定的商标注册原则如下。

(1) 自愿注册和强制注册相结合的原则。所谓自愿注册，是指使用商标是否要办理注册，由商标使用人自行决定，国家允许使用未经注册的商标。所谓强制注册，是指《商标法》规定的某些商品必须使用注册商标，否则不得在市场上出售。例如，目前我国对药品、卷烟、雪茄烟等商品实行强制注册。

(2) 申请在先与使用在先相结合的原则。申请在先指两个或两个以上的申请人，在同一种商品或者类似商品上，以相同或近似的商标申请注册时，按照商标权只授予一人的原则，商标权授予最先申请的人。使用在先是指如果两人在同一天提出注册申请，则商标权授予最先使用的人（申请人应当按照商标局的通知，如期交送第一次使用该商标的证明）；如果是同一天使用或均未使用的，各申请人应当进行协商，但超过30天达不成协议的，由商标局裁定。

四、论述题

集体合同与劳动合同的区别如下。

(1) 集体合同的主体一方是工会或职工推举的代表，另一方是用人单位；劳动合同的主体一方是劳动者个人，另一方是用人单位。

(2) 签订集体合同的目的是协调、稳定劳动关系；签订劳动合同的目的是确立劳动关系。

(3) 集体合同内容是规定职工集体劳动条件，包括职工集体劳动报酬、工作时间、休息休假、劳动安全卫生、保险福利等；劳动合同内容是规定劳动者个人劳动条件，包括劳动者个人劳动报酬、工作时间、休息休假、劳动安全卫生、保险福利等。

(4) 订立集体合同必须遵循合法、平等、合作的原则；订立劳动合同则应遵循合法、平等、自愿、协商一致的原则。

(5) 签订集体合同，需提交职工代表大会或者全体职工讨论通过，由双方首席代表签字；签订劳动合同，则由劳动者同用人单位签订。

(6) 集体合同适用于企业和实行企业化管理的事业单位及其全体职工；劳动合同则适用于签订劳动合同的劳动者个人和用人单位。

(7) 集体合同规定了最低限度的集体劳动条件，劳动合同规定的劳动者个人劳动条件低于集体合同规定的则一律无效。

五、案例题

1. 该合同主要应明确合同成立和撤回承诺两个问题。

(1) 根据《合同法》规定，当事人依法可以委托代理人订立合同。当事人订立合同，有书面形式、口头形式和其他形式。当事人采用合同形式订立合同的，自双方当事人签字或盖章时合同成立。本案中合同已经双方代理人盖章，合同依法成立，且本案中的合同订立后，合同的一方当事人——商场虽然没有加盖公章，但当矿泉壶厂催办时，已发电传要求矿泉壶厂发货，“速发货”不仅表明商场已完全同意了矿泉壶厂的要约，而且表明要求矿泉壶厂立即履行合同。因此，商场以未加盖公章为由否认合同成立的理由不足，合同已经成立了。

(2) 商场的第二封电传中的“请勿发货”是撤回承诺的通知，承诺人发出承诺后，可以将自己发出的承诺撤回，但撤回承诺的通知应当在承诺到达要约人之前或与承诺同时到达要约人方为有效。本案中，合同已成立，承诺已生效，不能再被撤回，故商场的第二封电传无效。

2. (1) 江某等农户可以依法状告县种子站。根据《消费者权益保护法》第六十二条的规定：农民购买、使用直接用于农业生产的生产资料，参照本法执行。本案中江某等农户在购买种子这一生产资料时作为消费者，其合法权益受到了侵害，根据法律有关规定，可以依法保护自己的合法权益，状告县种子站。

(2) 县种子站的辩解不符合法律规定。根据《消费者权益保护法》第四十条的规定：消费者在购买、使用商品时，其合法权益受到损害的，可以向销售者要求赔偿。销售者赔偿后，属于生产者的责任或者属于向销售者提供商品的其他销售者的责任的，销售者有权向生产者或者其他销售者追偿。

消费者或者其他受害人因商品缺陷造成人身、财产损害的，可以向销售者要求赔偿，也可以向生产者要求赔偿。属于生产者责任的，销售者赔偿后，有权向生产者追偿。属于销售者责任的，生产者赔偿后，有权向销售者追偿。

消费者在接受服务时，其合法权益受到损害的，可以向服务者要求赔偿。本案中江某等农户的损失应由县种子站赔偿。若属于某市种子生产公司的责任，县种子站可再向其追偿。

附录 A3　模拟试卷（三）及参考答案

一、单项选择题（本大题共 10 小题，每小题 1 分，共 10 分）

1. 债的最广泛、最典型的形式是（　　）。

A. 因合同所生之债　　B. 因侵权行为所生之债

C. 因不当得利所生之债　　D. 因无因管理所生之债

2. 中国仲裁协会是（　　）。

A. 企业法人　　B. 社会团体法人

C. 机关法人　　D. 事业单位法人

3. 某单位会计甲在审核本单位某科室报销凭证时发现，一张采购发票上的小写金额与大写金额不一致，后经核实为出具发票单位笔误。根据会计法律制度的规定，下列处理方式中，正确的是（　　）。

A. 由发票出具单位重新开

B. 由发票出具单位更正，并在更正处加盖出具单位印章

C. 由甲将写错的数字用红线划掉，再将正确的数字写在画线部分的上方，并在更正处加盖甲的印章

D. 由甲将写错的数字用红线划掉，再将正确的数字写在画线部分的上方，并在更正处加盖甲和会计机构负责人的印章

4. 全民所有制单位转让专利申请权或专利权的，必须经过批准，其批准机关是（　　）。

A. 国家工商行政管理局　　B. 国务院有关主管部门

C. 上级主管机关　　D. 专利局

5. 以下各项中，可以授予专利权的是（　　）。

A. 一种诊断早期肝癌的新方法　　B. 一种减肥新药

C. 一种速算方法　　D. 一种新的化学元素的发现

6. 根据《合伙企业法》的规定，下列各项中，不符合普通合伙企业合伙人当然退伙情形的是（　　）。

A. 合伙人丧失偿债能力

B. 合伙人被宣告破产

C. 合伙人在合伙企业中的全部财产份额被人民法院强制执行

D. 合伙人未履行出资义务

7. 根据《公司法》的规定，股份有限公司董事长的产生方式是（　　）。

A. 由股东大会选举产生

B. 由持有股份最多的股东推举产生

C. 由董事会以全体董事的过半数选举产生

D. 由董事会以出席会议董事的过半数选举产生

8. 国家对产品质量实行检查的主要方式是（　　）。

A. 普查方式　　B. 抽查方式

C. 重点复查方式　　D. 全面检查方式

9. 违反法律规定侵犯商业秘密的，监督检查部门应当责令停止违法行为，可以根据情节处以（　　）罚款。

A. 1 万元以上 5 万元以下　　B. 5 万元以上 20 万元以下

C. 1 万元以上 10 万元以下　　D. 1 万元以上 20 万元以下

10. 2019 年我国税制改革后，增值税原适用 16% 税率的调整为（　　）。

A. 17%　　B. 33%　　C. 13%　　D. 0

二、多项选择题（本大题共 10 小题，每小题 2 分，共 20 分）

1. 代理的种类包括（　　）。

A. 委托代理　　B. 越权代理　　C. 法定代理

D. 指定代理　　E. 强制代理

2. 经济法调整的经营协调关系，是指一定范围内的市场运行过程中发生的横向经济关系，包括（　　）。

A. 经济联合关系

B. 经济竞争关系

C. 涉及经济全局的经济协作关系

D. 平等主体间的经济协作关系

E. 经济管理关系

3. 根据《个人独资企业法》的规定，下列各项中，属于个人独资企业应当解散的情形有（　　）。

A. 投资人死亡，继承人决定继承　　B. 投资人决定解散

C. 投资人死亡或被宣告死亡，无继承人　　D. 被依法吊销营业执照

E. 法律、行政法规规定的其他情形

4. 下列可以实施会计监督的有（　　）。

A. 财政部门　　B. 审计部门　　C. 税务部门　　D. 人民银行

5. 股份有限公司的设立可以采取多种方式，包括（　　）。

A. 批准设立　　B. 发起设立　　C. 申请设立

D. 募集设立　　E. 自由设立

6. 有限责任公司的基本特征包括（　　）。

A. 募股集资封闭　　B. 股东数额限制

C. 全部股份等额　　D. 组织结构简单

E. 股份自由转让

7. 商标权的客体包括（　　）。

A. 文字商标　　B. 图形商标

C. 组合商标　　D. 委托设计的商标

E. 自行设计的商标

8. 授予专利的发明和实用新型应具备的条件是（　　）。

A. 新颖性　　B. 先进性　　C. 创造性

D. 科学性　　E. 实用性

9. 经营者以低于成本价（　　）的行为，不属于不正当竞争行为。

A. 销售鲜活商品

B. 因清偿债务、歇业降价销售商品

C. 销售积压商品

D. 销售有效期限将到期的商品

10. 根据《反不正当竞争法》的规定，经营者以低于成本价格销售商品的，不属于不正当竞争行为，其中包括（　　）。

A. 销售鲜活商品

B. 处理有效期限即将到期的商品或者其他积压的商品

C. 季节性降价的商品

D. 因清偿债务、转产、歇业而降价销售的商品

E. 企业出于销售策略的需要而降价销售的商品

三、简答题（本大题共 5 小题，每小题 5 分，共 25 分）

1. 简述国有独资公司的特征。
2. 《合同法》规定哪几种合同属于无效合同？
3. 根据《消费者权益保护法》的规定，消费者的权利包括哪些？
4. 公司与企业有什么区别？
5. 允许变更劳动合同的条件是什么？

四、论述题（共 15 分）

个体工商户与个人独资企业有何区别？

五、案例题（本大题共 2 小题，每小题 15 分，共 30 分）

1. 张某、王某、李某、刘某为某服装厂（合伙企业）的合伙人，张某接受其他合伙人的委托执行合伙企业事务，但合伙协议明确约定，合伙企业签订标的 10 万元以上的合同必须经全体合伙人同意。2019 年 9 月 20 日，张某以该服装厂负责人的身份与北方某商场签订一羽绒服销售合同，由服装厂于 11 月 10 日以前向商场提供合同价值 14 万元的羽绒服。由于羽绒价格成倍上涨，履行合同将导致该服装厂遭受重大损失。因此，2019 年 10 月 15 日，该服装厂以合同未经全体合伙人同意属无效合同为由，明确表示拒绝履行合同。

请问：该服装厂拒绝履行合同是否合法？

2. 某煤矿招收井下采煤工人 80 名，其中男 50 名，女 30 名。劳动合同期为 2 年。在生产过程中，有 2 名工人因工致残，部分失去劳动能力。有 7 名工人非因公患病尚在医疗期内。煤矿用人方以这 9 名工人失去劳动能力为由提前解除劳动合同。工人不服，向劳动争议仲裁委员会申请仲裁。

请问：煤矿用人方的行为是否违反了《劳动法》？

参考答案

一、单项选择题

1. A　2. B　3. A　4. C　5. B　6. D　7. C　8. B　9. D　10. C

二、多项选择题

1. ACD　2. ABC　3. BCDE　4. ABCD　5. BD　6. ABD　7. ABC　8. ACE　9. ABDE　10. ABCD

三、简答题

1. 国有独资公司是指国家单独出资、由国务院或者地方人民政府授权本级人民政府国有资产监督管理机构履行出资人职责的有限责任公司。国有独资公司的主要特征如下。

(1) 国有独资公司为有限责任公司。国有独资公司是有限责任公司的一种，它不是独立于有限责任公司形态的一种新的公司形态。国有独资公司适用有限责任公司的一般原则，如公司财产与股东财产相分离的原则、有限责任原则等。

(2) 国有独资公司股东的唯一性。国有独资公司虽属于有限责任公司，但它与一般的有限责任公司不同。最根本的区别就在于，国有独资公司仅有一个股东。所以，国有独资公司在性质上属于一人公司。

(3) 国有独资公司股东的法定性。国有独资公司的股东只能是国家，只能由国家单独出资设立，具体则由国务院或者地方人民政府委托本级人民政府国有资产监督管理机构履行出资人职责，即由国有资产监督管理机构代行股东权利。

2. 有下列情形之一的合同无效：①一方以欺诈、胁迫的手段订立合同，损害国家利益；②恶意串通，损害国家、集体或者第三人利益；③以合法形式掩盖非法目的；④损害社会公共利益；⑤违反法律、行政法规的强制性规定。

3. 消费者享有如下权利：①安全保障权；②知悉真情权；③自主选择权；④公平交易权；⑤依法求偿权；⑥依法结社权；⑦获取知识权；⑧受尊重权；⑨监督权。

4. 公司是依照《公司法》设立的以营利为目的的企业法人。企业是指依法设立的、以营利为目的的、从事生产经营活动的独立核算的经济组织。企业根据不同的标准可以有不同的分类。按照组织形式的不同，企业可以分为个人独资企业、合伙企业、公司制企业等。所以公司是企业的一种。依照《公司法》设立的公司都具有法人资格，可以依法独立承担民事责任；企业中还包括不具有法人资格的企业，比如个人独资企业。

5. 允许变更劳动合同的条件有：

(1) 订立劳动合同时所依据的法律、法规已经修改或废止；

(2) 企业经有关部门批准转产、调整生产任务，或者由于上级主管机关决定改变单位的工作任务；

(3) 企业严重亏损或发生自然灾害，确实无法履行劳动合同规定的义务；

(4) 当事人双方协商同意；

(5) 法律允许的其他情况。

四、论述题

个人独资企业与个体工商户的区别如下。

(1) 出资人不同。个人独资企业的出资人只能是一个自然人；个体工商户既可以由一个自然人出资设立，也可以由家庭共同出资设立。

（2）承担责任的财产范围不同。个人独资企业的出资人在一般情况下仅以其个人财产对企业债务承担无限责任，只是在企业设立登记时明确以家庭共有财产作为个人出资的才依法以家庭共有财产对企业债务承担无限责任；而根据《民法典》的规定，个体工商户的债务如属个人经营的，以个人财产承担，家庭经营的，则以家庭财产承担。

（3）适用的法律不同。个人独资企业适用《个人独资企业法》的规定，个体工商户适用《民法典》《城乡个体工商户管理暂行条例》的规定。

（4）法律地位不同。个人独资企业是经营实体，是一种企业组织形态；个体工商户则不采用企业形式。区分二者的关键在于是否进行了独资企业登记，并领取独资企业营业执照。

五、案例题

1. 不合法。张某以服装厂负责人的身份与北方某商场签订合同的行为是典型的表见代表行为。对于服装厂而言，张某超越合伙协议的授权范围签订合同，是越权行为，事后也未经全体合伙人追认，是无效合同。但是，合伙协议是合伙企业的内部事务，对第三人没有约束力。作为善意第三人，北方某商场有理由相信，张某身为服装厂的负责人，完全有签订该合同的权力，合同依法成立，受法律保护，服装厂有义务履行合同，服装厂拒绝履行合同的行为是违法的。
2. 本案中煤矿用人方违反了《劳动法》的如下有关规定。

   (1)《劳动法》规定，禁止安排女职工从事矿山井下劳动。用人单位招收的80名工人中招收30名妇女是违法的。

   (2)《劳动法》规定，患职业病或者因工负伤被确认丧失或者部分丧失劳动能力的劳动者，患病或者负伤在规定的医疗期内的劳动者，用人单位不能提出与之解除劳动合同。本案中用人单位将9名工人解除劳动合同是违法的。

附录 B　部分复习思考题答案

第 1 章

一、判断题

1. ×　2. ×　3. ×　4. ×　5. √　6. √　7. ×　8. ×　9. √　10. ×　11. √　12. ×　13. ×　14. √　15. √　16. √　17. √

二、单项选择题

1. D　2. B　3. C　4. D　5. D　6. D　7. A　8. B

三、多项选择题

1. ABC　2. AC　3. AB　4. ABCD　5. ABCD

四、填空题

1. 行业性　职能性　专门职能部门　2. 主体　客体　3. 干预　协调　经济关系　市场主体调控　市场运行调控　宏观经济调控　社会分配调控　4. 占有　使用　收益　处分　5. 公正　及时　6. 合同　财产权益　7. 社会团体　个人　8. 执行　撤销　9. 重大复杂　影响大小　10. 书面的　口头　11. 复议申请　复议受理　复议决定

七、论述题

2. 债权制度与所有权制度是民法体系中的两大支柱。债权和所有权密切相连，但又有区别，表现在以下三个方面。

（1）主体。债的主体——债权人、债务人都是特定的，而所有权主体则只有权利主体是特定的，义务主体是非特定的。

（2）内容。债的内容，即债权债务。债权的实现必须借助债务人的行为。所有权则不同，所有权内容为对财产占有、使用和处分的权利，义务则是除所有人外的一切人承担的不侵犯义务。所有权的实现必须借助他方的行为，所有人完全可以自主和自动行使。

（3）客体。债的客体可以是物，也可以是行为，所有权的客体仅限于物。

第 2 章

一、判断题

1. √　2. √　3. √　4. ×　5. ×　6. ×　7. √　8. ×　9. ×　10. √

二、单项选择题

1. D　2. A　3. B　4. A

三、多项选择题

1. BCD　2. ABCD　3. ABD　4. CD　5. ABCD

四、填空题

1. 法律　行政法规　2. 股东会　权力　3. 较少　较小　4. 委派　更换　5. 吸收　新设　6. 发起　募集　7. 营业执照　成立　8. 国务院　省级　9. 货币　实物　知识产权

土地使用权作价 10. 国有资产监督管理机构 公司职工代表

七、案例分析题

1.（1）符合。《公司法》第二十七条规定：“股东可以用货币出资，也可以用实物、知识产权、土地使用权等可以用货币估价并可以依法转让的非货币财产作价出资。”

（2）不能。因为没有办理产权过户手续，所有权尚未转移，该车仍属于股东个人财产而非公司财产。

（3）有。《公司法》第三条规定：“公司以其全部财产对公司的债务承担责任。”

（4）债权人可以要求甲股东补足出资，其他股东承担连带责任。

2.（1）存在。第一，劳务出资不符合法律规定。《公司法》规定，股东可以用货币出资，也可以用实物、知识产权、土地使用权等可以用货币估价并可以依法转让的非货币财产作价出资。第二，全体股东的货币出资金额低于该公司注册资本的 30%。

（2）符合法律规定。《公司法》第五十条与第五十一条规定，股东人数较少或者规模较小的有限责任公司，可以设 1 名执行董事，不设立董事会；可以设 1 ～ 2 名监事，不设立监事会。

（3）属于派生分立。债务由饮料公司和保健品厂共同承担连带责任。

第 3 章

一、判断题

1. × 2. √ 3. × 4. √ 5. × 6. × 7. × 8. ×

二、单项选择题

1. A 2. A 3. B 4. A 5. B 6. A 7. D

三、多项选择题

1. ABCD 2. ACD 3. ABD 4. ABCD 5. ACD

四、填空题

1. 债权人 2. 个人的其他财产 3. 全体合伙人 书面合伙协议 4. 自愿 法定 5. 自然人 6. 所有 经营 投资人

七、案例分析题

1.（1）设立独资企业应具备下列条件：①投资人为一个自然人；②有合法的企业名称；③有投资人申报的出资；④有固定的生产经营场所和必要的生产经营条件；⑤有必要的从业人员。

（2）不合法。因为国家已禁止传销。

（3）如果李某在登记时只表明其是投资人，财产是他自己的，则他的家人不负责任。如果登记时，李某明确是以其家庭共有财产作为个人出资的，则以其家庭共有财产对企业的债务承担无限责任。

（4）不合法。因为王某才 15 岁，是限制民事行为能力人，依法不具有管理企业事务的资格。

（5）不合法。依法规定，个人独资企业对任何单位和个人违反法律、行政法规的规定，以任何方式强制其提供人力、物力、财力的行为，有权拒绝。张某的行为是违法要求李某承担人力、财力，李某有权拒绝，也可向有关监察部门举报。

2. 根据案例中提供的情况，做出如下分析。

（1）合伙企业合伙人为 5 人，符合有 2 个以上合伙人的要求。但是其中 1 人为在职职工，则与法律规定允许申请开办私营企业的人员范围不符，目前我国尚未允许在职职工开办私营企业。

（2）合伙协议约定 2 名合伙人以其出资额为限承担有限责任，与法律规定合伙人必须都承担无限责任不符。至于部分合伙人执行合伙事务，部分合伙人不执行合伙事务，以及经全体合伙人同意，合伙人以劳务出资的约定，符合法律规定。

（3）合伙人的退伙不违反法律。《合伙企业法》规定，合伙协议未约定合伙企业经营期限的，合伙人在不给合伙企业事务执行造成不利影响的情况下可以退伙，但应提前 30 日通知其他合伙人。

（4）债权人要求合伙企业的现合伙人（含新入伙者）及退伙人对退伙前的债务承担连带责任，符合法律规定。如前所述，合伙人必须负无限责任，合伙协议对合伙人负有限责任的约定违法无效，该合伙人仍应承担无限连带责任。法律规定，退伙人对其退伙前已发生的合伙企业债务，与其他合伙人承担连带责任。法律规定，入伙的新合伙人对入伙前合伙企业的债务承担连带责任。

3.（1）丁入伙符合入伙的条件和程序。因为《合伙企业法》规定，经全体合伙人同意，合伙人以外的人依法受让合伙企业财产份额时，经修改合伙协议即成为合伙企业新的合伙人。订立合伙协议时，原合伙人应当向新合伙人告知原合伙企业的经营和财务状况。丁受让甲在综合商店的全部财产份额时，乙、丙向丁告知了综合商店的经营和财务状况，并共同修订了合伙协议，办理了变更登记手续，符合《合伙企业法》规定的新合伙人入伙的条件和程序。

（2）甲的主张不能成立。因为《合伙企业法》规定，退伙人对其退伙前已发生的合伙企业债务，与其他合伙人承担连带责任，因此，甲应对银行贷款承担清偿责任。乙、丙的主张不能成立。因为《合伙企业法》规定，合伙人之间对债务的分担对债权人没有约束力。债权人可以根据自己的清偿利益，请求全体合伙人中的一人或数人承担全部清偿责任。因此，乙、丙应对银行贷款承担清偿责任。丁的主张也不能成立。因为《合伙企业法》规定，入伙的新合伙人对入伙前合伙企业的债务承担连带责任。因此，丁应对银行贷款承担清偿责任。

（3）乙、丙、丁三人在没有清偿其债务的情况下分配合伙企业现有财产的行为无效，应全部返还；综合商店现有全部财产，应首先用于清偿银行贷款，不足清偿的部分，由甲、乙、丙、丁承担无限连带清偿责任。

（4）甲由于办理了退伙手续，因此，甲在合伙企业内部对合伙债务不承担清偿责任，甲如果在银行的请求下偿还了银行贷款，可以向乙、丙、丁追偿；乙、丙、丁之间按照合伙协议的约定承担责任，任何人实际支付的清偿数额超过其应当承担的份额时，有权就该超过部分，向其他未支付或者未足额支付应承担数额的合伙人追偿。

4.（1）合伙企业合伙人为 5 人，符合有 2 个以上合伙人的要求。

（2）部分合伙人执行合伙企业事务，部分合伙人不执行合伙企业事务，以及经全体合伙人同意，合伙人以劳务出资的约定，符合法律规定。

（3）合伙人的退伙不违反法律规定。《合伙企业法》规定，合伙协议中未约定企业经营期限的，合伙人在不给合伙企业事务执行造成不利影响的情况下可以退伙，但应提前30日通知其他合伙人。

（4）债权人要求合伙企业的现合伙人（含新合伙人）及退伙人对退伙发生前的债务共同承担连带清偿责任，符合法律规定。

如上所述，合伙人必须承担无限责任，合伙协议对合伙人负有承担有限责任约定违法无效，该合伙人仍应承担无限连带责任。法律规定，退伙人对退伙前已发生的合伙企业的债务，与其他合伙人承担无限连带责任。法律规定，入伙的新合伙人对入伙前合伙企业的债务承担连带责任。

5.（1）周某、赵某、甲。合伙人应当为具有完全民事行为能力的人；法律、行政法规禁止从事营利性活动的人，不得成为合伙企业的合伙人。法人不得成为合伙人。

（2）可以。合伙人可以用货币、实物、土地使用权、知识产权或者其他财产权利出资；经全体合伙人协商一致，合伙人也可以用劳务出资，其评估办法由全体合伙人协商确定。

（3）有。①“其他合伙人不得过问合伙企业事务”的约定不合法。不参加执行事务的合伙人有权监督执行事务的合伙人，检查其执行合伙企业事务的情况。②合伙协议不得约定将全部利润分配给部分合伙人或者由部分合伙人承担全部亏损。

第4章

一、判断题

1. × 2. √ 3. × 4. × 5. √ 6. √ 7. × 8. √ 9. √ 10. √

二、单项选择题

1. A 2. C 3. B 4. D 5. C

三、多项选择题

1. BC 2. ABD 3. ABCD 4. ABC 5. ABCD 6. ABCD 7. AB 8. AC

四、填空题

1. 法律 法规 2. 人民法院 仲裁机构 3. 要约 承诺 4. 全面履行原则 诚实信用履行原则 5. 调解 仲裁 6. 人民法院起诉

八、案例分析题

1.（1）乙公司有权解除合同。因为甲公司在合同约定的期限内没有履行合同，在被允许推迟履行的期限内仍未履行，乙公司已从别处购得商品，使合同再履行成为不必要。

（2）乙公司可选择定金或违约金条款，制裁甲公司，即甲公司可受定金制裁，双倍返还未履约部分的定金，即(6万元×1/3)×2=4万元；或甲公司可受违约金制裁，按合同约定，承担偿付违约金的责任，因此，甲公司需偿付违约金：(60万元－40万元)×2%=4 000元。

2. 乙印刷厂这样做不对。

合同订立后，不得因承办人或法定代表人的变更而变更或解除。在本案中，乙印刷厂厂长调走，并不影响已发生法律效力的合同的效力。新任厂长要否定前任厂长所签订的已经生效的合同，是没有法律根据的。

甲厂可以要求乙印刷厂继续履行合同，并要求其赔偿因其违约所造成的上述经济损失。如乙印刷厂仍固执己见，甲厂可以向人民法院起诉，以维护自己的合法权益。

3. 没有。留置权成立的要件为：①债权人必须占有一定的财产。债权人对于财产的占有，是留置权成立的要件及存续的要件。②占有的财产必须是债务人的动产。③占有人必须是因合同而取得债权。④债权的发生与动产有牵连关系。本案中王语涵就手表修理费100元只能对手表进行留置，而不能对电视机进行留置。因为债权（修理费100元）的发生与手表有牵连关系，而与电视机没有牵连关系。

4. 该出口贸易“合同”是无效的，因为该合同并未成立。《合同法》规定：通过信件、电报、电传达成协议，一方当事人要求签订确认书的，签订确认书时，方为合同成立。中方在尚未签署确认书的情况下发货，并不是履行合同的行为；法方未付款也不是违约行为。

第5章

一、判断题

1. √ 2. × 3. √ 4. × 5. √

二、单项选择题

1. A 2. C 3. B 4. A 5. B 6. C 7. D

三、填空题

1. 发明 实用新型 2. 新颖性 实用性 3. 先申请 4. 企业名称 地址 5. 10 10 6 6. 专利权 商标权 7. 专门法律确认 专有性 地域性 时间性 8. 一类商品 一份申请

七、案例分析题

1. （1）此项发明不属于职务发明。因为张某是在不从事本职工作中做出的发明创造，是非履行本单位交付的本职工作之外的任务所做出的发明创造，是业余时间独立完成。

（2）依照我国《专利法》，该专利权属于张某。工厂若想使用该项专利，必须与张某订立专利实施许可合同方可使用。

2. （1）“泸州”大曲是注册商标，任何单位和个人不得擅自生产、销售和使用该商标，故甲、乙、丙的行为均构成侵犯他人注册商标专用权。其中，甲的行为为假冒他人已注册商标；乙的行为为擅自制造他人注册商标标识；丙的行为为经销侵犯他人注册商标专用权的商品。

（2）保护“泸州”大曲注册商标的方法是：责令甲、乙、丙立即停止侵权行为；收缴其尚未使用的全部假商标；消除现有假酒瓶上的商标；责令其依法赔偿被侵权人的经济损失，并处以罚款。此外，视情节轻重依法追究甲、乙、丙厂主要责任者的刑事责任。

第6章

一、判断题

1. × 2. √ 3. √ 4. × 5. √ 6. √ 7. √ 8. ×

二、单项选择题

1. B 2. C 3. C 4. A 5. C 6. A

三、多项选择题

1. ABCD 2. ABCD 3. ABC 4. ABCD 5. ABCD 6. ABC 7. ACD 8. AB 9. ABCD

四、填空题

1. 明示方式 如实入账 2. 行贿 受贿 3. 虚假 引人误解 4. 商业 商品 5. 国家监督检查 社会监督 6. 保证 监督 7. 安全 合格 8. 抽查 9. 产品质量监督部门 工

商行政管理部门 10. 商品 服务 11. 不公平 不合理 12. 调查 调解 13. 两次 更换

八、案例分析题

1.（1）《反不正当竞争法》规定：经营者不得擅自使用他人的企业名称或者姓名，引人误认为是他人的商品。本案中甲厂的行为违反了上述规定，属于擅自使用他人企业名称的不正当竞争行为。

（2）可依法责令甲厂停止违法行为，没收违法所得，并应对其处以罚款。

2.（1）某供销社要求合法。根据《产品质量法》的规定，因产品存在缺陷造成人身、他人财产损害的，受害人可以向产品的生产者要求赔偿，也可以向产品的销售者要求赔偿。属于产品生产者的责任，产品销售者赔偿的，产品销售者有权向产品生产者追偿。属于产品销售者的责任，产品生产者赔偿的，产品生产者有权向产品销售者追偿。

（2）①供销社退还经销部所销售的冷藏柜一台，经销部退还供销社购买冷藏柜的货款、运费并赔偿原告的停业损失。②经销部给付供销社支付的死者李某的丧葬费、生前扶养人的生活费及抚恤费。③经销部给付死者李某亲属误工损失、交通费等。

3.（1）服装陈列厅老板的行为是违法的，违反了《消费者权益保护法》关于经营者不得搜查消费者的身体及其携带的物品的规定，侵犯了刘某的人格权。

（2）依据《消费者权益保护法》的规定，服装陈列厅老板应当承担为刘某恢复名誉、消除影响、赔礼道歉，并赔偿损失的法律责任。

4. 北京网通凭借其在北京地区的垄断地位，一直借口“技术原因”或者故意拖延计费平台系统的软件改进，借以维持对“预付费用户”的差别待遇，其已经构成了《反垄断法》第十七条第六款规定的垄断行为：“没有正当理由，对条件相同的交易相对人在交易价格等交易条件上实行差别待遇。”

第7章

一、判断题

1. √ 2. √ 3. √ 4. ×

二、单项选择题

1. B 2. B 3. C 4. B 5. C

三、多项选择题

1. AB 2. AB 3. ABC 4. ABCD 5. ABC

四、填空题

1. 流转税 所得税 财产税 资源税 特定行为税 2. 纳税义务人 征税对象 税率 纳税环节 纳税期限 减免税 违法处理 3. 超额 超倍 4. 比例 累进

八、计算题

1. ①按新个税法：

李星默 2019 年的综合所得 = 工资 + 劳务报酬所得 + 稿酬所得 = (12 − 6) 万元 + 2 万元 × (1 − 20%) + 1 万元 × (1 − 20%) × (1 − 30%) = 8.16(万元)

李某 2019 年应纳个税 = 81 600 × 10% − 2 520 = 5 640(元)

②按旧个税法：

李星默 2019 年工资薪金应纳个税 = [(10 000 − 3 500) × 20% − 555] × 12 = 8 940(元)

李星默取得劳务报酬应纳个税 = 20 000 × (1 − 20%) × 20% = 3 200(元)

李星默取得稿酬收入应纳个税 = 10 000 × (1 − 20%) × 20% × (1 − 30%) = 1 120(元)

共计应纳个税 = 8 940 + 3 200 + 1 120 = 13 260(元)

由② − ①得：节税 = 13 260 − 5 640 = 7 620(元)

2. 该企业当月进项税额 = 1 000 × 380 × 13% = 49 400(元)

该企业当月销项税额 = (700 × 550 + 200 × 600) ÷ (1 + 13%) × 13% ≈ 58 097.35（元）

当月应纳增值税税额 = 58 097.35 − 49 400 = 8 697.35（元）

第8章

一、判断题

1. √　2. √　3. √　4. √　5. √

二、单项选择题

1. A　2. B　3. D　4. C　5. C

三、多项选择题

1. ABC　2. AD　3. ABCD　4. BCD　5. ACD

四、填空题

1. 诚实守信　2. 两者在作用上相互补充　3. 单位法定代表人　4. 财政部

六、简答题

1. 国家机关、社会团体、公司、企业、事业单位和其他组织（以下统称单位）办理会计事务必须依照《会计法》规定。

《会计法》规定，国家实行统一的会计制度。国家统一的会计制度由国务院财政部门根据《会计法》制定并公布。国家统一的会计制度，是指国务院财政部门根据《会计法》制定的关于会计核算、会计监督、会计机构和会计人员以及会计工作管理的制度。

2. 会计核算基本要求：①依法建账；②根据实际发生的经济业务进行会计核算；③保证会计资料的真实和完整；④正确采用会计处理方法；⑤正确使用会计记录文字；⑥使用电子计算机进行会计核算必须符合法律规定。

3. 单位负责人对依法履行职责、抵制违反《会计法》规定行为的会计人员以降级、撤职、调离工作岗位、解聘或者开除等方式实行打击报复，构成犯罪的，依法追究刑事责任。尚不构成犯罪的，由其所在单位或者有关单位依法给予行政处分。对受打击报复的会计人员，应当恢复其名誉和原有职务、级别。

根据《刑法》第二百五十五条规定，公司、企业、事业单位、机关、团体的领导人，对依法履行职责、抵制违反会计法行为的会计人员实行打击报复，情节恶劣的，处3年以下有期徒刑或者拘役。

七、论述题

（1）会计法律制度与会计职业道德的联系：会计职业道德与会计法律制度在内容上相互渗透、相互吸收；在作用上相互补充、相互协调。会计职业道德是对会计法律制度的重要补充，会计法律制度是对会计职业道德的最低要求。

（2）会计法律制度与会计职业道德的区别如下。

1）性质不同。会计法律制度通过国家强制力保障实施，具有很强的他律性；会计职业道德依靠会计从业人员的自觉性，具有很强的自律性。

2）作用范围不同。会计法律制度侧重于调整会计人员的外在行为和结果的合法化，具有较强的客观性；会计职业道德不仅调整会计人员的外在行为，还调整会计人员内在的精神世界。

3）表现形式不同。会计法律制度是通过一定的程序由国家立法部门或行政管理部门制定、颁布的，其表现形式是具体的、明确的、正式形成文字的成文规定。而会计职业道德出自会计人员的职业生活和职业实践，其表现形式既有成文的规范，也有不成文的规范。

4）实施保障机制不同。会计法律制度依靠国家强制力保证其贯彻执行。会计职业道德主要依靠道德教育、社会舆论、传统习俗和道德评价来实现。

5）评价标准不同。会计法律制度以法律规定为评价标准，会计职业道德以道德评价为标准。

八、案例分析题

1. 财政部门对该市一所市属学校的财务收支情况的例行检查属于政府监督。因为政府监督主要是指政府财政部门代表国家依据法律法规以及部门的职责权限，对有关单位的会计行为、会计资料所进行的监督检查。政府监督内容包括：各单位是否依法设置账簿；各单位的会计资料是否真实、完整；各单位的会计核算是否符合法定要求；各单位从事会计工作的人员是否具备会计从业资格。本案中财政部门对市属学校设置的会计账簿是否合法，会计资料是否真实、完整进行的检查属于会计工作的政府监督。

2. （1）该公司决定将两名不具备专业能力会计调离会计工作岗位是合法的。因为《会计法》规定，从事会计工作的人员，必须具备专业能力，遵守职业道德。

（2）该公司的出纳人员兼管稽核、会计档案的保管工作是不合法的。因为《会计法》规定，出纳人员不得兼任稽核、会计档案保管和收入、支出、费用、债权债务账目的登记工作。

3. （1）不符合规定。会计机构负责人办理交接手续，应当由单位负责人监交，必要时，上级单位可以派人会同监交。

（2）不符合规定。销毁会计档案应当按照规定程序销毁。保管期满的会计档案，应由单位档案管理机构提出销毁意见，会同会计机构共同鉴定，报单位负责人批准后，由单位档案管理机构和会计机构共同派员监销；保管期满但未结清的债权债务原始凭证以及其他未了事项的原始凭证不得销毁，而应当单独抽出立卷，保管到未了事项完结时为止。

第 9 章

一、判断题

1. √ 2. √ 3. √ 4. √ 5. √ 6. √

二、单项选择题

1. C 2. A 3. A 4. A

三、多项选择题

1. AC 2. AD 3. ABCD 4. AB 5. ABCD

四、填空题

1. 劳动者 用人单位 2. 法定内容 商定内容 3. 劳动争议仲裁委员会 人民法院 4. 国家 用人单位 个人 5. 我国国情 社会保障 6. 药品费用 检查费用 治疗费用 住院费用 7. 自然村 个人投保 医疗保障基金

八、案例分析题

1. 本案应当适用《劳动法》的规定，可从以下两个方面分析。

（1）《劳动法》第二条第一款规定：在中华人民共和国境内的企业、个体经济组织和与之形成劳动关系的劳动者，适用本法。本案中，个体餐馆属于用人单位一方，民工李博属于劳动者一方，应当适用《劳动法》的规定。餐馆老板提出“李博是农民，不适用《劳动法》”的理由不成立。

（2）餐馆老板以双方没有签订书面劳动合同为由认为不适用《劳动法》的理由也不成立。根据劳动部（现已经更名为“人力资源和社会保障部”）《关于贯彻执行〈中华人民共和国劳动法〉若干问题的意见》第二条：“中国境内的企业、个体经济组织与劳动者之间，只要形成劳动关系，即劳动者事实上已成为企业、个体经济组织的成员，并为其提供有偿劳动，适用劳动法。”本案中，虽然李博未与餐馆签订书面劳动合同，但事实上已提供了有偿劳动，因此，应当适用《劳动法》。

2. 根据《劳动合同法》第四十七条的规定，用人单位与劳动者协商解除劳动合同时的经济补偿标准应当按照其离职前 12 个月的平均工资计算。而且，根据《劳动合同法》第八十五条的规定，用人单位在解除或终止劳动合同时未依照法律规定向劳动者支付经济补偿的，由劳动行政部门责令限期支付差额部分；逾期不支付的，加付赔偿金。从此条款可以看出，原则上经济补偿不能低于法定标准。虽然冯鹏在解除劳动合同协议上签字，但该公司未提交有效证据证明冯鹏主动放弃了差额部分。因此，仲裁委员会的裁决会支持冯鹏的请求。

在此提醒用人单位，如果双方就经济补偿的给付标准自行达成协议，如约定的给付标准低于法定标准，应在协议中特别注明已明确告知劳动者法定标准，并且要求劳动者在协议中明确已放弃要求补足差额的权利，以避免不必要的损失。

3. 该份劳动合同书有违反《劳动法》的内容，具体如下。

（1）劳动合同试用期最长不得超过 6 个月，而不是 1 年。

（2）劳动者提出解除劳动合同，需提前 30 天，而不是 60 天。

（3）劳动者在试用期内，可以随时通知用人单位解除劳动合同。

（4）延长工作时间每月不得超过 36 小时。本案繁忙月份每日加班 2 小时，一个月加班时间超过了法律规定的最长时间。

4. 参加基本养老保险的个人，达到法定退休年龄时累计缴费不足 15 年的，可以缴费至满 15 年，按月领取基本养老金；也可以转入新型农村社会养老保险或者城镇居民社会养老保险，按照国务院规定享受相应的养老保险待遇。

《社会保险法》第十九条规定：“个人跨统筹地区就业的，其基本养老保险关系随本人转移，缴费年限累计计算。个人达到法定退休年龄时，基本养老金分段计算、统一支付。具体办法由国务院规定。”赵斌不在这个企业上班了，但他可以在别的城市、别的企业上班，这就属于跨地区转移，完全可以接续起来。如果他到了领取年龄，比如过 60 岁还没缴费满 15 年，那就可以执行第十六条的规定，就是可以缴费至 15 年按月领取，或者转入农村养老保险，或者城镇居民养老保险。如果他现在还没有到退休年龄，不管在哪儿工作，还是要继续交，而且按照政策规定，交的年限越长，自己享受的待遇水平越高。

参考文献

[1] 黎江虹．经济法通论[M]．4 版．北京：北京大学出版社，2015.
[2] 杨紫烜．经济法[M]．5 版．北京：北京大学出版社，高等教育出版社，2014.
[3] 吴贵梅．经济法．[M]．北京：北京理工大学出版社，2014.
[4] 孟庆瑜．经济法[M]．北京：清华大学出版社，2014.
[5] 葛恒云．经济法[M]．8 版．北京：中国统计出版社，2017.
[6] 张守文．经济法学．[M]．6 版．北京：北京大学出版社，2014.
[7] 崔建远．合同法[M]．2 版．北京：北京大学出版社，2013.
[8] 杨紫烜，徐杰．经济法学[M]．8 版．北京：北京大学出版社，2017.
[9] 葛恒云．合同法教程[M]．2 版．合肥：合肥工业大学出版社，2018.
[10] 贵立义，林清高．经济法概论[M]．8 版．大连：东北财经大学出版社，2018.
[11] 王允高，王俊．经济法[M]．北京：北京理工大学出版社，2013.
[12] 葛恒云．经济法学[M]．北京：对外经济贸易大学出版社，2016.
[13] 吴汉东．知识产权法[M]．6 版．北京：北京大学出版社，2013.
[14] 赵亮，程艳霞．经济法学．[M]．北京：人民邮电出版社，2014.
[15] 甘培忠．企业与公司法学[M]．7 版．北京：北京大学出版社，2014.
[16] 杨静．经济法概论[M]．成都：西南交通大学出版社，2010.
[17] 屈茂辉．经济法概论[M]．北京：中国人民大学出版社，2010.
[18] 殷菲菲．经济法教程[M]．北京：北京大学出版社，2016.
[19] 吴汉东．知识产权法[M]．6 版．北京：北京大学出版社，2013.
[20] 甘培忠．企业与公司法学[M]．7 版．北京：北京大学出版社，2014.
[21] 孙云霞．经济法基础与实例分析[M]．天津：南开大学出版社，2017.
[22] 邓建敏．经济法基础与应用[M]．北京：清华大学出版社，2019.
[23] 刘文华．经济法[M]．6 版．北京：中国人民大学出版社，2019.
[24] 李昌麒．经济法学[M]．3 版．北京：法律出版社，2016.
[25] 张秋华．经济法概论[M]．北京：中国人民大学出版社，2017.